21世纪科学教程

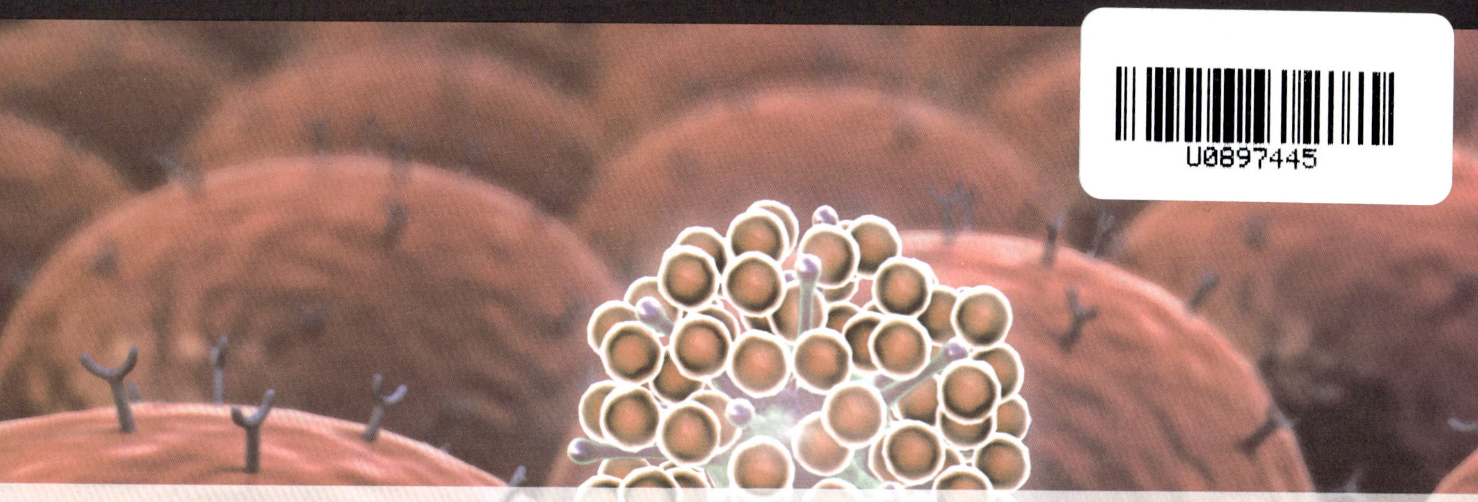

作　者

Cris Edgell　　John Lazonby　　Robin Millar　　Mike Shipton

Mike Kalvis　　Ted Lister　　Cliff Porter　　Carol Tear

译　者

仲新元

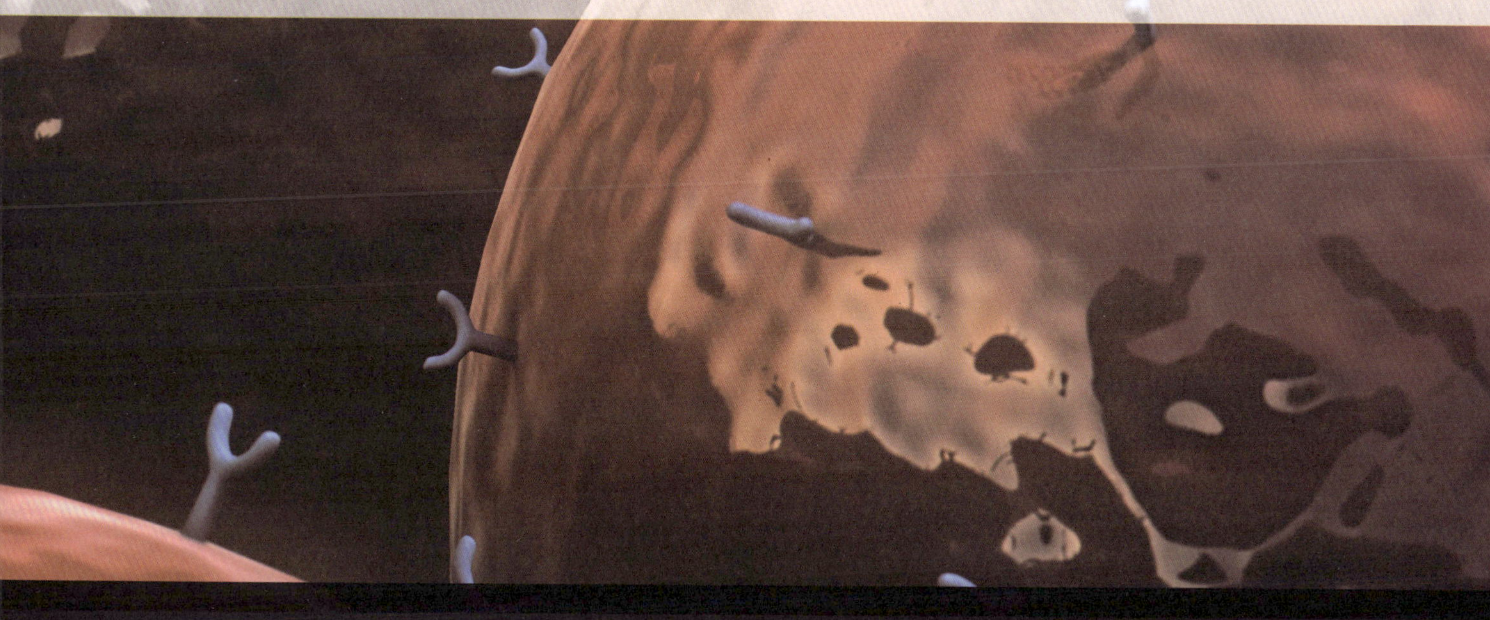

上海教育出版社
SHANGHAI EDUCATIONAL PUBLISHING HOUSE

目录

本书使用指南

欢迎学习《21 世纪科学教程》。本书由牛津、剑桥和皇家艺术协会考试委员会（OCR）、约克大学科学教育集团、纳菲尔德基础课程研究项目组和牛津大学出版社合作精心编撰而成。

在本书最前的两页中，给出了书中出现的编排特征和章节类型。书中所有的内容都经过专门设计，使其能有助于你充分准备并以最佳水平通过考试。

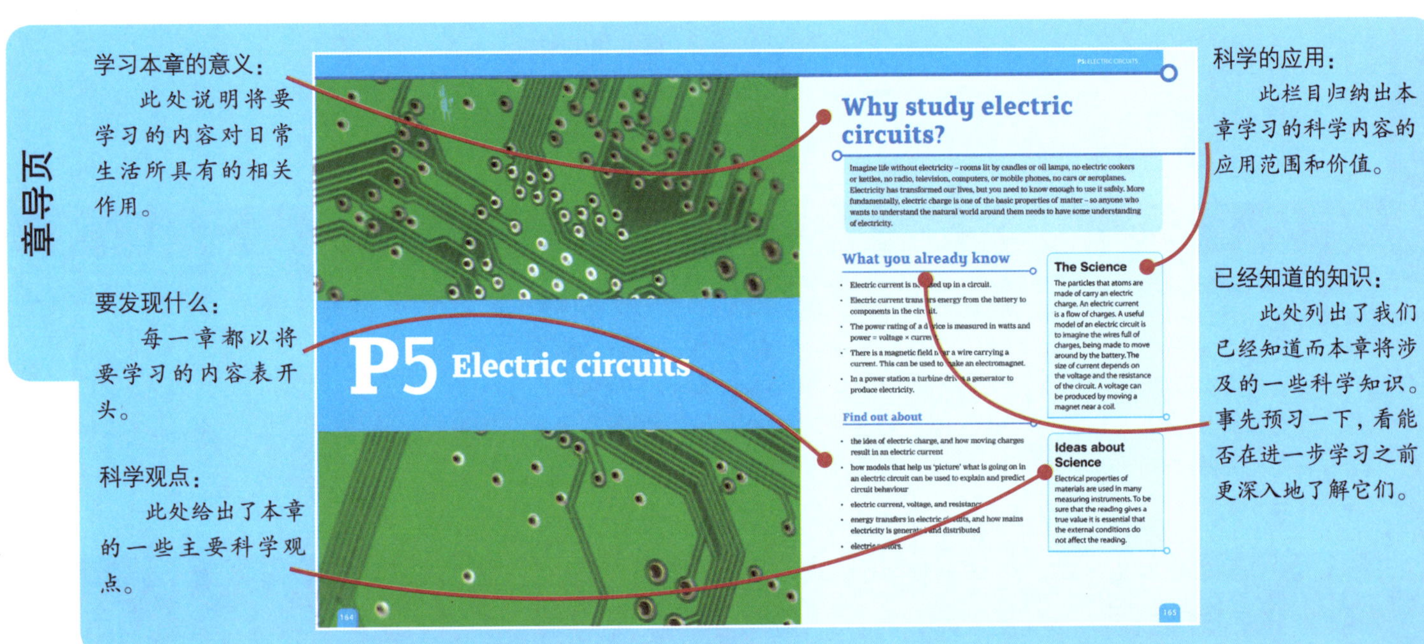

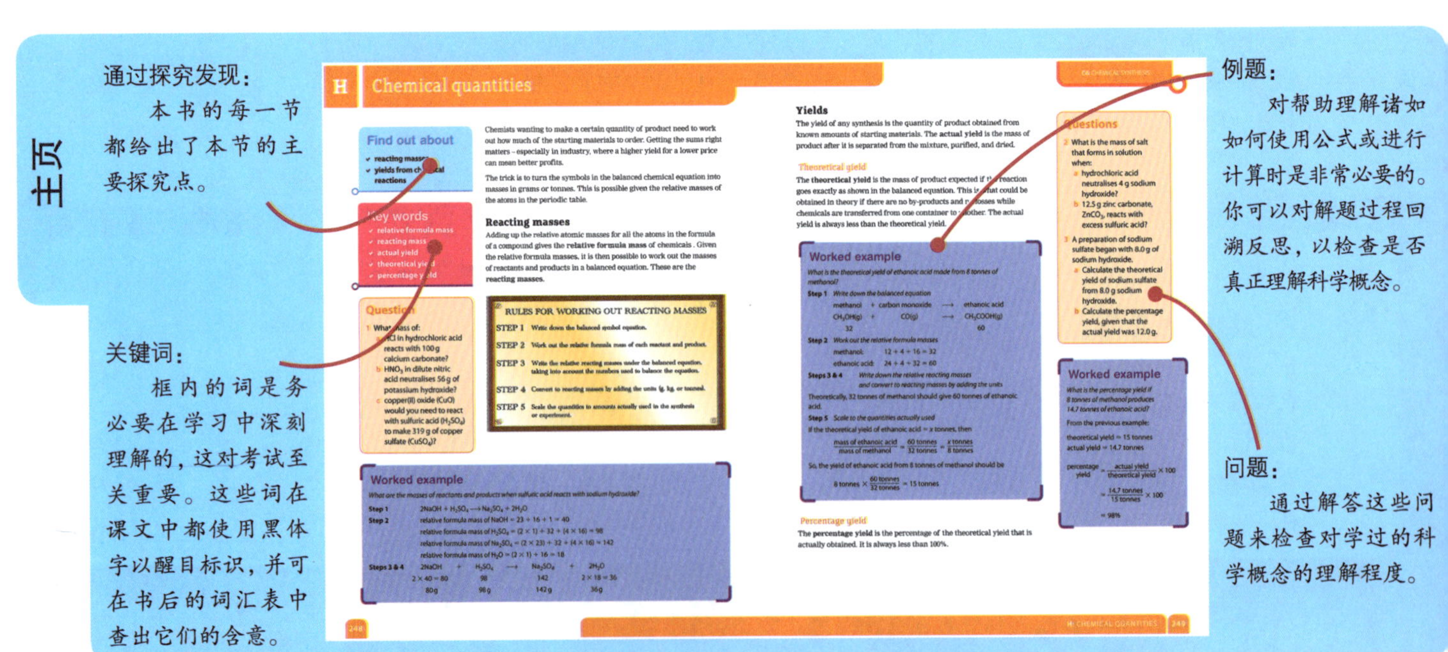

科学解释

应该知道：

此处简明地给出了本单元的主要观点。它可以作为你复习的起点，检查对它更深层次的理解。

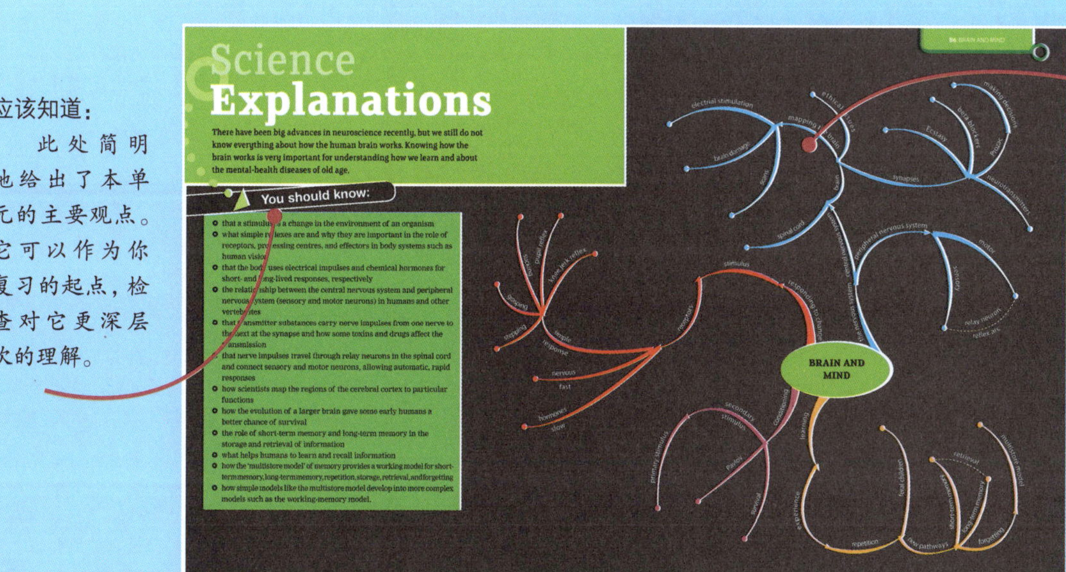

B6: BRAIN AND MIND

Science Explanations

There have been big advances in neuroscience recently, but we still do not know everything about how the human brain works. Knowing how the brain works is very important for understanding how we learn and about the mental-health diseases of old age.

You should know:

- that a stimulus is a change in the environment of an organism
- what simple reflexes are and why they are important in the role of receptors, processing centres, and effectors in body systems such as human vision
- that the body uses electrical impulses and chemical hormones for short- and long-lived responses, respectively
- the relationship between the central nervous system and peripheral nervous system (sensory and motor neurons) in humans and other vertebrates
- that transmitter substances carry nerve impulses from one nerve to the next at the synapse and how some toxins and drugs affect the transmission
- that nerve impulses travel through relay neurons in the spinal cord and connect sensory and motor neurons, allowing automatic, rapid responses
- how scientists map the regions of the cerebral cortex to particular functions
- how the evolution of a larger brain gave some early humans a better chance of survival
- the role of short-term memory and long-term memory in the storage and retrieval of information
- what helps humans to learn and recall information
- how the 'multistore model' of memory provides a working model for short-term memory, long-term memory, repetition, storage, retrieval, and forgetting
- how simple models like the multistore model develop into more complex models such as the working-memory model.

220 B6: BRAIN AND MIND 221

直观归纳：

另一种开始复习的方式是使用直观归纳法，即找出科学观点间的相关处，并由此结合起来，在复习时能直观地看到它们间的内在联系。本页可作为你自我归纳概念的起点。

科学观点和复习问题

科学观点：

每一章的结尾处，都简要归纳并列出了本章中需要理解的科学观点。

Ideas about Science

In addition to developing an understanding of electric circuits, it is important to understand how scientists use data to develop their ideas. Collecting data is often the starting point for a scientific enquiry, but data can never be trusted completely. Data is more reliable if it can be repeated; when making several measurements of the same quantity, the results are likely to vary. This may be because:

- you have measured several individual samples, for example, several samples of a resistance wire
- the quantity you are measuring is varying, for example, the light level in the room is varying as you measure the resistance of an LDR
- there are limitations in the measuring equipment, for example, a poor electrical connection in the circuit.

Usually the best estimate of the true value of a quantity is the mean of several repeated measurements. When there is a spread of values in a set of measurements, the true value is probably in the range between the highest and the lowest values. You should:

- be able to calculate the mean from a set of repeat measurements
- know that a measurement may be an outlier if it is well outside the range of other measurements
- be able to explain whether or not an outlier should be included as part of the data or rejected when calculating the mean.

When comparing sets of data to decide if there is a difference between the two means, it is useful to look at the ranges of the data. You should know:

- if the ranges of two sets of data do not overlap there may be a real difference between the means.

To investigate the relationship between a factor and an outcome, it is important to control all the other factors that might affect the outcome. In a plan for an investigation you should be able to:

- recognise that the control of other factors is a positive feature of an investigation and it is a design flaw if factors are not controlled
- explain why it is necessary to control all the factors that might affect the outcome, other than the factor being investigated, for example, if investigating how the thickness of a wire affects its resistance, use the same material and length for each test.

Factors and outcomes may be linked in different ways, and it is important to distinguish between them. A correlation between a factor and an outcome does not necessarily mean that the factor causes the outcome; both might be caused by some other factor. For example, the more electricity substations there are in an area, the more babies are born in that area. But this is because there are more houses needing an electricity supply where more people live. You should be able to:

- identify a correlation from data, a graph, or a description
- explain why an observed correlation does not necessarily mean that the factor causes the outcome
- explain why individual cases do not provide convincing evidence for or against a correlation.

P5: ELECTRIC CIRCUITS

Review Questions

1. Look at the electric circuit models in this module. Copy and complete the following table.

	What corresponds to:		
Model	the battery?	electric current?	the resistors or lamps?
'peas in a pipe'			
'water in a pipe'			

2. In a simple single-loop electric circuit, the current is the same everywhere. It is not used up. How does each of the models above help to account for this?
3. Imagine a simple electric circuit consisting of a battery and a bulb. For each of the following statements, say if it is true or false (and explain why):
   a Before the battery is connected, there are no electric charges in the wire. When the circuit is switched on, electric charges flow out of the battery into the wire.
   b Collisions between the moving charges and fixed atoms in the bulb filament make it heat up and light.
   c Electric charges are used up in the bulb to make it light.
4. In shops, you can buy batteries labelled 1.5 V, 4.5 V, 6 V, or 9 V. But you cannot buy batteries labelled 1.5 A, 4.5 A, 6 A, or 9 A. Explain why not.
5. You are given four 4 Ω resistors. Draw diagrams to show how you could connect all four together to make a resistance of:
   a 16 Ω b 1 Ω
   c 10 Ω d 4 Ω

   Note that there is more than one possible way to do parts c and d.
6. Peter has a sensor labelled LDR.
   a What do the letters LDR stand for?
   b What does an LDR detect?
   c What does Peter need to measure to work out the resistance?
   d Draw a circuit diagram to show how he could measure the quantities in your answer to part b.
7. Copy and complete these sentences:
   When a magnet is moved into a coil of wire, a voltage is ______ in the coil. The voltage is produced only when the magnet is ______. This is used in an a.c. generator, which has an ______ rotating near a fixed coil. To increase the size of the induced voltage, you could use a ______ electromagnet, have more ______ on the fixed coil, turn the rotor coil ______, or put a core of ______ inside it.
   The current in the external circuit constantly changes direction, so it is called ______ current (__). This is different from the current from a battery, which always goes in one direction and is called current (__).
8. What are the similarities and differences between a motor and a generator?
9. A school laboratory has a set of transformers to demonstrate how power lines work. The transformer has 240 turns on the primary coil and 1200 turns on the secondary coil.
   a How will the output voltage be different to the input voltage?
   b The input voltage is 2 V. Calculate the output voltage.

192 P5: ELECTRIC CIRCUITS 193

复习问题：

你可以利用所给出的问题检查对本章内容的理解程度。这对开始复习准备考试是十分有用的。

评价结构

和课程相匹配

各章内容

在学习本书的过程中，应利用章导页来理解所要学习的内容及所学习内容的重要性。下表概要给出了本书各章中的主要内容。

B4	C4	P4
• 生物体中的化学反应是如何发生的？ • 植物是如何为我们提供食物的？ • 生物是如何获取能量的？	• 元素的性质具有怎样的规律？ • 化学家是如何解释元素性质间的规律的？ • 化学家是如何揭示第1族和第7族元素性质的？	• 如何描述运动？ • 力是什么？ • 力和运动间的联系是怎样的？ • 如何从能量变化的角度来描述运动？

B5	C5	P5
• 生物是如何繁殖的？ • 生物体中是如何产生新细胞的？ • 细胞内的基因是如何控制生物的生长和繁育的？	• 大气是由哪些化学物质构成的？ • 大气中会发生哪些化学反应？ • 岩石圈是由哪些化学物质构成的？ • 我们如何从矿物质中提取有用的金属？	• 电流是什么在流动？ • 是什么决定了电路中电流的大小和能量传输的多少？ • 串联电路和并联电路的工作原理是什么？ • 家庭电路中的电是如何产生的？电压和电流是如何被感应出来的？ • 电动机的工作原理。

B6	C6	P6
• 生物是如何适应环境的变化的？ • 神经系统是如何传递信息的？ • 我们如何理解条件作用和条件反射概念？ • 人类是如何发展起复杂的能力的？	• 化学物质以及我们对化学物质的需求。 • 设计、实施、控制化学物质的合成。	• 为什么有些物质会具有放射性？ • 如何安全地使用和运输放射性物质（包括放射性废料）？

如何整合各章？

本书各章内容和 GCSE 科学考试标准相匹配。从右图中可看出，本书也可以用于学习分科的 GCSE 生物、GCSE 化学和 GCSE 物理课程。

	GCSE 生物	GCSE 化学	GCSE 物理
GCSE 高阶科学	B1	C1	P1
	B2	C2	P2
	B3	C3	P3
GCSE 高阶科学·拓展	B4	C4	P4
	B5	C5	P5
	B6	C6	P6
	B7	C7	P7

GCSE 科学·拓展的评价

本书各章中的内容与下表中各模块的要求相匹配。

为取得 GCSE 科学合格证书,《21 世纪科学教程》提供了两种不同的考试方案供选择,考试内容取决于所选择的方案。

下表给出了两种试卷中的各模块。它们也能显示出在用两种试卷考试时的最终分数。

	单元	考试模块			百分比	类型	时间	可得分数
方案一	A162	B4	B5	B6	25%	笔试	1 h	60
	A172	C4	C5	C6	25%	笔试	1 h	60
	A182	P4	P5	P6	25%	笔试	1 h	60
	A154	受控评价			25%		4.5—6h	64
方案二	A151	B4	C4	P4	25%	笔试	1 h	60
	A152	B5	C5	P5	25%	笔试	1 h	60
	A153	B6	C6	P6	25%	笔试	1 h	60
	A154	受控评价			25%		4.5—6h	64

指导词

下表给出了一些在考试问题中常见的指导词并给予说明。

计算

要求得到数值。可以使用计算器。可能需要借助公式，且注明公式是否需要在试卷上显示出来。（提示：不要和“估算”或“预测”相混淆）

比较

写出两个事物间的相同点和不同点。

描述

写出关于事物变化的详细答案（包括原因、时间和地点等），并写出其特征。（提示：不要和“说明”相混淆）

讨论

写出与题目相关的问题。可能需要谈及不同的意见，并显示不同观点、意见和事实间的差异。

估算

假定一个粗略的接近值，而不必进行完备的计算或精确的测量。但这绝不只是猜测，而是要利用学过的科学知识推断出接近实际的值。（提示：不要和“计算”或“预测”相混淆）

说明

写出事物发生的过程和原因的详细答案。说出过程和理由。（提示：不要和“描述”相混淆）

评价

对给出的一些事实、数据以及其他各种信息，写出自己对这些数据和事实的结论或观点。

证明

给出证据或写出关于得到的答案的解释。

提要

仅给出问题的主要事实。这需要给出过程的步骤，即要按正确的顺序写出步骤。

预测

通过数据推定真实的数值或过程，可以借助计算等手段。这不是猜想，而是凭借科学知识和数据推定的方法。（提示：不要和“计算”或“估算”相混淆）

展示

写出事物发生的细节、步骤或必要的计算过程以佐证得到的答案。

推断

回忆学过的知识并在新的问题条件下加以应用，从而得出合理的问题答案。

写出

给出简短的答案，不必有支持性的论证。

重要提示

即使已理解题中的文字，对试卷中的问题也一定要认真审题。通过问题中给出的信息及答案中的数值，细心推敲考查本问题的目的。

如果需要，可借助描图像的方法。

注意不要忘记答案数值后的单位（除非已经给出）。

理解图像的含义

科学家常用图表来清晰地描述数据，并据此发现数据的变化规律。用描点作图或作直方图法来呈现数据，以此来描述或说明数据所显示的内在规律。考试中的问题可能也是给出图像，要求描述或说明图像所表示的科学意义。

描述变量间的关系

图像上的各点构成的样式显示了两个因素间是否存在着关联。

要正确、详细地用图像描述两因素间的关系，就需要：

- 认真读取各轴上的数据并检查使用的单位。
- 明确图像中出现的显著变化，如斜率发生变化等。
- 用数据描述这些变化。

图像中的斜率

图像的**斜率**（gradient）反映出一个变量的变化和其他变量间的关系。如果我们用横轴表示时间，则图像就描述了随时间的变化规律。

看下面的图像，它显示了化学反应产物的量随时间而产生的变化。图像的斜率表示了化学反应的速度。

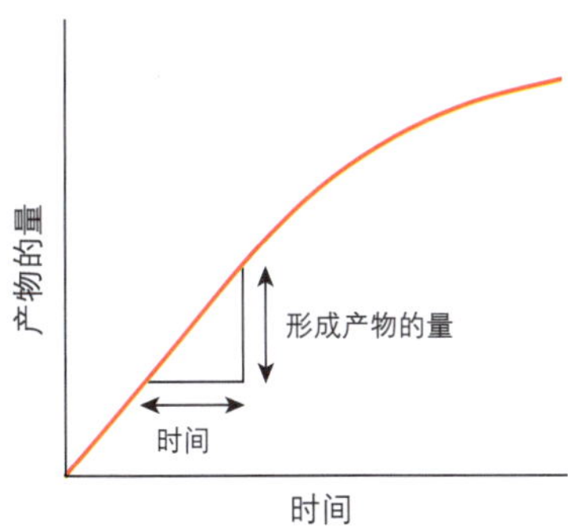

显示化学反应速度的图像。

再看下面的图像，它显示了一辆汽车在一段时间内运动了一段路程，图像的斜率则表示了汽车的速度。

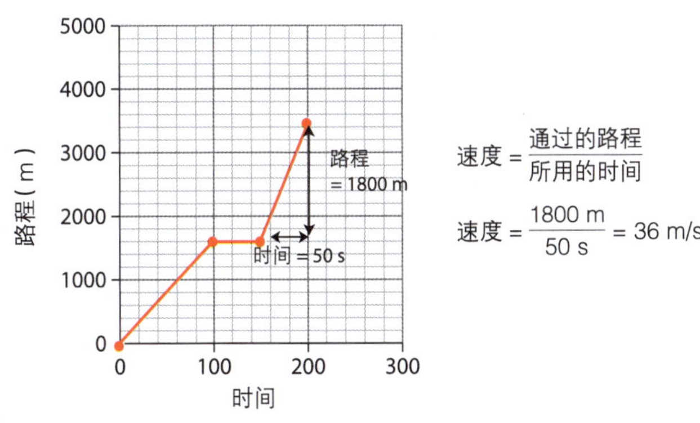

$$速度 = \frac{通过的路程}{所用的时间}$$

$$速度 = \frac{1800\ m}{50\ s} = 36\ m/s$$

计算路程－时间图像的斜率来求得速度。

计算反应质量及其百分产率

问题：需要多少铝粉才能和 8.0 g 氧化铁完全反应?

$2Al(s) + Fe_2O_3(s) \rightarrow Al_2O_3(s) + 2Fe(s)$

用四则运算计算相对分子质量（RFM）。

反应物（RFM）：

Al = 27；

$Fe_2O_3 = (2 \times 56) + (3 \times 16) = 160$

产物（RFM）：

$Al_2O_3 = (2 \times 27) + (3 \times 16) = 102$；

Fe = 56

为得出物质的反应质量，将相对分子质量和其分子式前面的数字相乘即可。然后，再将相对质量转换成含有单位的反应质量。单位可能是 g、kg 或 t，这取决于所给的数据，但各量的单位要保持一致。

$2Al(s)$	+	$Fe_2O_3(s)$	$\rightarrow$	$Al_2O_3(s)$	+	$2Fe(s)$
$(2 \times 27) = 54$ g		160 g		102 g		$(2 \times 56) = 112$ g

为求得所需的量，可使用简单的比例关系，但要使用正确的单位。

$$\frac{\text{所需铝的质量}}{\text{铝的反应质量}} = \frac{\text{所用氧化铁的质量}}{\text{氧化铁的反应质量}}$$

$$\frac{\text{所需铝的质量}}{54\text{ g}} = \frac{8\text{ g}}{160\text{ g}}$$

由此比例式可得：

$$\text{所需铝的质量} = \frac{8\text{ g}}{160\text{ g}} \times 54\text{ g} = 2.7\text{ g}$$

问题：在上述相同的反应中，如果实际产生了 4.9 g 铁，则产率是多少?

为求出铁的理论产量，则要先用比例式。

$$\frac{\text{产生铁的质量}}{\text{铁的反应质量}} = \frac{\text{所用氧化铁的质量}}{\text{氧化铁的反应质量}}$$

$$\frac{\text{产生铁的质量}}{112\text{ g}} = \frac{8\text{ g}}{160\text{ g}}$$

由此比例式可得：

$$\text{铁的理论产量} = \frac{8\text{ g}}{160\text{ g}} \times 112\text{ g} = 5.6\text{ g}$$

利用这一数据可求得产率：

$$\text{产率} = \frac{\text{实际产量（g）}}{\text{理论产量（g）}} \times 100\%$$

因为实际产量为 4.9 g，代入上式得：

$$\text{产率} = \frac{4.9\text{ g}}{5.6\text{ g}} \times 100\% = 87.5\%$$

频度图表

频度图表显示了一个数据出现的次数。

例如，如果有 4 个学生每分钟的脉搏数是 66，则我们就说数据 66 出现的频度是 4。

一个含有大量不同数据的大数据组可按数据区间分成多个小数据组。收集到的数据可用计票统计的方式分配到各区间组中。一般认为，分成 5 到 6 个区间组的方式较好。

分组区间	计票统计	频度
60—65	|	1
65—70	||||	4
70—75	卌 卌 ||	12
75—80	卌 |||	8
80—85	卌	5
85—90	|	1
	总计	31

一个班级 31 名学生的脉搏统计频度表。

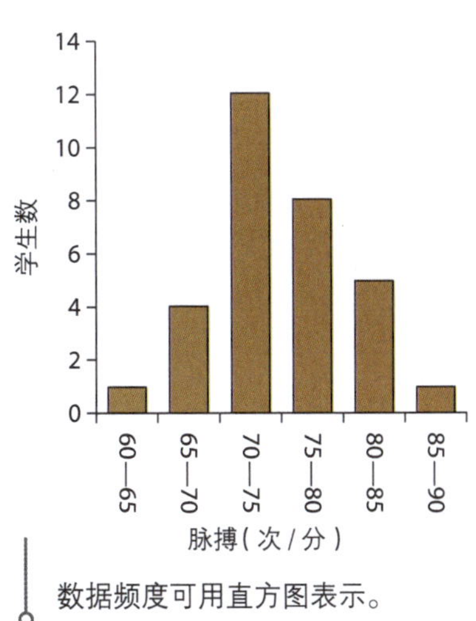

数据频度可用直方图表示。

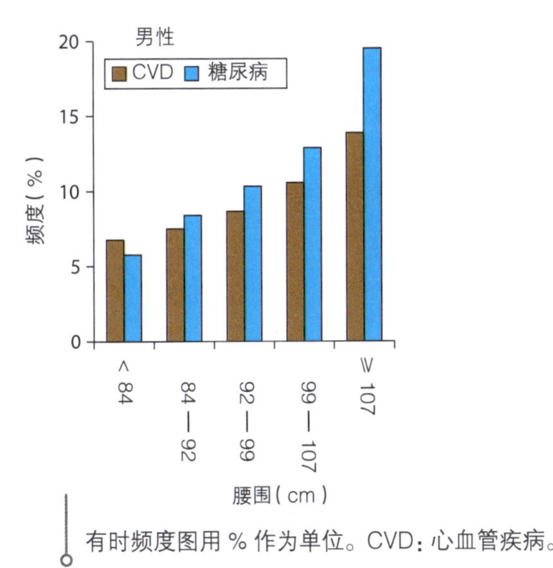

有时频度图用 % 作为单位。CVD：心血管疾病。

要求：写出可由这些图像回答的问题。

范围和平均值

统计是为了描述数据。描述脉搏的有效的统计方法是利用数据的范围和平均值。

数据组的范围可表述为“脉搏在每分钟 x 次（最小值）和 y 次（最大值）之间”。

平均值是所有这些数据值的和除以这些数据数得到的值。

要求：写出关于脉搏数据的两种表述方式。

要求：如果要比较你们学校中两个不同班级的学生的脉搏，为什么说这两种统计方式（范围和平均值）都是有用的？

可控评价

GCSE 科学·拓展课程的可控评价占总分值的 25%。它主要依据实际调查的能力和水平来进行评价。

这一分数由学生就读的学校给出。

这有助于学生知道如何获取最多的学业学分。

实际调查（25%）

科学家常用调查法尝试找出科学问题的答案。通过本书学习的技能有助于我们在完成 GCSE 课程后的进一步学习。

为了成功地实施调查，就应该做到：

- 选择要探究的问题。
- 选择适当且安全的仪器设备。
- 设计进行准确测量和可靠观测的方法。
- 和其他作相同调查的人建立起联系。

调查报告应基于从自己实验中收集到的数据。当然也可以使用其他人研究得到的数据，这种数据被称为次级数据或辅助数据。

你将依据结果完成调查报告。报告的质量将决定你的分数。因此，你应当：

- 保证你的报告清晰、简明、有条理。
- 使用图表等方式来呈现信息。
- 在文字、语法、标点符号、准确的科学术语等方面下功夫。

评价分数的依据来自以下 5 个方面。

策略

- 提出一个假设来进行调查。
- 选择能使你获取可靠数据的程序和仪器设备。
- 进行风险评估，使调查工作的风险最小化。
- 用正确的科学术语描述你的假设和计划。

收集数据

- 实施初步工作以确定数据范围。
- 在足够广的范围内收集数据。
- 收集足够的数据并检查它们的可靠性。
- 控制那些可能影响结果的因素。

分析

- 呈现能使任何形式的结果都明晰的数据。
- 用图像和表格指示数据的分布。
- 使用诸如平均值、斜率等适当的计算方法。

评价

- 描述并说明改善你的方法的途径。
- 讨论你的证据的可重复性，能说明任何异常值。

评论

- 据理对你收集到的次级数据进行评论。
- 将你调查得到的结果和次级数据进行比较。
- 提出如何增大对你给出的结论的信心。

告诫

最好的忠告是：计划在前。计划好研究所需的时间，稳步研究并合理使用所给的时间。完成的期限将很快来临。如果还有其他的课程要学习时尤其如此。

次级数据

一旦你从调查中收集到了数据，就应寻找和你的假设相关的次级数据。这将有助于你确定你所获得的数据和其他科学家获得的数据的吻合程度。老师也将为你提供来自 OCR 的次级数据，但你还应寻求更多的资源来帮助你评价你所获取的所有数据的质量。这些资源包括：

- 你们班级或学校中其他小组的实验结果。
- 教科书。
- 互联网。

何时做这些工作？

你所在的学校将决定何时开展实际调查。如果你参与了不止一项调查，则会选择你得分最多的那一项。

你的调查将在上课时进行，很可能要占用一系列上课时间。

课后你当然也可以从事一些研究工作。

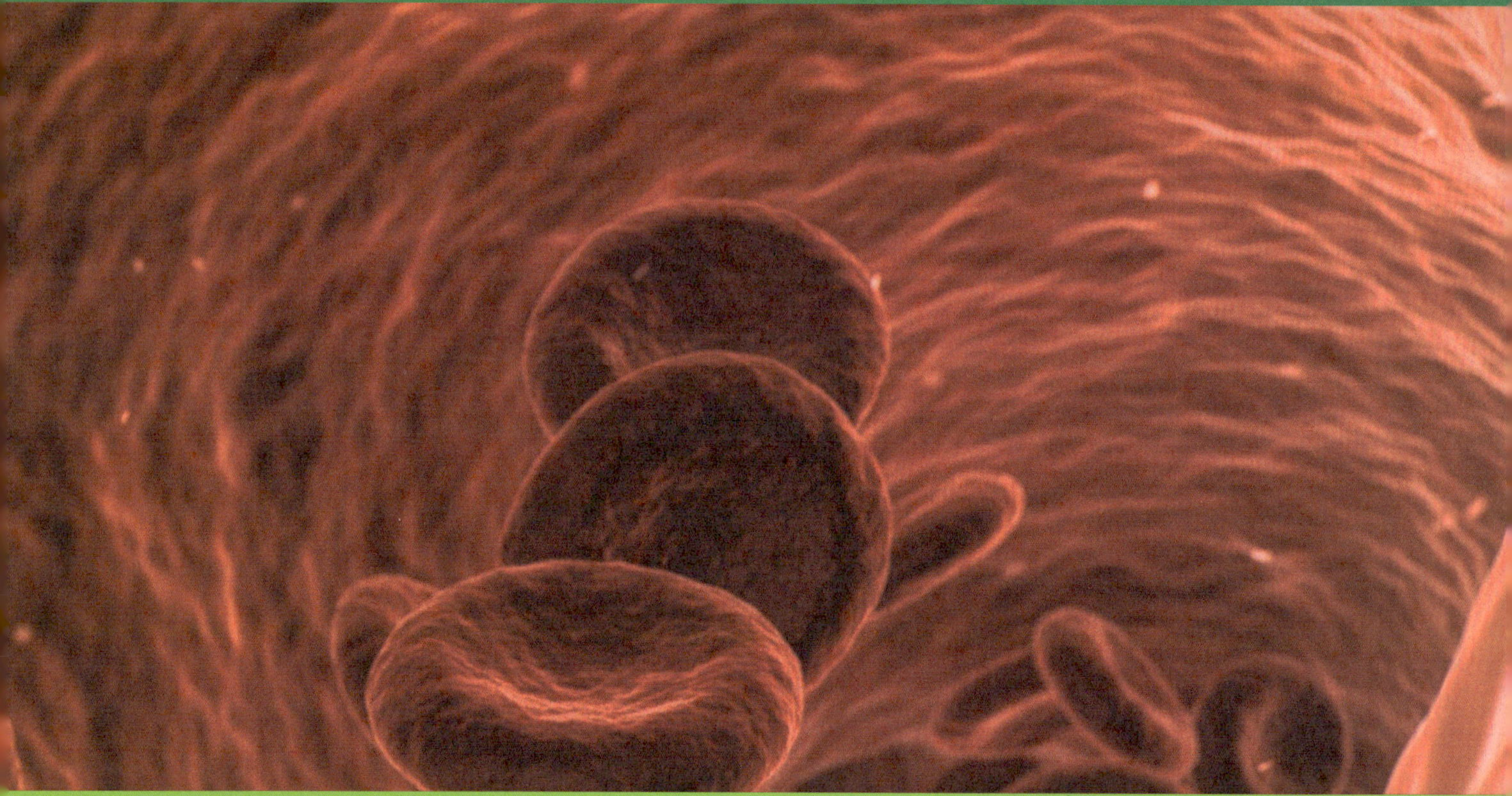

B4 生命过程

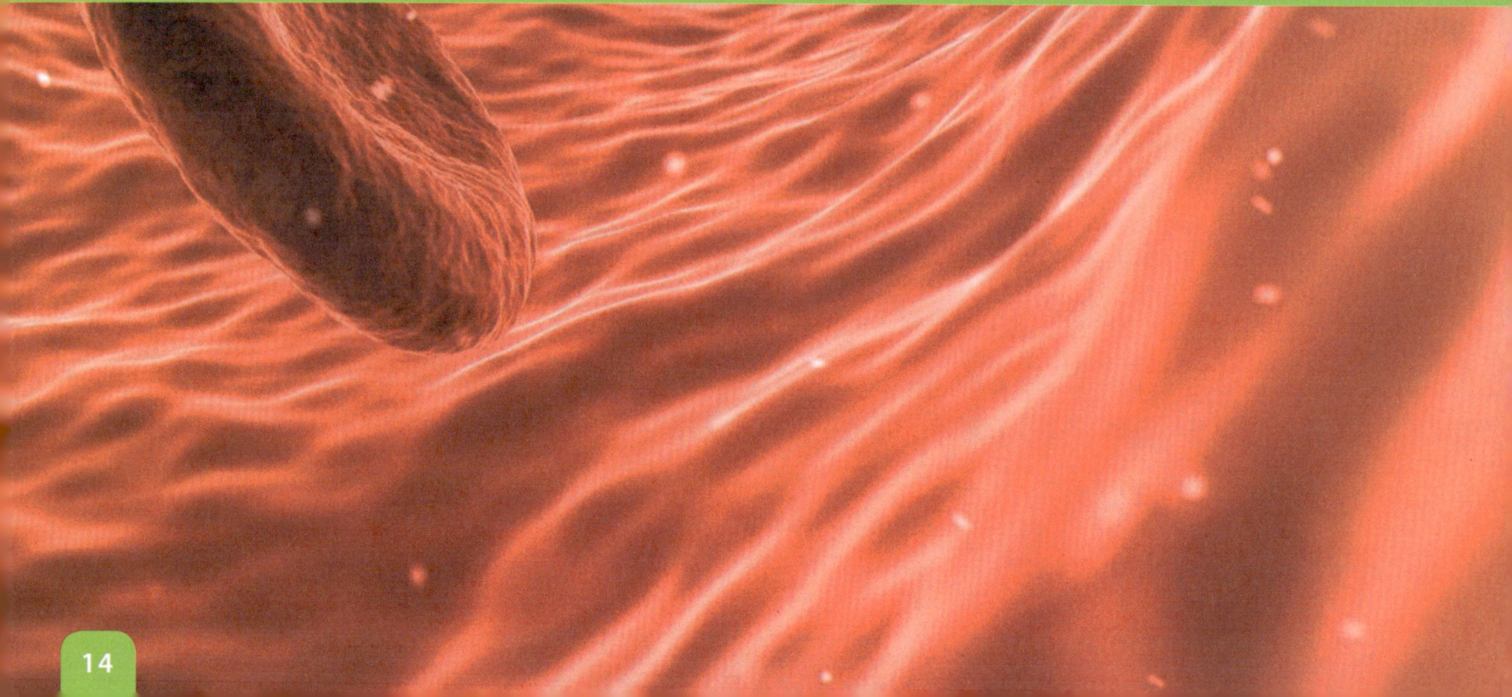

为什么要研究生命过程？

无论是最大的动物还是最小的细菌，它们的细胞中都在发生着相同的生命过程。所有的生物都需要处理养料分子以获取能量、修复损伤及长出新细胞。酶能加快这种过程，但只有在特定条件下，这种功能才能达到极致。理解生命过程有助于我们治疗疾病、改善食品生产，也能使我们对地球上的生物作较为全面的了解。

已经知道的知识：

- 细胞核中的基因控制着生物细胞的发育和功能。
- 基因向细胞发出制造蛋白质的种类和方式的信息。
- 生物要适应环境并和其他生物竞争以延续生存。
- 所有生物消耗的赖以生存的能量，归根结底几乎都来自太阳。
- 植物的光合作用只利用了太阳能的一小部分。
- 由光合作用转化来的能量储存于光合作用合成的有机物中。

要发现什么？

- 所有生物细胞中的化学反应过程
- 酶加快化学反应过程的方式
- 细胞利用呼吸作用释放能量的方式
- 光合作用捕获的太阳能是食物链的开端
- 探究变量和结果间关系的调查方法

科学的应用

光合作用为地球上所有的生物提供了能量。呼吸作用分解糖并产生细胞所需的能量；而光合作用利用太阳能将二氧化碳和水结合起来生成了糖。由此生成的这种能量在食物链中传递。

科学观点

为了调查一定因素的变化对结果的影响，就必须对其他任何可能影响结果的因素进行控制。

A 所有生物所具有的特征

通过探究发现

- ✔ 所有生物所具有的生命过程

绝大多数生物是由**细胞**(cell)构成的。有的生物是单细胞的，也有的是像人那样由数以十亿计的细胞构成的。人不是像**细菌**(bacteria)那样的单细胞结构。但有很多过程对所有生物是相同的。

运动

细菌和动物都可以运动，以寻找食物、躲避捕食者或营造更好的生存条件。植物扎根于能获得阳光的地方，同样也是为了生存。

呼吸

细胞活动需要能量。呼吸是一系列的化学反应过程，能从食物分子(如糖)中摄取能量。**酶**(enzyme)使得植物、动物和微生物的细胞之中能发生这些反应。

感觉

生物需要感知周围环境并作出相应的反应。多数植物要在阳光下才能生长得好，而鼠妇却要逃离阳光。

生长

细菌生长并分裂而形成新的细菌。多数植物和动物，包括人都是由无数的细胞构成的，但它们也是由单细胞的受精卵发育而成的。

排泄

生物细胞产生的有毒废物(如果有的话)要排出体外。二氧化碳是通过呼吸排出的废物。

进食

生物需要能量，这主要从食物中获取。植物通过**光合作用**(photosynthesis)制造养分。

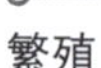

繁殖

所有生物最终都要死去。繁殖产生的新一代使种群能够延续下去。

生命过程

植物细胞中的叶绿体，就像是一个将小分子合成为大分子的生物化学工厂。细胞通过化学反应来合成、复制和修复自身；通过呼吸作用将获取的食物分解并释放出能量。

这是所有生命体共有的生命过程。人体中的细胞每时每刻都在进行着令人惊奇的各种化学反应，而所有这些发生在生物体内的反应都要由酶来催化。每个细胞中都具有制造这些酶的指令基因。

利用生命过程制造酶

人们常用诸如发酵桶那样的大容器来培养细菌以大量获取酶（如下图所示）。容器中注入培养液，温度、pH 和氧浓度等都被控制在最适宜细菌生长的范围内。

细菌在生长过程中将酶排放到营养液中。营养液耗尽后，将细菌滤出，就可以从剩余溶液中提取酶了。这种方法是食品、染料及洗涤剂工业中可靠的获取酶的方法。

每个细胞中的叶绿体都是一个生物化学工厂。

细菌在这种容器中生长，产生了用于使牛仔服褪色的酶。

和其他生物一样，细菌也需要摄取营养。为了消化食物，细菌合成能将食物分子分解为可吸收物质的酶，并将这些酶释放到环境中。

关键词

- 细胞
- 细菌
- 酶
- 光合作用

问题

1. 列出生物所共有的生命过程。
2. 哪个过程产生了生物细胞所需要的能量？
3. 推测人感知环境并作出相应反应的方式。
4. 如果人类尚未了解细胞中的生命过程，试给出人类的生活会与今天大不相同的几个方面。

B 酶

通过探究发现

- 没有酶我们就无法生存的原因
- 酶起作用的方式

细胞中进行的化学反应依赖于酶。每个细胞中都有生产酶的指令基因。酶在一定条件下（如适宜的温度）才能产生最好的功效。这表明保持细胞内部的相对稳定状态非常重要。

酶是什么？

酶是加速生物体中化学反应的**催化剂**（catalyst）。它实质上是一种有机物。绝大多数酶是**蛋白质**（protein），而蛋白质是由**氨基酸**（amino acid）长链所构成的大分子。不同蛋白质中的长链是不同的，即有不同的形状。酶的形状决定了它的功能。构成酶的氨基酸的排列方式是由基因中的信息决定的。

酶如何起作用？

一些酶能将大分子分解，也有一些是能将小分子结合起来。总体上，分子必须精准地和酶上的**活性部位**（active site）相匹配，这恰如一把钥匙开一把锁。科学家形象地把这一匹配现象称为**锁－钥模型**（lock-and-key model）

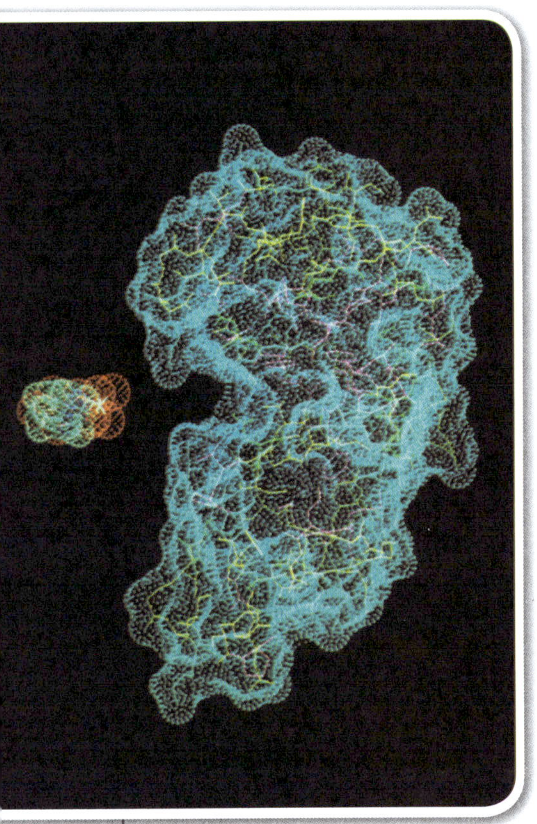

电子计算机模拟的酶的图形。其显示了酶的活性部位和反应产物。

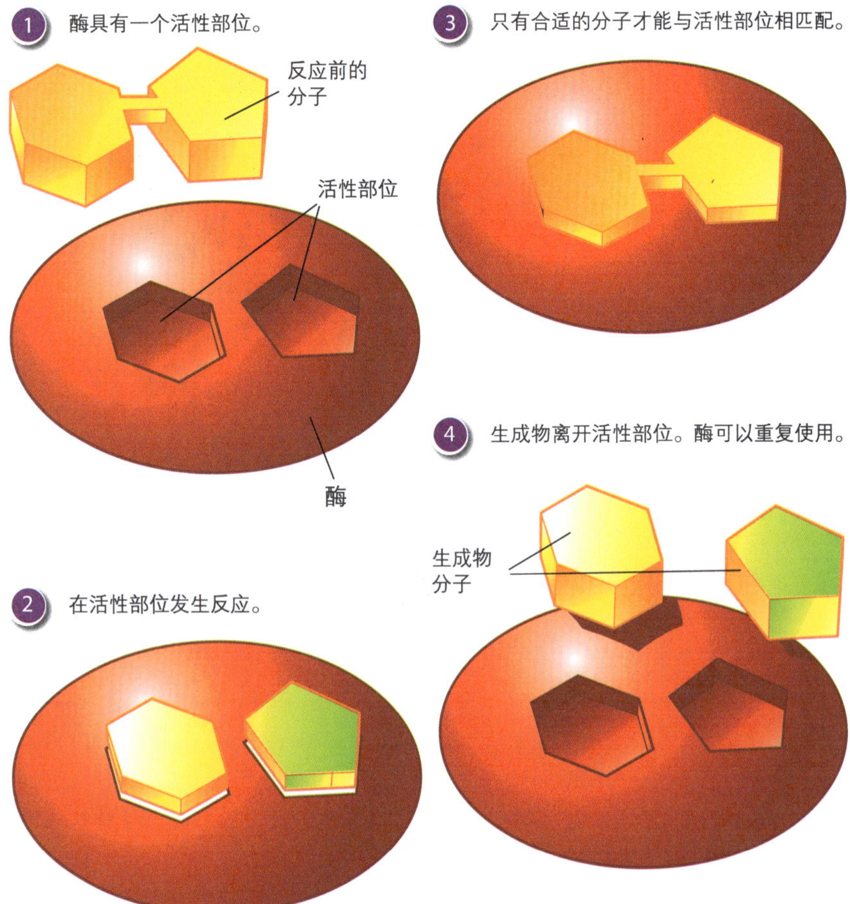

酶的锁－钥模型作用。（注：这仅是结构示意图。这表示如果能看到分子和酶的话，它们并非如图所示那样工作。酶含有很多分子。右图只是演示酶起作用时的一种图形或模型）

为什么需要酶?

在没有酶的情况下，在 37 ℃体温下，人体内所发生的化学反应将十分缓慢，不足以维持生命活动。

加快反应速度的一种方式是提高温度。但高温却会杀死人体细胞。另外，维持体温要利用**呼吸**（respiration）产生的能量，而保持高体温将耗费大量的食物。

酶能在正常体温下加快反应速度以满足人体所需。它可将反应速度提高 100 亿倍！这也是没有酶便没有生命的道理。

45 ℃
44 ℃ 死亡
42 ℃ 神经系统破坏
40 ℃
>37.5 ℃ 发烧
36.6 ℃–37.5 ℃ 正常的体温范围
35 ℃
<35 ℃ 低体温
33 ℃ 失去意识
30 ℃
30 ℃ 失去体温调节功能
28 ℃ 肌肉失去作用
25 ℃

取自食物的能量中，有 80% 被用于维持体温。如果要保持较高体温的话，就需要花大量时间进食。

人体温度约为 37 ℃。体温正常值是一个很小的温度范围，高于 42 ℃或低于 28 ℃会导致死亡。

相对于体积而言，鼩鼱的体表面积较大，故向环境散发的热量也较多。为获取足够的热量以维持体温，它每天要吃掉相当于自身体重 70% 的食物。若不如此，它只能活 2—3 小时。

问题

1. 试写出：
   a. 酶的构成
   b. 酶的作用
2. 说明酶的作用方式。请利用本节中的关键词作答。
3. 淀粉酶能将淀粉（starch）分解为糖（麦芽糖）。而过氧化氢酶能将过氧化氢分解为水和氧气，它为何不能分解淀粉?

关键词

- 催化剂
- 蛋白质
- 氨基酸
- 活性部位
- 锁－钥模型
- 呼吸
- 淀粉

C 为酶营造发挥作用的最佳条件

通过探究发现

- 温度和 pH 对酶的效能的影响

温度对酶的效能的影响

低温下，随着温度的升高，酶的反应速度加快。但高于一定温度后，反应反而停止了。这是因为绝大多数酶是蛋白质，较高的温度改变了它的形态，使其不再能发挥功效了。下图中的锁－钥模型对此进行了解释。

诸如南极鳕鱼那样的“冰鱼”在 2℃时最为活跃。这是因为它们体内的酶在此温度下能发挥最佳功效。其他大多数生物在此温度下反应缓慢甚至会死亡。

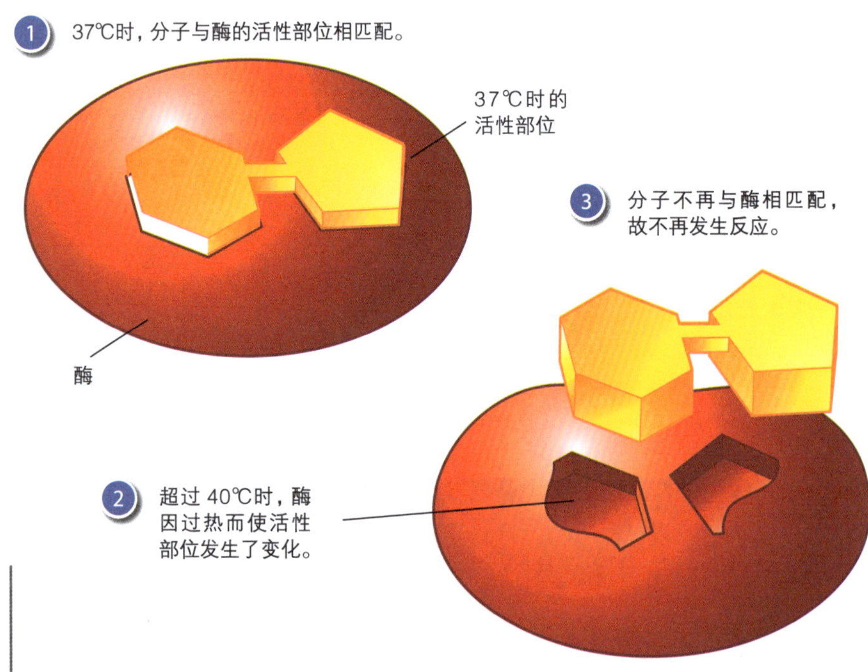

酶反应因温度升高而停止的原因。

生活在温泉中的细菌体内的酶能承受较高的温度。

酶在高温下的变性

高温将改变酶的形状，虽没有毁坏它，但若再将酶冷却，也不能恢复至原来的形状，就像冷却了的煮鸡蛋白不能再变为鸡蛋清一样。这是因为此时的蛋白质是不能还原的。这个过程被称为酶的**变性**（denatured）。

为什么是 37℃？

能最大程度发挥酶的功效的温度称为**最适温度**（optimum temperature）。人体中的酶在 37℃时能发挥最佳功效。不同生物的细胞和酶适应的温度是各不相同的。

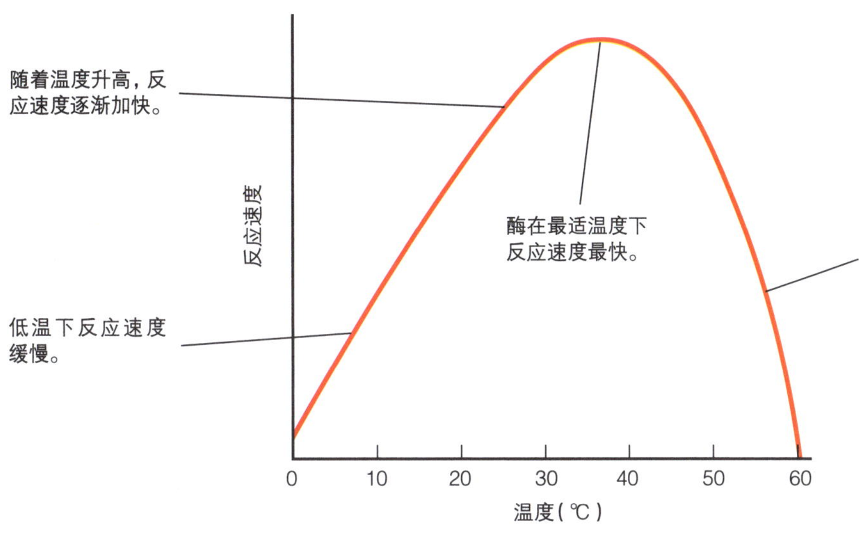

酶的最适温度和反应速度随温度变化的示意图（其他条件不变）。

pH 也能对酶产生影响

包括酶在内的蛋白质能被酸和碱破坏掉。这时将蛋白质维系在一起的键发生断裂，酶的活性部位将发生变化，酶的作用物也将不再与之相匹配，酶发生了变性。每一种酶发挥最佳功效时所需的 pH 各不相同。

关键词
- 变性
- 最适温度

酶	作用	最适pH
唾液淀粉酶	将淀粉分解为糖（麦芽糖）	4.8
胃蛋白酶	将蛋白质分解成氨基酸	2.0
过氧化氢酶	将过氧化氢分解成水和氧气	7.6

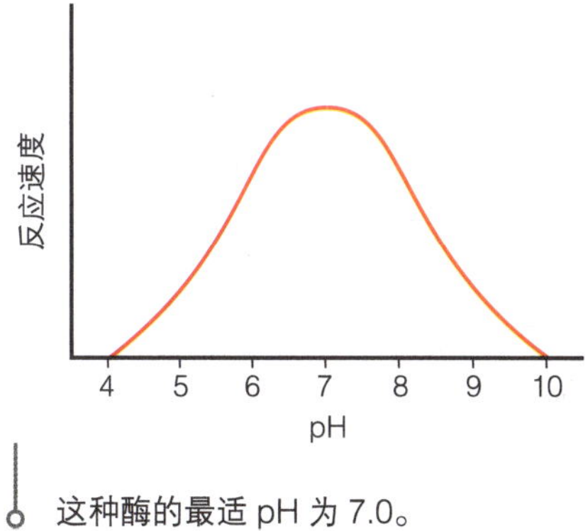

这种酶的最适 pH 为 7.0。

问题

1. 说明在较高温度下酶的催化功能停止的原因。
2. 酶的最适温度的含义是什么？
3. 来自食物中和细菌、真菌等微生物中的酶易使食物变质。为什么将食物冷藏能保鲜数天，而冷冻则更能保鲜数月之久？
4. 英国常见的洋芋中含有淀粉合成酶。它能促进葡萄糖合成淀粉。一些同学通过实验比较了其在 5℃、20℃和 45℃时的反应速度。
思考洋芋生长环境中的温度因素。推断实验中的下述做法所产生的结果：
a. 将温度由 5℃升至 20℃
b. 将温度由 20℃升至 45℃

D 酶在植物中的功能

通过探究发现

- 光合作用为地球上的生命提供能量的方式
- 光合作用产生葡萄糖的作用

关键词

- 叶绿素
- 葡萄糖
- 叶绿体
- 纤维素
- 液泡
- 细胞壁
- 细胞核
- 细胞膜
- 细胞质

人体的每个细胞里，每秒钟都在酶的催化下发生着无数次化学反应，正因如此，植物也才充满生机。植物中具有制造各种特定酶的指令基因。如果没有发生在植物细胞中的这些反应，人和其他动物都将无法生存。

光合作用

植物从阳光中获取能量。这看起来如同日光浴，却是大自然产生的奇迹。它包含了很多复杂的化学反应。

在光合作用过程中，植物利用太阳能制造它生长所需的所有物质，其中包括葡萄糖、淀粉和**叶绿素**（chlorophyll）等。这些物质也养活了食物链中的其他生物。故可以说，光合作用为地球上的生命提供了生存下去的养分。

光合作用过程

光合作用的化学方程式如下：

$$6CO_2 + 6H_2O \xrightarrow{\text{光能、叶绿素}} C_6H_{12}O_6 + 6O_2$$

二氧化碳　　水　　葡萄糖　　氧气

注意不要被这一化学方程式所误导：反应不是一步到位的，它只是这一过程的综合，其实这一过程含有许多小步骤。

葡萄糖（glucose）分子由碳原子、氢原子和氧原子构成，故又称为碳水化合物。光合作用是在**叶绿体**（chloroplast）中发生的，叶绿体中含有吸收、转化光能的绿色色素——叶绿素。

叶绿素利用光能将水分子分解成氢离子和氧离子，氢再与来自空气中的二氧化碳结合形成葡萄糖，而氧则作为反应的废物被排放至空气中。只要原料和阳光充足，温度适宜，一棵大树一天能制造出 2000 kg 葡萄糖。

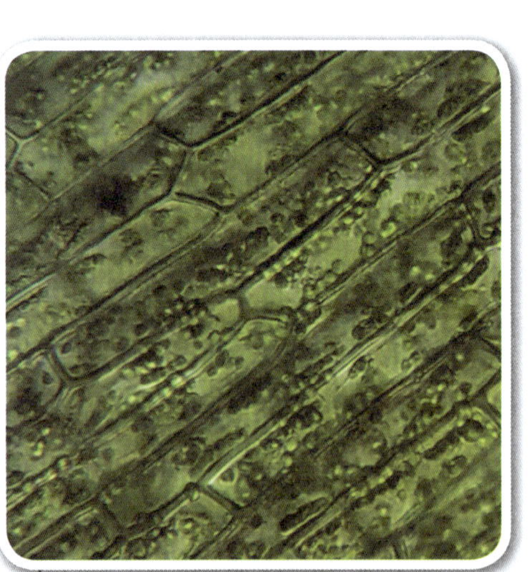

叶绿体中含有被称为叶绿素的绿色色素和光合作用所需的酶。

利用光合作用产生葡萄糖

光合作用产生了葡萄糖和氧气。葡萄糖可转化为可储存的淀粉或成为可构成细胞壁的纤维素，还参与构成诸如脂肪、蛋白质和叶绿素等分子。

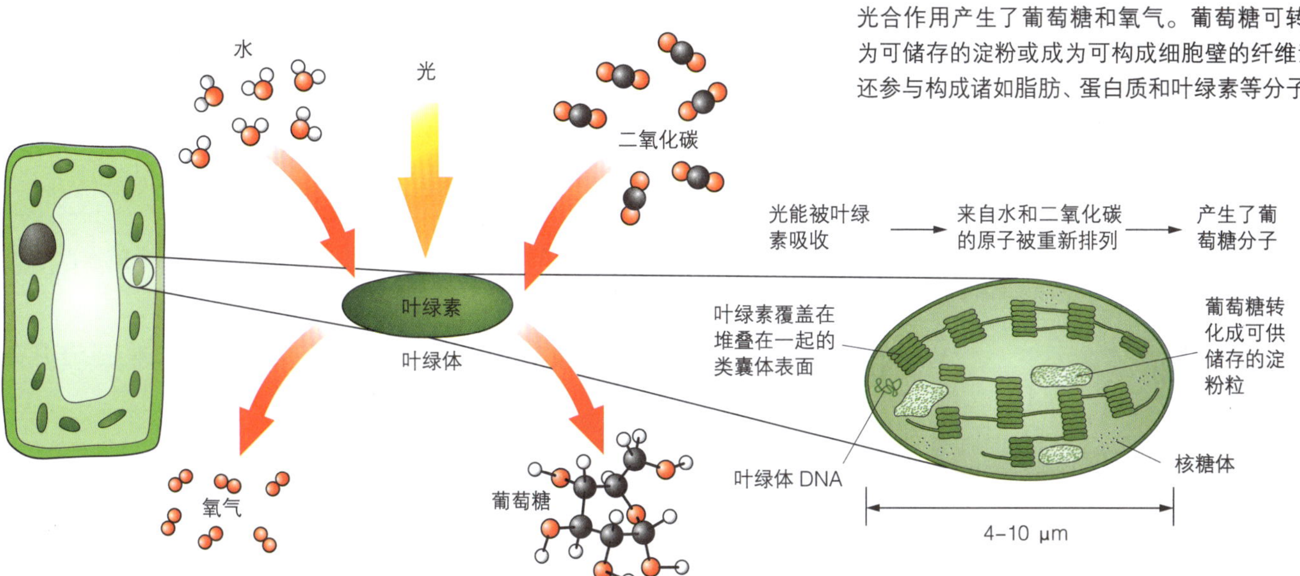

光合作用产生的葡萄糖以 3 种方式被植物细胞应用：

（1）制造细胞生长所需的化学物质

葡萄糖转化成其他化合物，如脂肪和蛋白质等。**纤维素**（cellulose）和淀粉是植物体内两种重要的碳水化合物。它们都是葡萄糖的多聚物，即是由成千上万个葡萄糖分子链接而成的。

植物细胞中的淀粉粒。（放大 200 倍）

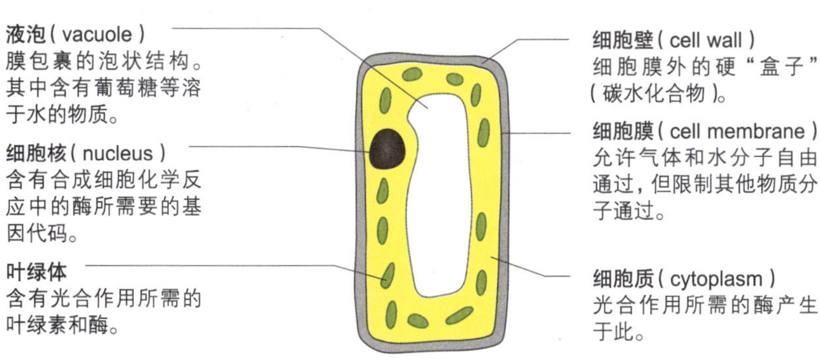

植物细胞中含有光合作用所需的各种结构。

（2）将能量储存在淀粉中

除供植物生长所需外，所有富余的葡萄糖都转化成淀粉。淀粉是一种可储存的物质。需要时它还可反向转化成葡萄糖。淀粉被储存在叶细胞中。但也有一些植物具有特殊的器官，如马铃薯的块茎，其细胞内充满了淀粉。

（3）呼吸作用释放能量

葡萄糖分子在呼吸过程中被分解，储存在其中的能量就被释放出来用于细胞中的化学反应，这包括将葡萄糖转化为纤维素、淀粉、蛋白质等过程。

问题

1. 写出光合作用过程的文字表达式。
2. 作图显示在光合作用过程中化学物质进入和逸出植物叶片的情况。
3. 描述光合作用产生葡萄糖的主要步骤。
4. 光合作用在植物细胞中起到了 3 个作用。说明它们分别是什么。

E 植物中的扩散和气体交换现象

通过探究发现

- 化学物质进出细胞的方式
- 光合作用中二氧化碳和氧气进出植物叶片的方式

每时每刻都有分子进出细胞。细胞既需要稳定的原料供给，以实现各种化学反应，还要排出废物。

发生在植物叶细胞中的光合作用过程利用的是二氧化碳，产生的废物是氧气。这些分子的运动通过**扩散**（diffusion）过程进行。

扩散

气体和液体中的分子时刻都在做无规则运动。它们因相互碰撞而改变方向，从而使自身分布开来。

总体上，从聚集处分散开的分子数多于聚集的分子数，即总体上分子从高浓度区向低浓度区扩散。

例如，泡茶的过程中，物质分子从茶袋处向外扩散。扩散是一种自发的过程，不需要外部输入任何能量。

① 开水浇在茶袋上

开始时，物质分子集中在茶袋附近，只有少数跑到水的其他部分。

② 约 30 秒后的情况

物质分子一直从高浓度区向低浓度区运动。

③ 约 2 分钟后的情况

物质分子均匀地分布在水中。

游泳运动员的细胞呼吸需要氧气和葡萄糖，排出二氧化碳。这些分子通过扩散进出细胞。

供应光合作用

光合作用是一个充满生机的过程，它需要太阳能。植物叶子的特殊结构使得光合作用所需要的物质能够进入，产生的氧气能够排出。这一切都是由扩散过程来完成的。

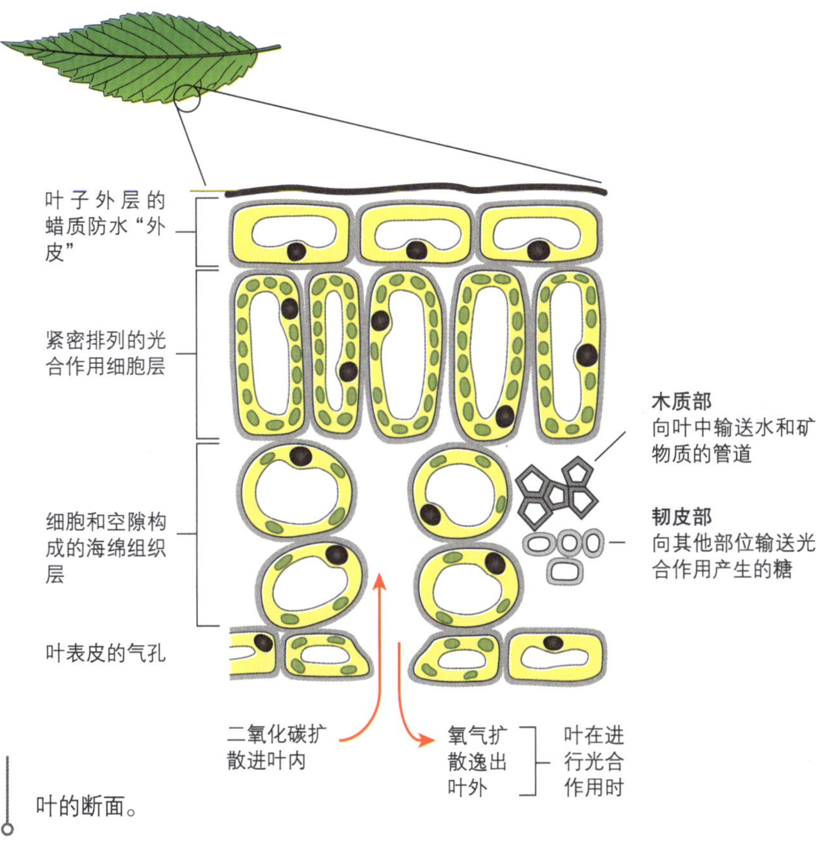

叶的断面。

叶中的光合作用、扩散和气体交换

叶的下表面有无数的微小**气孔**（stomata），使得二氧化碳能进入叶中并能排出氧气。这些气体都是从高浓度区扩散到低浓度区。

	二氧化碳	氧气
光合作用中的叶细胞	• 二氧化碳被用于细胞中的光合作用。 • 叶细胞中的二氧化碳浓度较低。	• 光合作用产生氧气。 • 叶细胞中的氧气浓度较高。
	进入叶中（↑）二氧化碳通过气孔扩散进入叶细胞，作为光合作用的原料。	排出叶外（↓）氧气通过气孔扩散到叶外。
叶子周围的空气	• 空气中的二氧化碳浓度较高。	• 空气中的氧气浓度较低。

关键词
- 扩散
- 气孔

问题

1. 试写出扩散的定义。
2. 举出 3 种通过扩散进出叶细胞的化学物质。
3. 试说明扩散使我们能闻到面前盘中炸薯条香味的原因。
4. 蚯蚓没有肺，但它的皮肤能利用扩散现象使土壤孔隙中的氧气进入且使体内的二氧化碳气体逸出。为什么？

渗透

通过探究发现

- 水分子的渗透作用
- 细胞需要稳定的水平衡的原因
- 植物细胞以淀粉的形式储存葡萄糖的原因

水是所有生物的重要组成部分。没有水，细胞内部的化学反应就无法进行。

渗透（osmosis）实质上是一种扩散现象，它使水能进入或逸出细胞。细胞膜在这一过程中起到了重要作用。

细胞膜是部分渗透的

一些种类的分子能通过细胞膜，还有一些则不能。细胞膜上的微小通道使水等分子能通过，较大的分子则不能通过。故我们说细胞膜是**部分渗透膜**或**半透膜**（partially permeable membrane）。

下面的图 a 和图 b 显示了水分子的渗透过程。在这一例子中，细胞膜允许水分子通过而不允许较大的葡萄糖分子通过。

图例

半透膜允许某些种类的分子通过，而阻拦其他种类的分子

葡萄糖分子

水分子

水分子和葡萄糖分子结合（这种分子无法自由渗透）

（注：在这些图中，圆圈表示分子而不是原子。细胞膜也是由分子构成的）

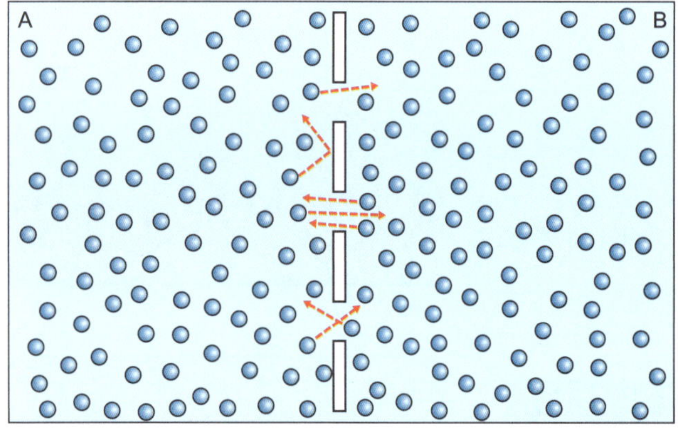

模式图（未按实际比例）

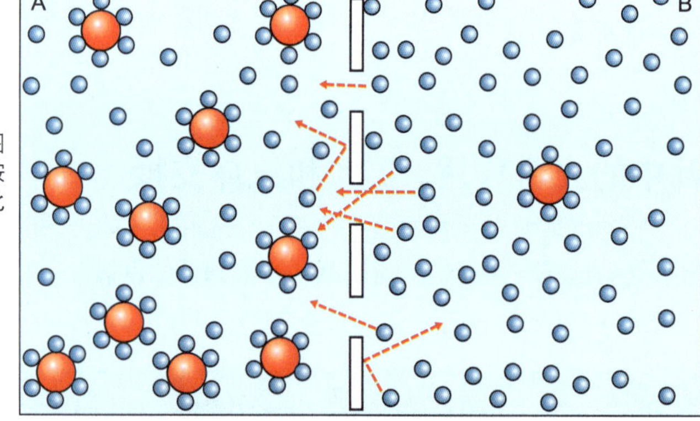

a 细胞膜将水分子隔开。水分子做无规则运动。通过细胞膜从左侧（A）到达右侧（B）的分子数和从右侧（B）到达左侧（A）的分子数基本相同。

b 细胞膜将两种葡萄糖溶液隔开。右侧（B）的水分子较多而葡萄糖分子较少。水分子从高浓度区向低浓度区渗透。因此，水分子总体上是从右侧（B）向左侧（A）运动。

关键词

- 渗透
- 半透膜
- 稀溶液
- 浓溶液
- 不可溶
- 淀粉粒

水分子的运动

含高浓度可自由移动的水分子的溶液称为**稀溶液**（dilute solution）。例如，如要稀释果汁饮料，就要往其中加水。果汁**浓溶液**（concentrated solution）中的水分子相对较少。

更多的水分子会从水分子浓度高的区域离开。这和前面论述过的水分子扩散现象一样。总体上，水从稀溶液通过半透膜流向浓溶液的现象称为渗透。

植物细胞内部的渗透现象

植物没有支撑起自身的骨骼，故细胞要通过维持合适的大小和形状来保持整体结构。渗透在其中起到了重要的作用。它使植物的根能获取水分，并决定了水从一个细胞到另一个细胞，直至流遍整个植物的方式。

植物的细胞质中要保持适当的水。如果植物摄取了过多的水，它将膨胀起来，但是强有力的细胞壁使它不能胀裂开来。而如果植物失去了过多的水，则它会皱缩。

右边的两幅图显示了植物缺水会造成的后果。

照片显示的是同一株植物。下面的照片中是 10 天没给它浇水的情况。注意：随着植物细胞的死亡，其结构也将发生变化。

葡萄糖是以淀粉等形式储存在植物中的

植物在光合作用过程中制造了葡萄糖。葡萄糖从叶片输送至其他部位的细胞中储存，以供呼吸时使用。葡萄糖的储存为植物细胞出了难题：它可能因渗透作用获取过量的水。因为细胞外的水将进入具有高浓度葡萄糖溶液的细胞中。为克服这一问题，葡萄糖是以淀粉等形式储存的。

像淀粉那样的大分子碳水化合物在水中是**不可溶**（insoluble）的，它对植物细胞中液体的浓度影响很小。这使得淀粉成为葡萄糖理想的储存方式。淀粉不影响水进出细胞的流动，它以很小的**淀粉粒**（starch grain）的形式储存在细胞中。

问题

1. 说明半透膜的意义。
2. 写出渗透的定义。
3. 一位同学将一粒葡萄干放在一杯水中。他注意到葡萄干膨胀了起来。试解释这一现象，并用图显示水的流动。
4. 说明细胞以淀粉的形式储存葡萄糖的原因。
5. 水以渗透的形式进入根细胞中，这说明在土壤中水分子浓度是怎样的情况？

来自土壤的矿物质

通过探究发现

- 植物需要矿物质的原因
- 矿物质通过主动运输而被根吸收的方式

植物利用太阳能进行光合作用。这一过程制造呼吸作用所需的葡萄糖，葡萄糖是制造蛋白质、脂肪和DNA等分子的必需原料，同时也需要来自土壤的矿物质元素。

制造蛋白质需要氮

蛋白质是由氨基酸构成的长链组成的。为制造氨基酸，就必须使氮和光合作用产生的葡萄糖中的碳、氢、氧等相结合。

地球上大多数的氮存在于空气中，但植物摄取的氮主要是由**根毛细胞**（root hair cell）吸收土壤中的**硝酸根离子**（nitrate ion）而来的。

氮并非植物唯一需要的物质。例如，植物还需要镁来制造叶绿素、需要磷来制造DNA。随着蛋白质被用于构建细胞和制造酶，氮的需求量是非常大的。肥料中就含有诸如磷和氮等植物需要的矿物质。

硝酸根含有如下一组原子：

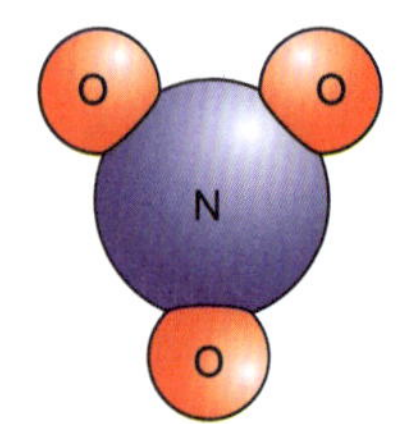

（这一组原子整体带负电荷）

硝酸根离子存在于土壤水和河、海中。

硝酸根离子通过主动运输被吸收

植物的根吸收溶解于土壤水中的硝酸根离子。根细胞内部的硝酸根离子浓度比根周围土壤中的高。因此，扩散作用将使根中的硝酸根离子逸出而进入土壤。为克服这一点，细胞利用了一种称为**主动运输**（active transport）的过程将硝酸根离子从土壤“泵”入根中。

放大植物根系以显示根毛细胞

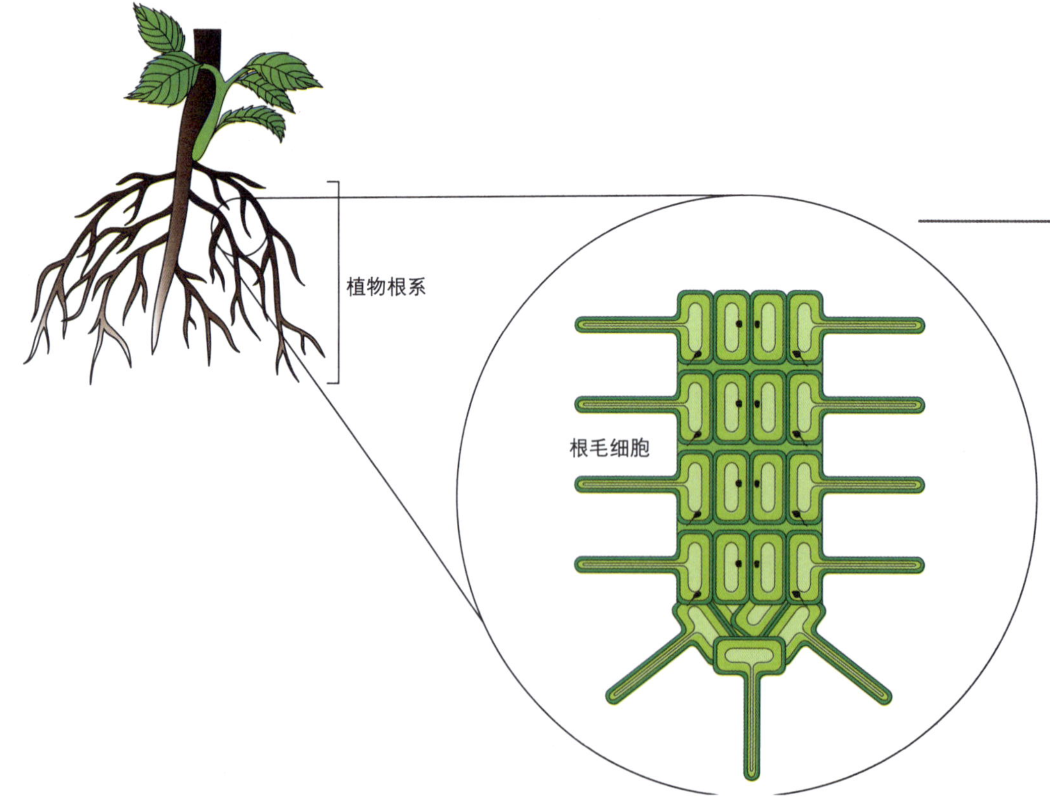

植物的根系具有非常大的表面积，这有助于吸收水和矿物质。小的根毛细胞通过主动运输吸收诸如氮那样的矿物质。

使分子进入细胞的其他方式

当细胞需要吸收某种物质，但细胞内这种物质的浓度大于外部时，则要利用主动运输的方式。

在主动运输过程中，细胞要利用呼吸放出的能量来通过细胞膜运输分子。主动运输的一个例子是植物的根逆着浓度扩散梯度吸收硝酸根离子。

关键词
- 根毛细胞
- 硝酸根离子
- 主动运输

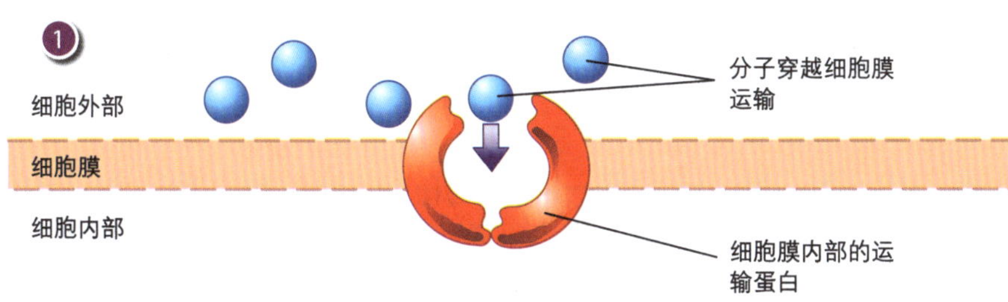

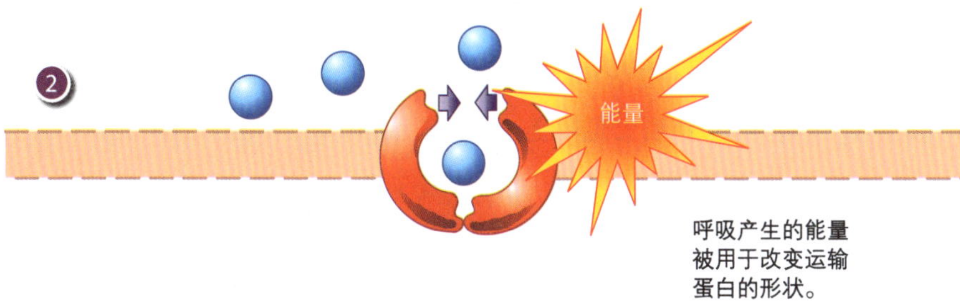

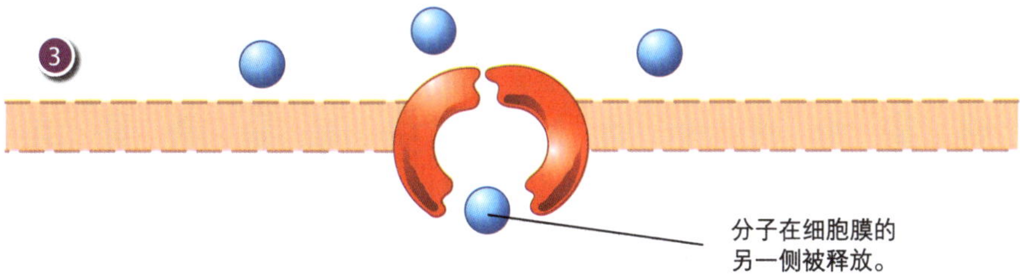

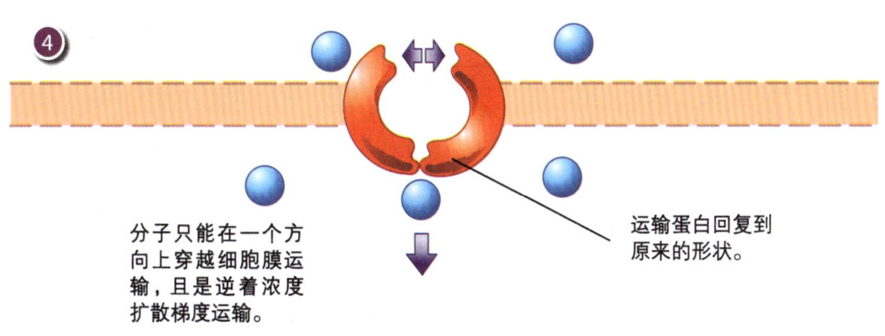

主动运输使分子穿越细胞膜运动。

问题

1. 试说明细胞有时需要利用主动运输的原因。
2. 举出一种要利用主动运输才能进入细胞的物质。
3. 写出扩散和主动运输的两个主要区别。
4. 为什么植物细胞需要硝酸根离子？

H 光合作用的速度

通过探究发现

- ✔ 限制光合作用速度的因素

左图给出的是一处精心控制的温室的内部照片。这里的西红柿是在光合作用的最适条件下生长的，故它们可以最快的速度制造葡萄糖。这些都是菜农们精心设计的，为的是尽可能提高西红柿的产量。

当温度升高时，所有的生化反应都会加快，光合作用当然也不例外。温室的温度保持在 26℃。这是西红柿进行光合作用的最适温度。英国由于气温较低，故很多适应热带气候的植物无法在此生长。对植物而言，降低温度如同人在爬山时出现体力极限，冷到一定程度后，很多大型植物就不能有效地进行光合作用了。

在这个温室中一年四季都种植了密集的西红柿。

加快光合作用的方法——加大光的照射强度

其他因素也会对光合作用产生影响。光能量驱动着光合作用。因此，增大植物接受的光照射量应该能增大光合作用的速度。

下图显示的是一个调查**光强度**（light intensity）影响一株水草**光合作用速度**（rate of photosynthesis）的实验。实验结果显示在左下图中。该图显示：

- 光强度低时，增大光强度能增大光合作用的速度。
- 到达一定值后，再增大光强度，光合作用的速度就不会再增大了。

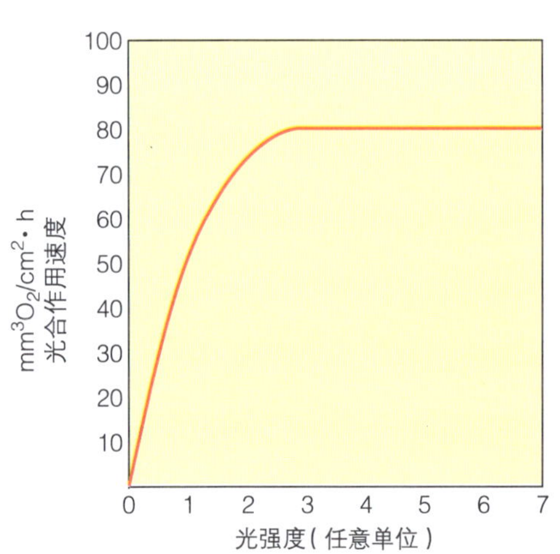

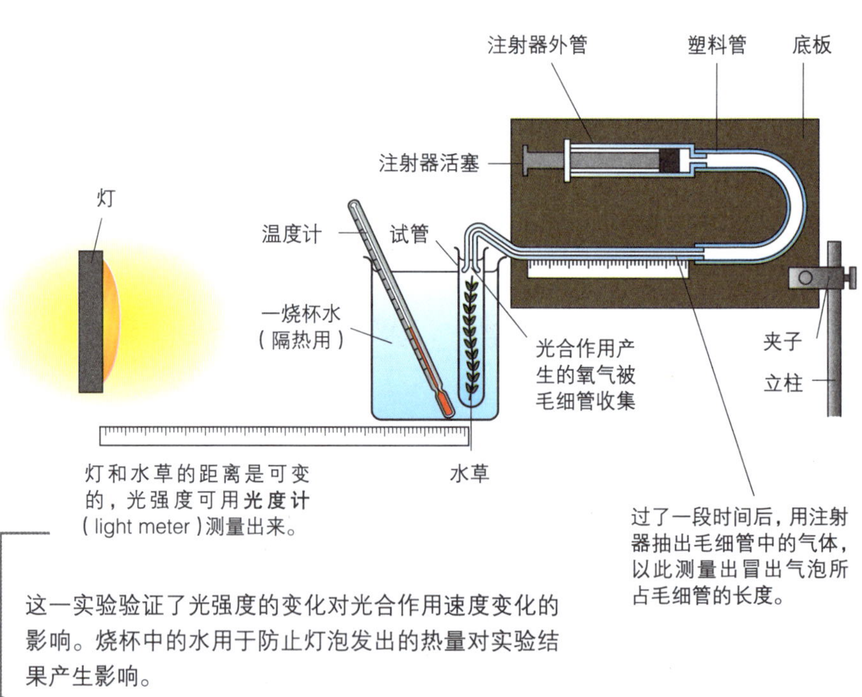

这一实验验证了光强度的变化对光合作用速度变化的影响。烧杯中的水用于防止灯泡发出的热量对实验结果产生影响。

为什么反应速度不能一直升高？

仅有光，光合作用也是不能发生的。如果没有充足的二氧化碳、水和叶绿素，光的强度再大也不能提高光合作用的速度。此外，温度也是提高光合作用速度的重要因素。如果只加大光的照射强度，而其他因素发生了短缺，则光合作用速度将不能得到提高。这一因素被称为**限制因素**（limiting factor）。

限制因素

在英国，夏季光合作用的限制因素往往是缺水，故植物叶上的气孔关闭以阻止水分散失。但这也将阻碍二氧化碳的进入。

下图中显示了两种二氧化碳浓度下光强度对光合作用的影响。二氧化碳浓度为 0.04% 时，光强度达一定程度后，光合作用的速度即不再提高。当将二氧化碳浓度提高为 0.4% 时，光合作用的速度又提高了。这表明二氧化碳是限制因素。但当一种因素满足后，其他因素又可能成为限制因素。

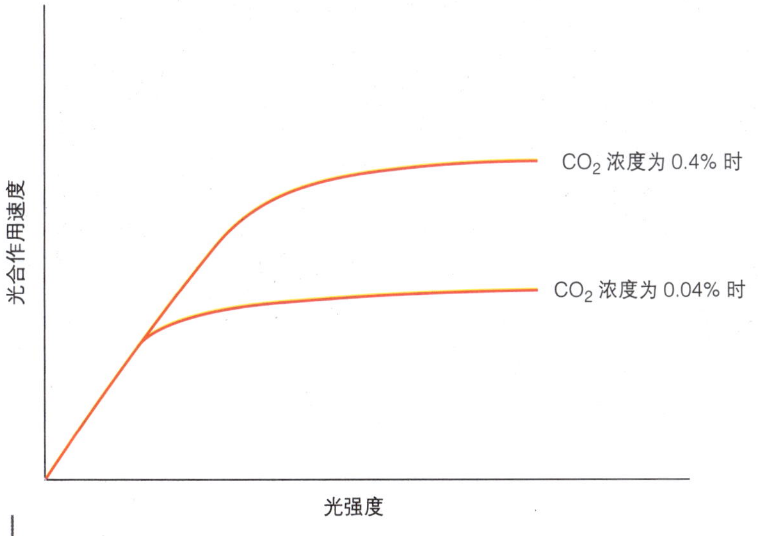

CO_2 浓度较高时，光合作用速度较大。但达到一定程度后，另一因素又限制了光合作用的速度。

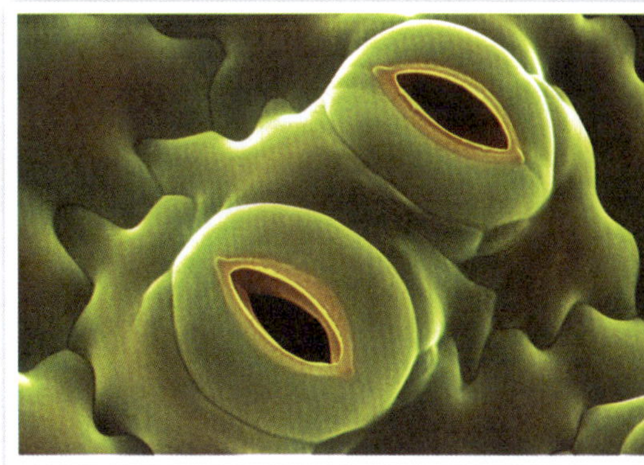

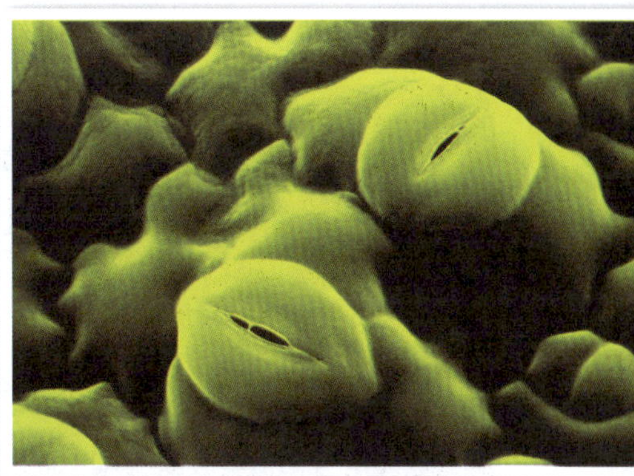

上图：叶背面的气孔使气体能进出叶片。
下图：气孔关闭以保持水分。（放大 400 倍）

关键词
- 光强度
- 光合作用速度
- 光度计
- 限制因素

问题

1. 写出 4 个能影响光合作用速度的因素。
2. 说明限制因素的含义。
3. 推测一种圆叶风铃草在春天的树林中生长的限制因素。

二氧化碳浓度与温室效应

空气中的二氧化碳浓度通常为 0.04%，超过 1% 则对动植物具有毒害作用。种植西红柿的温室中二氧化碳的浓度保持在 0.1% 左右。此时，再提高二氧化碳的浓度对光合作用速度就不再起作用了。故精明的菜农不会再多花钱去提高温室中的二氧化碳浓度。

通过探究发现

- 环境影响植物的生长
- 调查某个地区生存的植物的方式

为什么不同的地方生长着不同的植物？

植物种在哪里就能在哪里生长吗？这种说法对花园的情形是正确的，但在自然生态中并非如此。各种植物都从遍布全世界的各种**栖息地**（habitat）中受益。

一些植物要在阴凉处才能长得好，而有些适于在阳光下生长；一些植物需要大量的水，另一些却能在沙漠中存活。但是，所有的植物都需要适量的矿物质、水和阳光以使自己生长得最好。

树荫这种栖息环境决定了能在林地中生长的植物的种类。

不同的栖息地，不同的条件

树林是很多植物和动物的栖息地。较高的树能将树叶托举到高处，以获取较多的阳光，最大限度地进行光合作用。树木间的空隙使阳光能够照射到地面，但大部分林地处在树荫下，只有特定的植物能够生活在这种环境中。

关键词

- 栖息地
- 样本
- 样方
- 随机的
- 样带

了解不同的栖息地

为了解植物要生长在特定环境中的原因，就要测量诸如土壤 pH、温度、光照强度及水供应的可靠性等因素，还要采集足够的**样本**（sample），从中了解环境的真实情况。

科学家用一种被称为**样方**（quadrat）的格子调查一平方米面积内的植物。将样方放置于地上，精确计数样方内的植物，再根据检索表进行分组，用描述或作图的方法比较样本。植物的生长情况通常是用百分比来统计的。

样方的取样位置是在调查范围内**随机**（random）选择的，这增大了结果的可靠性。然后精确记录样方内的植物并明确其物种。

如果沿直线在有规律的间隔内取样，这称为**样带**（transect）。这对观察区域间植物种类的逐渐变化是十分有用的。例如，比较树荫下和田野中的植物等。用光度计可以精确测量照射光的强度，只要在不同位置将它的传感器置于相同的角度逐一读数，则可以进行类比。

科学家正在用样方记录 1 平方米内植物的生长情况。

比较圆叶风铃草

下表显示了对两个区域内圆叶风铃草生长情况的调查。取样区域不同：一种取自树林中的地上，另一种取自田野中部。

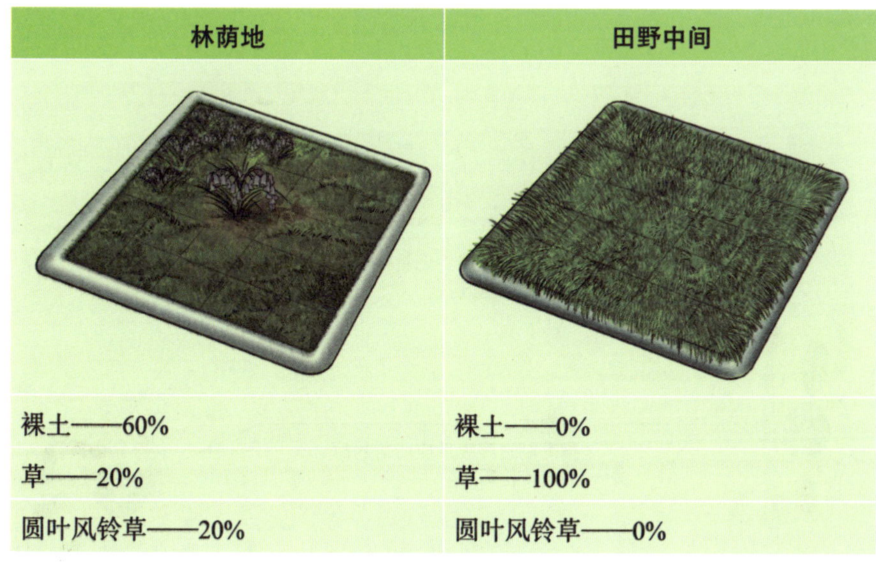

林荫地	田野中间
裸土——60%	裸土——0%
草——20%	草——100%
圆叶风铃草——20%	圆叶风铃草——0%

结果显示圆叶风铃草可在树荫下生长，而在田野中，它无法和杂草竞争。

问题

1. 植物生长需要什么？
2. 不同环境条件下，可能影响植物生长的因素是什么？
3. 想一下你如何弄清楚某地记录的植物和动物的数据，从而对整个区域内状况给出可靠的依据。
4. 仙人掌长有一层很厚的能防止水散失的蜡质外皮。在英国，它能在室内生长。试推测：若将仙人掌种在一个花坛旁边，将会发生怎样的情况。

生命需要能量

通过探究发现

- ✔ 植物和动物细胞中的有氧呼吸

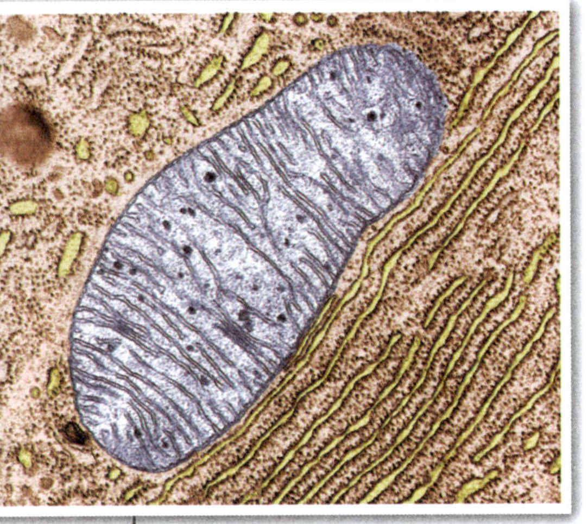

一些呼吸反应发生在细胞质中，还有很多发生在**线粒体**（mitochondria）中。这张线粒体照片是用电子显微镜拍摄的。（放大 64000 倍）

植物通过光合作用将二氧化碳和水合成葡萄糖。这一过程将太阳能转化成储存在葡萄糖中的化学能。细胞在呼吸过程中又释放出葡萄糖中的能量。所有生物细胞中都会发生这种精妙和谐的化学反应。

有氧呼吸

人体需要能量。人体内有数以十亿计的细胞，每个细胞每秒内都发生无数次化学反应以维持生命活动。这些反应需要稳定的能量供应。我们吃的食物能提供制造新细胞所需的物质，同时其中也储存着化学能源。通过呼吸作用，能释放出可资细胞利用的能量。

人所需的能量大多来自**有氧呼吸**（aerobic respiration）。在这一过程中，食物中的葡萄糖和氧气反应，释放出储存的能量。这一过程可被综合归纳成如下反应方程：

$$C_6H_{12}O_6 + 6O_2 \rightarrow 6CO_2 + 6H_2O \ (+\text{能量})$$

葡萄糖 + 氧气 → 二氧化碳 + 水

有氧呼吸是包括一系列反应的复杂过程，此方程仅表示综合的因果关系。

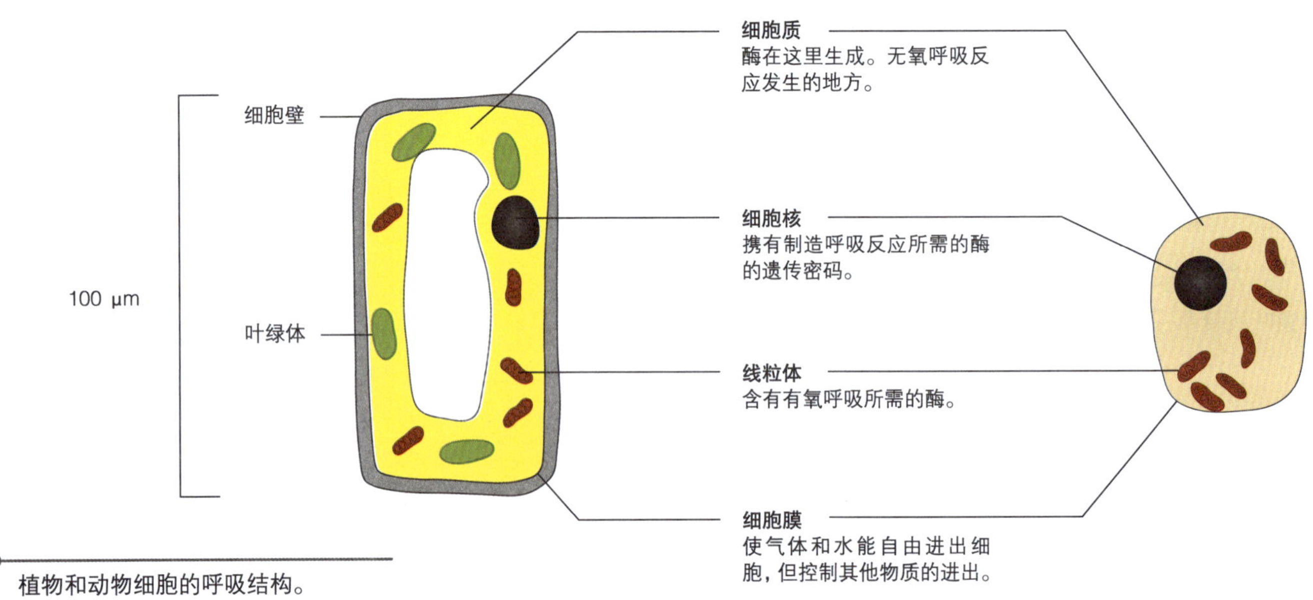

植物和动物细胞的呼吸结构。

呼吸作用产生的能量

所有的呼吸作用方式都能使葡萄糖中的能量释放出来，这些能量是细胞的很多反应过程所需要的。

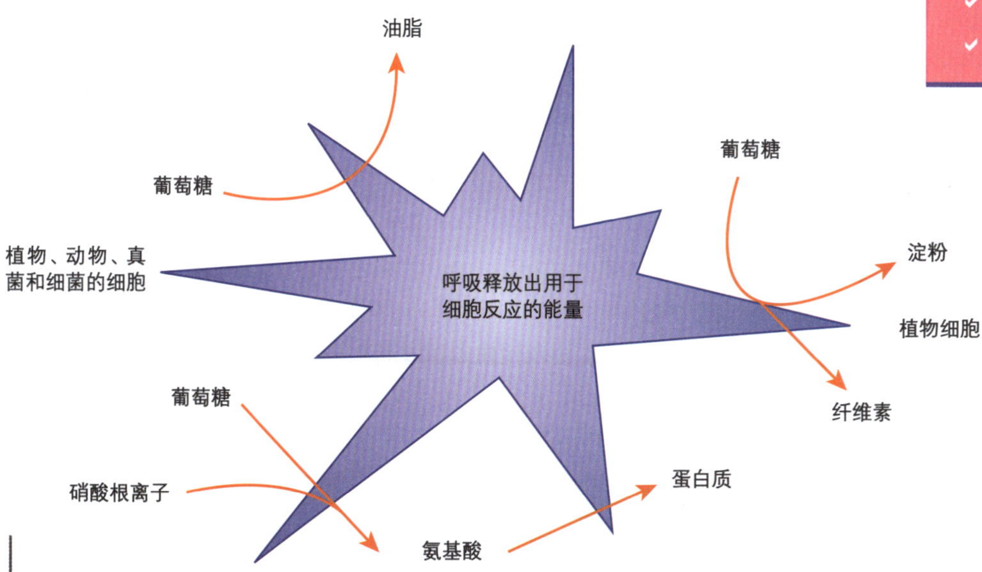

呼吸作用释放的能量被用于制造各种分子。其中包括葡萄糖的**聚合物**（polymer）、蛋白质、油脂等。

这个男孩身体上所发生的各种行为都需要能量——包括大脑处理信息、运动、维持体内状态、制造和修复细胞等。

关键词
- 有氧呼吸
- 线粒体
- 聚合物

问题

1. 写出人体中需要能量的 3 个过程。
2. a. 写出有氧呼吸的文字表达式。
   b. 对文字表达式进行注释：写出反应物的来源和生成物的情况。
3. 试说明植物的根通过主动运输吸收硝酸根离子需要能量，而二氧化碳在光合作用过程中进入叶中则无须外加能量的原因。

K 无氧呼吸

通过探究发现

✔ 人和其他生物的无氧呼吸方式

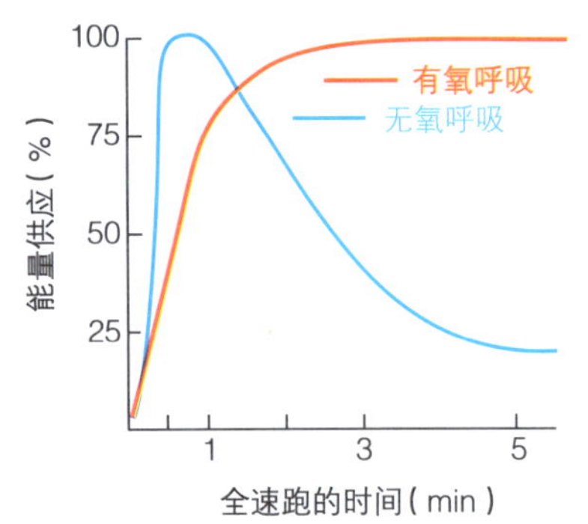

很多动物为了能在短时间内爆发出较高的能量，要使用特殊的呼吸作用方式。例如，掠食者在追捕猎物时或猎物在逃命时，均不能快速获得足够的氧气，故要将呼吸作用转换到氧气供应受限的方式上，这称为**无氧呼吸**(anaerobic respiration)。

葡萄糖 → 乳酸(+能量)

无氧呼吸作用是包括一系列反应的复杂过程，此方程仅表示综合的因果关系。

对动物而言，无氧呼吸只能是短时行为。在这一过程中，葡萄糖放出的能量远低于在有氧呼吸时放出的能量。另外，大量产生的**乳酸**(lactic acid)具有毒性，它在人体内积累，会使人有疲劳和酸痛感。

植物和微生物的无氧呼吸

其他生物在氧气供应受限时，也将采用无氧呼吸的方式。例如：

- 植物的一部分，如扎在水淹的土壤中的根，种子发芽等；
- 一些微生物，如用于酿造业和食物发酵的**酵母菌**(yeast)、制造奶酪和酸奶的乳酸菌、创伤部位的细菌等。

植物、酵母菌和一些细菌在无氧呼吸过程中产生**乙醇**(ethanol)和二氧化碳，而非乳酸。

葡萄糖 → 乙醇+二氧化碳(+能量)

植物和微生物的无氧呼吸可综合归纳成这一表达式。

种子发芽时进行无氧呼吸。

短跑用时只有十余秒。心脏和肺不能如此迅速地向肌肉供氧。故运动员所需的能量大部分是通过无氧呼吸提供的。

细菌和酵母菌

细菌和酵母菌被用于面包、奶酪、酸奶、酒和醋等的生产已经有数千年的历史。这类食品中有很多是无氧呼吸的产物。

关键词
- 无氧呼吸
- 乳酸
- 酵母菌
- 乙醇

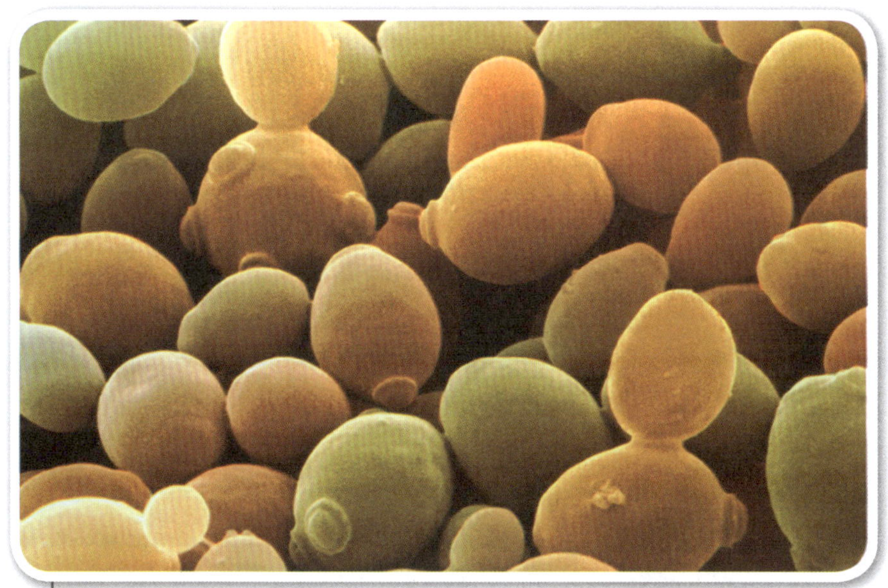

酵母菌能够进行无氧呼吸，直至乙醇生成、积累并对细胞产生毒害作用。

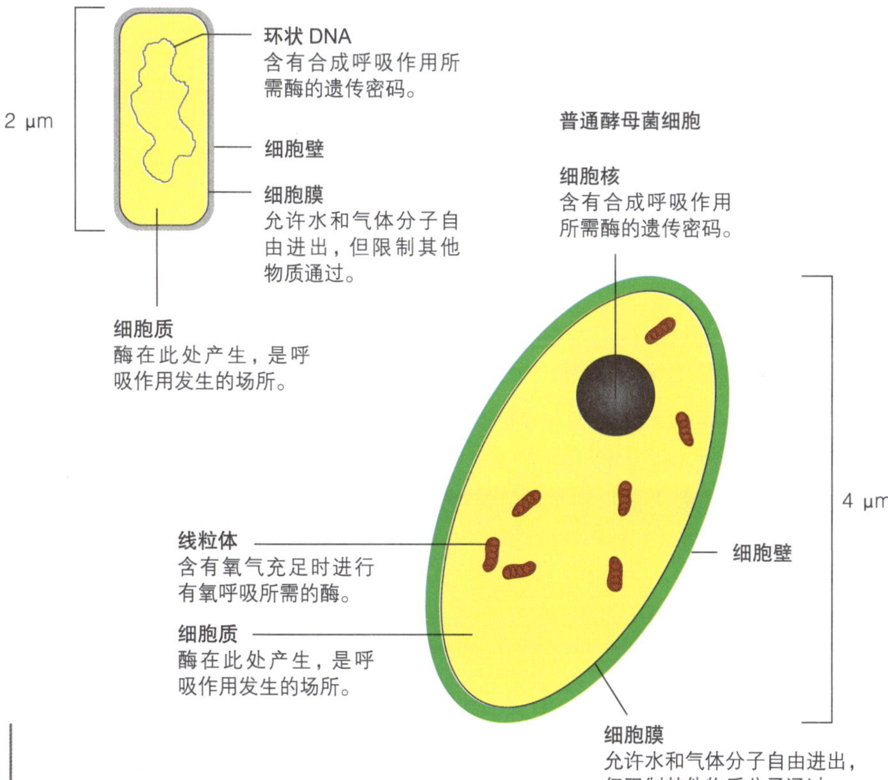

典型的细菌和酵母菌细胞结构。

问题

1. 试描述无氧呼吸对下列生物有利的情况。
   a. 人类
   b. 其他生物
2. 举出一个人们利用无氧呼吸制造有用物品的例子。
3. 酵母菌还被用于酿造酒类饮品。试推测它在这一过程中耗尽发酵溶液中的糖之前就停止生长并死亡的原因。

呼吸产生的有用产物

通过探究发现

- 用糖制造生物乙醇的方式
- 用农家肥制造燃料的方法

生物体制造复杂分子远比在实验室里制造要高效。数千年来，人们利用微生物来制造诸如饮料、面包、酸奶和奶酪等食品。方法是将微生物加入食物配方中，并保持适宜的外部条件。在制作面包过程中，酵母利用面粉中的糖来进行无氧呼吸，同时产生使面包变松软的二氧化碳。

二氧化碳是酵母菌进行无氧呼吸时的副产品。它能使大块的面包松软可口。

用糖制造的生物乙醇

作为车辆燃料的汽油和柴油，是从石油中提炼出来的。用甜菜、玉米和麦类等农产品制造的**生物乙醇**（bioethanol）也能胜任这种用途。这种产自可再生资源的燃料被认为更具有可持续性，且不会加重全球变暖。

酵母菌是单细胞生物，数千年前它就被用于酿造啤酒和葡萄酒等，这些产物都属于生物乙醇。

酵母菌细胞摄取糖，并在无氧呼吸的过程中将其转化为乙醇。这一过程被称为**发酵**（fermentation）。制造乙醇的工厂中的巨大发酵桶里有酵母、糖、水和其他富营养物，制出的生物乙醇可用作汽车燃料。

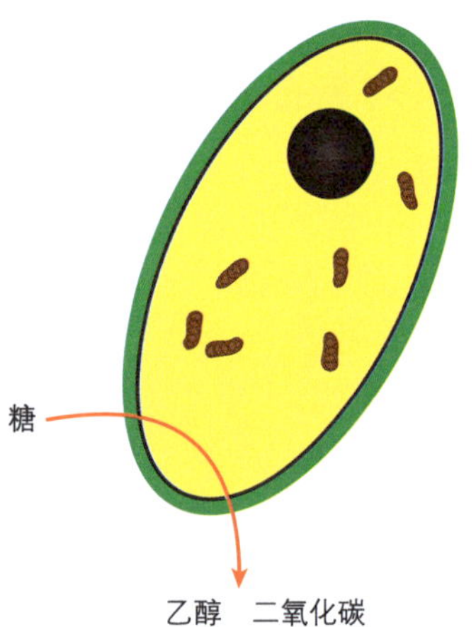

酵母菌细胞摄取糖并将其在发酵过程中转化为乙醇。

为汽车生产生物乙醇燃料的工厂。

生物燃料和可持续性

是否应发展生物燃料尚存在着争议。争议点在于占用土地种植的大量农作物被用于生产燃料而非食用。在一些地区，更是砍伐森林来种植燃料作物。现在已发展出用非食用植物和水藻制造燃料的方法，结束了耗费粮食的做法。

废料产生的生物质燃气

生物质燃气（biogas），也称沼气，是从动物粪便和生活废物中获取的燃料。其主要成分是细菌分解粪便中的有机物质而产生的甲烷气体，可用作为建筑物供暖和发电的燃料。

生物质燃气中的产甲烷细菌在缺氧的环境中，通过发酵产生了甲烷气。

生产生物质燃气的化工厂。

关键词

- 生物乙醇
- 发酵
- 生物质燃气

典型的制造生物质燃气的方法是利用家畜的粪便进行发酵，也可用生活废物制造。生物质燃气中通常含有约 70% 的甲烷和 30% 的二氧化碳。

细菌在缺氧环境中通过发酵产生可被用作燃料的甲烷气体。人畜的粪便易被收集，温暖气候可提供 36℃的最适温度，这都使这种获取能源的方式受到青睐。

生物质燃气在一些发展中国家如印度的农村得到了广泛应用。它可用作电能等其他稳定能源的很好补充。

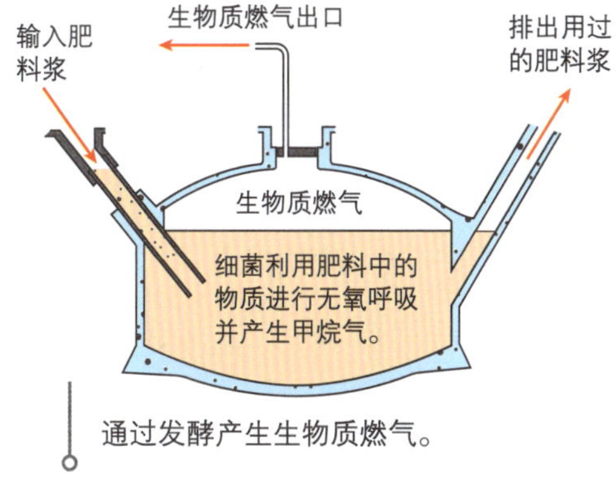

通过发酵产生生物质燃气。

问题

1. 为什么将生物乙醇称为可再生能源？
2. 说明生产和使用生物乙醇比使用取自石油的汽油对大气污染的程度轻得多的原因。
3. 描述酵母菌中发生的无氧呼吸过程，并将其和动物细胞中的无氧呼吸作比较。
4. 生物质燃气中含有 70% 的甲烷和 30% 的二氧化碳。这些二氧化碳是从哪里来的？
5. 试作流向图显示太阳能转化成生物质燃气中甲烷的化学能的方式。标明每一步骤中的详细过程。

科学解释

绝大多数生物是由细胞构成的。诸如光合作用和呼吸作用等生物过程都发生在细胞中，其中包括用酶来加速的化学反应。

应该知道：

- 细胞中发生的一些化学反应需要能量。其中包括肌肉收缩、大分子的聚合、主动运输等。
- 呼吸作用是发生在植物、动物和微生物细胞中的一系列化学反应，其能分解食物分子产生能量，并释放出来。
- 酶加速生物内化学反应的方式。
- 细胞根据基因中的指令制造酶。
- 描述酶识别分子方式的模型称为锁－钥模型。
- 使酶能产生最佳效能的条件。
- 光合作用利用太阳能将二氧化碳和水合成葡萄糖。
- 叶绿素吸收光能。
- 葡萄糖能转化成植物所需的其他化学物质。
- 用光度计、样方和检索表来调查光对植物的影响。
- 在野外取样带的方法。
- 植物的根摄取矿物质的方法及矿物质在植物体内的作用。
- 扩散是分子总体上从高浓度区向低浓度区运动的现象。
- 水总体上通过半透膜从低浓度区向高浓度区渗透的运输方式。
- 像植物根吸收硝酸根离子那样的主动运输需要通过呼吸作用获取能量。
- 有氧呼吸要在氧存在的条件下分解葡萄糖，释放出能量、二氧化碳和水。这一过程能发生在动物、植物和一些微生物的细胞中。
- 无氧呼吸也能发生在动物、植物和一些微生物的细胞中。
- 在无氧呼吸过程中，葡萄糖在无氧的条件下释放能量：动物细胞产生乳酸，植物细胞和酵母菌产生二氧化碳和乙醇。
- 典型的植物、动物和微生物细胞的结构和功能。
- 我们利用微生物的无氧呼吸制造生物质燃气、面包、酒精等的方法。

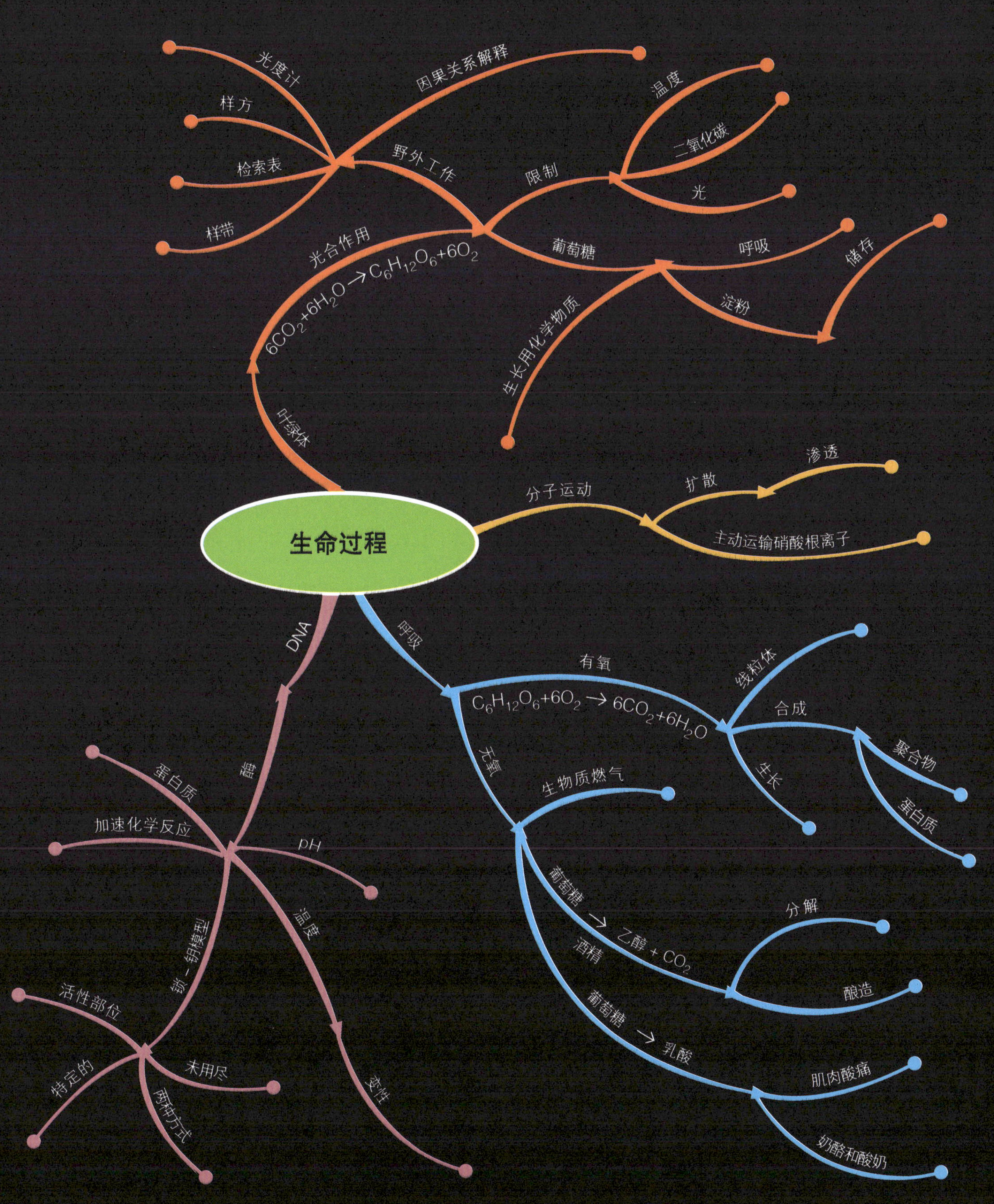

生命过程
叶绿体
$6CO_2+6H_2O \rightarrow C_6H_{12}O_6+6O_2$
光合作用
野外工作
光度计
样方
检索表
样带
因果关系解释
限制
温度
二氧化碳
光
葡萄糖
呼吸
淀粉
储存
生长用化学物质
分子运动
扩散
渗透
主动运输硝酸根离子
呼吸
有氧
$C_6H_{12}O_6+6O_2 \rightarrow 6CO_2+6H_2O$
线粒体
合成
聚合物
蛋白质
生长
无氧
生物质燃气
葡萄糖 → 乙醇 + CO_2
酒精
分解
酿造
葡萄糖 → 乳酸
肌肉酸痛
奶酪和酸奶
DNA
酶
蛋白质
加速化学反应
pH
温度
变性
锁－钥模型
活性部位
特定的
未用尽
两种方式

科学观点

本章有助于我们更深入地了解生命过程，学习科学家解释原因和结果、调查各因素间关系的方法。

如果我们多次测量相同的量，会发现各次测量的结果有差异。这可能是因为：

- 测量的样本不同。如不同的水草样本产生的氧气量不同。
- 测量的量是变化的。如在不同地区的林间生长的圆叶风铃草数量不同。
- 受测量设备或使用测量设备的方法限制。

估算被测量真值的最佳方法是取平均值。真值位于测量得到的一系列测量值分布的范围内。

- 如果一个测量值位于重复测量得到的其他值范围之外，则它可能是异常值。
- 在比较在不同地方生长的植物的信息时，若各处测量的平均值间存在差异，但如果有重叠部分，则结果趋于真实。
- 相关性显示了各种因素和结果间的关系。例如，随着光强度的增大，光合作用的速度也增大。
- 相关性并非总能表明因素的变化导致了某一结果。

科学家经常要考虑会对结果（或结果变量）造成影响的因素。当我们在调查一个因素对结果的影响时，控制其他可能会对结果产生影响的因素是非常重要的。只有这样，实验才能被称为是“合理”的。

我们应该能够：

- 明确光合作用的输入变量。
- 说明温度和 pH 对酶反应的影响。

要能够说明控制调查中所有变量才能合理实施实验的原因。

在设计一个调查实验时，我们应当明确一个因素对结果可能产生的影响，也应当知道如果不对调查中的变量进行控制的话，则这种调查是有缺陷的。

我们应理解不同地方生长着不同植物的原因。能够测量诸如土壤 pH、气温、光强度及水资源等因素。将这些数据和一个区域中的植物生长情况及植物的需求作比较。考虑用“原因”和“结果”来解释已发现的现象。

- 要采集足够的样本，才能获取最接近真实的结果。

我们应该找出收集可重复数据的途径，并能说明多次测量能得出较好的估计值的原因。下面是两个例子：

- 光度计可被用于测量光强度。在每次读数时，其传感器必须保持相同的角度。在测量中，一天中不同时间光强的不同和树荫的影响等因素都要考虑到。
- 使用样方是在一个待测区域内随机取样的一种方法。这需要沿样带移动、记录样方内的各物种精确而特有的数据。

复习问题

1 这一问题是关于酶的。

a. 什么是酶？

你的答案应包括：

- 它是哪种化学物质？
- 它的作用是什么？

b. 酶和一些物质的分子相匹配。

哪种模型能解释这一现象？

从下列选项中给出答案：

酶－分子模型

锁－钥模型

谜－形模型

c. 下列哪种因素对生物酶不产生影响？

i 光

ii pH

iii 温度

2 亚历克斯作了如下一组图来显示酶参与化学反应所产生的效果。

在其中他犯了一个错误，且步骤的顺序也不正确。

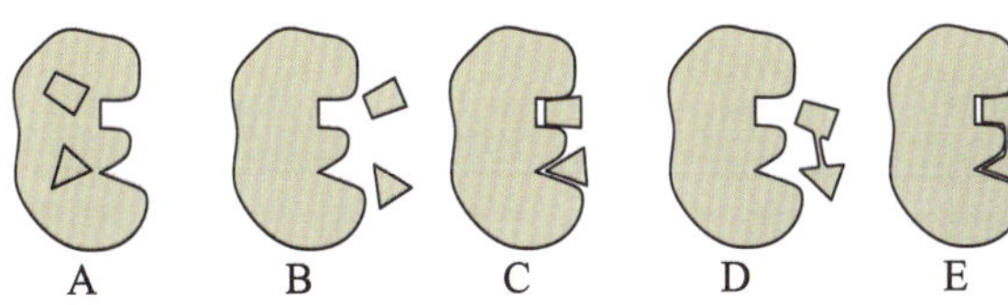

在下框中填上正确的序列。最后一个已给出。

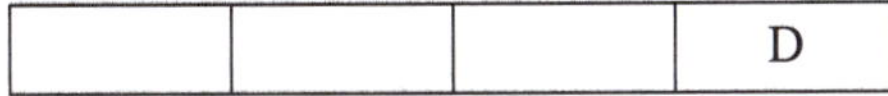

3 光合作用发生在绿色植物中。

a. 描述3种限制光合作用反应速度的因素。

b. 光合作用可以被测量出来。其中一种方法是数出水生植物在1 min内冒出的气泡数。

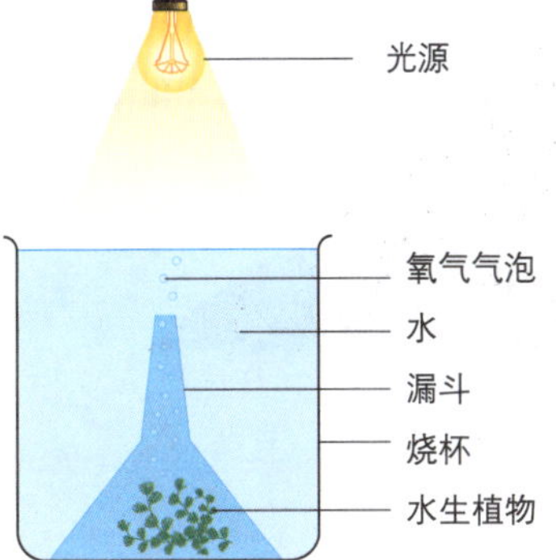

试说明用数1 min内冒出的气泡数的方法不能得出光合作用反应速度精确值的原因。

4 史蒂夫是一个马拉松运动员。比赛中，他所需的能量既来自有氧呼吸也来自无氧呼吸。

试说明史蒂夫体内发生的这两种呼吸作用的方式及其原因。

5 物质分子通过扩散、渗透和主动运输通过细胞膜。

试描述这3种过程并说明它们间的差异。

C4 化学规律

为什么要研究化学规律？

元素周期表在化学中是十分重要的，因为它能帮助我们了解几乎所有的元素及其化合物的信息。通过元素周期表还可以了解已知物质化学性质和反应本质的规律。

已经知道的知识：

- 元素由同种原子组成。
- 分子通常是由一组原子通过化学键结合到一起。
- 在化学反应中，原子数和质量都保持不变。
- 经过化学变化，反应物和生成物的性质是不同的。
- 化学反应的方式是有规律的。
- 酸能和碱发生中和反应。
- 当酸和碳酸盐发生反应时，产生了盐、水和二氧化碳。
- 氯可以用于消毒。
- 电解反应中电流导致化学物质发生了变化。

要发现什么？

- 一些活泼元素的化学性质
- 元素周期表所显示的规律性
- 科学家如何认识原子内部结构
- 用原子理论解释物质的化学性质
- 原子是如何带电成为离子的

科学的应用

化学家利用原子结构的观点解释元素周期表及元素的性质。光谱学导致了很多新元素的发现，它现在被广泛用于研究各种化学物质及其化学反应。

科学观点

一种科学解释要被广泛接受并成为理论，则要先接受其他科学家的检验，要有足够的证据支持，并能用它作出科学预测。原子理论解释了元素周期表的规律性；离子理论解释了电解现象。没有离子理论，提炼金属铝的方法可能至今还没有问世呢！

通过探究发现

- 相对原子质量
- 元素周期表的发展历程
- 族和周期性

寻求规律

19 世纪初，人们知道的元素只有约 30 种。但到 19 世纪末时，地球上几乎所有化学性质稳定的元素都被发现了。

发现了如此多的元素，这些元素具有如此广泛的性质。这促使化学家们开始找寻其中的规律，如各种元素的性质和原子质量间存在的规律等。

相对原子质量

在那一时期，科学家无法测量原子的实际质量，故他们就将质量较大的原子和质量最小的原子——氢作比较，这被称为**相对原子质量**(relative atomic mass)。

19 世纪初，一位名叫约翰•德贝莱纳的德国科学家发现：一些元素可以按相似性质每 3 种分成一小组，如钙、锶、钡等。在每一小组中，中间元素的相对原子质量是其他两种元素相对原子质量的平均数。

约在此后 50 年，一位名叫约翰•纽兰兹的英国化学家，将已发现的元素按相对原子质量的大小排序。他发现：每 8 种元素的性质相似，如同音乐中的八度音阶。但这好像仅适用于已知的前 16 种元素。这使其他科学家不愿接受纽兰兹的观点，因为它不具备普遍性。

19 世纪的一位科学家正在解释他最新的研究。他试图将元素的性质和相对原子质量联系起来的想法并没有被其他科学家所接受。因为他的解释没有包括所有已知的元素。

元素排序

俄国科学家德米特里·门捷列夫在按相对原子质量排序时，发现了一个具有实际意义的规律。灵感使他意识到，应该还有很多元素尚未被发现。他按这种规律性留下了一些空位，并预言了这些缺失元素可能的性质。

用相对原子质量排序的方法，门捷列夫找出了具有相似化学性质的元素。以现在已知的元素为例，我们知道第 3、第 11 和第 19 号元素，即锂、钠和钾具有相似的化学性质。

锗是最初的周期表中所缺失的元素。门捷列夫预言它是一种灰色的金属，具有高熔点，能形成白色的氧化物。锗于 1886 年被发现，填补了门捷列夫周期表中的空缺，且其化学性质和门捷列夫预言的非常相似。

周期性

不断重复的现象被称为**周期性**(periodic)。元素周期表中的各元素的化学性质即呈现出了周期性。

现在的元素周期表

在元素周期表中，元素分行排列，每一行构成了一个**周期**（period）。最明显的重复规律是从最左侧的金属开始至最右侧的非金属结束，即从最活泼的第1主族开始到最不活泼的0族结束。同一列中的元素具有相似的化学性质。同一列中的元素为同**族**（group）元素。

关键词
- 相对原子质量
- 周期性
- 周期
- 族

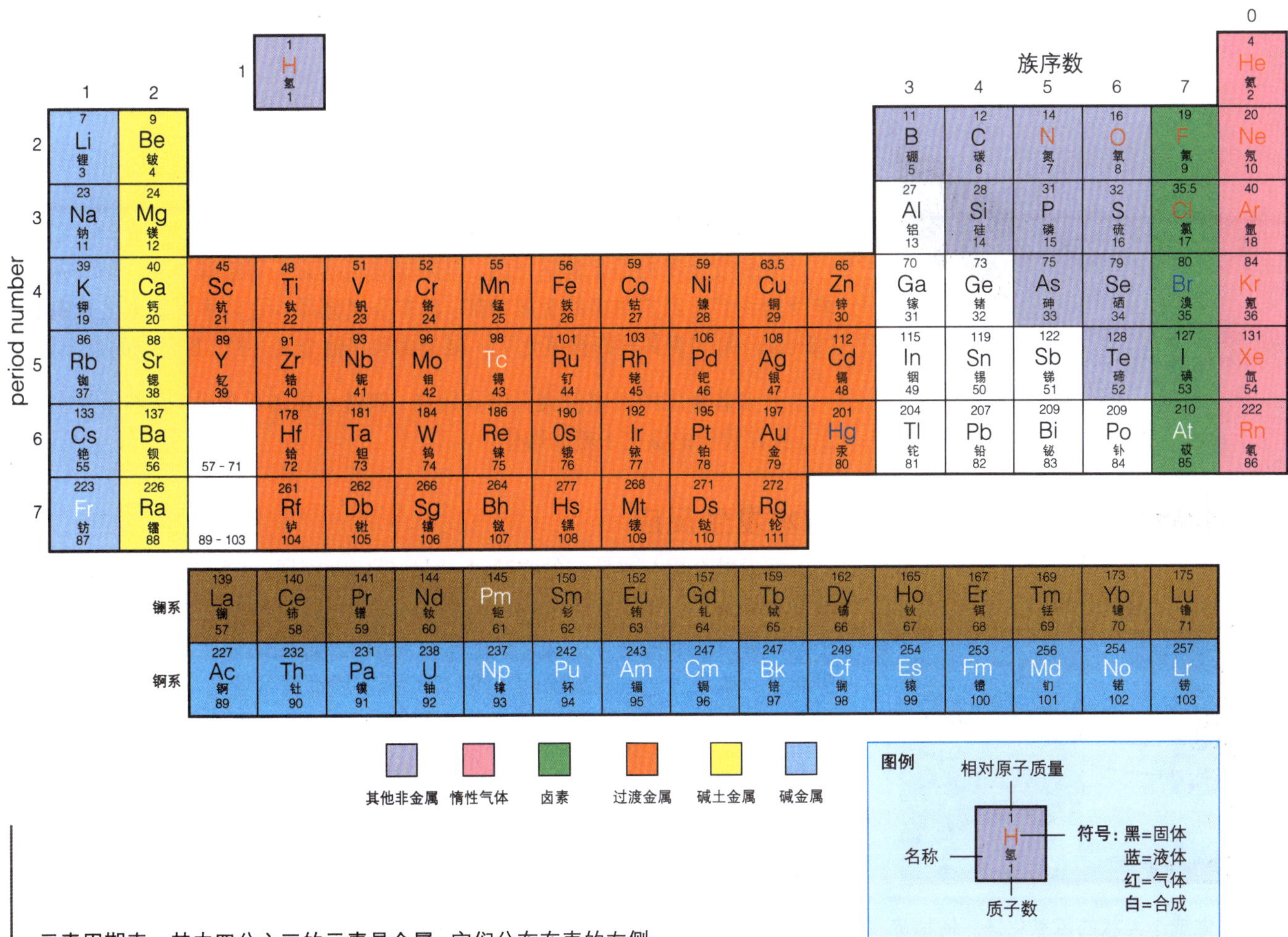

元素周期表。其中四分之三的元素是金属，它们分布在表的左侧。

问题

1. 给出元素周期表中下列物质的元素名称：
   a. 第7主族中呈液态的物质
   b. 第1主族中不存在于自然界的金属
   c. 和硫化学性质相似的气体
   d. 和氯气化学性质相似的固体
   e. 和锌化学性质相似的液态金属
2. 试比较所给出原子间的质量之比（倍数）：
   a. 镁原子与碳原子
   b. 硫原子与氦原子
3. 试说明门捷列夫是如何利用诸如硅和锡等已知元素，预测到尚未发现的元素锗的化学性质的。
4. 给出科学家接受门捷列夫元素排列方式理论的两个原因。

B 碱金属

通过探究发现

- 第 1 主族的金属
- 与水、与氯气发生的反应
- 第 1 主族中各元素间的相同和相异之处

元素周期表内第 1 主族中的金属都是非常活泼的，以至于要将它们保存在煤油中，以防止它们与空气中氧气或水发生化学反应。

化学家把这些元素称为碱金属，因为它们与水反应生成碱性物质。这些化合物（而不是金属本身）是碱性的。

第 1 主族中有 6 种元素，其中铷和铯两种性质活泼、存在量稀少，我们大多通过音像资料来认识，平时极难见到。还有一种钫，具有很强的放射性，性质非常不稳定，故不存在天然状态的。因此，对碱金属的研究通常都是针对锂（Li）、钠（Na）和钾（K）进行的。

碱金属都具有强腐蚀性且易燃，故在取用它们时要使用镊子，并佩戴护目镜。

用刀切一块钠使其显现金属光泽。

奇怪的金属

大多数金属都是非常坚硬的，但你却能用小刀子切割碱金属。切开碱金属能帮助我们看到其明显的金属特征：具有金属光泽。它们平时看上去**没有光泽**（tarnish）是因为其表面被氧化了。碱金属和其他金属一样，都是电的良导体。

大多数金属的密度较大且熔点较高，但碱金属却是例外：它们能浮在水面上，且在较低的温度下就能熔化。

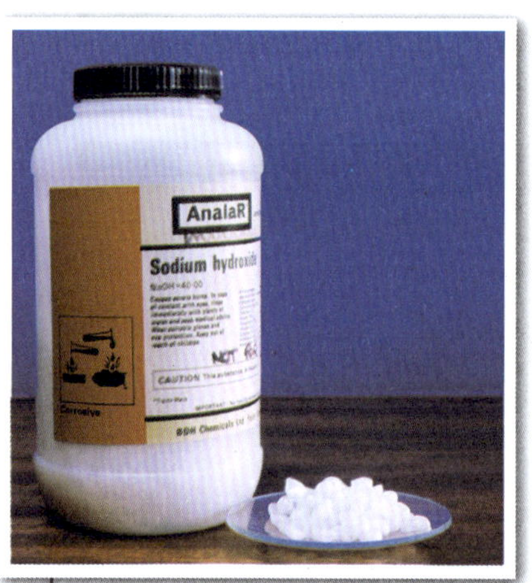

做成小丸状的氢氧化钠。俗称苛性钠，具有腐蚀性，能损害皮肤。像 NaOH 这样的碱对皮肤和眼睛的伤害作用比酸还严重。

与水发生反应

在做碱金属与水反应的实验时，因为反应太剧烈，可能会有金属飞溅出来，故为安全起见，要用安全屏隔离。将一小粒锂扔到水中后，它浮在水面上，产生气泡并发出嘶嘶声，生成氢氧化锂（LiOH）并逐渐消失。氢氧化锂的水溶液呈碱性。收集这一过程放出的气体，经燃烧实验证明是氢气。

$$锂 + 水 \rightarrow 氢氧化锂 + 氢气$$

钠与水的反应更加剧烈。反应放出的能量可使钠熔化，使其在水面运动，也放出氢气和发出嘶嘶声。和锂与水反应一样，钠反应后也生成氢氧化物，氢氧化钠（NaOH）也是溶于水的固体。

钾和水的反应非常剧烈，放出的氢气立即被燃烧，钾在水面上快速游动并形成氢氧化钾（KOH）溶液。所有碱金属的氢氧化物都可统一用分子式 MOH 表示，其中 M 是某种碱金属的元素符号。

关键词

- 碱金属
- 没有光泽
- 晶体状

与氯发生反应

炽热的钠在氯气中燃烧产生明亮的黄色火焰，生成氯化钠（NaCl）晶体。氯化钠是我们常用的调味品——食盐的主要成分。

其他的碱金属也能以相同的方式和氯气发生反应：锂产生氯化锂（LiCl），钾产生氯化钾（KCl）。和食盐一样，它们都是无色、溶于水的**晶体状**（crystalline）化合物。

像这样的由金属与非金属形成的化合物，化学家称之为**盐**（salt）。因此，锂、钠、钾的氯化物都属于盐。

钠在氯气中燃烧。

趋势

碱金属性质相似，又不完全一样。它们与水的反应显示了在**化学性质**（chemical property）方面的**趋势**（trend）：碱金属一族从上到下，即从锂到钠再到钾，活泼性是增大的。同样，**物理性质**（physical property）也有一定的趋势。

	熔点（℃）	沸点（℃）	密度（g/cm^3）
锂，Li	181	1342	0.53
钠，Na	98	883	0.97
钾，K	63	760	0.86

锂、钠、钾的物理性质。

锂、钠和钾的密度都很低。从锂到钠再到钾，熔点和沸点降低。

碱金属的化合物

碱金属的化合物与其元素有很大的不同。碱金属元素有非常危险的活泼性，但如锂、钠、钾等的氯化物却是维持我们血液和神经功能的重要物质。

很多碱金属的化合物都是溶于水的。很多可溶性的钠的化合物是我们日常生活必备的，如氢氧化钠被用于清洗炉具、次氯酸钠用作漂白剂、碳酸氢钠（小苏打）用作抗酸剂和发酵粉等。

关键词

- 盐
- 化学性质
- 趋势
- 物理性质

问题

1. 预测铷（Rb）的以下性质：
   a. 熔点
   b. 将新切开的铷置于空气中，表面将会如何？
   c. 如果将一小块铷扔到水中，将会如何？
2. 预测铷的氢氧化物：
   a. 化学式
   b. 能否溶于水
3. 试预测铯（Cs）的氯化物：
   a. 颜色
   b. 化学式
   c. 能否溶于水
4. 给出并说明当钾与水发生反应时所要做的防护措施。

C 化学方程式

通过探究发现

- 化学符号
- 化学式
- 配平的化学方程式

化学方程式对于化学家的重要性如同食谱对于烹饪一样。它使化学家清楚用怎样的物质混合能产出怎样的另外的物质。

化学模型

在**化学变化**（chemical change）过程中，因为参与反应的原子数没有变化，故反应前后质量保持不变。化学反应既不能创造也不能消灭原子，只是将原子重新组合了。

氢气在氧气中燃烧形成了水**分子**（molecule）。下图中的模型显示了这一过程。在每一个水分子中，都仅有一个氧原子。因此一个氧气分子（下图中用两个红色球表示的原子构成）与两个氢气分子（两个白色球表示的原子构成）反应生成了两个水分子。箭头两侧的氧原子数量和氢原子数量分别相等。这是一个**化学方程式**（chemical equation）的模型。

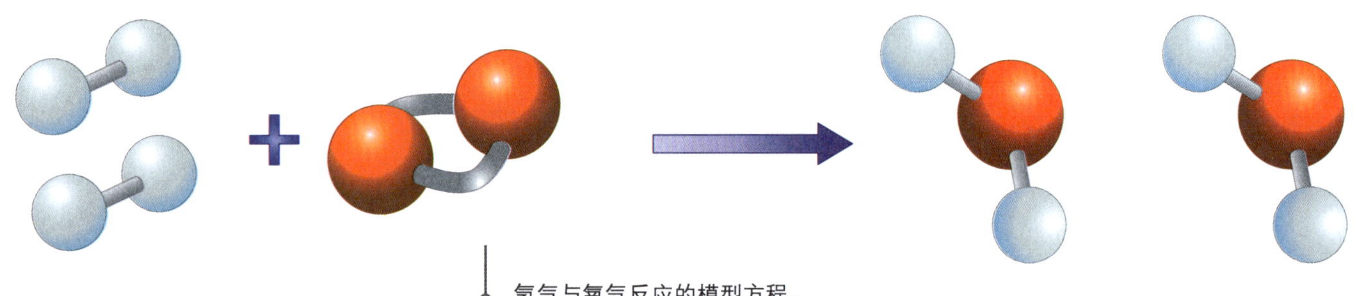

氢气与氧气反应的模型方程。

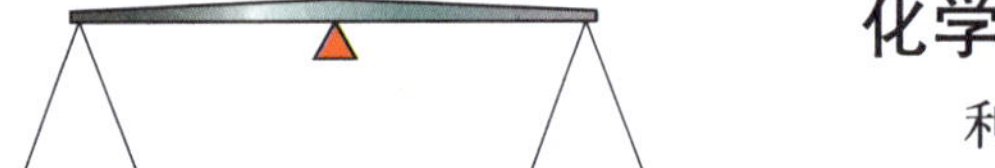

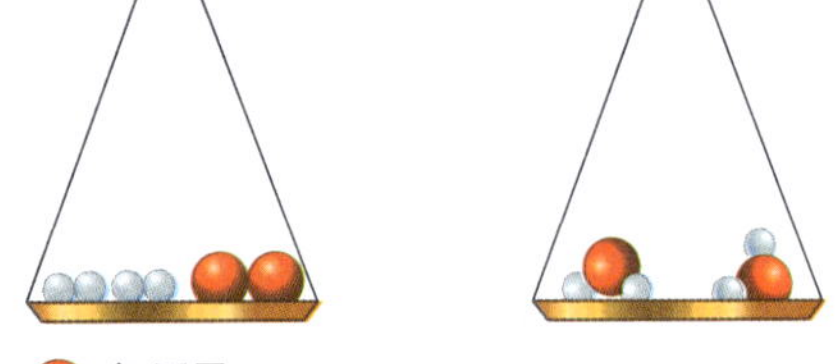

反应物和生成物是“平衡”的。

化学符号

利用模型图来描述化学反应是很麻烦的。因此，化学家创立了用符号方程来显示反应物和产生物中原子的数量和分布情况。

使用符号时，上图成为：

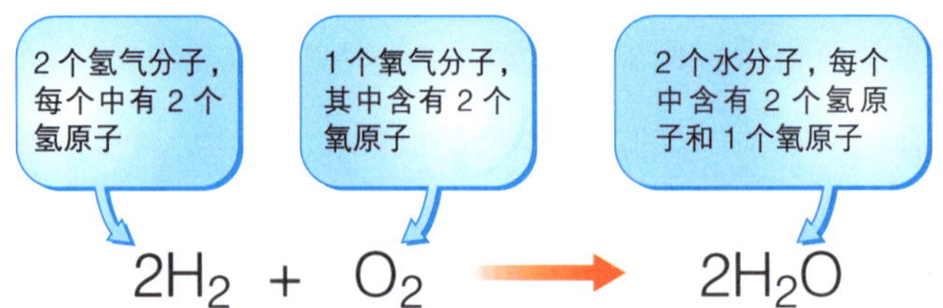

$$2H_2 + O_2 \rightarrow 2H_2O$$

因为箭头两侧的同类原子数相同，所以该化学方程式是配平的。因为反应过程既没有新产生原子，也没有损失掉原子，故反应物和生成物的质量相同。

化学式

写出化学方程式需要知道以下要点：

- 所有参与反应的化学物质（反应物）。
- 化学变化过程中形成的所有物质（生成物）。

在写化学方程式时，必须要正确写出反应物和生成物的**化学式**（formula）。化学家通过实验已经搞清楚了它们，我们可从数据表中查出。

如果元素或化合物以分子的形式存在，则我们可直接在化学方程式中写出它们的分子式。这可应用于大多数的非金属单质（如 O_2、H_2、Cl_2 等）及非金属与非金属生成的化合物（如 H_2O、HCl、NH_3 等）。

并非所有物质都是由分子构成的。例如，所有的金属和少数非金属（如 C、Si 等），只要写出单原子的符号即可。

金属和非金属结合而成的化合物也不是分子。这些化合物可以用它们最简单的化学式表示，如 LiOH、NaCl、K_2CO_3 等。

配平化学方程式

下面给出了**配平**（balanced equation）化学方程式的 4 个步骤。

例题

写出表示天然气（甲烷，CH_4）和氧气反应的化学方程式并配平。

步骤 1：用文字描述这一反应：

甲烷 + 氧气 → 二氧化碳 + 水

步骤 2：写出反应物和生成物的化学式：

$$CH_4+O_2 \rightarrow CO_2+H_2O$$

步骤 3：配平化学方程式：

不能改变化学方程式中的任一化学式，用在相关化学式前加数字的方式配平。

$$CH_4+2O_2 \rightarrow CO_2+2H_2O$$

步骤 4：加状态符号。

状态符号通常表示物质在室温和常压下所处的状态。化学方程式中的化学物质可能是固态（s）、液态（l）、气态（g）或溶于水（aq）的。

$$CH_4(g) + O_2(g) \rightarrow CO_2(g) + H_2O(l)$$

关键词

- 化学变化
- 分子
- 化学方程式
- 化学式
- 配平化学方程式

写出并配平化学方程式的规则

步骤 1：写出文字表达式。

步骤 2：正确写出每种反应物和生成物的化学式。

步骤 3：配平化学方程式。如果需要，在化学式的前面加上数字。

步骤 4：添加状态符号。

注意：在配平过程中一定不能改变化合物或单质的化学式。

问题

1. 写出下列碱金属参与反应的配平了的化学方程式：
   a. 钠和水
   b. 钾和水
   c. 钠和氯气
   d. 锂和氯气

D 卤素

通过探究发现

- 第 7 主族中的元素
- 卤素分子
- 第 7 主族中各元素间的相同和相异之处

形成盐的物质

第 7 主族中都是非常活泼的非金属元素，其中主要有氟、氯、溴、碘等。它们构成了人们所知的**卤素**（halogen）家族。卤素的名字的意思为“形成盐的物质”，因为它们和金属结合后就形成了盐，如岩盐（NaCl），我们每天离不开的食盐也属于此。此外还有萤石（CaF_2）等，德贝郡出产的一种名为“蓝约翰”的萤石被用于制作珠宝饰品。

卤素因其活泼的化学性质而得到广泛应用。因为它们非常活泼，因而也具有危险性。也正因为它们如此活泼，故自然界不存在卤素单质，而都是以化合物的形式存在的。

我们在从事接触卤素单质的工作时，要做好眼等器官的防护。在使用气态的氯和溴时，一定要保持良好的通风条件，因为它们都是具有**毒性**（toxic）的。使用液态溴时，则要佩戴防护手套等，因为它具有**腐蚀性**（corrosive）。在中学阶段，我们通常不从事对氟的研究，因为它的毒性和活泼性太强了。

萤石（CaF_2）晶体。

非金属的规律

和大多数非金属一样，卤素单质都是以分子形式出现的，卤素分子都是由两个原子结合而成的**双原子**（diatomic）分子：Cl_2、Br_2、I_2 等。因为分子间的作用力较弱，故它们的熔点和沸点都较低。也正因为如此，卤素单质很容易形成气态。卤素单质的熔点和沸点在这一族中位置越往下则越高。

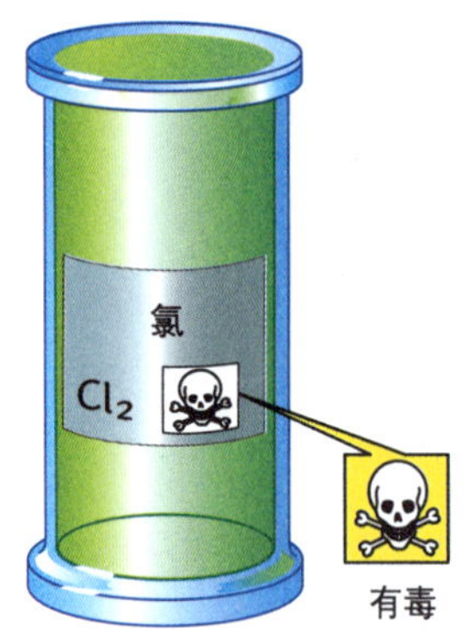

- 黄绿色气体
- 刺激性气味，有毒
- 产自氯化物，特别是海洋中的氯化钠
- 熔点 −101℃
- 沸点 −35℃

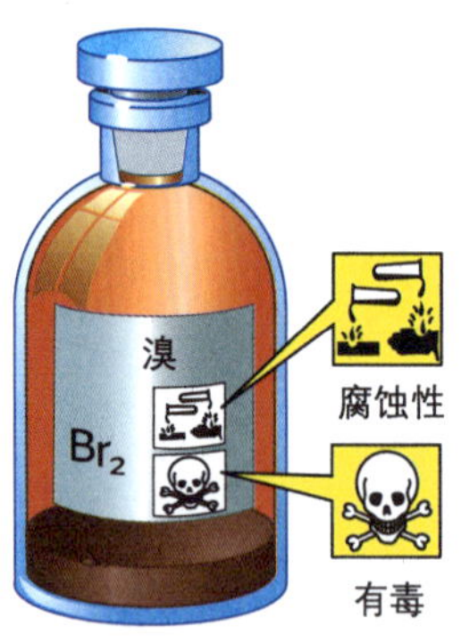

- 深红色液体，极易挥发出红棕色蒸气
- 刺激性气味，有毒
- 产自溴化物，特别是海洋中的溴化镁
- 熔点 −7℃
- 沸点 59℃

- 灰色固体，易升华成紫色蒸气
- 刺激性气味，对人体有害
- 产自岩石和海草中的碘化物
- 熔点 114℃
- 沸点 184℃

关键词

- 卤素
- 毒性
- 腐蚀性
- 双原子
- 漂白
- 置换反应

卤素的规律

所有卤素都会对生物造成伤害，也都能杀死细菌。用于清洁厨房和厕所的家用**漂白**（bleach）剂，就是在氢氧化钠溶液中加入氯气制成的。碘溶液能够防止伤口感染。但如用氯溶液来处理伤口的话，则活泼性过高了。这些用途说明了一条规律：在元素周期表中越往下，卤素的活泼性越低。

卤素和像钠那样的碱金属的反应，显示了相同的规律。卤素和铁等其他金属的反应，同样显示了这种趋势。炽热的铁在氯气中会发出耀眼的光芒，生成了锈棕色的氯化铁（$FeCl_3$）固体。炽热的铁也能在溴蒸气中发光，但亮度要弱得多，而在碘蒸气中甚至不发光。

卤素的这种活泼性不同的趋势也能通过**置换反应**（displacement reaction）显示出来。例如，如果将淡绿色的氯水（氯的水溶液）加入无色的溴化钠溶液中，则溶液立即呈现红色。这说明生成了溴。因为氯比溴活泼，它将溴从溴化钠中置换出来。

$$Cl_2(aq) + 2NaBr(aq) \rightarrow 2NaCl(aq) + Br_2(aq)$$

用同样的方法，用溴水能将碘从碘化钠溶液中置换出来。

将炽热的铁丝放入氯气中。

应用的重要性

卤素化合物是我们日常生活中非常重要的物质。

化工厂将食盐（NaCl）转化成了氯（和钠或氢氧化钠）。氯可被用于制造像PVC那样的塑料，也被用于水处理以防止疾病的蔓延。但也有一些含氯制品，如用作老式冰箱制冷剂的氟氯烃（CFCs）等，会破坏高层大气中的臭氧层。

我们使用的大部分溴来自海洋。液溴的腐蚀性极强。但化学工业用它制取重要的溴化合物，包括医药、农用杀虫剂等。

微量的碘化合物在我们的饮食中是必不可少的。对自然缺碘的地区，常要在食盐和饮水中加入碘化钾，以预防甲状腺疾病。碘及其化合物还是制造药品和染料的原材料。

问题

1. 写出并配平下列反应的化学方程式：
   a. 铁和氯气形成 $FeCl_3$
   b. 钾和溴反应
   c. 锂和碘反应
2. 氟（单质为 F_2）是第 7 主族中的首个元素。
   a. 预计氟气流过铁时将产生的效果。写出该反应的化学方程式。
   b. 如果将氟气通入溴化钠溶液，将会产生什么效果？写出该反应的化学方程式。
   c. 砹是元素周期表中位于碘下面的一种元素。你能否猜想它的熔点和碘的熔点相比是高还是低？

通过探究发现

- 火焰的颜色
- 线状光谱
- 元素的发现

新型化学加热装置

1852年，罗伯特·本生来到德国的海德堡大学。在得到大学教授的职位之前，他坚持要建设一个新实验室，并要求用管道将燃气从煤气生产厂（专供城市照明）引过来。

当时所用的加热灯会产生黄色火焰并冒出黑烟。本生决心制造更好的加热灯。1855年，他发明了至今全世界实验室仍在广泛使用的新型加热灯具——本生灯。

本生灯的最大优点是它可以将火焰调至几乎看不到的程度。本生用它吹制玻璃用品时注意到：无论何时将玻璃管放到无色的火焰上烧时，火焰都会变黄。

罗伯特·本生（1811—1899）用他发明的加热灯发现了多种元素特有的火焰颜色。

火焰的颜色

本生立即用各种其他物质做实验，用铂金丝沾取不同物质并放在火焰上烧。由此，本生发现各种物质都有特征性的**焰色**（flame colour）。

本生想，这可能不失为一种新的化学分析方法，但他认为这只能用于纯净的化合物，而难以分析混合物产生的火焰。于是，他把自己的问题告诉了物理学教授古斯塔夫·基尔霍夫。

火焰产生的光谱

基尔霍夫说：“从物理角度看：观察到的不是火焰的颜色，而是产生的光谱。”

基尔霍夫将一只三棱镜放在一个木盒子中，又安上两个成一定角度的透镜，从而制成了一台分光镜。火焰发出的光从一个透镜进入分光镜中，三棱镜将其分离成光谱，再用另一个透镜进行观察。

本生和基尔霍夫发现，不同的元素的光通过三棱镜后，都有自己的特征光谱。他们用分光镜记录下很多元素的**线状光谱**（line spectra）。

锂化合物产生的鲜红色火焰。其他元素的化合物也能产生特征颜色的火焰：

- 钠——亮黄色
- 钾——淡紫色
- 钙——橙红色
- 钡——绿色

通过分光镜，可看到镉的主光谱线是红、绿、蓝色的（还有一些因较昏暗而看不到）。它们给出了镉的独一无二的特征。

利用**光谱学**（spectroscopy），本生在迪尔凯姆温泉水中发现了两种新元素，并用它们光谱的颜色将它们分别命名为铯和铷，拉丁文的意思是“天蓝”和“深红”。

太阳上的元素

1868 年发生了日全食。月球遮挡了太阳光轮，但没遮住太阳边缘炽热气体发出的非常昏暗的光，没有了太阳中心发出的耀眼光芒，使人们观察太阳边缘炽热气体发出的较为昏暗的光线成为可能。故在日全食期间，人们可以借此机会对太阳进行研究。

一位名为皮埃尔·詹森的法国天文学家，在这次日全食期间认真观察了太阳光谱，从中发现了一条在意想不到位置出现的黄线。

受到观察结果的鼓舞，詹森和一位名叫约瑟福·洛克耶的英国天文学家各自用了新的方法研究太阳气体的光。虽然他们是独立研究的，但得到的结论却相同。他们认为，太阳光谱中的这条黄线表示太阳中存在着尚不为我们所知的元素。他们几乎同时发表了自己的研究成果，并由此成为好朋友。

新元素被命名为氦，取自希腊语，意为“太阳”。当英国化学家威廉·拉姆塞于 1895 年用分光镜发现地球上也存在氦时，詹森和洛克耶这两位天文学家仍然健在。氦可用将含铀岩石在酸液中煮沸的方法获取。

发生在 1868 年的日全食帮助科学家发现了氦。日食使研究太阳边缘处发光气体的光谱成为可能。

警示！

一定不要直接用眼观察太阳，即使在日食时也是如此，否则极有可能对眼睛造成损害甚至致盲！

问题

1. 为什么说用本生灯产生无色火焰是非常重要的？
2. 为什么说简单地用观察火焰颜色的方法来分析混合物成分是不可能的？
3. 利用你学过的关于第 1 主族元素的化学性质，给出关于直到分光镜出现后铷和铯才被发现的可能原因。
4. 在詹森和洛克耶的故事中，试区分作为数据的陈述和用作解释数据的陈述。
5. 詹森和洛克耶几乎同时发现了氦。试说明这意味着其他科学家更可能接受他们的发现的原因。

关键词

- 焰色
- 线状光谱
- 光谱学

通过探究发现
- 原子理论
- 原子的核式模型
- 质子、中子和电子

原子模型

原子图像或模型可帮助理解原子是如何结合形成化合物的，以及化学反应中原子是如何重新排列的。

科学家在解决不同的问题时使用不同的模型。没有一种模型是“真实”的。每一种模型都仅表示了原子为我们所知的一部分。

就像在伦敦旅行一样，地铁交通图对我们从一个地铁站到另一个地铁站是十分有用的，它用线将各个地铁站连接了起来。但它不能解决旅行者的所有问题，如它不能显示地面上的道路和建筑物等。因此，还需要一张街道布局图。

伦敦地铁交通图。

从 1800 年至今，原子模型发生了以下演变。原子直径约为 1 毫米的千万分之一。这些图都不是真实的。如果原子在这一尺度，原子核则是小到看不见的。

1804 年
道尔顿的实心原子模型。

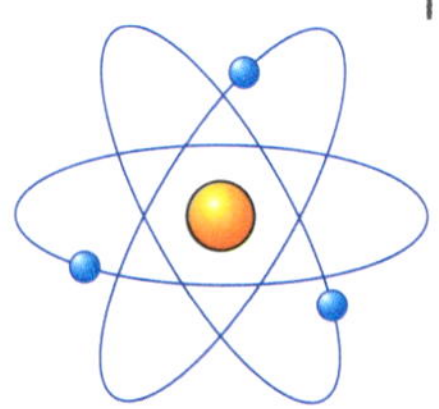

1913 年
玻尔和卢瑟福的“行星系统”原子模型。电子在轨道上绕着非常小的原子核转。

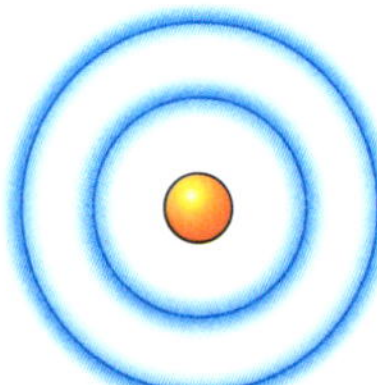

1924 年
电子在原子模型中不再是可见的粒子，而是围绕原子核的负电荷在一定能级区域中的概率（电子云）。

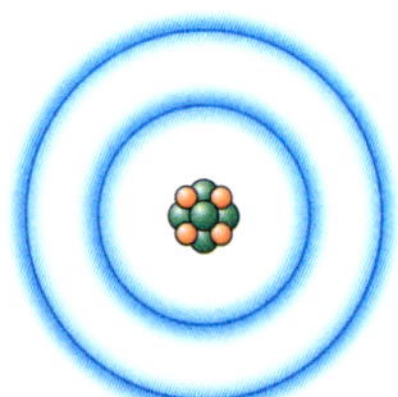

1932 年
原子中的原子核是由中子和质子构成的。

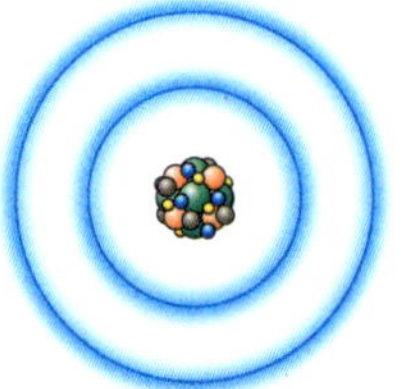

2000 年后
原子中的原子核是由很多种粒子构成的。

关键词
- 原子核
- 质子
- 中子
- 电子
- 质子数

道尔顿的原子理论

我们现在对原子结构的认识始于道尔顿的原子理论。1803 年，他在研究混合气体的性质时，不仅归纳收集了数据，而且用他的创造性思维对这些数据进行了解释。在道尔顿的理论中，原子是不可再分的。“原子”一词即表示“不可分”。

道尔顿理论的主要观点现仍为化学界所使用。不同元素都有各自的原子，不同元素原子的质量不同。化学方程式配平就是基于道尔顿的“在化学反应过程中，原子既不能被创造也不能被消灭”的观点发展出来的。

即使如此，道尔顿的理论还是有很大局限性的。它不能解释元素周期表中元素的规律，也不能解释原子在单质或化合物中的结合方式。需要一个更好的理论来解释大多数（即使不是全部）问题。

原子内部

后来，人们发现原子并非是一个不可分的实心球。从19世纪中叶开始，科学家发现了探索原子内部的方法。直至今日，科学家仍在花巨资建造粒子加速器（原子粉碎机），使其在越来越高的能量下工作，以发现更多且更真实的原子结构信息。

原子是由多种微小的粒子组成的。借助原子结构模型，使我们成功解释元素和化合物的大量问题成为可能。

在瑞士的欧洲核子中心里有大型强子对撞机。它使质子在对撞时具有极高的能量。它于2008年启动。经过调试，工程师们不断增大质子的能量。当它满负荷运行时，它将能探测到物质原先不为我们所知的更深层次的奥秘。

化学中的模型

研究化学有时会利用原子模型。这一方法可追溯至1932年詹姆斯•查德威克发现中子时。在这一模型中，原子的质量集中在居于原子中心的微小的**原子核**（nucleus）上，原子核由**质子**（proton）和**中子**（neutron）构成。质子带有正电荷，而中子则不带电。

绕原子核的是带负电荷的**电子**（electron），它的质量非常小，以至于可以忽略不计。在一个原子中，电子数等于原子核中的**质子数**（proton number）。这意味着原子中负电荷的总数等于正电荷数，故原子总体上不呈电性。

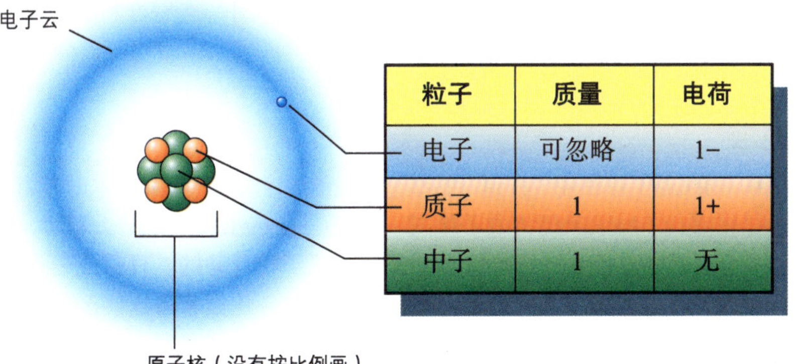

粒子	质量	电荷
电子	可忽略	1−
质子	1	1+
中子	1	无

所有原子都含有三种基本的粒子（除了一种氢原子不含中子）。原子中的原子核是非常小的，原子的直径约为原子核直径的上千万倍。

问题

1. 利用第47页的元素周期表，给出下列问题的答案：
   a. 比氯原子多一个质子的元素
   b. 比氖原子少一个质子的元素
   c. 钠原子中的质子数
   d. 溴原子中的电子数
   e. 氟原子核的正电荷数
   f. 钾原子中电子的总电荷数

通过探究发现

- 电子能级的证据
- 电子壳层
- 电子的分布规律

轨道上的电子

1913 年，丹麦科学家尼尔斯·玻尔对氢原子光谱进行了深入研究，并提出了对原子光谱的解释。

在玻尔的原子模型中，电子绕原子核运动的轨道如同行星绕太阳的轨道一样。玻尔认为，如果对电子加热，使它具有较高的能量，它就能跃迁至离原子核较远的能量较高的轨道上去。这些电子还将从外层轨道跌落至内层轨道，同时以光的形式释放出能量。每一次这种能量跃迁对应于一种颜色的光谱。跃迁的能量越大，则越接近光谱中的蓝光端。只有一定能量间的跃迁才是可能的，因此光谱中有一系列特定的线。

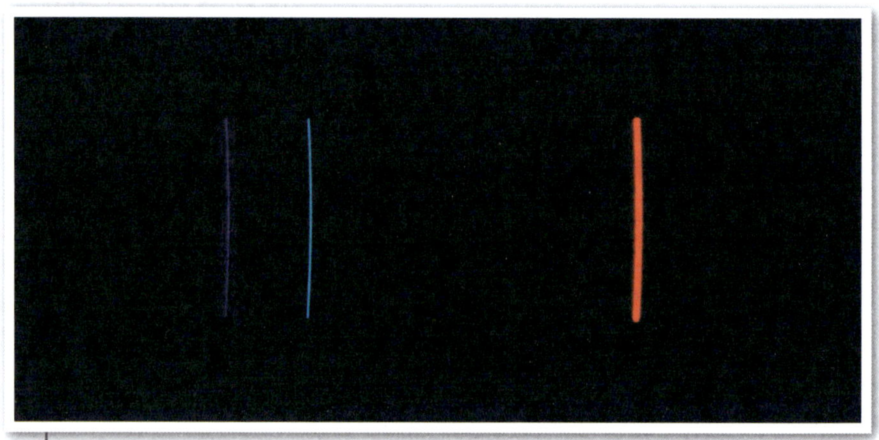

氢原子的线状光谱。原子理论能解释光谱是一系列线构成的原因。

玻尔能够利用自己的理论来计算这种能量跃迁的大小，然后推断不同轨道中电子的能级。

电子壳层

与太阳系的比较并利用"轨道"的概念可能会引起误导。从玻尔时期起，这种理论比较盛行。科学家仍将电子作图于**能级**（energy level）之上。然而，在现代理论中，电子并非是如同行星绕日那样围绕原子核运动的。理论能告诉我们的是，原子核周围存在着电子趋于出现的一些区域。化学家将这些区域称为负电荷的"云"。

我们将围绕原子核的电子云称为**壳层**（shell）。每一壳层都是电子可能出现的空间区域之一。只有其间有电子，壳层才能存在。同一壳层中的电子具有相同的能量。

关键词

- 能级
- 壳层
- 电子分布

电子分布规律

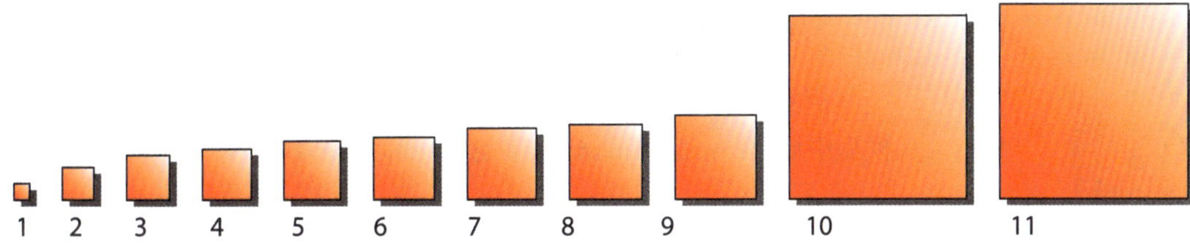

每一电子层能够容纳有限的电子数。具有最低能量的最靠近原子核的电子层最先填充电子，它填满后，再填充其外面的电子层。这一理论的证据不仅来自于光谱，也来自于从原子中移走电子所需的能量

钠原子有 11 个电子。科学家测量了将其中的电子一个一个移走所需的能量。其总值由上图中的面积所描述。移走第一个电子很容易，移走第二层的 8 个电子就很困难。移走最后的两个电子最不容易，这是因为它们紧靠原子核，因而被吸引得最紧。

这支持了钠原子中的电子分布于 3 个电子层中的观点，右图所示的是原子通常的**电子分布**（electron arrangement）描述。

与原子核最靠近的第一电子层有两个电子，第二电子层有 8 个电子。一旦第二层用 8 个电子填满后，即开始第三层的填充。

如果有足够多的电子，它们则将占据更多的电子层。在开始的 20 个元素之后，因为其后的电子层能容纳更多的电子，且电子层间的能量差越来越小，故电子分布的复杂性也增加了。

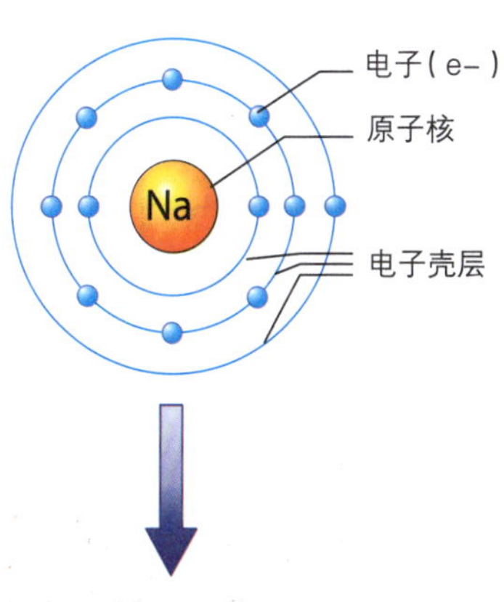

本图可被简化成：

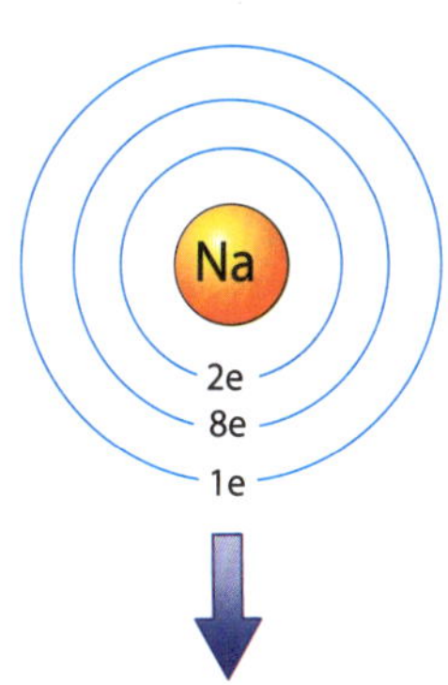

甚至更简单地写成：
Na：2e.8e.1e. 或 2.8.1

2 维图描述的钠原子的电子壳层。

问题

1. 作图表示下列原子的核外电子排布：
   a. 铍 b. 氧 c. 镁
   并参考第 47 页的元素周期表，找出每种原子的质子数和电子数。
2. 本页上方的移走电子所需能量图从哪一方面支持了右图显示的钠原子的电子分布图？

H 电子和元素周期表

通过探究发现

- 原子结构和周期
- 电子分布和族
- 对元素间相似性和差异的解释

元素周期表的前世今生

在门捷列夫首次发布元素周期表近 30 年后，科学家于 1897 年发现了电子。门捷列夫对原子结构一无所知，仅是通过相对原子质量将元素排列起来的。

现代元素周期表是按元素的质子数（亦即电子数）为元素排序的。原子结构的壳层模型中最令人信服的证据在于，它能解释元素周期表的规律。

周期性

下图显示了元素周期表中每一横排和原子结构间的联系。一个原子比前一个原子的质子数和电子数都各增加了 1 个。电子层的填充也是从一层到下一层渐进进行的。

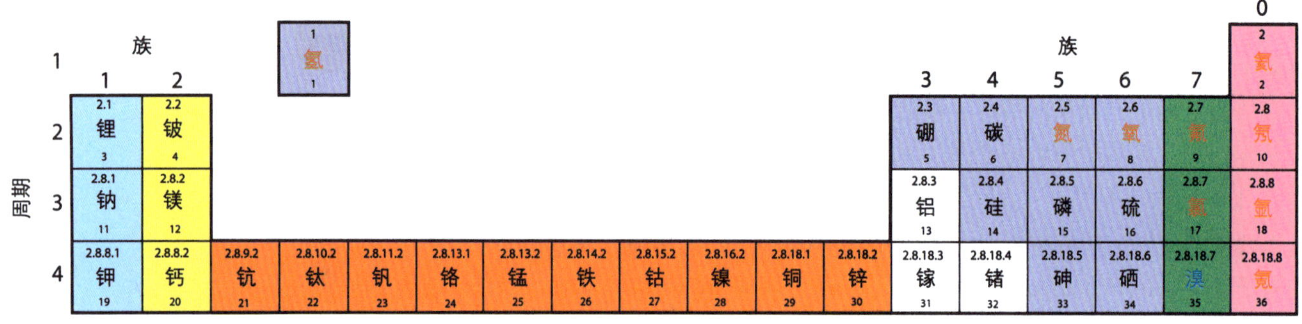

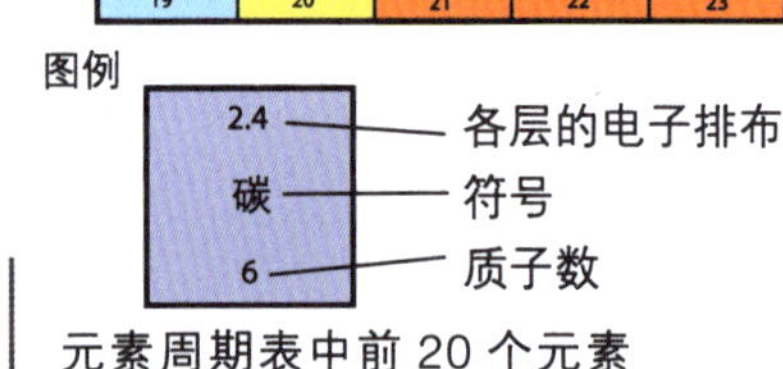

元素周期表中前 20 个元素的电子分布情况。

第一周期中，从氢到氦，都只要填充第 1 层；第 2 层要从第二个周期才开始填充：从锂（2.1）到氖（2.8）；填满第 3 层也需要 8 个电子：从钠（2.8.1）到氩（2.8.8）；第 4 层从钾到氪。

事实上，第 3 层可以填充 18 个电子。但第三周期并没有 18 种元素。在其后第 4 层从钾到氪才按这一规律填充。这说明了过渡元素出现在表中部的原因。其根本原因在此处尚不能用简单的理论解释清楚。你如果对此感兴趣，可以进一步学习更高级别的化学课程。

族

在原子参与化学反应时，其外层的电子参与了化学键断裂和新建的过程。这表明如果原子最外层具有相同的电子数和电子分布的话，则元素的性质也将相似。

右图显示了三种碱金属的情况：它们原子的最外层都只有1个电子，其他碱金属亦如此。这就解释了它们化学性质相似的原因。

因碱金属内部填满的电子层数不同，故它们的化学性质并非完全相同。钠原子内部有两个填满的电子层，故它比锂原子大，最外层的电子离原子核也较远。因此，这两种金属的化学性质和物理性质相似，但不完全一样。

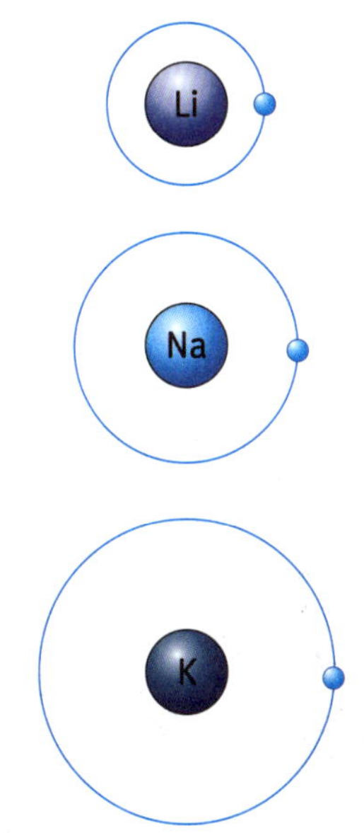

第1主族元素中原子的大小表明，越往下，则其内部填满的电子层数越多。此处只显示了最外层。

金属和非金属

最外层有1个或2个电子的元素是金属，但氢和氦是两个例外。最外层有较多电子的元素通常是非金属。这也有一些例外，如铝、锡、铅等。卤素是最外层有7个电子的非金属。

每一周期的末尾都是惰性气体，它们是一族最不活泼的元素，其第一个成员就是氦。

"惰性"一词已由炼金术士和化学家使用了数百年，最早是用于描述不易发生反应的元素的。现在我们一般使用稀有气体这一名称来描述。

问题

1. 试解释这一说法：氯的电子分布是（2.8.7）。
2. a. 元素铍、镁、钙的电子是如何分布的？
   b. 这3种元素出现在元素周期表的哪一族中？
   c. 它们是金属还是非金属？

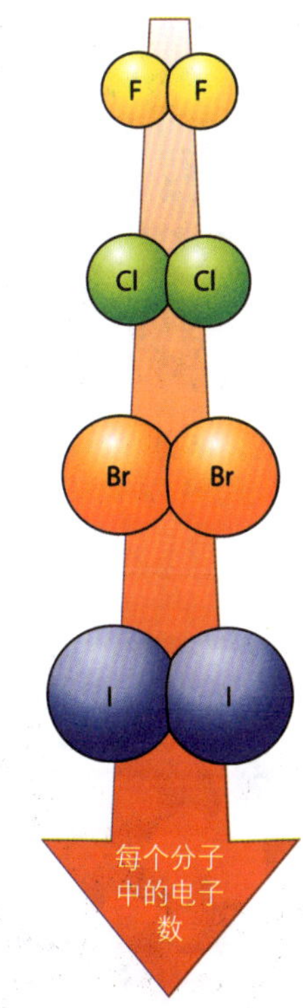

第7主族元素分子的大小表明，越往下，则其原子内部填满的电子层数越多。

通过探究发现

- 盐
- 盐的性质
- 电和盐

氯化钠晶体能溶于水。在化工厂中使用电流可从氯化钠制得氯气、氢气和氢氧化钠等。

方铅矿晶体是含有硫化铅的铅矿石。

黄铁矿晶体含有不溶于水的硫化铁。

为什么盐和元素有那么大的差异?

金属和非金属的化合物通常是盐。通过研究原子和分子在反应时的情况，化学家能解释盐和元素间的差异。最好的例子是两种非常活泼的元素通过反应生成了我们每天都要加在食物中的食盐。

图中的化学反应：钠和氯气反应生成了氯化钠。

盐

像氯化钠那样的盐是结晶体。氯化钠晶体呈立方体状。在D节中给出的氟化钙也是结晶体。

与氯和溴等由分子构成的化学物质相比，盐具有较高的熔点和沸点。

化学物质	分子式	熔点（℃）	沸点（℃）
钠	Na	98	890
氯	Cl_2	−101	−34
氯化钠	NaCl	808	1465
钾	K	63	766
溴	Br_2	−7	58
溴化钾	KBr	730	1435

氯化钠是能溶解在水中的盐。还有很多盐能溶解在水中，其中包括碱金属和卤素生成的各种化合物。

还有一些盐是不溶于水的。氟化锂就是一种仅微溶于水的盐。很多矿石含有不溶于水的盐，萤石（CaF_2）就是其中一个例子。其他还有方铅矿（PbS）和被称为假黄金的黄铁矿（FeS_2）等。

熔融的盐和电流

右图中的设备是用于探测化学物质是否具有导电性的。坩埚中有一些白色粉末，那是氯化锌。

开始时，电流表中没有读数。这表明固体样品尚不导电。这是这一类化合物的真实情况：它们呈固态时不导电。

对坩埚加热使氯化锌熔化。这种化合物刚**熔融**（molten），电表上就有示数了，这表明有电流流过它了，即氯化锌成为液体后，它就成为导体了。不仅如此，电流还使这种化合物产生了化学变化（分解）。最明显的变化是在正电极周围冒出了气泡，产生的是氯气。

过了一会，我们可以明显地观察到锌在负极处形成。断开电流使坩埚冷却，再加水使剩余的氯化锌溶解，这时就只剩下一颗颗微小的锌粒了。这表明，电流将化合物分解成了单质，即锌和氯。

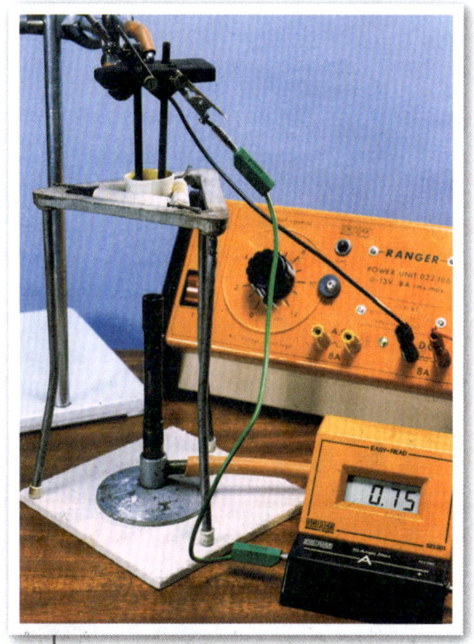

坩埚中有氯化锌。其中插有碳棒作为电极。当氯化锌被加热至熔融状态时，就开始导电了。

溶液中的盐和电流

盐溶液也能导电。这可用右下图中的仪器来验证：通以电流后，溶液在电极处会产生变化。

当盐溶液中通过电流时，水的存在会对生成的化学物质产生影响。因此这时生成物含有的元素与盐中含有的元素不一定相同了。

这一装置被用于研究当盐溶液中通以电流时，溶液在电极处的变化。在这一例子中，电流使电极处冒出气泡。

问题

1. 作出表格比较钠、氯气和氯化钠的物理性质。
2. 参考上一页表格中的数据。在下列温度条件下，哪种化学物质呈液态：
   a. 室温
   b. 在水的沸点
   c. 达到 1000℃
3. 作出利用仪器测量氯化锌加热至熔融过程中导电性能的电路图，并用图像来描述氯化锌加热至熔融过程中导电性能的变化。

关键词

✔ 熔融

离子理论

通过探究发现

- 离子
- 离子化合物
- 盐的性质

法拉第在皇家学院演讲。他的演讲始于圣诞节，在那家报告厅中，这一活动作为习俗延续至今。

关键词

- 电解
- 离子
- 阳离子
- 阴离子

问题

1. 法拉第产生了什么伟大的想法，使他能解释盐溶液或熔融的盐能导电的原因？
2. 为什么说法拉第将他的观点与其他科学家交流是非常重要的？

电解

如果使盐溶解或处于熔融状态，则电流可将它分解成单质或其他物质。这一过程称为**电解**（electrolysis）。“电解”一词的英文最早来自希腊语，原意为“用电劈裂”。

电解的发明是化学史上具有重大意义的事件。它使分解以前无法分解的化合物成为可能。在1807年和1808年，英国化学家汉弗莱·戴维首次用电解法分离出了钾、钠、钡、锶、钙和镁等元素。

法拉第的理论

迈克尔·法拉第和戴维共同工作期间，先是作为戴维的助手，然后凭借研究成果确立了自己在科学领域的领导地位。他于1833年开始研究电对化学物质的影响。他不断用创新性思维来解释他观测到的现象。

法拉第认为，那些能用电解法分解的化合物一定都含有带电的粒子。因为异性电荷相吸，他由此想到，负电极吸引的是带正电荷的粒子，而正电极吸引的是带负电荷的粒子。

带电粒子向电极运动。当它们到达电极时，就又变成了原子。这就解释了化合物在电解过程中的化学变化问题。

法拉第将这种运动的带电粒子命名为**离子**（ion）。它的英文一词最早来自希腊语，原意为“走”。

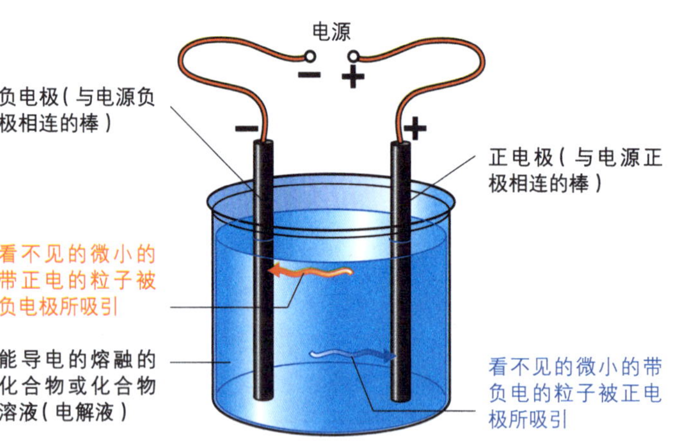

法拉第离子理论的现代验证。

对电解的科学解释

化学家继续用离子理论来解释电解现象。按照这一理论，像氯化钠那样的盐中含有离子。

氯化钠由钠离子和氯离子构成。钠离子记为 Na^+，带有正电荷；而氯离子记为 Cl^-，带有负电荷。这些异种电荷彼此相互吸引。

氯化钠晶体中含有无数紧密结合在一起的 Na^+ 和 Cl^-。在固体中，离子被束缚而不能向电极移动，因而此时的化合物也就不能导电。但当氯化钠加热到一定程度或溶解于水后，离子就可以自由移动了。

在电解过程中，负电极吸引**阳离子**（positive ion），而正电极则吸引**阴离子**（negative ion）。离子到达电极后，就得到或者失去电子而变成原子。

在这一过程中，金属形成阳离子，非金属通常形成阴离子。

元素和化合物

离子理论有助于解释化合物与构成它的元素间存在差异的原因。钠原子和氯气分子因异常活泼而具有很大的危险性，但氯化钠中的离子则不活泼，因而是安全的。

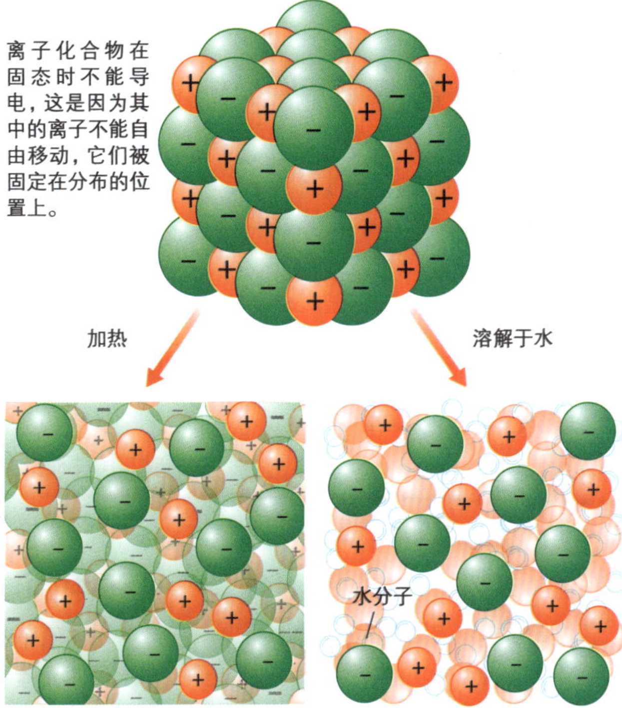

离子化合物加热到一定程度后，其中的离子剧烈运动而不再固定在原位置上，固体就熔化了。这时离子可以自由移动，故熔融的化合物也就能导电了。

离子化合物溶解后，它的离子也就能在水分子间自由移动了，因而也就能导电了。

问题

3. 为什么氯化钠固体是由离子构成的，却不能导电？
4. 化学家有时将负电极称为阴极。阳离子是向阴极移动的离子。阳离子带何种电荷？哪些元素能形成阳离子？试给出一个阳离子的例子。
5. 化学家有时将正电极称为阳极。阴离子是向阳极移动的离子。阴离子带何种电荷？哪些元素能形成阴离子？试给出一个阴离子的例子。

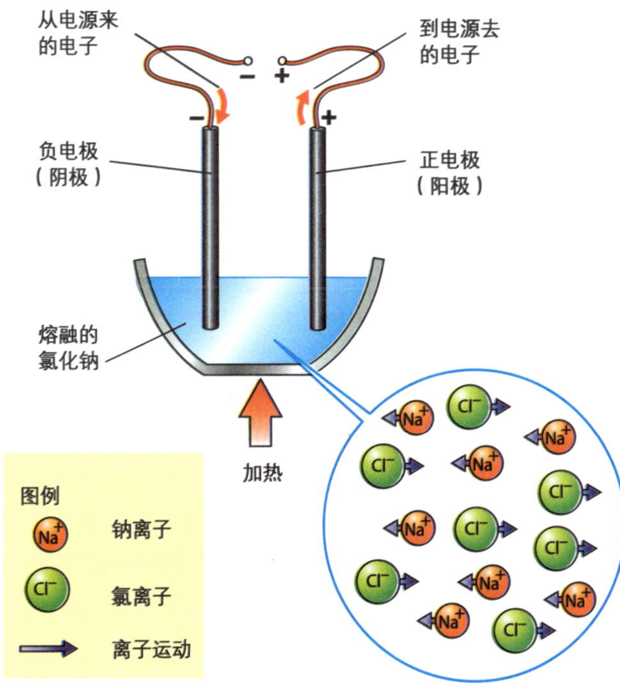

当离子可以向电极运动时，氯化钠就能导电了。

通过探究发现

- 原子和离子
- 离子中的电子分布
- 离子化合物的分子式

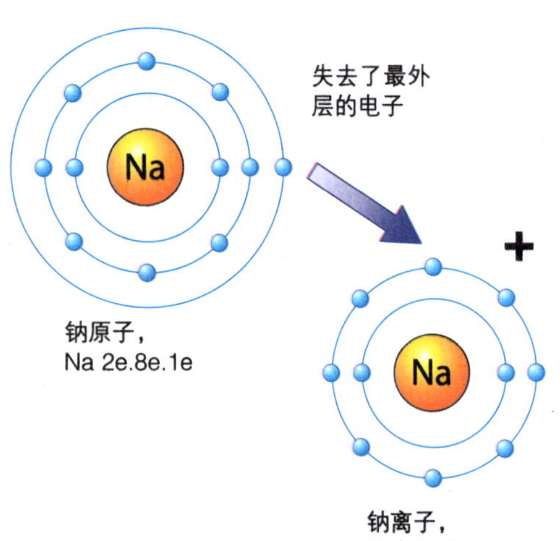

失去了一个带负电的电子后，钠原子成为带正电的阳离子。

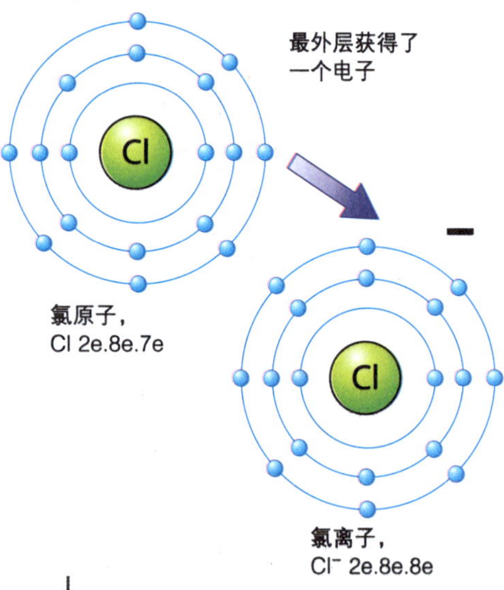

获得了一个带负电的电子后，氯原子成为带负电的阴离子。

原子成为离子

法拉第不能解释原子变成离子的原因，因为他在做这一工作时，人们还未详细地了解原子的结构。现在，化学家能够利用原子中电子分布来显示原子是如何带电的。

元素周期表左侧的金属在失去最外层的电子时，就成为带正电的阳离子。这是因为此时的质子数大于电子数，故金属离子带正电。

第 1 族中的所有金属的最外层都只有一个电子，第 G 节中的图显示了从钠原子中移走一个电子需要的能量相对很小。对第 1 主族中的其他金属也同样。故它们都能形成带有一个正电荷的阳离子，如 Li^+、Na^+、K^+ 等。

氯气（Cl_2）是分子。如果单看其中的一个原子，则很容易理解氯离子的形成，其过程如左下图所示。每个氯原子都获得一个负电荷成为带负电的阴离子 Cl^-。

离子中的电子分布

当钠原子和氯原子变成离子时，则它们最终形成和元素周期表中最靠近的惰性气体元素相同的电子分布。这对元素周期表中前 20 种元素形成的简单离子来讲是没有问题的。对这一现象作解释，需要分析金属和非金属反应时所发生的能量变化。如果你继续学习更高阶的化学课程，你将会学到这些内容。

离子变成原子

电解最终将离子变回了原子。金属离子带正电荷，故它被吸引到负电极上。是来自电池的电子流入电极使其成为负电极。阳离子在负电极上获得了这种电子，从而变回了原子。

非金属离子带负电荷，故被吸引到正极上。这一电极之所以是正的，是因为它的电子流向了电池。阴离子在正极放出了电子，从而变回了原子。

离子化合物的化学式

氯化钠的化学式是 NaCl。相应的，每个氯离子（Cl^-）都对应一个钠离子（Na^+），因此，我们每天所食用的食盐中不含分子，只有离子。

并非所有的离子都像钠离子和氯离子那样仅有一个正电荷或负电荷。如溴化铅的化学式为 $PbBr_2$，这种化合物中，每个铅离子对应两个溴离子。它整体是呈电中性的，因此一个铅离子所带的电荷应是一个溴离子的两倍。溴离子和氯离子一样，都带有一个负电荷（Br^-），故铅离子则有两倍的正电荷（Pb^{2+}）。

化合物	离子		化学式
	正	负	
氧化镁	Mg^{2+}	O^{2-}	MgO
氯化钙	Ca^{2+}	Cl^- Cl^-	$CaCl_2$
氧化铝	Al^{3+} Al^{3+}	O^{2-} O^{2-} O^{2-}	Al_2O_3

离子化合物化学式的例子。

元素周期表中的离子

从显示离子符号的元素周期表中，可看出简单离子的电荷显现的周期性规律。表中部的很多过渡金属可形成多种离子。例如，铁可以形成 Fe^{2+} 和 Fe^{3+}，而铜可形成 Cu^+ 和 Cu^{2+} 等离子。如果你想更深入地了解其中的奥秘，则要学习更高阶的化学课程。

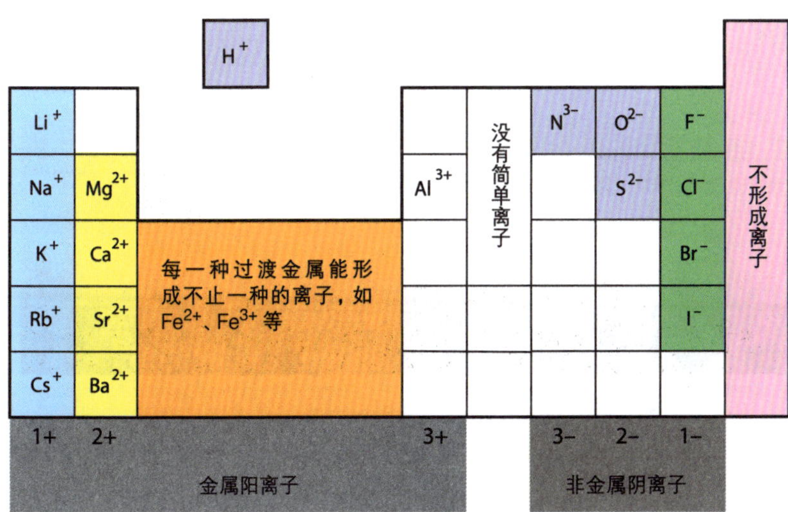

元素周期表中的简单离子。

问题

1. 作图表示锂原子和锂离子中的电子数和分布情况。锂离子带什么电荷?
2. 作图表示氟原子和氟离子中的电子数和分布情况。氟离子带什么电荷?
3. 写出下列粒子的电子分布情况：
   a. 氟离子（原子核中有 9 个质子和 10 个中子）
   b. 氖原子（原子核中有 10 个质子和 10 个中子）
   c. 钠离子（原子核中有 11 个质子和 12 个中子）

   这三种粒子在哪些方面是相同的? 又有哪些区别?
4. 在离子表的帮助下，写出下列离子化合物的化学式：
   a. 碘化钾
   b. 溴化钙
   c. 氯化铝
   d. 氮化镁
   e. 硫化铝
5. 利用离子表得出下列离子的电荷数：
   a. $CuCl_2$ 中的铜（Cu）
   b. ZnO 中的锌（Zn）
   c. Fe_2O_3 中的铁（Fe）

L 化学形态

通过探究发现

- 原子、分子和离子
- 化学形态

在本章的学习中，我们已经知道，同种元素能够形成具有不同化学性质的不同的形式。化学家将这些不同的形式称为**化学形态**（chemical specie）。

氯的化学形态

氯具有 3 种简单形态：原子、分子和离子。氯的每一种形态都具有鲜明的性质。氯原子（Cl）通常不能单独存在，而要迅速结对成为氯分子（Cl_2）。然而，紫外线照射能使氯分子或氯的化合物分裂成为原子，这也是像 CCl_3F 那样的氟氯烃在高层大气中会发生的情况。在太阳强烈的光照下，它们的分子分裂成原子。于是，高度活泼的氯原子快速地破坏臭氧层，使其中臭氧的浓度降低而形成所谓的臭氧空洞。

室温下，氯是以氯分子（Cl_2）的形式存在的。从第 D 节我们已经知道它的化学性质非常活泼，能破坏人体中的组织，故在储存它的容器上要贴上“有毒”的标签。

氯离子则发生了很大的变化。它通常出现在诸如氯化钠、氯化镁等化合物中。这些盐中的氯离子存在于所有生物的组织中，是生命存在所必需的。氯离子在很多方面具有化学活性，但都达不到像氯原子和分子那样会对生物造成伤害的程度。

氯气是由氯分子组成的。氯分子的化学性质非常活泼。

在北极上空的极地平流层云（图中的橙色和棕色部分）。云中的冰粒为反应提供了场所，由此释放出能破坏臭氧层的非常活泼的氯原子。

氯在和其他原子结合时，还具有更为复杂的形态。这包括含有氯和其他元素的化合物，如四氯化碳（CCl_4）等。

二氧化氯是一种具有氧化性、毒性和腐蚀性的液体，而且易爆炸。但它的毒性又和氯的毒性不同，它的氧化性也和氧的氧化性不同。

钠的形态

钠只有两种形态：原子和离子。金属钠中的原子是非常活泼的。在其他含钠的化学物质中，钠原子经反应生成了含有钠离子的化合物。

钠与氯结合生成了离子化合物氯化钠，它是由两种物质形态 Na^+ 和 Cl^- 构成的，而此时这两种离子又十分不活泼。氯化钠能溶于水，但这种溶液是中性的。水不与这些离子起反应。

在钠和水反应的过程中，生成了另一种离子化合物：氢氧化钠。它含有 Na^+ 和 OH^-。氢氧化钠溶于水，且其水溶液具有强碱性。是氢氧根离子使氢氧化钠溶液呈碱性的，而不是钠离子。

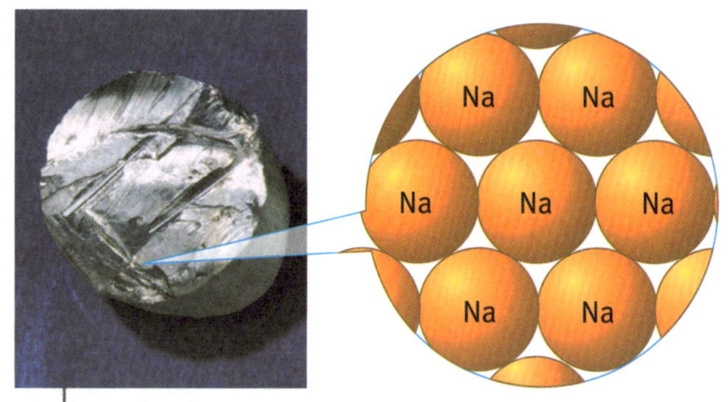

金属钠由钠原子组成。钠原子的化学性质非常活泼。

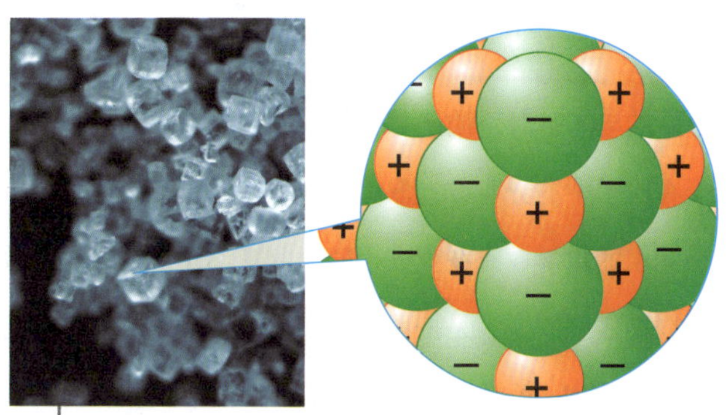

氯化钠含有钠离子和氯离子。这些离子不太活泼。

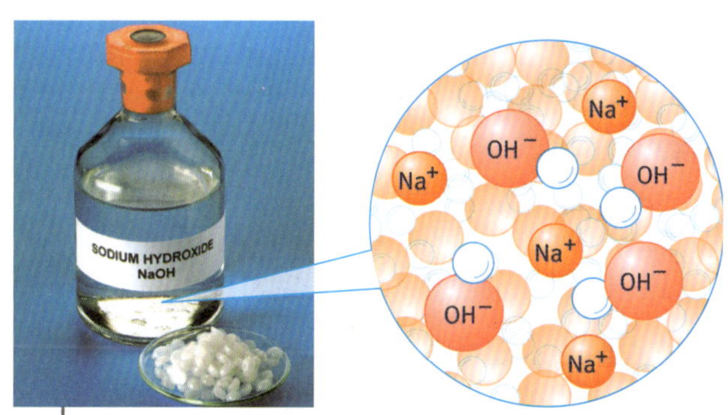

氢氧化钠是一种强碱。它由钠离子和氢氧根离子组成。在其水溶液中，离子混合在水分子中各自运动。

问题

1. 利用化学形态的观点解释氯化钠的化学性质与钠和氯单质不同的原因。
2. 写出下列元素的所有形态名称和分子式：
   a. 钾
   b. 溴
   c. 溴化钾
3. a. 写出纯净空气中的 4 种化学物质的名称和分子式。
   b. 除此之外，再给出喧嚣的城市中被污染空气中的 3 种化学物质。

科学解释

化学家已经明确了化学规律，建立起相应的理论以进一步了解世界，并解释了为什么 100 多种元素能构成如此庞大的化合物世界的原因。

应该知道：

- 化学家建立的原子模型中有一个十分小的原子核，它由质子和中子构成。电子绕原子核运动。
- 原子中的电子数等于质子数，原子中的电子具有一定的能量。
- 电子在原子中的分布方式取决于电子在壳层中由最低能级开始逐层填充的方式。
- 一种元素的化学性质在很大程度上取决于原子中的电子数及其分布方式。
- 元素周期表中的元素是按照质子数的大小排列的。各行间的周期性规律都大致相同。
- 元素周期表中，每一列元素构成了一个化学性质相同的“族”。这是因为它们最外层的电子数相同。
- 元素周期表中，各族元素的化学性质从上到下都存在着一种活泼性变化的趋势，这是因为内部填满电子的壳层数在增加。
- 第 1 主族是碱金属元素。它们从上往下化学性质趋于活泼。它们都能与潮湿的空气、水和氯气等发生反应。
- 第 7 主族中的元素是卤素。它们的单质都是以双原子分子的形式存在的。
- 在室温下各种卤素的物理状态有一定的规律。
- 在元素周期表中，卤素从上往下化学性质趋于不活泼。
- 化学家用文字表达式和化学方程式来描述化学反应。
- 对碱金属和卤素等会造成人体伤害的化学物质的防护是非常重要的。
- 金属和非金属发生反应时，金属原子失去电子，而非金属原子将获得电子，故会生成离子化合物。
- 离子的排列方式决定了离子化合物的形状。
- 离子化合物的性质取决于离子的性质。这种性质与它以原子和分子形式存在时不同。
- 离子化合物在熔融状态或溶于水时能够导电。这是因为存在能够在液体中自由移动的带电离子。

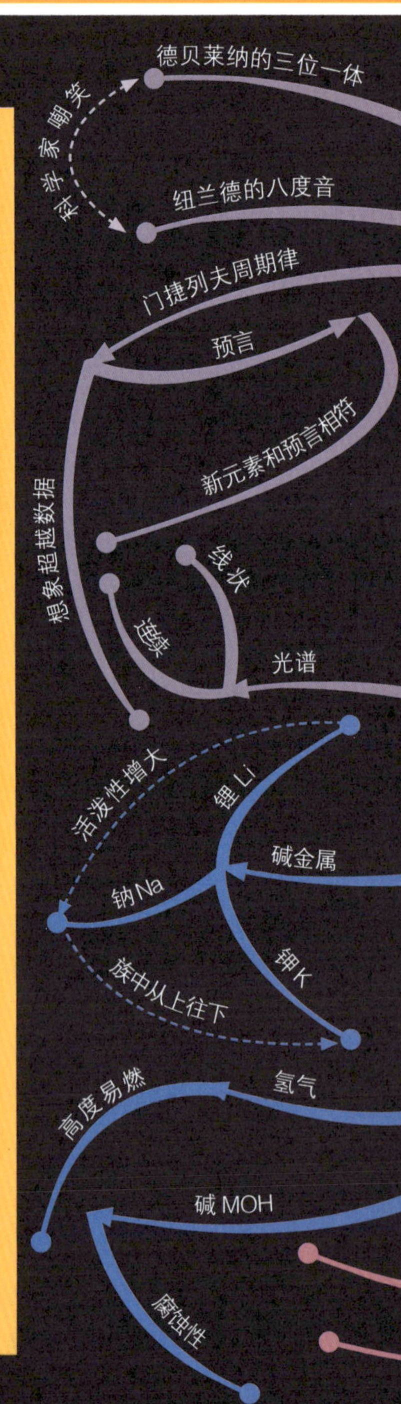

化学规律
质子数顺序
周期性
行
周期
重复规律
左侧金属
右侧非金属
列
族
相似性
趋势
原子结构
原子核
电子
质量极小
电荷 -1
电子数 = 原子中的质子数
壳层
钠：2.8.1
氯：2.8.7
非常小
质子
质子数
相对质量 1
电荷 +1
中子
不带电
相对质量1
离子
金属阳离子
第 1 族：带电 +1
形成 MX
非金属阴离子
卤素：带电 -1
固体离子点阵
熔化
溶于水
离子能自由移动而导电
第 7 族
卤素
氯
黄绿色气体
溴
较不活泼
深红色液体
碘
族中从上往下
灰色固体
紫色气体
与金属反应
碱金属
铁
方程式
文字
符号
配平
状态符号
固体（s）
液体（l）
气体（g）
溶于水（aq）
第 1 族
切割后呈现光泽
与水反应
与氯反应
无色的氯化物晶体 MCl
发现元素
性质规律
火焰颜色

科学观点

科学解释基于数据但超越数据，且与其有着鲜明的区别。要给出一种解释，必须依据创新性思维对数据进行解读。一种新的解释或许可以说明一系列以前认为没有关联的现象。这种解释也可以对新状态和新例证进行推论或预测。

对于新元素的发现和元素周期表的发展，我们应能够：

• 说明科学工作并区分报告数据的陈述和对解释性观点（假设、解释、理论等）的陈述。

• 认识到即使在数据是正确的情况下，所给出的解释也可能是错误的。

• 明确创造性思维产生于科学解释的发展过程之中，如门捷列夫的洞察力使他为尚未发现的元素预留了空位。

• 认识到数据和观察结果可以用来验证某种解释（或与之相冲突）。如来自光谱的数据可以用存在新元素的设想来解释等。

• 接受或反对别人提出的科学解释，要给出充分的理由。如对用原子的电子壳层结构模型解释元素周期表中元素分布的方法等。

• 确认对某一现象的最佳科学解释。如门捷列夫用他发明的元素周期表预言尚未发现的元素等。

• 理解当预言和观察到的现象吻合时，则将增大基于这一预言所给出的解释的可信性，但不能证明它一定是正确的。例如，门捷列夫准确地预言了他发明的元素周期表中尚未发现的元素的性质。

• 理解当预言与观察结果不符时，表明它们中有一个是错误的，并由此降低了基于预言而得出的解释的可信性。

科学家在科学报告会或专业刊物上发表自己的研究成果或观点。科学家提出的观点只有在通过其他科学家的批判性验证后才能被广泛接受。科学家通常对那些不能被其他科学家再现的科学主张持怀疑的态度。只有经过他自己或由其他科学家用同样的方法再现并得出同样的结果才是可信的。因此，我们应该：

• 重视同行评审过程，使新的科学主张接受其他科学家的评审。

• 认识到尚未经过科学团体评价的新科学主张可靠性是较低的。这样的例子有：早期试图在元素的化学性质和相对原子质量间建立联系的做法就不可靠。

• 知道没有经过其他科学家再现的新科学主张是值得质疑的。

复习问题

1 一位老师使钠和氯气发生反应，生成物是氯化钠（NaCl）。

a. 保存钠的瓶子上有下列两种警示符号。

i 说明各符号的含义。

ii 列出老师在做钠的实验时应采取的预防措施，并写出所针对的伤害。

b. 写出钠与氯气发生反应的配平了的化学方程式，其中包括状态符号。

c. 氯化钠是由两种离子构成的。

i 写出两种离子的化学式。

ii 试确定每种离子中的质子数和电子数。

iii 作图显示每种离子中的电子分布。

2 下表显示了元素周期表的一部分，其中只给出了几种元素符号。

周期 \ 族	1	2	3	4	5	6	7	0
1								He
2						O	F	
3	Na	Mg	Al	Si		S	Cl	
4				Ge			Br	
5								
6	Cs							

a. 利用表中所给的几种元素，按要求写出下列元素符号：

i 能浮在水上的金属

ii 和硅（Si）具有相似化学性质的元素

iii 3 种能构成双原子分子的元素

iv 最活泼的金属

b. 推测氟（F）单质在室温下的状态，并给出理由。

3 下表给出了 3 种卤素的性质。

卤素	沸点（℃）	离子化合物的化学式
氯	−34.7	$FeCl_3$
溴	58.8	$FeBr_3$
碘	184	

a. i 描述沸点变化的趋势。

ii 推测碘化铁的化学式。

iii 溴离子为 Br^-。试由此求出铁离子的电荷数。

b. 试描述卤素在元素周期表中从上到下活泼性变化的规律。举例证明你给出的规律。利用电子分布和离子形成的观点来说明这种规律。

c. 举例说明原子的电子壳层结构模型是如何用于解释卤素间化学性质的相似性的。

P4 运动

为什么要研究运动？

人类总是对物体运动的原因以及物体的各种运动方式为什么能奏效感兴趣。运动已经成了我们生活中的一部分，因而在我们尚不能解释或预测物体的运动情况前，就不能说对自然界已经非常了解了。

已经知道的知识：

- 物体的速率等于物体运动过的距离除以所用的时间。
- 不平衡力改变了物体的运动状态。
- 物体的重力归因于地球和物体间的万有引力。
- 运动物体受到的空气阻力的大小取决于物体的形状和速度。

要发现什么？

- 力是由两个物体间的相互作用产生的
- 存在于物体表面的摩擦力和反作用力
- 瞬时速率、平均速率、速度和加速度
- 动量的概念。当有力作用在一个物体上时，物体的动量会发生改变
- 日常生活中运动的例子，包括交通安全措施依据的运动学原理等
- 重力势能和动能

科学的应用

有一个诱人的想法一直在驱使对运动感兴趣的人们去思考：是否存在很少几条规则或定律，用它们就能够解释我们所见到的所有运动？可以很明确地回答："Yes!"而且，这些定律是如此的精妙，还能够准确地预测物体的运动规律。

科学观点

只通过数据是不能推导出科学解释的，而是要人们用创新思维来说明所观察到的现象。很多人对描述或解释运动现象感到厌烦。要知道，为了得出运动定律，艾萨克·牛顿在人们都司空见惯的现象的基础上建立起了自己的理论体系。将苹果落地和月球绕地球轨道运动联系起来，是需要想象力的飞跃的。

A 力和相互作用

通过探究发现

- ✔ 当两个物体间有相互作用时，力是如何产生的
- ✔ 接触和不接触都能产生力

是什么使物体开始运动的？又是什么使物体停下来的？要使物体从静止运动起来，我们就要推或拉它。而要使它停下来，也必须沿它运动相反的方向施加**力**（force）的作用。

力是如何产生的？

焰火壳内的化学反应将燃烧着的碎片向四面八方推出去，产生了放射状星形球。

左图中的焰火爆炸时，碎片受力的作用被从爆炸中心推向四面八方。我们注意到爆炸的碎片是对应的。每一块飞出的碎片，都可以找到另一块向它相反方向飞出的碎片。这显示了力的非常重要的一个性质，即力总是成对出现的。

让我们考虑一个仅有两个运动对象的简单例子：索菲亚和山姆都站在一个溜冰场的中央。如果索菲亚轻轻推山姆一下，将会发生怎样的情况？

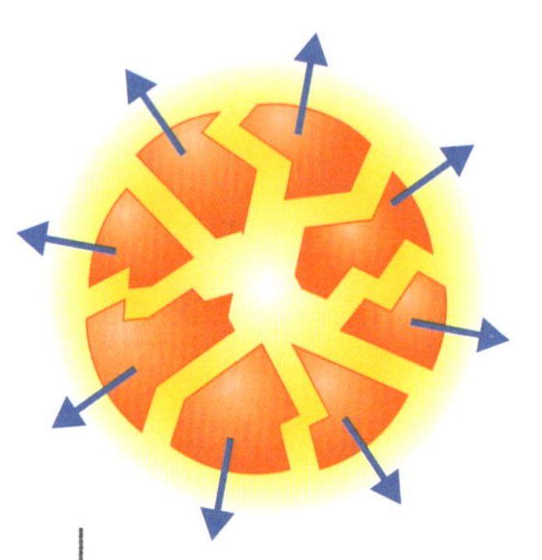

作用在各碎片上力的大小用箭头的长短来加以表示。

答案是两人都将开始运动。当索菲亚对山姆施加了一个力时，她自己也同时受到了一个力的作用，即山姆也向相反方向推了她。虽然山姆没有做出推的动作，仅是阻碍她把手推过去。同理，如果他们隔一段距离手持同一根绳子，他们中任一人拉绳，他们都会相向运动。

由此，我们可以得出以下关于力的重要性质：

- 力是由两个物体的**相互作用**（interaction）产生的。因此，力总是成对产生的。以**相互作用力**（interaction pair）出现的两个力总是：
- 大小相等
- 方向相反

这种说法任何时候都是成立的。它不会因两个施力者质量的大小或强壮程度而改变。另一个我们要注意的性质是：

- 这两个力是作用在不同的物体上的

在这个例子中，成对出现的力一个作用于山姆，另一个作用于索菲亚。

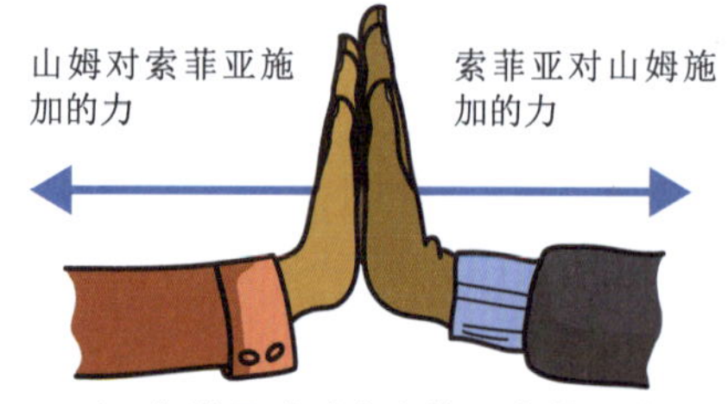

力总是成对产生的。索菲亚施加推山姆的力，也受到了来自山姆的力。

两种相互作用力

力产生于两个物体的相互作用。对两个物体接触时发生的相互作用，我们称之为**接触力**（contact force）。只有当两个物体相互接触时，才可能存在接触力。一旦这两个物体分开，接触力也就不复存在。这两个物体可以是保持运动状态的。对此，我们将在本章的后面专门讨论。

物体间的相互作用还有第二种情况，即**非接触力**（action-at-a-distance）的情况。一个常见的例子就是磁性力。右下图中的两个磁铁环相互排斥，两根悬线因为磁铁环受力而发生倾斜。磁铁环相互吸引时也会使悬线向另一侧倾斜。如果将磁性冰箱贴靠近冰箱门时，它将受到向门的吸引力，门也同样受到向冰箱贴的吸引力。

重力是另一个非接触力的例子。一个苹果从树上掉下来，是因为它受到地球施加的向下的力的作用。但重力是两个物体间的吸引作用，因此苹果也对地球施加了一个大小相等、方向相反的力！这种效果非常不明显，这是因为地球的质量太大了。

和接触力不同，非接触力每时每刻都在作用着，即使物体分开很远也是如此。但非接触力随着距离的增大而变小。

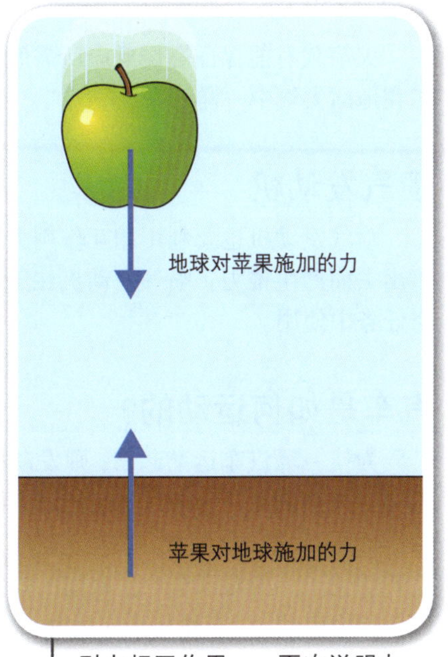

引力相互作用——再次说明力是成对出现的。

磁性冰箱贴和冰箱门都受到了非接触力的作用。非接触力也是成对产生的。

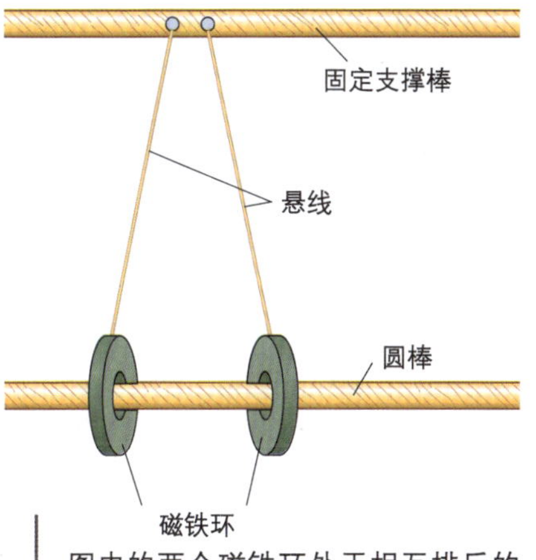

图中的两个磁铁环处于相互排斥的状态。注意两个环被推向两侧了。

问题

1. 列出这两页中 4 个成对出现的力的例子。
2. 关于力的成对出现，有哪 3 个方面总是正确的？
3. 改变右图中的装置，使其能显示磁铁间的吸引力同样也是成对出现的。作图给出你的做法，并写出你认为能看到的现象。

关键词

- 力
- 相互作用
- 相互作用力
- 接触力
- 非接触力

通过探究发现

- 使人和车辆开始运动的力
- 火箭和喷气发动机

要使物体由静止开始运动，就一定要利用相互作用力。下面给出这方面的几个例子。

火箭

随着燃料的燃烧，从火箭底部喷出炽热的气体。火箭对这些气体施加了一个巨大的作用力，同时，这对相互作用力的另一个力就施加在了火箭上，使火箭腾空而起。

左图显示的是火箭发射时的情景。发射时成对出现的相互作用力也在照片中标示了出来。

火箭载有能保证燃烧反应所需的所有设备和燃料，并使火箭在太空中也能像在地面大气中一样工作。

发射这样的火箭所需的力是巨大的，它是通过向下喷出燃料燃烧产生的炽热气体的方法提供的。

喷气发动机

喷气发动机也要利用相互作用力。它将空气吸入发动机，然后从后部高速喷出去而产生推力。喷气发动机在工作时需要吸入空气，因此它不能在执行太空任务中使用。

汽车是如何运动的?

为使一辆汽车运动起来，则发动机要使车轮转动起来，以产生一个作用在汽车上向前的力。为理解这一点，让我们先来设想一下汽车在冰面上行驶的情景。如果冰面十分光滑，以至于轮子几乎只能空转，故汽车在原地不动，因为空转的轮子不能对汽车产生向前的推力。再设想汽车在泥泞的道路上开动。当汽车加力启动时，车轮将会向后抛出大量的泥巴。

当车轮转动时，它就对地面产生了向后的作用力。飞起的泥土溅到车上，使这辆车看起来很滑稽。

你可能已经看到了在车轮和地面间存在着的相互作用力了。车轮使地面受到了一个向后的作用力，因此泥土是向后飞溅的。然而，在力还非常小时，泥土就开始向后飞溅了。这时，相互作用力的另一个大小相等、方向向前的力作用在汽车上。但因为这个力很小，尚不足以使汽车向前运动。

现在，想象路面和轮胎都处于良好状态，即不会出现打滑现象。这时，受发动机驱使而转动的车轮将路面向后推。因为车轮不打滑，这个施加在路面上向后推的力将是比较大的。而相互作用力的另一个力作用在车轮上，它们大小相同，方向相反，这时就能推动汽车前进了。

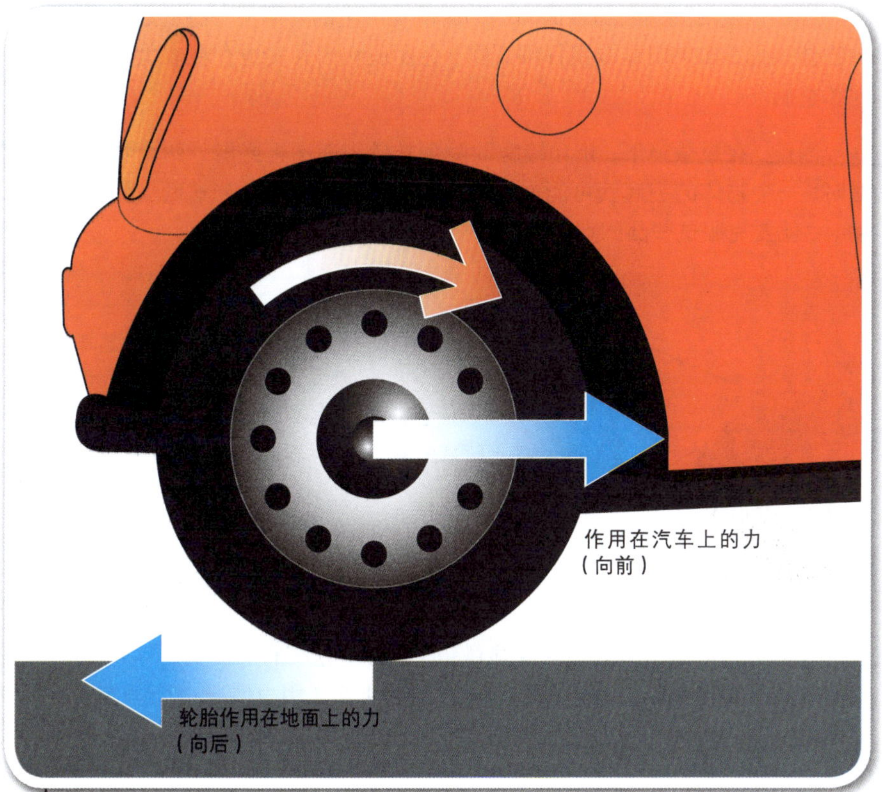

若轮胎压紧地面且不打滑，则相互作用力中的一个是作用在车轴上向前的力，是它推着汽车前进的。

步行

人在步行时，两只脚轮流向后推地面，而地面也向前推着人前进。对于这一点，你可能不是十分明白。我们在走过地板时，并不能感到在向后推地板。但当地板足够光滑时，我们就能感受到相互作用在其中起的重要作用了。例如，当你行走在十分光滑的冰面上时，会感到无法向后推了，因此你也就无法向前走了。

问题

1. 喷气发动机适用于在空气中飞行的飞机，但不适用于太空飞行。试说明原因。火箭是如何克服这个问题的?
2. 一条船的推进器在旋转时将水向后推动。利用本页中的观点写一篇短文，说明这能使船前进的原因。作图并标注出其中的主要的力，用以说明你的观点。
3. 作一张人行走时的简图，在人脚和与之相接触的地面上标注一对相互作用力。

在冰面上难以行走。因为脚很难在冰面上不滑动，所以冰面就很难推动人前进。

C 摩擦力

通过探究发现

- 摩擦力及其产生的原因
- 在物体上施加多个力的方法

摩擦力（friction）是两个相互贴紧的表面间相对滑动，或被施加了使它们有相对运动趋势的力时在接触面上产生的相互作用力。摩擦力也是作用在两个物体上的。因为相互作用产生的两个力总是大小相等而方向相反的，故作用在两个物体上的摩擦力总是阻碍物体间发生相对滑动。

摩擦力使人和汽车能够运动起来。如果不存在摩擦力的话，人和汽车将无法启动。但摩擦力是如何产生的呢？

是什么产生了摩擦力？

摩擦力是由物体粗糙表面间的相对滑动产生的。即使一些看起来十分光滑的物体表面，如果用显微镜仔细观察，会发现它们其实也存在着大量的微小突起和空洞。

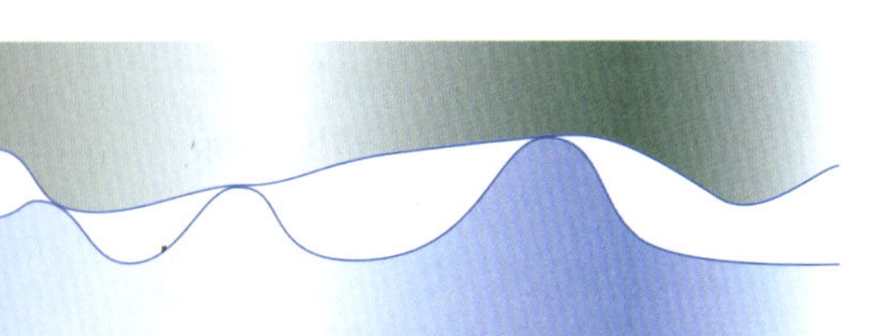

当两物体相对滑动或有滑动趋势时，它们接触面上的微小突起和空洞间产生了力的作用。

因此，在显微镜下，相互接触的两个光滑表面不再光滑。两个物体表面接触时，一个物体的突起就可能嵌入另一个物体的凹陷处。当这两个物体相对滑动时，就要克服这些凸凹点间相互碰撞带来的阻力。

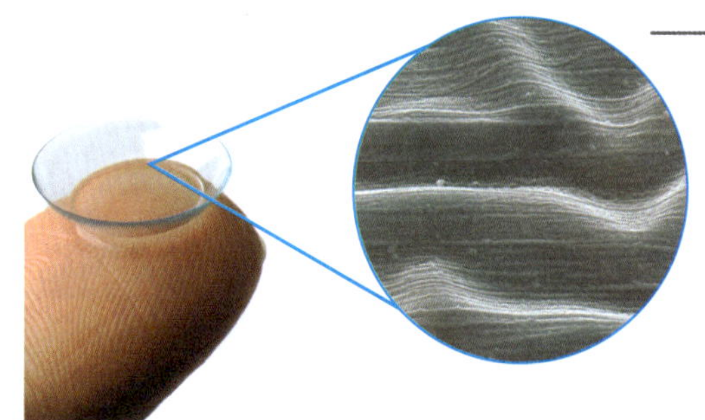

用显微镜观察，平时看起来光滑的表面实际上也是粗糙的，也有很多突起和空洞等。照片显示的是一只被放大 1080 倍的隐形眼镜表面。

物体和地面间的摩擦力是一对方向相反的力。图中箭头标示了脚和地面受力的方向。实际上，这种突起和空洞是非常微小的。

我们的鞋底是有波纹的。在显微镜下，看似光滑的地板也是不光滑的。左图夸张地显示了我们在步行时鞋和地板间的相互作用力情况，正是它们推动人向前走。

问题

1. 列出 3 种在我们日常生活中需要减小的摩擦力；再列出 3 种我们需要尽可能增大的摩擦力。
2. 利用这几页中提到的观点和概念，简短写出对下列观察的说明：
   a. 我们可用在两物体的接触面上涂油的方法来减小摩擦力。
   b. 我们在地面上推空箱前进比推同样的但被装满的箱子时省力。

摩擦力是成对出现的力

产生于两个表面间的摩擦力的大小如何？大小是由什么决定的？现分析杰夫沿水平地面推一个大箱子时的受力情况。

① 杰夫沿地面方向用 25 N 的力推箱子，箱子没动。因为地面对箱子施加了 25 N 的摩擦力，将杰夫的推力抵消掉了。

② 然后杰夫加大推力至 50 N，但箱子仍然没动。这时地面对箱子施加的摩擦力为 50 N，再次将杰夫的推力抵消掉了。

③ 杰夫又将推力加大至 70 N，这时箱子开始运动，且速度增大。这表明，70 N 的推力大于箱子和地面间可能的最大摩擦力。

摩擦力的大小取决于杰夫推箱子的力的大小，但有一个限度。如果杰夫的推力小于这一限度，则摩擦力的大小等于推力，此时两力相互抵消，箱子静止不动。但当推力大于这一限度时，箱子就开始运动了。是什么决定了这一限度？它取决于箱子的重量和接触面间的粗糙程度。

力的叠加

前面的讨论，都利用了非常明显的一个观点：

- 如果有一个力作用在一个物体上，但没能使物体发生运动，则肯定是有另外一个力将它的效果抵消掉了。

如果作用在一个物体上的多个力相互抵消掉了，我们就说这些力叠加的效果为零。将作用在同一物体上的多个力叠加，得到的结果可用一条有方向的直线表示，但这方向应考虑到所有这些力的方向。作用在一个物体上所有力的和称为**合力**（resultant force）。右图显示了一些合力的例子。

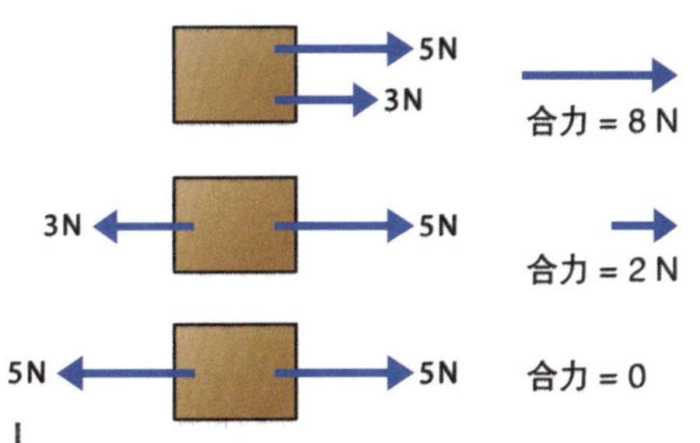

为找出作用在一个物体上的合力，应将各分力加起来，且应考虑各个力的方向。

问题

3. 作出杰夫推箱子前进的草图，在图中标出作用在杰夫身上的力和杰夫的推力。用箭头的长度来表示各力的大小。

关键词

- 摩擦力
- 合力

D 垂直方向的力

通过探究发现

- 表面对任何对它施加压力的物体施加反作用力
- 作用在下落物体上的力

如果我们用手平举一个网球，放手后网球将立即开始下落。这说明有一个力施加在网球上。这个力就是由地球施加在网球上的力，它是由我们已经知道的万有引力产生的相互作用力。

但若将这个网球放到桌子上并使它不滚动，这时它就不能下落了。这时重力并没有突然间消失或被“切断”。那么，一定存在一个将重力抵消掉的力。仔细思考会发现，唯一能产生这种效果的只能是桌子了。一定是桌面对网球施加了一个向上的力，抵消掉了网球向下的重力。

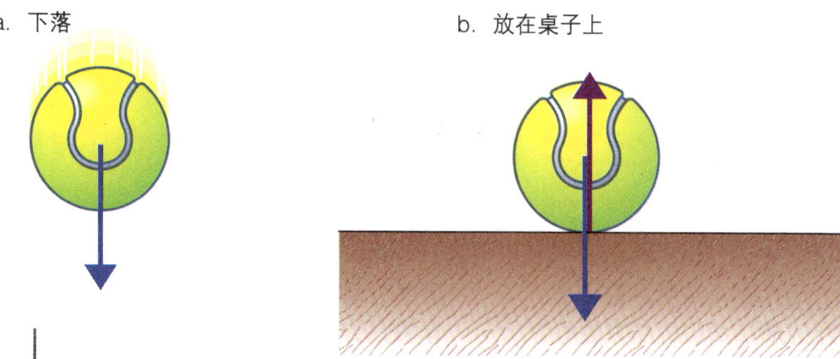

作用在网球上的力：a. 下落时；b. 放在桌子上时。

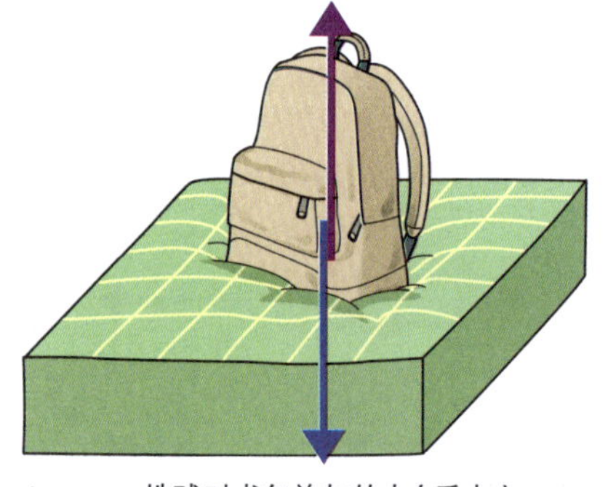

放置于海绵上的书包，最终书包将陷到向上推它的力恰能抵消掉向下拉它的重力的那一点为止。

桌面是如何施加力的

这种说法听起来好像很奇怪。为理解其中的原因，想象将一个诸如书包那样的物体放置到沙发上的海绵垫上。书包向下压海绵，使其产生凹陷。同时，具有弹性的海绵也将向上推书包。海绵凹陷得越厉害，则它向上的推力也就越大。因此，书包最终将陷到海绵向上推它的力恰能抵消掉向下拉它的重力的那一点为止。

将书包放到水平桌子上也会产生相同的情况，只是桌子凹陷下去的程度极其微小，因为它不像海绵那样容易变形。虽然用肉眼看不出来，但形变确实发生了！我们将像这种因表面受到压力而对施压物体施加的反向力称为**反作用力**（reaction）。

反作用力的大小取决于产生它的向下的力。桌面形变产生的力恰好能抵消掉地球对物体的吸引力，即它们的合力等于零。

当然，这有一个限度。如果施加到桌面上的力过大，则桌面就将破裂。然而，在到达这一程度前，反作用力等于向下压力的大小。

墙也能推我们！

任何物体表面都能施加反作用力，并非只有水平的表面才能产生。右图显示，当穿着旱冰鞋的德布拉推一堵墙时，墙也在推她，使她立即向后运动了。在她手推的位置墙发生了形变，虽然形变极其微小，我们看不见，但墙的这一位置如同弹簧一样受到了挤压。墙也对德布拉的手施加了一个大小相等但方向相反的力。

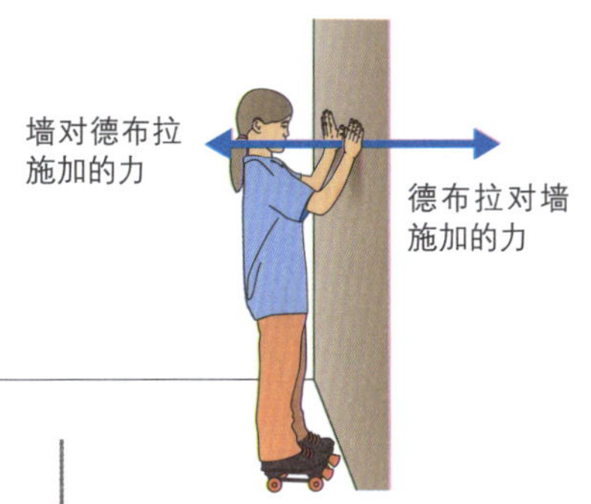

德布拉推墙，相互作用力中的另一个力使穿着旱冰鞋的她开始向后运动。

自由下落

那么，网球的实际运动情况如何？如果仔细观察，会看到网球刚释放时是稳步加速的，这从右侧的频闪照片中可看出来。每次拍照的时间间隔相同。随着球的下落，每次拍照间隔中下落的距离越来越大，即表明它是在作加速运动的。

如果我们释放像小蛋糕盒那样体积差不多但较轻的物体，会发现情况有所不同：它在开始时加速，然后匀速下落。为什么会有如此差别呢？原因是**空气阻力**（air resistance）已经大到足以影响它了。任何物体在空气中运动时，都会产生空气阻力。物体运动得越快，则受到的空气阻力也就越大。下落的轻物体很快就达到了空气阻力能抵消重力的速度，之后就保持这一速度下降了。

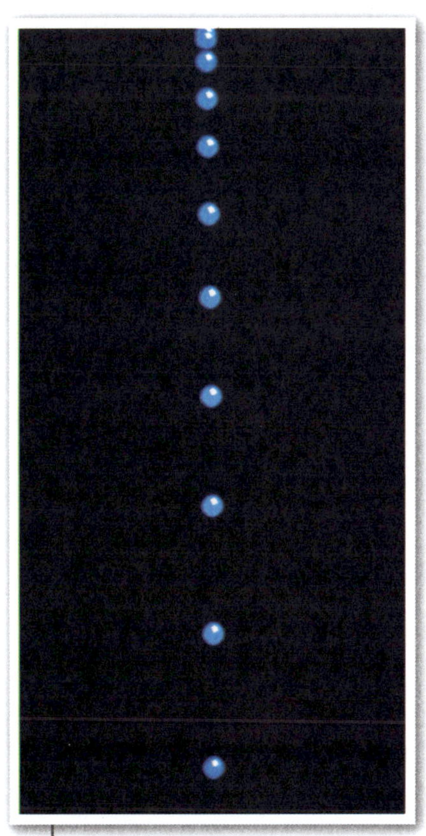

小球在下落的过程中，速度在稳步增大。

问题

1. 当将一个物体放到一个坚硬的水平台面上，会发生什么现象？非常坚硬的表面就不会变形吗？
2. 想象一下，如果上一页图中的书包被一根绳吊起来的话，则绳就会对书包施加一个向上的拉力，其大小和书包向下的重力相同。试问绳是如何施加这一拉力的？利用这几页学过的知识来解释其中的原因。
3. 作图显示作用在下落的小蛋糕盒上的力。

关键词

- ✔ 反作用力
- ✔ 空气阻力

E 描述运动

通过探究发现

- ✔ 计算物体运动速度的方法
- ✔ 计算物体运动加速度的方法

在前面几节中，我们已经了解了相互作用产生的力以及力和运动间的联系。为更进一步地解释这些，则需要更加详尽地描述物体的运动。

距离和位移

关于物体的运动有一个典型的问题，即物体走了多远。因为它可能意味着两个意思。一群步行者按左面地图中的路线行走。当他们结束行程时，他们走了多远呢？沿着路线他们走过的**距离**（distance）是 6 km。但第二种答案是：他们的**位移**（displacement）是向东 2 km。位移是方向从起点指向终点的直线距离。对步行者而言，距离无疑是重要的，由它可以知道所需的步行时间。但对海员来讲，位移则更有用、更重要。

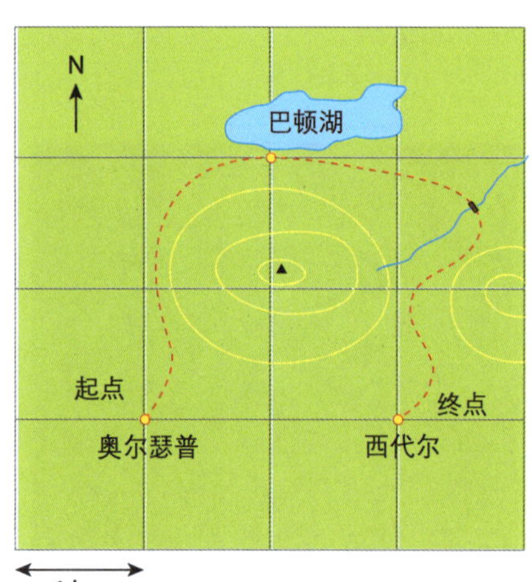

从起点到终点的距离是 6 km，但位移却是 2 km，方向为从起点向东。

速率

为求得物体的运动速率，可测量它一定时间内通过的距离。由此，可用下面的公式求出它的**平均速率**（average speed）：

$$\text{平均速率(m/s)} = \frac{\text{通过的距离(m)}}{\text{所用的时间(s)}},\quad \bar{v} = \frac{s}{t}$$

物体的**瞬时速率**（instantaneous speed）是它在某一特定时刻的速率。为估测瞬时速率，则我们要测量它通过非常短的距离（因此也是非常短的时间间隔）内的平均速率。取的时间间隔越短，则速率的变化越小，平均速率越接近瞬时速率。但另一方面，这也使我们精确测量时间间隔和距离变得更困难。

问题

1. 步行者利用田间小道沿直线从西代尔返回奥尔瑟普去取汽车。当他们到达汽车时：
   a. 他们走过的距离是多大？
   b. 他们的总位移是多大？

汽车的速度表测量的是短时内的平均速率，给出的是较精确的瞬时速率值。

例题

下图显示了一位运动员在 100 m 短跑比赛中每 1 s 时间间隔中的位置图。她跑完 100 m 用时 12.5 s。

$$平均速率 = \frac{100\ m}{12.5\ s} = 8\ m/s$$

但她并非全程都是以 8 m/s 的速率跑的。

她有时跑得较快，有时较慢。这也就是我们称这个速率为平均速率的原因。

在接近终点线时，她的速率约为 10 m/s，即她跨越终点线时的瞬时速度约为 10 m/s。

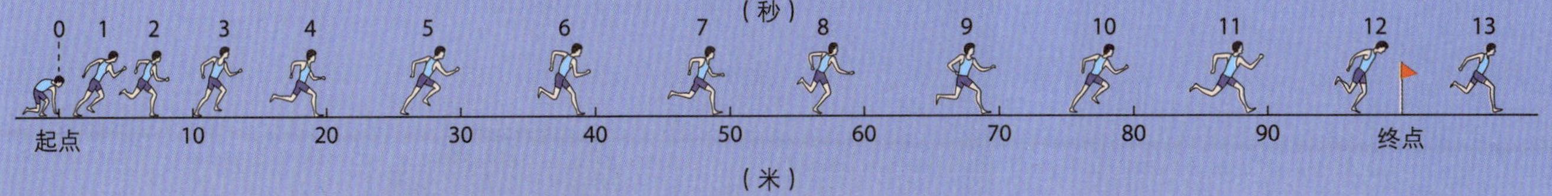

速度和加速度

人们通常认为“速率”和“速度”是同一回事。然而，物体的**速度**（velocity）还告诉了我们物体的运动方向。例如，一位自行车手以 8 m/s 的速度沿路向西骑行。她的瞬时速率是 8 m/s。而她的瞬时速度是 8 m/s，向西。

在日常用语中，如果物体的运动速率是增大的，我们就说它是加速的。驾驶者通常对汽车的**加速度**（acceleration）感兴趣。例如，能否在 8 s 内将速率从 0 提升至 90 km/h。在这种情况下，他们不关注运动方向问题。我们可用下列公式计算加速度的大小：

$$加速度 = \frac{速率的变化}{速率变化所用的时间}$$

可用于所有情况的更完备的加速度的定义式为：

$$加速度（m/s^2）= \frac{速度的变化（m/s）}{所用的时间（s）}，\bar{a} = \frac{\Delta v}{t}$$

问题

2. 试计算例题中提到的那位运动员在前 20 m 内的平均速率。并说明这表明了她在比赛的过程中是作加速运动的。
3. 你认为在哪个时间间隔内她跑得最快？并说明你的理由。
4. 赛车能在 6 s 内将车速从 0 加速到 25 m/s（90 km/h）。试以 m/s^2 为单位计算它的平均加速度。

关键词

- 距离
- 位移
- 平均速率
- 瞬时速率
- 速度
- 加速度

F 运动的图像

通过探究发现

- ✔ 借助图像来归纳和分析物体的运动情况

图像在归纳一个物体在一段时间内的运动信息方面是非常有用的。如果用文字把物体的运动描述得和图像那样清晰和准确的话，则需要很多字。图像可提供运动物体在任一瞬时的信息。从图像的形状和斜率，我们可以很快地了解物体的运动状况。

距离－时间图像

距离－时间图像（distance-time graph）显示了运动物体在任一时刻已经走过的距离。左图是一辆汽车沿公路行驶的距离－时间图像。用它可得出汽车行驶 1000 s、2000 s、3000 s 和 4000 s 走过的距离。汽车的速率保持不变。图像的**斜率**（slope）不变说明速率是恒定的。

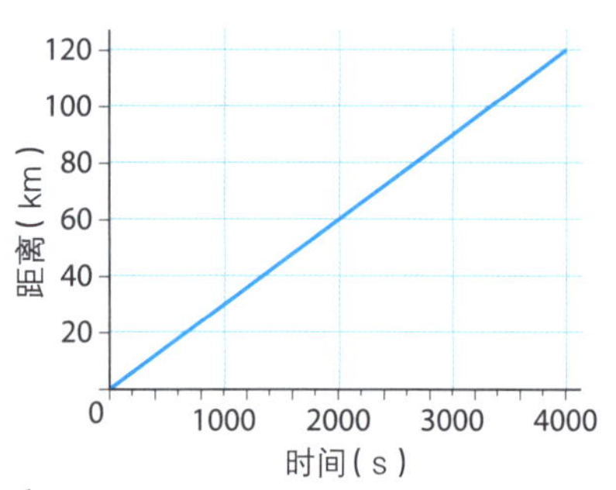

汽车在公路上行驶时的距离－时间图像。

下面的第二幅图像显示了一个较为复杂的行程。这是维佳在学校假期骑自行车旅行的情况。图像可分成 4 段。在每一段中图像的斜率是恒定的，这表示在这一段中他骑行的速率是恒定的。

- 在第 1 个小时中，维佳骑行了 15 km，即速率恒定为 15 km/h。
- 在第 2 个小时中，因为是上坡，他仅骑行了 5 km。图像的斜率降低，表明他的速率降低，但仍然是恒定的。
- 第 3 段从 2.0 h 至 2.5 h，他离开家的距离没有发生变化，即他停下来了。这就是在路程－时间图像中的水平段表示的意义。

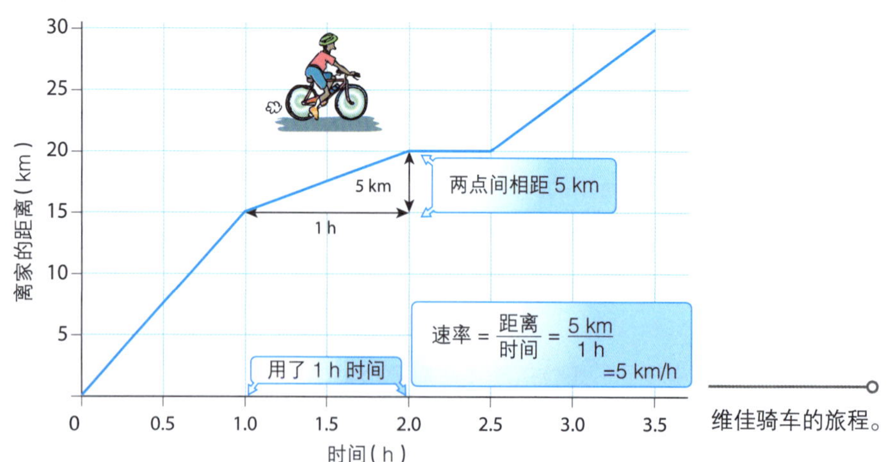

维佳骑车的旅程。

问题

1. 在最后一段中（2.5 h 至 3.5 h），维佳骑行了多少距离？据此推算这一段中维佳骑行的速率是多大。
2. 维佳在最后一段骑行得比第二段（上坡）快，但没有第一段快。试利用对图像的观察，说明你得出这一结果的方法。

然而，以上维佳的运动图像并不符合实际。在真正的旅行过程中，速率是一个渐变的过程，而不是突然变化的。

右边的图像表示了一辆汽车的旅行过程，图像的斜率表示了汽车的速率大小。当图像向上升变得更加陡峭时，则说明汽车加速而使速率变大。而当斜率变小时，则又说明汽车减速而使速率变小。

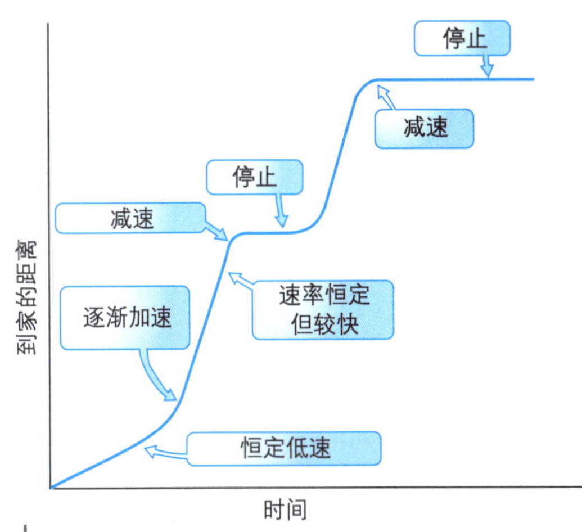

较实际的距离 – 时间图像。

位移 – 时间图像

如果物体沿直线运动，我们就能作出它的**位移 – 时间图像**（displacement-time graph）。图像显示了物体在运动过程中位移的大小随时间的变化。如果方向不发生变化，则它与路程 – 时间图像完全相同。但如果方向是变化的，则这两种图像是不同的。下图是竖直上抛一个球，球从离开手到返回原处的两种运动图像。

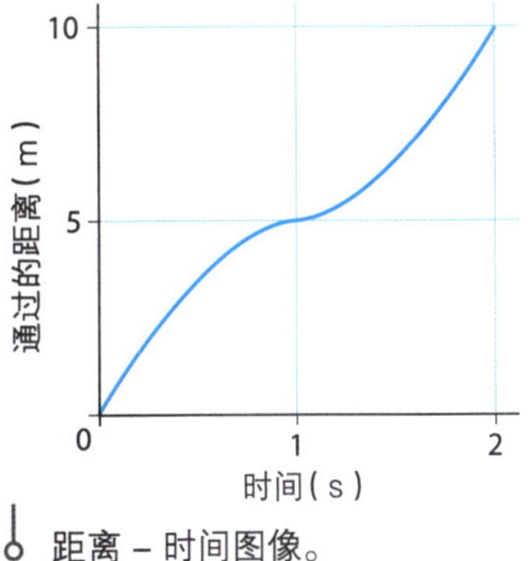

距离 – 时间图像。

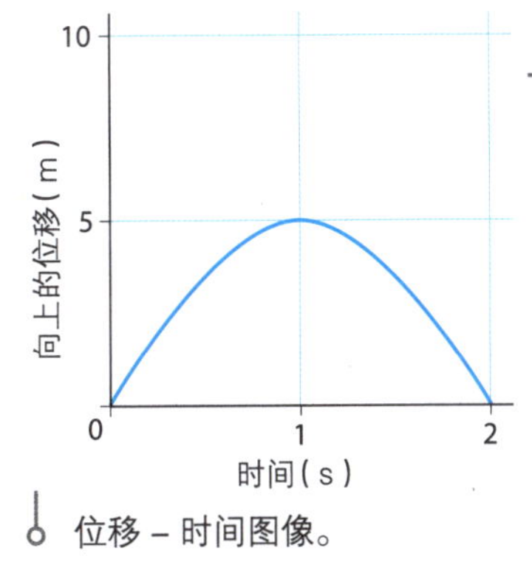

位移 – 时间图像。

显示向上抛一个球的两种图像。

问题

3. 观察上面的向上抛小球的图像。
   a. 描述小球在抛出后第 1 s 内的运动。它的速率是如何变化的？和你预期的一样吗？
   b. 1 s 时小球的速率如何？用图说明你的理由。
   c. 小球能达到的最大高度是多少？
   d. 说明位移 – 时间图像在 1 s 后向下弯折，而距离 – 时间图像一直向上的原因。
4. 罗伯塔是一位运动员，她正在接受训练。她先以恒定速率慢跑 20 m，然后再以恒定速率作 20 m 冲刺跑。如此重复了 5 次。试作出她在整个训练过程中的速率 – 时间图像。
5. 考虑上抛小球的运动。它在上升过程中速度在恒定减小，而在下降过程中速率又恒定增大。试作出它的（从小球离开你的手的时刻起，直至小球又下落回你的手中）：
   a. 速率 – 时间图像
   b. 加速度 – 时间图像

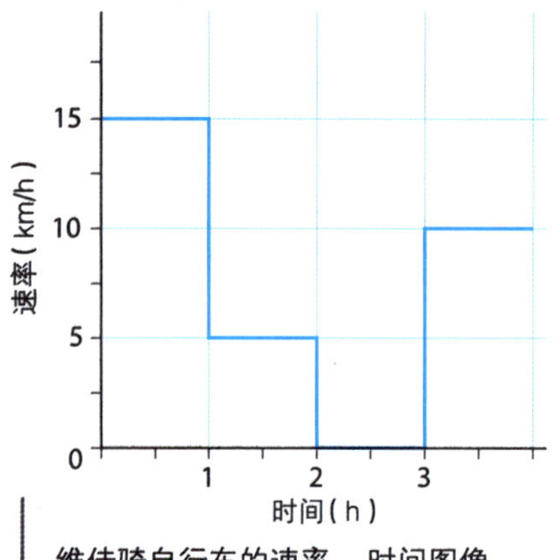

维佳骑自行车的速率－时间图像。

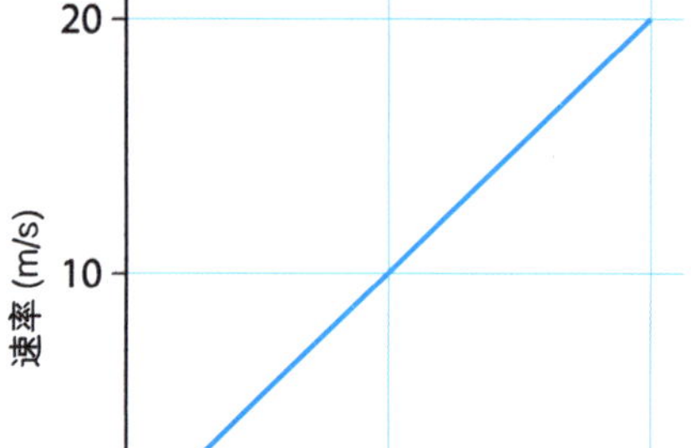

下落的石子的速率－时间图像。

关键词

- 距离－时间图像
- 斜率
- 位移－时间图像
- 速度－时间图像

速率－时间图像

速率－时间图像显示了物体在运动过程中的每一瞬时的速率。第86页维佳旅行的速率－时间图像与左面的速率－时间图像很相似。图像中水平直线表示速率保持恒定不变。

另外，图像中速率的突然变化是不合乎实际的。物体的运动速率的变化也要有一个时间过程。较合乎实际的运动速率的变化是逐渐的，因此其速率－时间图像中不可能是突然弯折的，而应是光滑的曲线。

左面第二幅速率－时间图像显示的是一个石子从桥上落到河里的速率－时间图像。它没有水平阶段，因此其速率一直处于变化之中。图像的斜率一直保持不变，表示速率一直是以恒定的值在变化着。这被称为向下匀加速（即恒定加速）运动。

由速率－时间图像，我们能够计算出石子的加速度。石子的速率在 2 s 内变化了 20 m/s（即从 0 变为 20 m/s）。故其加速度为：

$$\bar{a} = \frac{\text{速度的变化量}}{\text{所用的时间}} = \frac{\Delta v}{t} = \frac{20\ \text{m/s}}{2\ \text{s}} = 10\ \text{m/s}^2$$

速度－时间图像

速度如前所述，是既有大小又有方向的物理量。我们不可能在图像中同时将这两方面显示出来。然而，对沿直线运动的物体，我们可以作出速度的大小和时间关系的图像，这就是**速度－时间图像**（velocity-time graph）。

观察下面的图，它显示了卡尔踩着滑板沿坡的上下运动。他以 10 m/s 的速度开始上坡。然后，速度一直变小，直至为 0。但图像仍持续向下，使速度成为负值。这看起来奇怪，但它显示了速度方向已经变化了。从这时起，卡尔的运动是向相反的方向进行的。

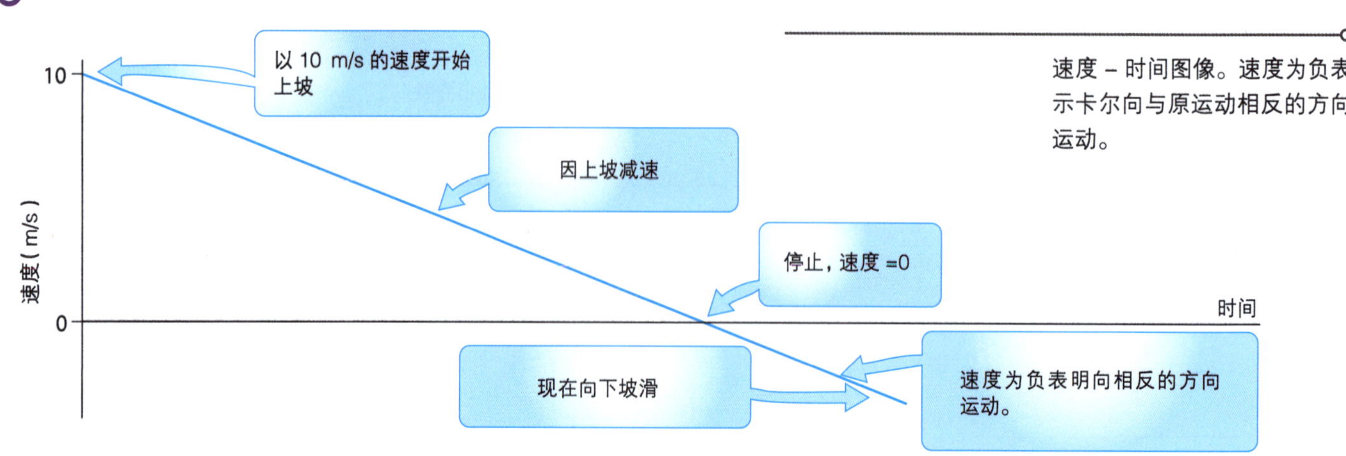

速度－时间图像。速度为负表示卡尔向与原运动相反的方向运动。

力和运动

现在我们能够更加详细地描述和解释运动了。解释运动的关键是力。如果我们知道了作用在一个物体上的所有作用力，也就能解释它的运动情况。

力改变了物体的运动状态

力能改变物体的运动状态。如果对一个轮和轴间摩擦力很小的玩具车施加一个向前的力，则它将立即向前运动。只要这个力存在，则它的速率将一直增大下去。

为了更详细地了解恒定力的作用效果，我们使用第二幅图中的装置。吊着的物体受到的重力是恒定的，故绳拉小车的力也是恒定的。由此我们可以测量在这一力的作用下，小车在不同时间间隔内的速率。其速率－时间图像是一条直线，即小车的速率随时间的变化而匀速增加。这表明恒定的力能使小车产生恒定的加速。

自由落体是另一个具有恒定加速度的例子。在第 D 节中网球下落的频闪照片中，随着网球的下落，照片中球的两个位置间的距离是不断增大的，即速率是不断增大的。第 F 节中石子下落的速率－时间图像归纳了石子自由下落的运动。它的下落归因于地球对它的吸引力，这是一个恒定的力。故石子的速率是恒定增大的，即加速度是恒定的。

动量

力作用在一个物体上，使其运动状态发生了改变。为探究力和运动变化间的关系，我们考虑两个受到大小相同的力作用的物体。物体间相互作用时就发生这种情况。例如，当两个静止的物体相互弹开时就是如此。

在下一页的图中，两个小车，其中一个上安装有弹簧。当小车上的弹簧释放时，就能使两个小车分开。

通过探究发现

- 动量
- 动量的变化、力和时间之间的关系

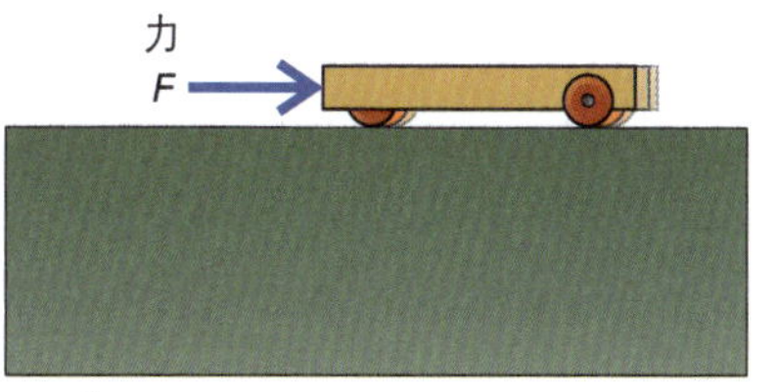

只要作用力存在，小车的速度将不断增大。

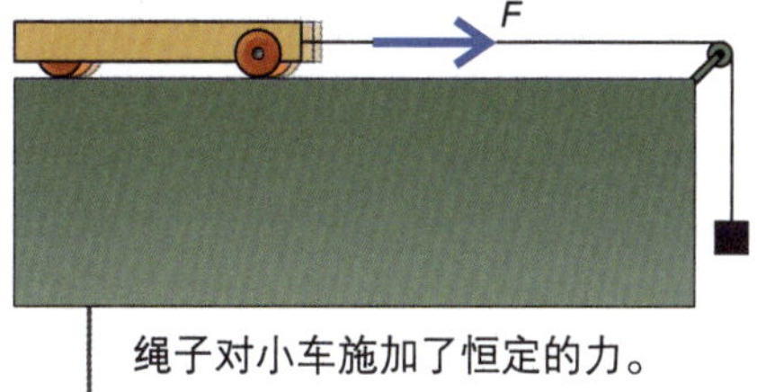

绳子对小车施加了恒定的力。

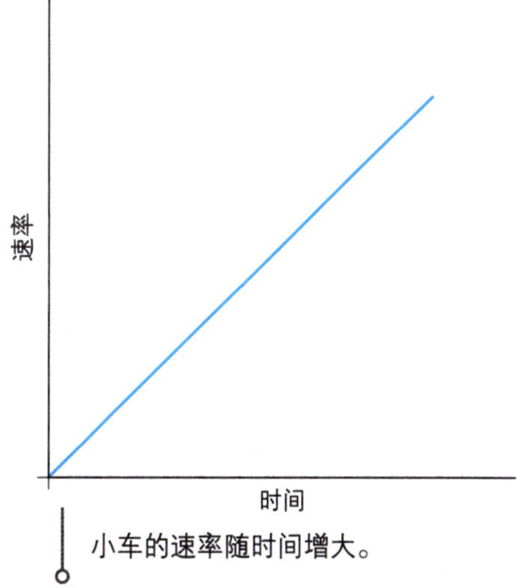

小车的速率随时间增大。

关键词

- 动量
- 动量的变化

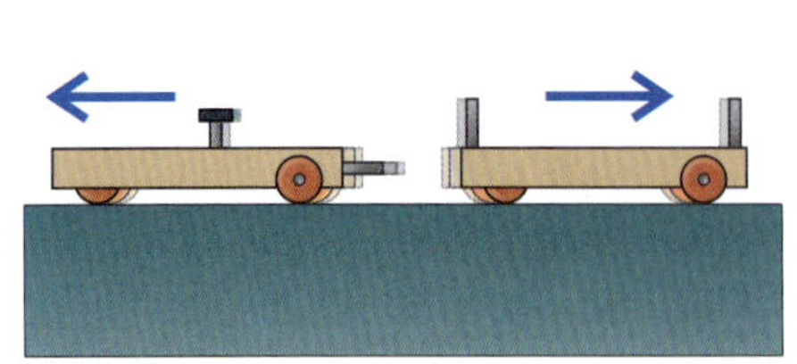

① 左侧小车装有弹簧。若在相同的另一个小车前释放弹簧，两个小车都将运动，但方向相反。相互作用产生了各作用于一个小车的两个力，使它们以相同的速率运动。

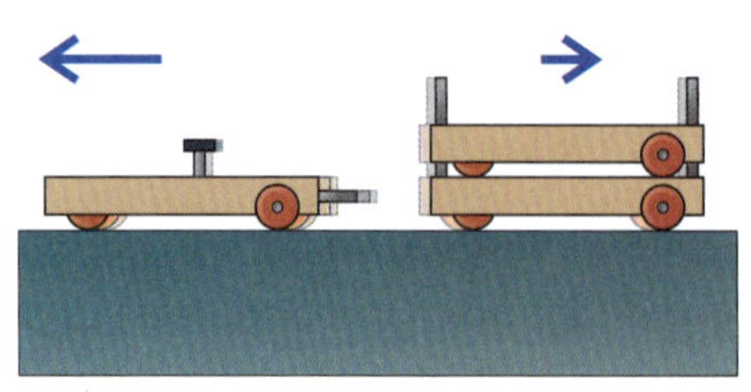

② 如果一个小车的质量是另一个的 2 倍。弹簧释放时，两车都运动，但质量大的车的速率是质量小的车的一半。

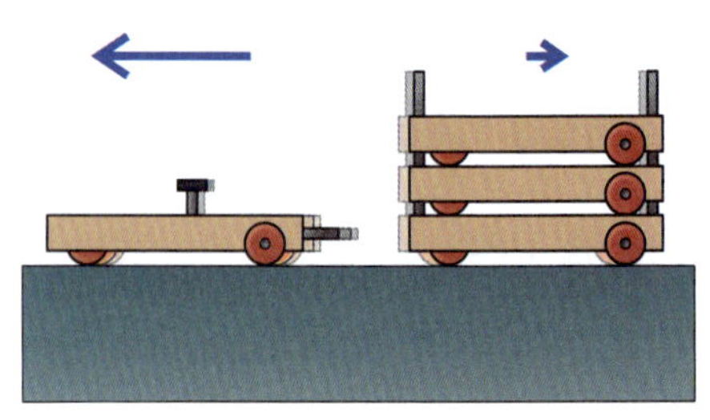

③ 如果一个小车的质量是另一个的 3 倍。弹簧释放时，两车都运动，但质量大的车的速率是质量小的车的三分之一。

在上述相互作用例子中，两个物体的“质量 × 速度”的大小是相同的。这表明“质量 × 速度”是一个非常有用的重要的量。它被称为运动物体的**动量**（momentum）。

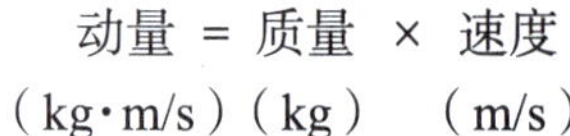

动量 = 质量 × 速度
（kg·m/s）（kg）（m/s）

用字母符号表示即为 $p = mv$

一个物体的速率越大，则它的动量也就越大。在速率相同时，质量大的物体比质量小的物体具有较大的动量。

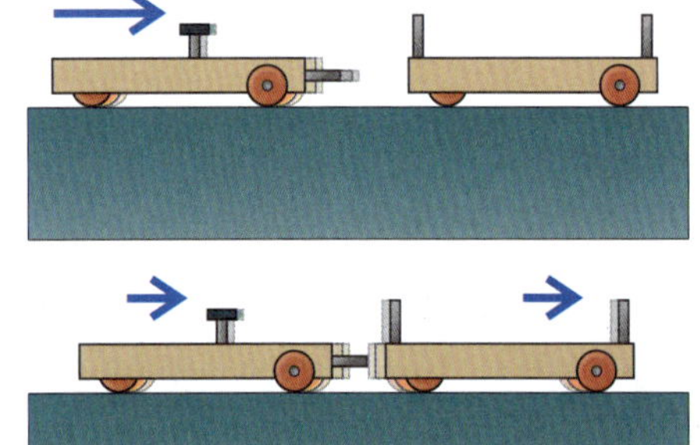

碰撞前后，两个小车的总动量相同。在所有碰撞中，碰撞前后的总动量都是相同的。这表明，动量是了解运动的一个重要物理量。

力和动量的变化

如上面讨论的相互作用过程中，对两个物体而言，**动量的变化**（change of momentum）都是相同的。同时，对这两个物体而言其他两个方面也是相同的：

- 作用在物体上的合力
- 力的作用时间

这表明作用在一个物体上的力、力的作用时间和所产生的动量的变化量间存在着联系：

动量的变化量 = 合力 × 作用时间
（kg·m/s）（N）（s）

用字母符号表示即为 $\Delta p = Ft$

问题

1. 试求下列物体的动量：
   a. 滑雪者质量为 50 kg，速率为 5 m/s
   b. 球的质量为 0.5 kg，速率为 3 m/s
   c. 鲸的质量为 5000 kg，速率为 2 m/s
2. 当一个力使一个物体运动时，哪两个因素决定了物体动量的变化量？
3. 计算下列物体动量的变化：
   a. 一个 40 N 的力作用了 3 s
   b. 一个 200 N 的力作用了 0.5 s
   c. 一个 3 N 的力作用了 50 s
4. 利用力和动量的观点解释燃烧的气体使火箭或喷气式飞机运动的原因。

利用动量变化的公式

我们可以利用动量变化公式计算施加的力。

踢足球

当一位足球运动员在罚任意球时，在他的脚和球间产生了相互作用力，球受到了脚施加的力。

这个力只持续了很短的时间，即脚和球接触的时间很短。此后，脚就不再对球的运动产生影响了。这一踢没有保持对球施“力”，但赋予了球动量。

罚任意球时，球员的脚和球间的相互作用力导致了球的动量的变化。

例题：

力有多大？

一只足球的质量约为 1 kg。一个人在踢任意球时使球的速度达到了 20 m/s，则球的动量达到多大？

足球的动量可由下式给出

$p = mv$

$= 1\ \text{kg} \times 20\ \text{m/s}$

$= 20\ \text{kg}\cdot\text{m/s}$

因为球是从速度为 0 开始运动的，所以在踢球的过程中，球的动量的改变为 20 kg·m/s。

脚踢球时的接触时间大约为 0.05 s。

估计踢球时球受到的力。

利用下式

$\Delta p = Ft$

$20\ \text{kg}\cdot\text{m/s} = F \times 0.05\ \text{s}$

可得

$$F = \frac{20\ \text{kg}\cdot\text{m/s}}{0.05\ \text{s}} = 400\ \text{N}$$

球受到的平均作用力为 400 N。作用在球上的力不是恒定的，它可能达到最大值（超过 400 N）并在 0.05 s 内减小至 0。

牛顿定律

艾萨克·牛顿在他的 1687 年出版的著作《自然哲学的数学原理》中最先提出力、时间和动量变化间的联系。牛顿并没有使用“动量”一词，但使用了物体“运动的量”一词，并表明作用一段时间的力可以改变物体“运动的量”。他利用这个词的方式使我们现在讨论的“动量”的概念明晰起来。

从那时起，牛顿的假设得到了很多观察和测量结果的支持。其中有大量运动的例子，从日常物体到行星和恒星的运动。现在，我们已经接受其作为解释和预测任何运动的可靠定律，但除了非常小的（原子尺度）和速度非常大的（接近光速）的物体之外。

汽车的安全问题

通过探究发现

✔ 汽车的安全性能

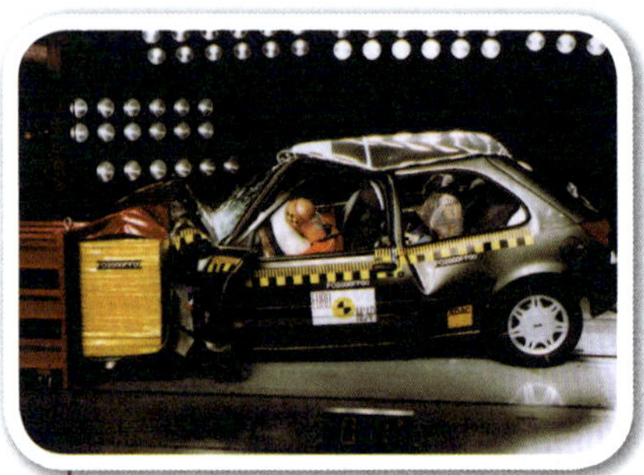

这里的驾驶员，是称为“混合物111”的模拟假人。它经历过多次撞击试验。它的骨架是钢制的，皮肤是橡胶的。它体内安装的传感设备，能记录头、胸、颈等不同身体部位的受力情况。每个这种假人的生产成本高达10万英镑。

关键词

✔ 危险性

问题

1. 当你从一堵墙或一块大岩石上跳下，落地时膝部都应弯曲。利用本页中的内容，说明这样为什么能降低受伤的危险。
2. 在火车站中，可看到在铁轨的终端都有一台缓冲器，它用于保护刹车失灵的列车。利用本页中的内容，解释如果发生刹车失灵事故时，缓冲器能减小作用在列车和其中乘客身体上的力的原理。

驾驶现在的汽车旅行比10年或20年前安全多了。用如左图所示的碰撞试验等得出的结果设计的汽车，使汽车的安全性得到了非常大的改善，且还在不断提升之中。

如果汽车以100 km/h的速度行驶，则驾驶员和乘坐者都将以相同的速度前进。这时汽车若发生碰撞而突然停下，则车内人员的动量也将在很短的时间内发生变化，这可能导致严重的伤害事故。

扭曲区域

在下图中，哪一辆车在发生撞击后对乘员是较为安全的？

答案可能不是十分明显。这时应具体分析在撞击发生时动量的变化量和撞击经历的时间。

a

在哪辆车中较为安全？

b

运动车辆的动量取决于：

- 它的质量
- 它的运动速度

撞击过程中，汽车突然停下，使动量迅速变为0。在撞击发生时施加在汽车上的力的大小取决于撞击经历的时间：

动量的改变量 = 施加的力 × 力的作用时间

在动量的改变量一定的情况下，经历的时间越长，则作用的力就越小。这就是汽车在前部和后部都要设计扭曲区域，而在中部安装刚性“盒子”的原因。扭曲区域在发生撞击时发生形变，使得撞击经历的时间得以延长，从而使作用在汽车上的力减小了。

汽车中的乘员也同样要经历动量的突然变化，作用在他们身体上的力（无论他们接触什么）是导致这一变化的原因。使乘员的速度减小到0的时间越长，则他们受到的力的作用就越小。

安全带和空气安全气囊

一些人认为，安全带的作用是在撞车时阻止人继续前进。但实际上，安全带是利用它的张力来产生效力的。它的原理和汽车中扭曲区域的作用一样，都是使动量改变的时间延长，从而使产生这种变化的力减小。

即使有了安全带，在发生撞车事故时，人身体的上半部还会保持向前运动，甚至会撞到车身上。空气安全气囊的作用就是在人身体和车体间形成一个保护软垫，可再次使人的动量变化变缓，从而使力的作用减到最小限度。

我们能够自救吗？

一些人认为，即使没有安全带，他们也能从撞车事故中幸存下来，因为他们认为只要坐在车的后排就是安全的了。右图显示了试验用假人驾驶员在碰撞试验中不同时间的位置图。这辆车仅以 50 km/h（约 14 m/s）的速度行驶。如果没有安全带，撞击发生后，仅在 0.07 s 的时间内，假人就先后撞到了方向盘和挡风玻璃上了，后排的人也几乎在相同的时间内就撞到了前排的座位靠背上了。因为人的典型反应时间约为 0.14 s，这表明，事故发生时，人几乎都没有反应的时间。即便有时间反应，但因人的速度在大约 0.1 s 的时间内由 14 m/s 迅速减至 0 所受到的作用力，可能就不是人的手臂或腿所能承受得了的。

安全性和危险性

汽车中诸如安全带等安全器具，被设计用于降低汽车事故时人受到伤害的**危险性**（risk）。虽然不能绝对保证安全，将危险性降为 0，但很多国家的大量研究表明，使用安全带可大幅度降低严重伤害。很多国家制定法律，要求驾驶者使用安全带。

问题

3. 利用右图估计安全带可使驾驶员的身体从运动到停下来的时间。如果驾驶员的质量为 70 kg，那么安全带施加给驾驶员的平均作用力是多大？
4. 最新的调查发现，有 95% 的前排乘客系安全带，但仅有 69% 的后排成人乘客系安全带，而 96% 的后排儿童乘客系了安全带。
   a. 尽管有证据显示系安全带是可以降低伤亡危险的，但仍有少数前排乘客不系安全带。试着说明原因。
   b. 给出儿童系安全带比例高的原因。

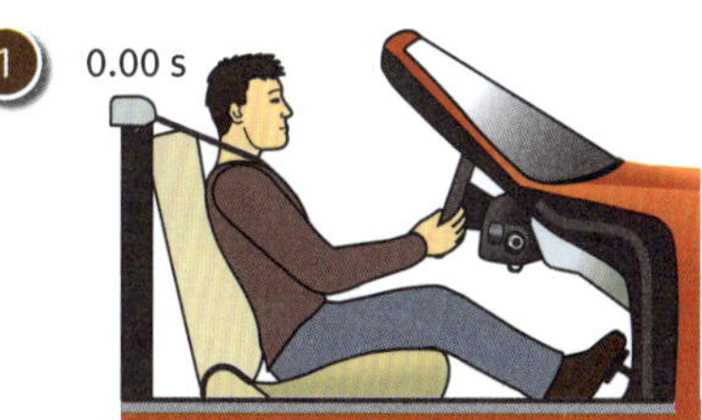

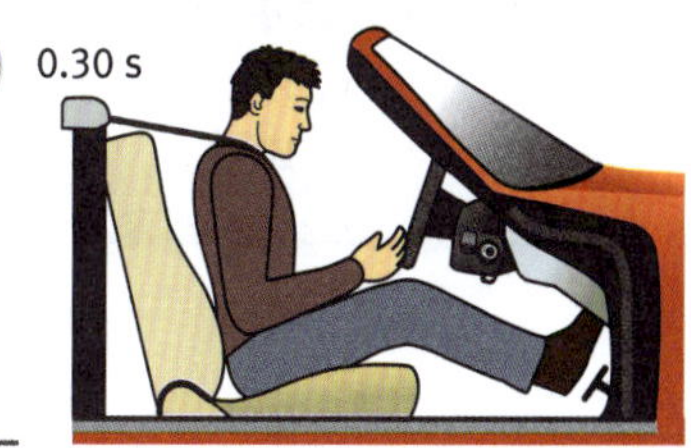

安全带的工作原理图。注意安全带在撞车事故发生时的拉伸情况。它使驾驶员的动量变化时间变长，从而使他受到的作用力减小。

通过探究发现

- ✔ 可应用于各种运动的定律和规则
- ✔ 改变物体运动的合力

① 光滑地板

设想在一块光滑的地板上推掷冰壶，即使手已经不再推它了，它仍然要保持运动一段距离。因为它在受到人手的作用的过程中，它的动量增加了。但因为它和地板间存在摩擦力，因此它很快就会停下来。

② 冰面

现在，在冰面上再用相同的力推掷一次。这次它能滑过较远的距离。但最终还是会因摩擦力而停下来。

③ “理想”的冰

现在，让我们来考虑在“理想”的冰面（即没有摩擦力）上，用相同的力推掷冰壶。这时，因为没有摩擦力，它在离开人手后将会以不变的速度一直滑下去。

稳定的速度

在本章中，我们已经学习了两条关于力和运动的规则：

- 如果一个物体是静止的，则作用在这个物体上的合力为 0。
- 如果作用在一个物体上的合力不为 0，则这个物体的动量将发生变化。如果该物体原来是静止的，则合力将使它开始运动并不断加速。

对原本就匀速运动的物体又如何，这两条规则都没有提及这种情况。这其中含有什么力？要回答这一问题，思考左侧的 3 幅图。

以匀速运动的物体不需要力来维持。如果作用在这个物体上的合力为 0，它的运动状态将不会改变。即若它原来是静止的则将保持静止状态；若它原来是运动的，则将保持原来的运动速率和方向。

真实世界的情况

在真实世界中，不存在如左边第 3 幅图中那样“理想”的冰。因此，我们无法在不施加力的情况下使一个物体一直运动下去。但这在“合力为 0”的条件下是可行的。合力为 0 即使物体运动的**动力**（driving force）能够抵消掉诸如摩擦和空气产生的**阻力**（counter-force）。当这一条件满足时，运动物体都不会慢下来或停止运动。

只要所受的合力为 0，则无论物体以什么速度运动，它都将一直以这一速度运动下去。

为理解这一原因，让我们来分析骑自行车的情况。

我们在蹬自行车脚踏板时，链条就带动车后轮转动，于是，轮胎就向后推路面。这对相互作用力的另一个力，即路面作用在轮胎上的力，就向前推着自行车前进。这个力是动力。另外，在人向前骑行时，产生的空气阻力和作用在车轴上的摩擦力都是阻力。它的方向与人骑行的方向相反。

慢下来

不蹬脚踏板后将会如何？这时就失去动力了，但阻力依然存在。故这时的合力是与自行车的运动方向相反的。人和车的动量在合力的方向上发生了变化，但这是一个负变化，即动量值将变小。

有人不相信物体能向与合力相反的方向运动，但这是每时每刻都在发生的事实。只要物体的运动是在变慢的，则就是这种情况导致的。关键是要记住：力并不能导致运动，但能导致运动发生变化。

运动定律

运动定律（由牛顿最先提出）可以被表述为：

• 定律 1：若作用在一个物体上所有力的合力为 0，则这个物体的动量就不会发生改变。

• 定律 2：如果作用在一个物体上的合力不为 0，则这个物体的动量将发生变化，动量的改变量 = 施加的力 × 力的作用时间，且其方向与所受合力的方向一致。

• 定律 3：当两个物体相互作用时，每一个都受到了力的作用，这两个力大小相等，方向相反。

这些定律在任何情况下都是正确的，可应用于所有情况下的运动（但微观粒子或接近光速运动的物体除外）。我们用它们可以解释或预测物体的运动。

1. 当人骑车开始出发时，阻力是非常小的，而人的动力较大，因此是向前加速前进的。

2. 随着骑行得越来越快，空气阻力也越来越大，因此阻力在不断增大。虽然这时速度也在增大，但其增加得不如开始时快了。

3. 最后，骑行速度的增大使阻力增大到能抵消动力的程度。这时速度就不再增大，骑行速度维持恒定不变。

问题

1. 从日常生活中举出 3 个作用在物体上的合力为 0 的例子。说明它们与运动第一定律相一致的原因。
2. 从日常生活中举出 3 个作用在物体上的合力不为 0 的例子。说明它们与运动第二定律相一致的原因。
3. 作出本页上面系列图的第四幅，显示骑车人停止对脚踏板施加作用力后凭惯性前进的情况，并像前三幅那样对运动状态写出简要说明。

关键词

✔ 动力
✔ 阻力

J 功和能

通过探究发现

- 计算力做功的方法
- 物体做功和能量转化间的关系
- 使用能量的观点预测物体的运动情况

传输能量

当我们推一个物体并使它运动后，施加的力不仅使物体具有动量，也将能量传输给了物体。储存在我们身体中的能量（变少了）变成了物体运动的能量（变多了）。物体因运动而具有的能量称为**动能**（kinetic energy）。

通常来讲，当力使一个物体运动时，就将能量传输到了物体上或它的环境中。于是，我们就说力做**功**（work）了。做功的量取决于下列因素：

- 施加到物体上的力
- 沿着力的方向移动的距离

一个力做功的多少可用下式计算：

力所做的功 = 力 × 在力的方向上移动的距离
（J）　（N）　（m）

用字母符号表示则为　$W = Fs$

这也显示了能量传输的多少，因为：

传输的能量 = 做功的量

功的单位和能量的单位一样，都是焦耳（简记作焦或 J）。一个 1 N 的力拉物体经过 1 m 距离所做的功为 1 J，传输的能量也为 1 J。

例题

试计算沿公路将一辆汽车推出 50 m 所做的功。

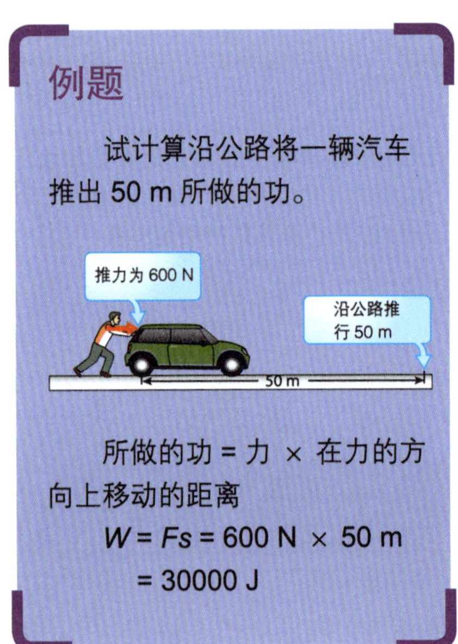

所做的功 = 力 × 在力的方向上移动的距离

$W = Fs = 600\ \text{N} \times 50\ \text{m}$
$= 30000\ \text{J}$

功

物理学中，“功”一词的含义与日常生活中的有所不同。

假定在你驾车出游时车抛锚了。幸运的是，路边有一个修理部。于是你让乘员来掌方向盘，由你来推车前进。修理部离得越远，你将要做的功就越多。

然而，如果你推一个非常重的物体但不能使它移动，你会感到虽无效果但做了很多功。但从物理学的观点，你并没有做功。这是因为你施加的力并没有使物体移动。还有，如果你用力握住一个物体，你也觉得做了很多功，但你施加的力没有使物体移动或变形，故实际也没有做任何功。

提起物体：重力势能的变化

举起重物也要做功。假如你将一个旅行箱放入汽车后备厢中，就利用了储存在身体中的化学能。箱子的**重力势能**（gravitational potential energy）增大了，增大的量等于你所做的功。

假如人要将一只重 300 N 的箱子提起，则他就要对箱子施加一个 300 N 的向上的力。如果他将箱子提至 1 m 高的汽车后备厢中，则：

所做的功 = 力 × 在力的方向上移动的距离

即 $W = Fs$

$= 300\ \text{N} \times 1\ \text{m}$

$= 300\ \text{J}$

提起箱子要做功，这增大了箱子的重力势能。

亦即行李箱的重力势能增加了 300 J。总的说来，当任何物体被举高后，我们都可以用下式计算出它重力势能的改变量。

重力势能改变量 = 重力 × 竖直高度差
（J）　（N）　（m）

即 $E_p = Gh$

注意：这里的高度差只能是竖直方向上的。如果沿斜面推箱子，箱子增加的势能和沿竖直方向提起它时的势能相同。但这时人可能需要做更多的功，因为这时有一些能量因克服箱子和斜面间的摩擦力做功而转化成热能了。

问题

1. 若你的质量是 40 kg，则你的体重约为 400 N。假如你家楼梯的竖直高度为 2.5 m，那么你上一次楼要做多少功？
2. 一位母亲用童车推孩子匀速前行。在这过程中她做功了，因此贮存在她肌肉中的化学能减少了。试问这些能量转移到哪里去了？（注意！童车的速度不变）

计算动能

一个运动物体所具有的动能可用下式计算：

$$\text{动能} = \frac{1}{2} \times \text{质量} \times (\text{速度})^2$$
（J）　（kg）　（m/s）^{2}

即 $E_k = \frac{1}{2}mv^2$

动能正比于运动物体的质量。动能的大小取决于速度的平方，故速度的较小变化也能导致动能的较大变化。

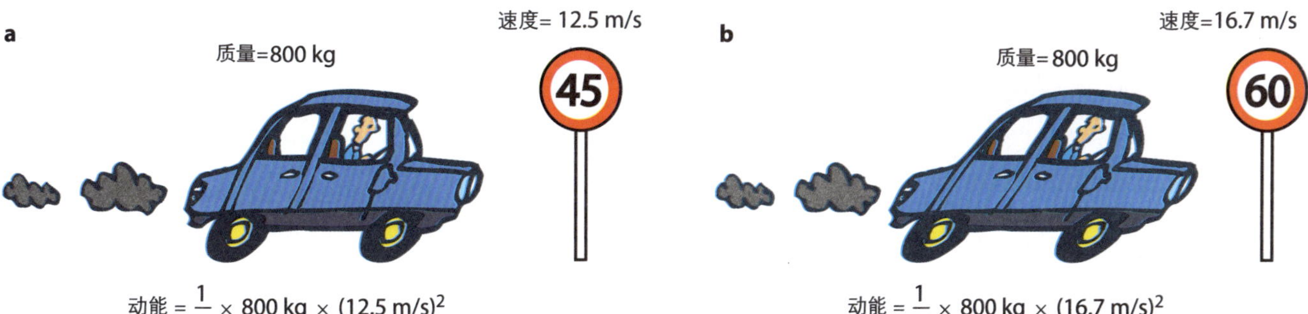

一辆汽车以 60 km/h 的速度行驶所具有的动能，几乎是以 45 km/h 的速度行驶时的 1.8 倍。这时要消耗多得多的燃料。

例题：

用 6 N 的力推着一辆购物小车前进了 5 m，试计算小车动能的变化量（假定在这过程中没有受到摩擦力的作用）。

小车动能的变化量 = 推车的力做的功

= 力 × 距离

= 6 N × 5 m

= 30 J

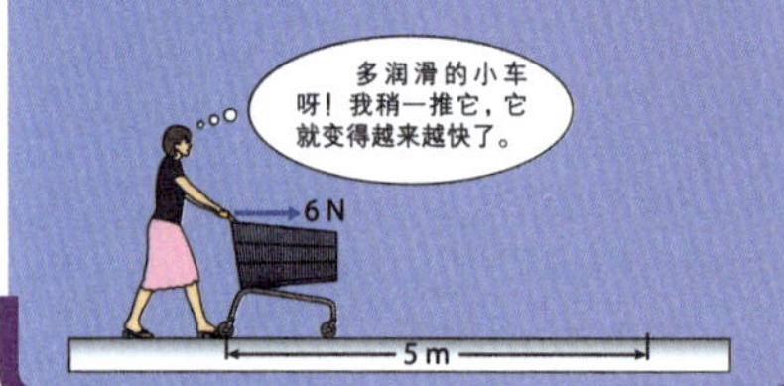

在下降过程中，重力势能减小而动能增大；在上升过程中，则是动能减小而重力势能增大。

关键词：

- 动能
- 功
- 重力势能
- 能量守恒

使物体速度变大：动能的变化

假如你沿水平地面推着一辆润滑很好的超市购物车。在推车的过程中，你就在做功了。当你持续用力推车时，它就加速前进。这时，贮存在你身体中的化学能转化成了小车的能，即它的动能增加了。若小车是无阻力地运动，则你对小车做的功就都转化为小车增加的动能了。

但实际上，推小车前进时总是有摩擦力存在的，因此动能的变化量总是小于人对小车所做的功。还有一些功用于产生无用的热能等。

能量守恒

能量的概念在解决物体下落一定的高度或沿斜坡下滑之类的问题时是非常有用的。在摩擦力小到可以忽略的场合，这时储存在系统中的重力势能在减小，但运动物体的动能却在增大，且增大的量恰好等于重力势能减小的量。

重力势能的减少量 = 动能的增加量

相反的情况是物体竖直或沿光滑的斜坡上升。这时物体的动能在减小，但储存在系统中的重力势能却在增大，重力势能增大的量也恰好等于动能减小的量。

这种方法的切实有用之处在于它不必知道物体运动路径的形状，只要路径光滑到满足摩擦力可忽略不计即可。大型露天过山车就是这一概念应用的好例子之一。随着过山车在轨道上运行，每当下坡时，重力势能就转化为动能，而在上坡时，动能又转化为重力势能。

如果它的轨道具有复杂的形状，则在计算过山车到达轨道底部的速度时，若仍用前述的力或动量的概念和方法，可能是很困难的，有时甚至是不可能的。但如果利用**能量守恒**（conservation of energy）原理则就相对容易得多。

为了解实际的解决过程，请看下面的例子：

例题：

计算下图所示的过山车到达轨道底部时的速度大小（假定摩擦力可以忽略）。

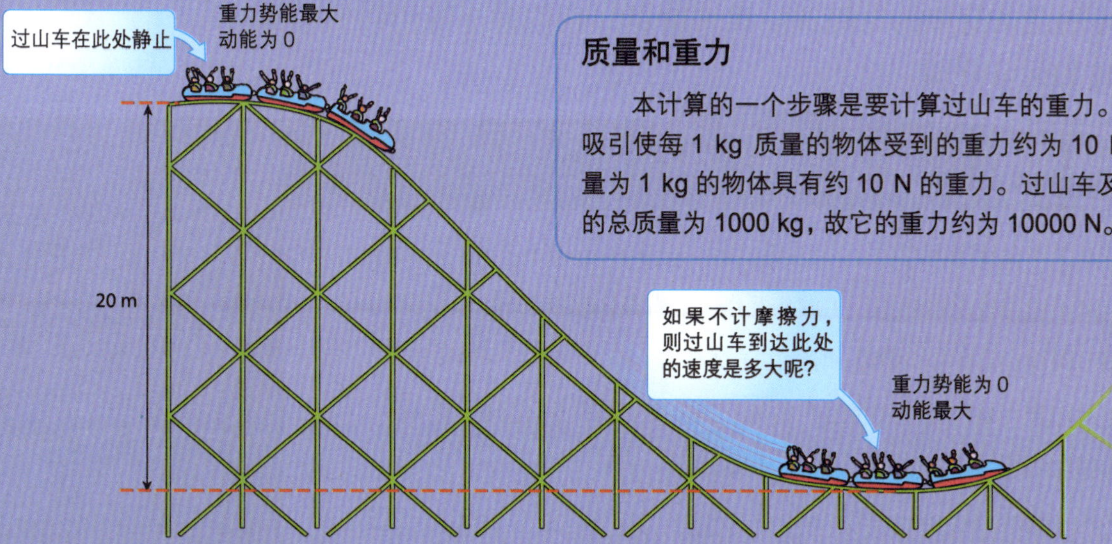

质量和重力

本计算的一个步骤是要计算过山车的重力。地球的吸引使每 1 kg 质量的物体受到的重力约为 10 N，即质量为 1 kg 的物体具有约 10 N 的重力。过山车及其乘客的总质量为 1000 kg，故它的重力约为 10000 N。

解这一问题的最简单的方法是利用能量概念。因为不考虑摩擦力，故过山车沿斜轨道下滑时损失的重力势能等于它动能的增加量。

1. 损失的重力势能 = 重力 × 竖直高度的变化量
   = 10000 N × 20 m
   = 200000 J
2. 损失的重力势能 = 动能的增加量
3. 因此，动能的增加量 = 200000 J
4. 又有，动能的增加量 = $\frac{1}{2}$ × 质量 × (速度)^2

因此，$\frac{1}{2}$ × 质量 × (速度)^2 = 200000 J

两边同时乘以 2 得：质量 × (速度)^2 = 400000 J

或 1000 kg × (速度)^2 = 400000 J

两边同时除以 1000 得：(速度)^2 = $\frac{400000\ \text{J}}{1000\ \text{kg}}$

= 400 $(\text{m/s})^2$

两边开平方得：速度 = 20 m/s

这时，在计算重力势能的减小量和动能的增加量时，只需考虑轨道的竖直高度差即可，而不必考虑轨道的形状等因素。

问题

3. 若一只保龄球的质量为 4 kg，它以 8 m/s 的速度运动，则它的动能是多大？
4. 下列哪种情况下汽车的动能较大？
   a. 一辆质量为 500 kg 的汽车以 20 m/s 的速度行驶
   b. 一辆质量为 1000 kg 的汽车以 10 m/s 的速度行驶
5. 再次计算上面的过山车问题，但过山车的重力减半（即重 5000 N）。这时，过山车到达轨道底部时速度的大小有什么“不对劲”之处？如何解释这一结果？

科学

解释

力和运动构成了我们了解世界运动规律的基础。我们观察到的每一种运动现象，都可用几条简单的规则或定律来解释。我们甚至可用它们非常准确地预测物体的运动规律。

应该知道：

- 力总是在物体间发生相互作用时产生。
- 车辆和人的运动都是向后推某物体而产生的相互作用力将其向前推动的。
- 两个物体表面相对滑动（或有滑动趋势）时产生了摩擦力。
- 作用在一个物体上的合力是所有作用在这个物体上的分力（考虑方向因素）之和。
- 如果对一个表面施加压力，则它会产生一个反作用力。
- 计算运动物体平均速率的方法。
- 瞬时速率以及与平均速率的区别。
- 距离、位移、速率、速度、加速度的物理意义。
- 作距离－时间、速率－时间、位移－时间、速度－时间的图像的方法，并加以解释。
- 计算物体加速度的方法。
- 利用速度－时间图像的斜率求出物体运动加速度的方法。
- 作用在物体上的合力不为0，使物体的动量发生了变化。
- 计算动量和因力的作用引起的动量变化。
- 很多运输工具的安全性是用增加事故（如碰撞）时的作用时间来实现的。即在动量变化相同的情况下，使力的作用减小了。
- 如果作用在一个物体上的合力为0，则物体的动量不会改变。即它要么保持静止，要么保持匀速直线运动状态。
- 当一个力使物体发生了移动时，则它就对物体做了功；功的计算方法；做功的量等于传输的能量。
- 当对一个物体做功时，就有能量被传输到这一物体上；而当物体做功时，就有能量从这一物体上传输出去。
- 重力势能及计算物体高度变化时重力势能变化的方法。
- 动能及其计算方法。对一个物体做功，可使它的运动加快，从而增大它的动能。
- 物体下落时，若摩擦力和空气阻力可忽略不计，则重力势能的减小量等于动能的增大量。由此可以计算物体的运动速率。

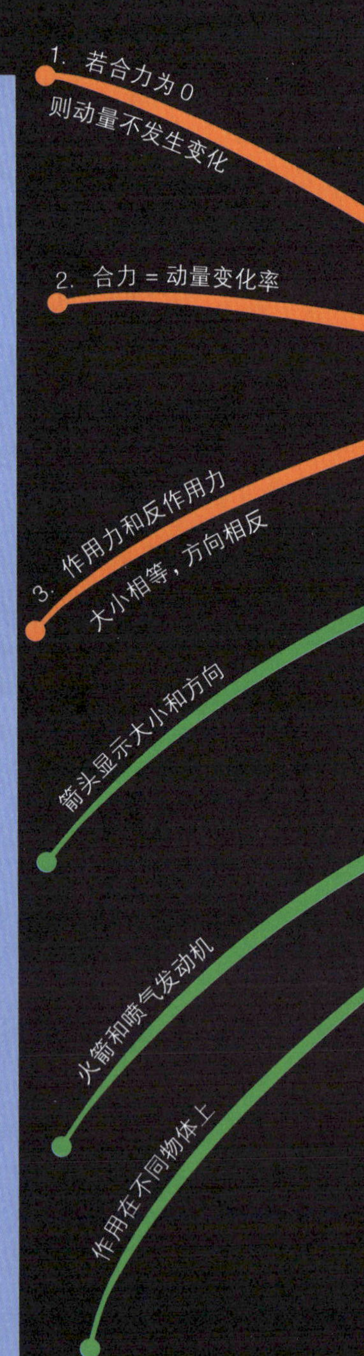

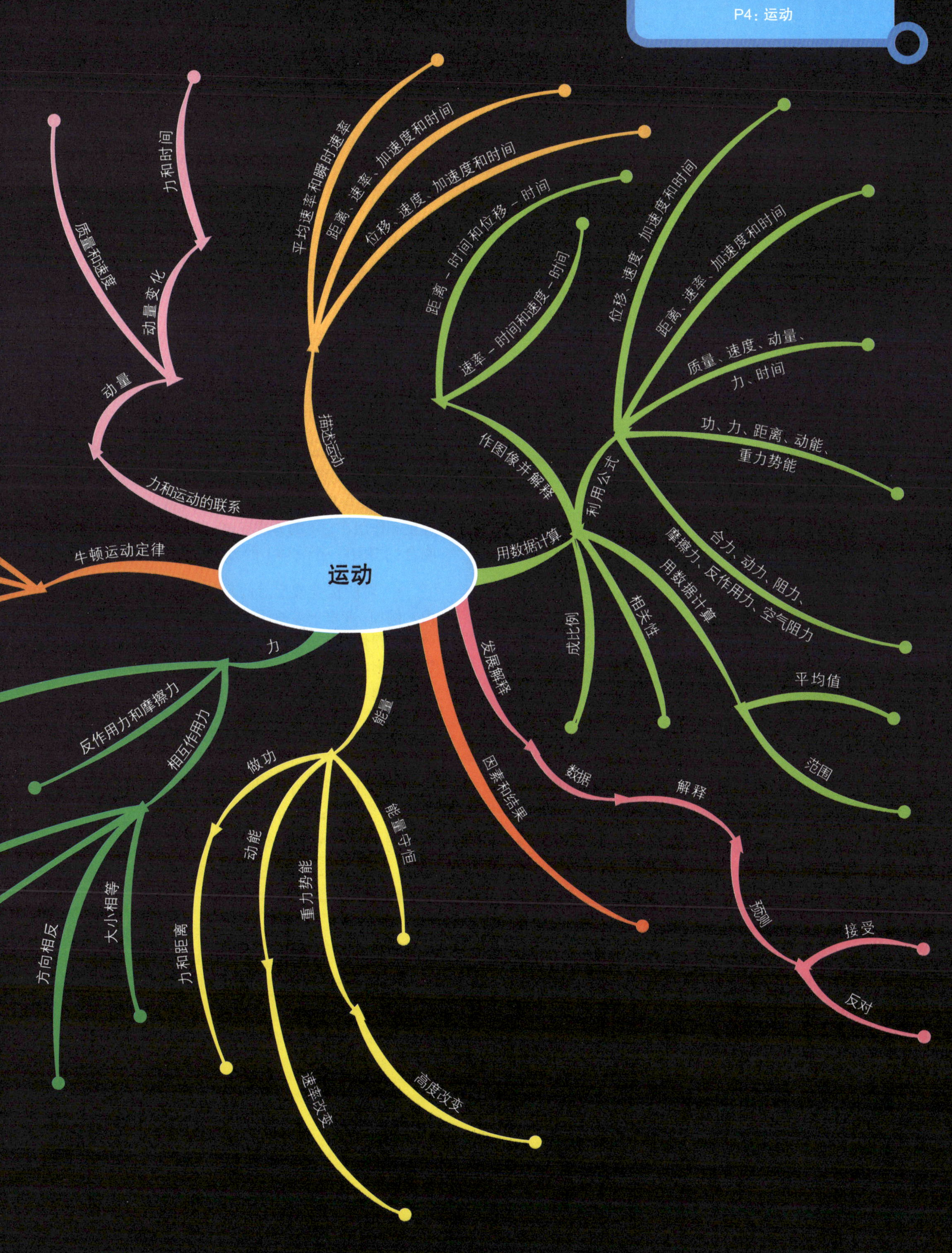
运动
描述运动
平均速率和瞬时速率
距离、速率、加速度和时间
位移、速度、加速度和时间
作图像并解释
距离－时间和位移－时间
速率－时间和速度－时间
用数据计算
利用公式
位移、速度、加速度和时间
距离、速率、加速度和时间
质量、速度、动量、力、时间
功、力、距离、动能、重力势能
合力、动力、阻力、摩擦力、反作用力、空气阻力
用数据计算
平均值
范围
成比例
相关性
发展解释
数据
解释
预测
接受
反对
因素和结果
能量
做功
动能
重力势能
能量守恒
力和距离
速率改变
高度改变
力
反作用力和摩擦力
相互作用力
方向相反
大小相等
牛顿运动定律
力和运动的联系
动量
动量变化
质量和速度
力和时间

科学观点

除了理解力和运动之外，还要了解科学解释的发展。下面列出了科学观点和本章中例子的联系。

在培养科学解释的能力方面，我们应能够：

• 明确区分对数据的陈述和对解释的陈述。例如，“下落物体的加速度是恒定值”这一陈述是对数据而言的，而“当在一个物体上施加一个恒定的力后，将使物体产生一个恒定的加速度”则是对解释的陈述。

• 认识到有时的解释是不正确的，即使在数据正确的情况下也是如此。例如，有的测量结果显示：用恒定的力推一辆玩具汽车将使它以恒定的速率运动，但“恒定的力使汽车产生恒定的速率”的说法是不正确的。因为推力是被摩擦力抵消掉了，玩具汽车所受的合力为 0。

• 明确批判性思维是产生于对解释的发展之中的。例如，相互作用力是成对产生的观点意味着当你推墙时，墙也在推你。这并非是一个一眼就能看穿的观点，牛顿将它运用到了运动定律之中：作用力和反作用力大小相等，方向相反。

• 认识到数据或观察到的事实既可能和解释相一致，也可能与其相抵触。例如，如果数据显示物体的加速度和作用在它上的力成正比，则将和牛顿第二定律相吻合：作用在一个物体上的力等于其动量的变化率。

• 对所接受或反对的科学解释要给出合理的理由。例如，亚里士多德认为，较重的物体总比较轻的物体下落得快。反驳这一观点的恰当方法是利用将轻、重物体同时在真空中下落的慢放录像，它能显示轻、重物体下落得一样快。

• 找出理由以确定在两个科学解释中哪一个更好。伽利略认为轻物体和重物体下落的速度一样快。这是和没有空气阻力作用的实验结果相一致的。

• 理解当预测和观察结果相一致时，将增大基于预测的解释的可信性（但并非就能证明这是正确的）。例如，牛顿的运动定律正确地预言了很多运动物体的运动规律。

• 理解当预测和观察结果不一致时，则表明其中有一个是不正确的，这也将减小基于预测的解释的可信性。例如，观测结果否定了亚里士多德的关于运动的一些观点。

复习问题

1 思考下列状态：

i 阿姆贾德在滑板上向前方的朋友抛出了一个较重的球（要考虑的主要物体有：阿姆贾德、滑板和球）

ii 一位搬家工用力想将一架钢琴拉过地板，但钢琴没有动（要考虑的主要物体有：搬家工、钢琴和地板）

iii 咖啡馆外吊着的一篮花（要考虑的主要物体有：篮子和吊篮子的链子）

对上述各种状态：

a. 作出草图（侧视图）。

b. 作出各状态中主要物体的示意图（已经列出）。

c. 在这些示意图中，用箭头表示每一个作用在物体上的力，并用长短表示各力的大小。

d. 在箭头旁标示出力的名称。

2 厨房中食品架上的一听豆罐头虽然受到了地球吸引力的作用却没有掉下来。这是因为架子施加了一个向上的力，将罐头的重力抵消掉了。写一篇短文说明架子是如何对罐头施加这个力的。如果需要的话，可作草图来帮助说明。

3 a. 一位 50 m 游泳的优胜者游完全程用时 80 s。他的平均速率是多少？

b. 莱奥妮以 8 m/s 的速率骑车前行了 10 min，则她经过的距离是多少？

c. 一辆公交车的平均速率为 5 m/s，则在公交车时刻表上显示它行过 6 km 的时间是多少？

4 a. 一辆公共汽车离开车站后，在 10 s 内速率达到了 15 m/s。试计算其加速度。

b. 一辆汽车以 3 m/s^2 的加速度加速行驶了 8 s，则它的速度达到了多大？

5 下列物体的动量是多大？

a. 一个质量为 0.4 kg 的冰球以 5 m/s 的速率运动。

b. 一位质量为 55 kg 的慢跑者以 4 m/s 的速率运动。

c. 一辆货车的质量为 10000kg，以 15 m/s 的速率行进。

d. 一艘汽车轮渡的质量为 20000000 kg，以 0.5 m/s 的速率行驶。

6 一位举重运动员将质量为 50 kg 的杠铃举过头顶，举高了 2.2 m。则杠铃获得的重力势能为多大？他将杠铃举在头顶 5 s 做了多少功？

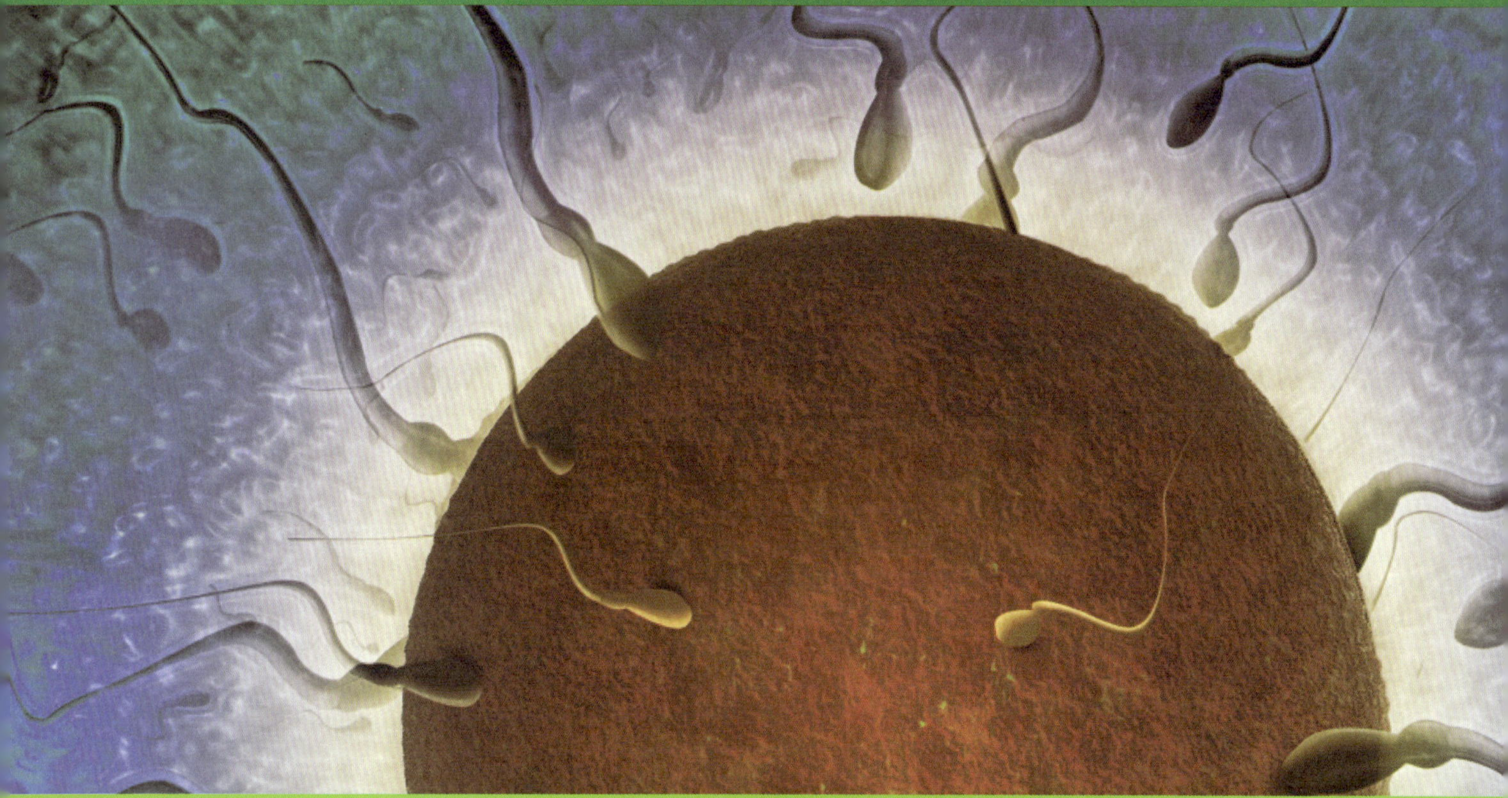

B5 生长和发育

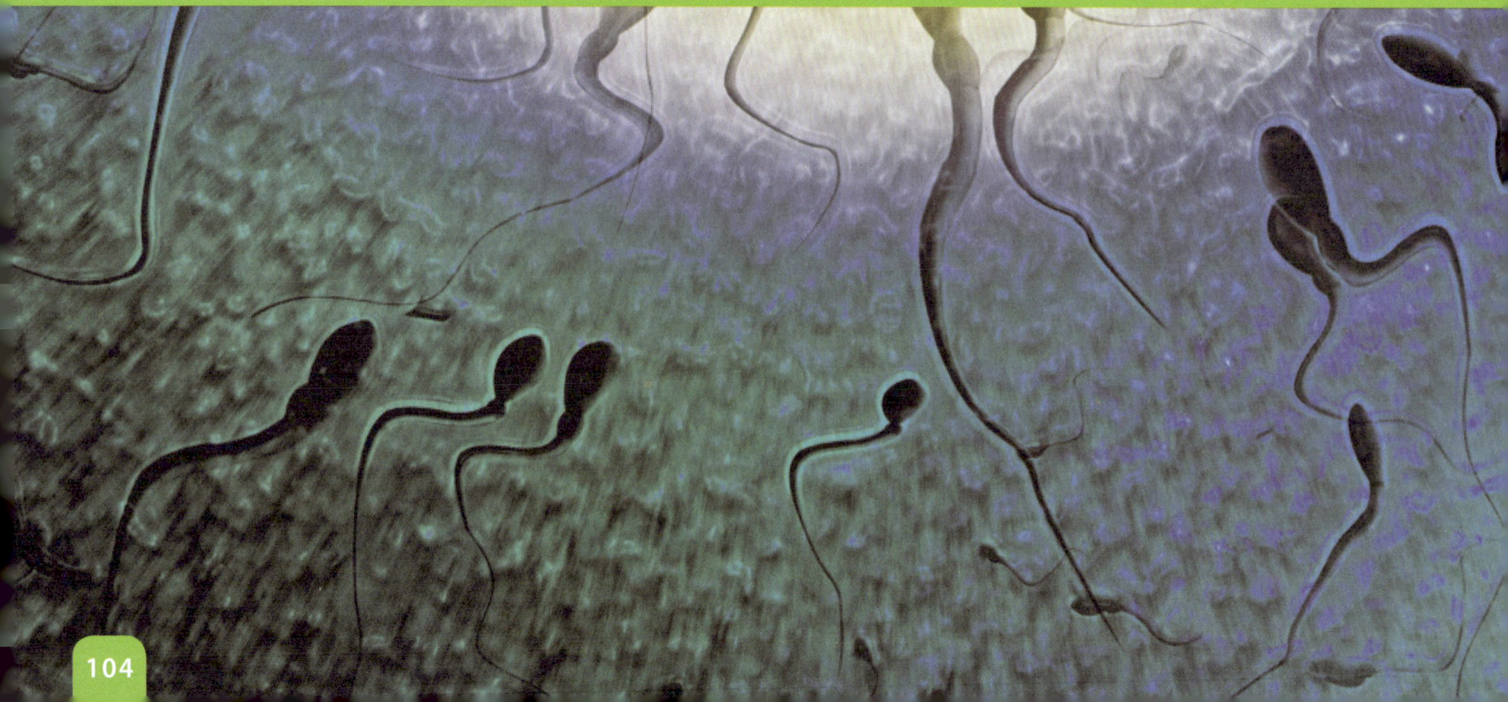

为什么要研究生命过程？

人类的胚胎是如何发育的？为什么具有相同基因的细胞的发育结果不同？这类问题是飞速发展的现代生物学所要深入探究的内容之一。

已经知道的知识：

- 基因影响着包括人在内的所有生物的发育方式。
- 以剪枝那样的克隆方式繁殖的植物，相似程度比由父母基因结合繁殖的生物相似度高很多。
- 绝大多数生物是由细胞构成的，细胞分裂和发育成生物体。

科学的应用

性细胞携带有产生新一代个体的遗传信息。细胞发生分化以合成不同的蛋白质。DNA 包含很多基因片断的，它的结构决定了细胞合成的蛋白质的种类。

要发现什么？

- DNA 的结构以及它控制细胞合成蛋白质的方式
- 细胞分裂以形成性细胞并产生后代的方式
- 细胞如何分化
- 植物和动物的不同生长方式
- 探究变量和结果间关系的调查方法

科学观点

数据和对数据的解读是不同的。要注意培养解读科学数据所需要的创造性思维方式。

A 生长和改变

通过探究发现

- 不同的细胞、组织和器官
- 成长

我们的生命都是从单细胞开始的。但在我们出生时，却是由数以百万计的细胞构成的，重约 3 至 4 千克。现在，我们的体重可能超过了 50 千克。这期间，我们不仅在长大，还在很多方面发生了变化。换而言之，我们在发育。

人自诞生后就逐步进行**发育**（development）。对一些植物和动物而言，发育可能会导致较大的改变。例如，对照一个人年轻时和老年时的照片，会发现差异是非常大的。

问题

1. 图 A—F 中显示了一些幼年和成年时的生物，试将它们两两进行结对。
2. 图中哪种生物的生命周期和苍蝇最相像？

细胞是构建生物体的“砖块”

和人一样，上图所示的动植物都具有多种细胞，即所有细胞并非都相同。人体中有 300 多种不同的细胞，每种细胞都经过**分化**（specialised）而具备不同功能：肌肉细胞能通过收缩产生运动；神经细胞具有特殊形态，能传导神经冲动；红细胞没有细胞核，能够运载氧气。

细胞和器官

所有新形成的人体细胞看起来是相同的。随后它们都发育成了被称为**组织**（tissues）的分化细胞群。我们体内就有肌肉组织、神经组织、脂肪组织等，骨骼、软骨和血液也都是组织。

植物细胞和动物的不同，但它们也是分化的。植物细胞的细胞膜外面是细胞壁，细胞内还有一些被称为液泡的空间。

随着动物胚胎和植物的生长，不同的组织形成了**器官**（organ）。例如，人的心脏和脑；植物的根、叶和花。心脏是由肌肉组织、神经组织、结缔组织及一些脂肪组织构成的。下图显示了作为器官的植物叶中的组织。

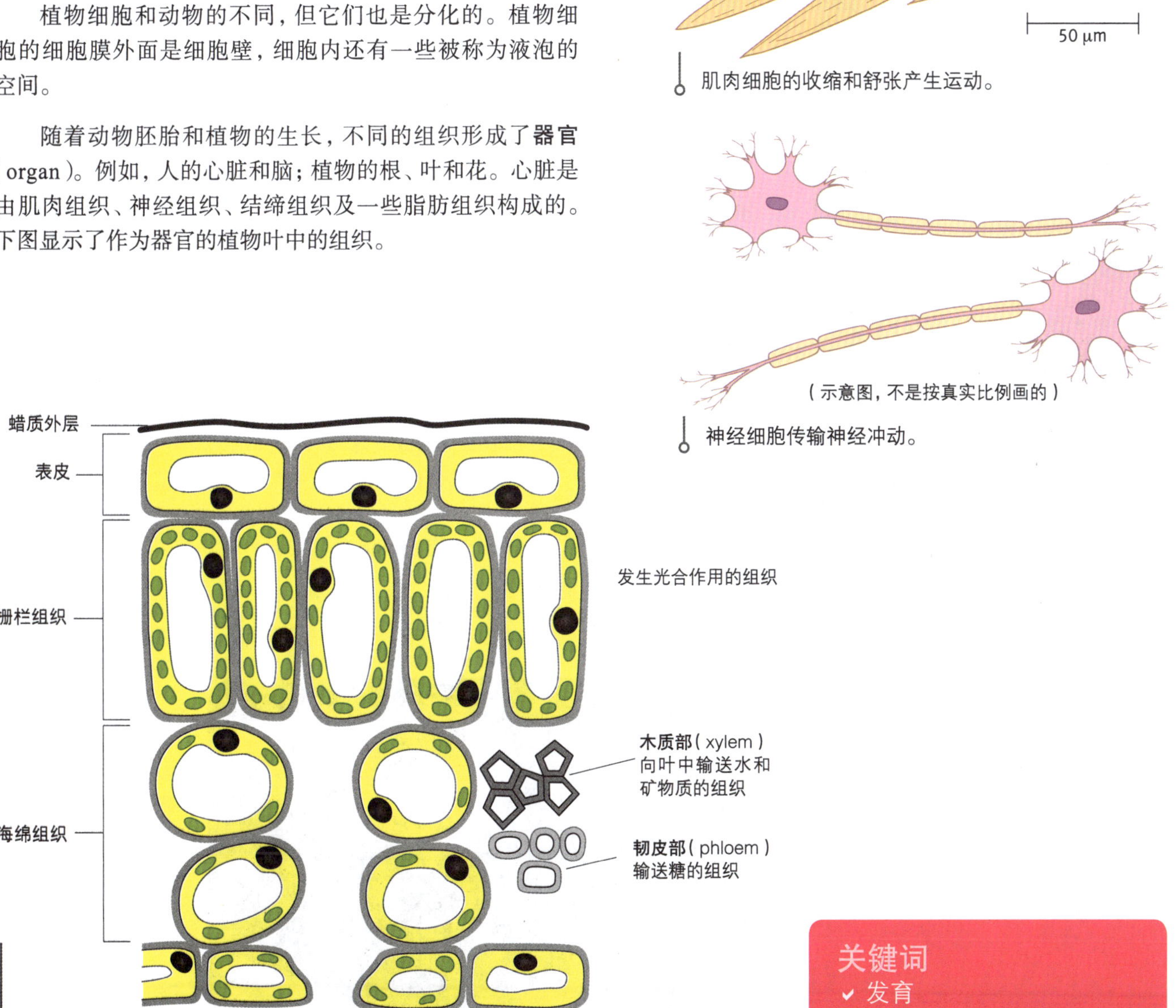

从未分化细胞分化出各种组织。

问题

3. 试说明组织和器官的差异。

关键词

- 发育
- 分化
- 组织
- 器官
- 木质部
- 韧皮部

从单细胞到成年

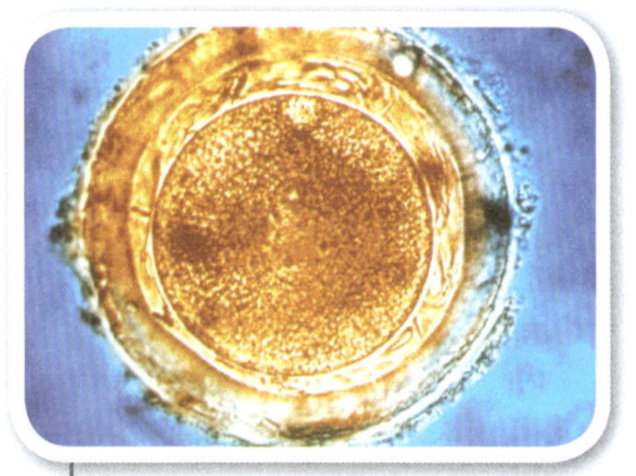

一个人类受精卵。

所有人的身体都是从一个被称为**受精卵**（zygote）的单细胞发育而来的。

因此，受精卵中一定含有制造人体的肌肉细胞、骨细胞、血细胞等各种细胞的指令。同时，它还含有能保证各类细胞在正确的地点、正确的时间发育的信息。这种信息储存在包含许多基因片断的 DNA 中。

对于人类有：

精子 + 卵子 —受精→ 受精卵 —有丝分裂→ 胚胎

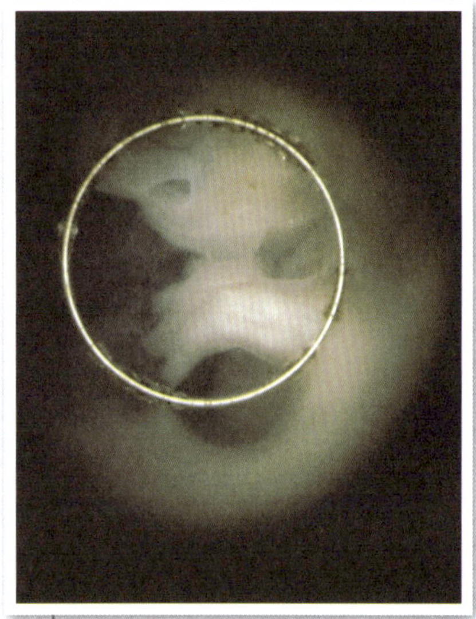

一个 8 星期的人类胎儿。这张照片是在一位母亲的子宫中拍摄的。胎儿的大小约为 2.5 cm。

胎儿的生长

在第一个星期内，受精卵经有丝分裂而形成了一个由约 100 个细胞构成的球体。其每一个细胞核内都复制了与起始一致的 DNA。随着胚胎的生长，一些新细胞开始分化并形成了组织。约两个月后，形成了主要器官，胚胎发育至此就成为**胎儿**（fetus）。一个 6 天的胚胎由 50 个细胞组成，而一个成人要由约 10^{14} 个精确复制的细胞构成。

当胚胎还是一个由 8 个细胞构成的球体时，有时会偶然分裂成两个。这两个胚胎各自发育着，于是，长相相同的双胞胎就此产生了！他们是彼此的**克隆体**（clone）。这表明，在早期的胚胎中存在着未分化的细胞，它们能发育成多个完全的个体，其被称为**胚胎干细胞**（embryonic stem cell）。在第 J 节我们将能看到更多这方面的内容。

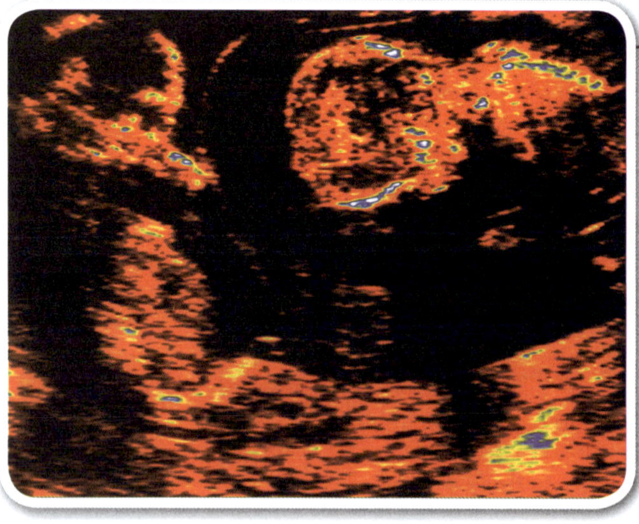

超声波扫描显示了子宫中双胞胎的影像。其头部依稀可见。

关键词

- 受精卵
- 胎儿
- 克隆体
- 胚胎干细胞
- 分生组织细胞

问题

4. 什么是受精卵?
5. 人类的胚胎在何时变成胎儿?

生长方式

生物为了长大，很多细胞就要分裂而产生新细胞。人类在 18—20 岁时就不再长高了。

开花植物终生都在长高，这是因为：

- 茎在长高。
- 根在长长。
- 为了能支撑住向上长的躯干，大多数的茎要变粗或采用其他支撑方式。

植物用在根和茎尖部产生新细胞的方式使自身变长；在茎和根部通过细胞分裂来增大直径。这些都被称为**分生组织细胞**（meristem cell）。

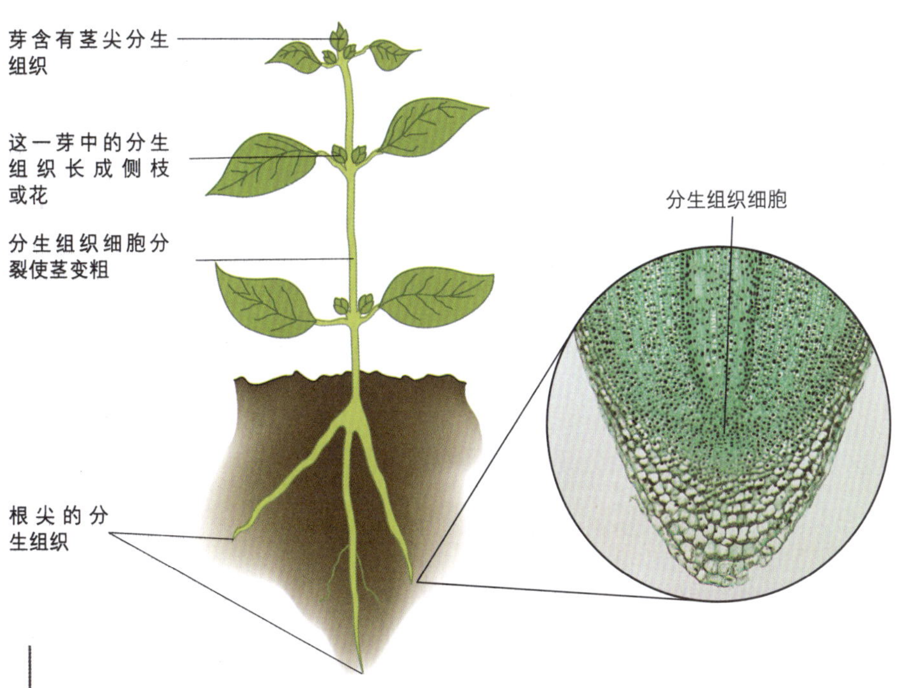

分生组织细胞使茎和根变长，使茎变粗。右图为用显微镜拍摄的根尖部的分生组织。

这株被称为舍曼将军的巨红杉树已有逾 2000 年的历史了。它高 83m，树干周长 26m，是被记载的最大巨红杉，也是地球上最大的生物。

牵牛花将自己的茎缠绕在其他植物上以获得支撑。

问题

6. 为什么细胞分裂对所有生物来讲都是非常重要的？
7. 给出植物中能分裂出新组织的那类细胞的名称。
8. 试解释植物是如何：
   a. 长高的
   b. 使根变长的
   c. 变粗的

B 植物的生长

通过探究发现

- ✔ 植物善于自我修复损伤的原因

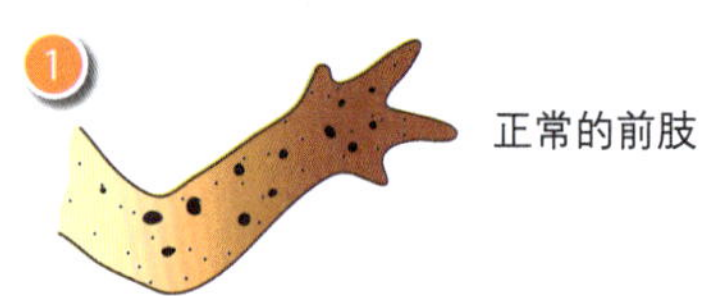

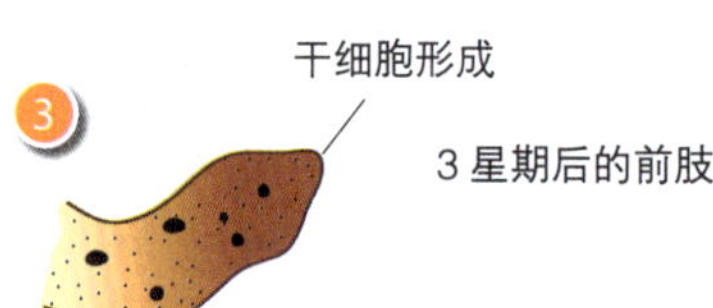

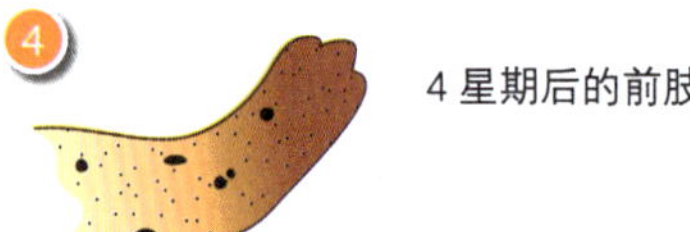

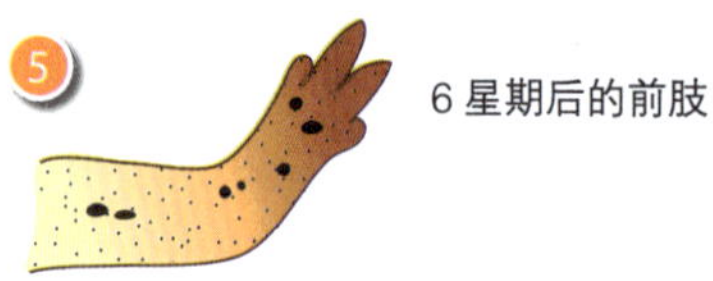

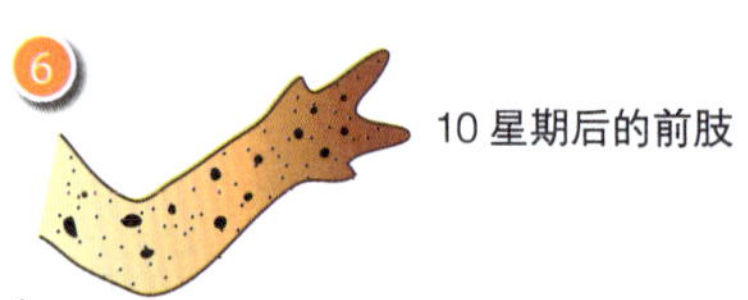

如果蝾螈的四肢被掠食者咬去一块，它能长出新的来。大多数动物只能自我修复自身的小损伤。

人体因细胞的分裂而生长。如果某处组织被割破了，就用细胞分裂的方式修复，但这仅适用于小伤口。很多植物和动物却能置换整个器官。

为什么植物能够再生？

植物分生组织细胞是**未分化**（unspecialised）的细胞。植物终生都要保存一些分生组织细胞，这是一些能变成植物所需要任意种类细胞的备份细胞。因此，植物能制造新的木质部和韧皮部组织。从事遗传学研究的科学家常利用含有未分化细胞的植物组织块来培养出完整植物，以改良作物。

蝾螈的生长方式

动物也具有被称为**干细胞**（stem cell）的备份细胞。这些细胞经分裂、生长和发育，成为生物体所需的分化细胞。

动物的生长

蝾螈的干细胞终生都保持未分化状态。故它能在需要时长出新肢，甚至新眼睛。

成年人的干细胞通常是无用的，因为其已经开始分化了。例如，我们皮肤中的干细胞只能发育成皮肤细胞。

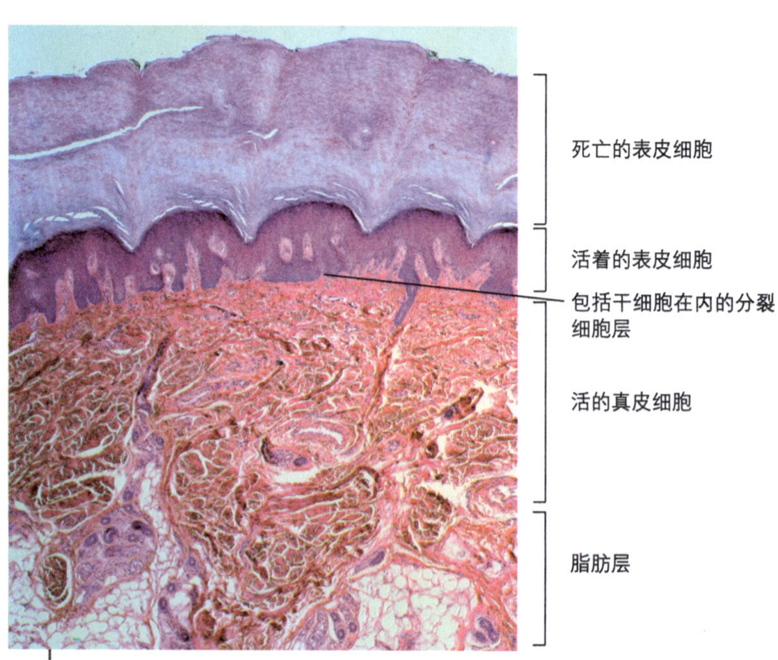

人类皮肤断面。一些干细胞不断生长和分裂，另一些则取代伤口上或磨损处的皮肤细胞。（放大 36 倍）

我们的身体每天都要置换数以百万计的皮肤细胞。室内的灰尘很大程度上是由脱落的皮肤细胞构成的。体内的其他组织也需要充足的新细胞。例如，骨髓干细胞能制造新的血细胞。

利用分生组织来制造更多的植物

在 B1 章中，我们了解到花匠用**插枝**（cutting）培育新植物，就是利用了分生组织。在合适的状态下它能发育出根并长成新植物。

如果将插枝放入水或堆肥中时，它也能生出新根。若在种植前将切口处在**生根粉**（rooting powder）中浸泡，则会长得更好。生根粉中含有被称为**植物生长素**（auxins）的激素。它能促使芽尖分生组织产生新细胞而生出根来。

花匠用插枝法可既快又省地培育出大量新植物，但这并非是他们采用这一方法的唯一原因。另一原因是，所有取自同一植物的插枝都具有完全相同的 DNA，因此都是彼此的克隆体，用这种方法能精确复制具有我们所需特征的植物。而用种子得到的花卉植物，则是通过有性繁殖的，它们的 DNA 不是完全相同的，故可能有很大的差异。

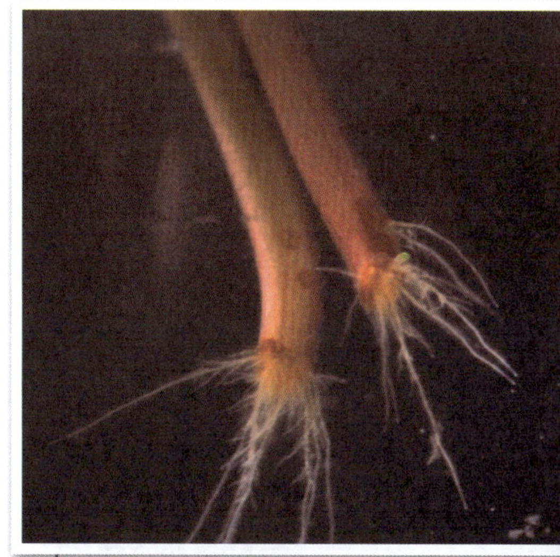

柳树插枝只需要水就能存活。

生根粉。

问题

1. 说明下列各细胞是否是完全未分化的。
   a. 分生组织细胞
   b. 成人干细胞
2. 试说明蝾螈的肢可以再生而人却不能的原因。
3. 给出两个用插枝法繁殖新植物的理由。
4. 试说明生根粉促进植物插枝生长的方式。
5. 一位花匠想要得到颜色和大小不同的大丽花，他是应该用插枝法还是用种子？
   试说明你的理由。

关键词

- 未分化
- 干细胞
- 插枝
- 生根粉
- 植物生长素

C 植物的向光性

通过探究发现

✔ 植物向光生长的原因

植物扎根于土中，故不能自由移动，即使下图中的“会走的棕榈树”也是如此。植物的种子可以落到地上的任何地方。植物需要得到充足的阳光进行光合作用，要适应环境，以维持生存。自然界中，植物一直在不断变化着的环境中相互竞争。

室内植物总是向窗户方向生长以使叶子获取尽可能多的阳光。

这种长在哥斯达黎加的“会走的棕榈树”，它的新根长在向阳的方向，以拉着它的茎和叶朝向阳光。激素控制着根的长向。长在阴影中的老根将死去。

你可能已经注意到了：放在窗台上的植物会向阳光弯曲。它们不能向那里移动，但能朝向那里生长。光源的方向影响着植物的生长方向。植物的这种习性被称为**向光性**（phototropism）。向光性加大了植物的生存机会。

问题

1. 试写出植物向光性的定义。
2. “会走的棕榈树”是如何向阳光方向生长的？
3. 试说明植物从向光性而获得的好处。

达尔文的向光性实验

查尔斯·达尔文做了向光性实验，证明植物的胚芽：

- 通常都向光生长
- 如果将胚芽尖端遮盖起来，则它直立生长

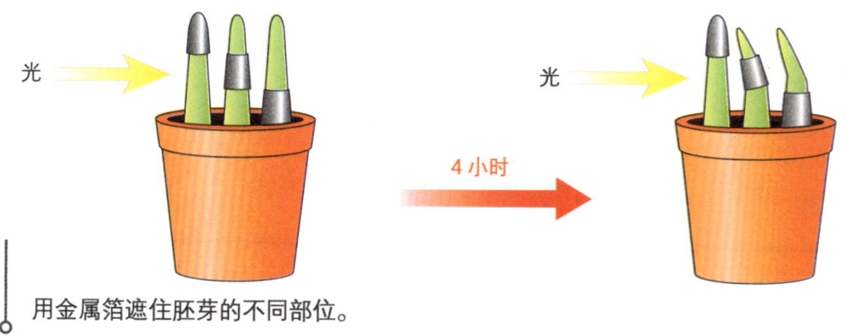

用金属箔遮住胚芽的不同部位。

在如上图所示的实验中，被遮住较低部位的胚芽没有停止向光的方向弯曲。这表明只有芽的尖端对光敏感。胚芽的下部弯曲，说明那里的细胞不再分裂，但仍持续生长。

达尔文不知道胚芽向光弯曲的原因，但这一实验结果使他能解释植物的哪些部位对光敏感并能作出反应。现在，科学家已经发现，若被称为植物生长素的激素浓度较高时，就能导致胚芽细胞快速生长。右图说明了向光性产生的原因。

问题

4. 观察胚芽向光性实验图，推测：
   a. 芽是依靠哪个部位来探测光的？
   b. 哪个部位的细胞生长得较快而导致了芽的弯曲？
5. 试说明达尔文由他的向光性实验数据无法得出完美解释的原因。
6. 区分向光性实验中的假设、理论、解释和数据。

1

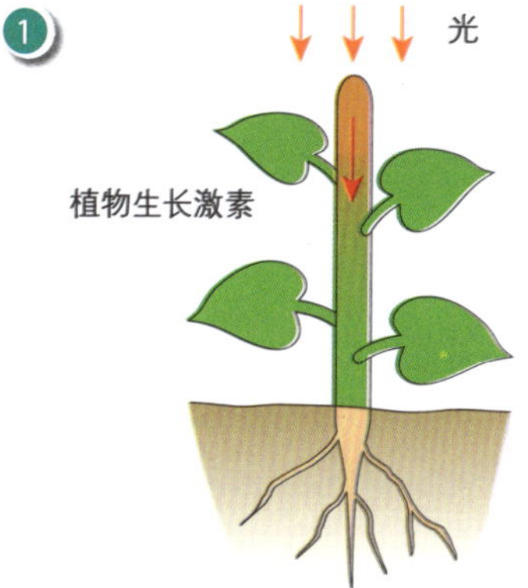

当光从芽上部射来时，植物生长素均匀分布，故芽竖直向上长。

2

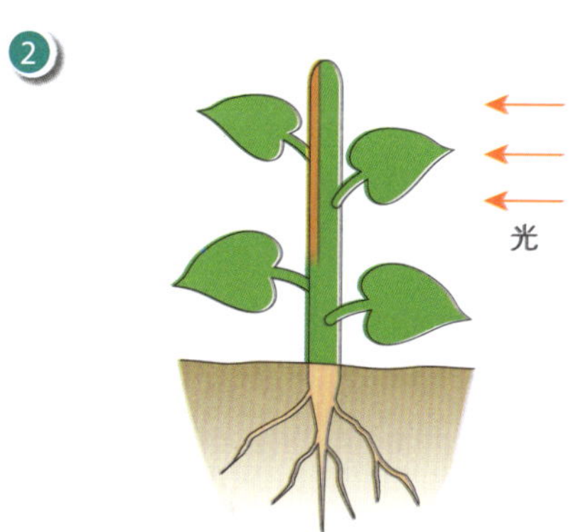

当光从侧面射来时，植物生长素运动到背光一侧。

3

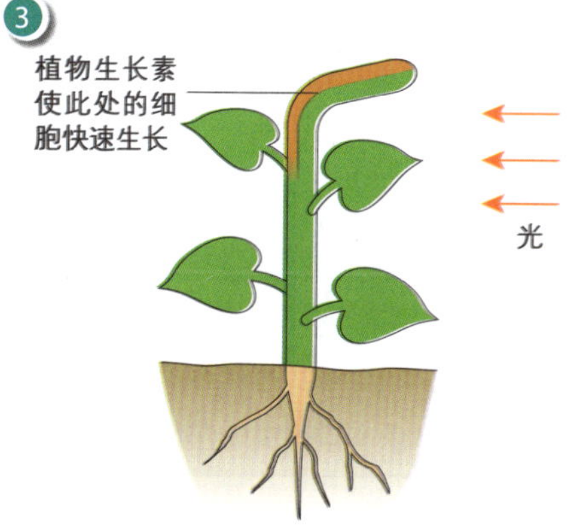

芽的背光一侧生长得较快，使得芽向光的方向弯曲。

用植物生长激素解释向光性。

关键词

✔ 向光性

D 在细胞核的内部

通过探究发现

- 基因被保存在细胞核中的位置

所有细胞都是以细胞核为生命起点。有一些细胞停止生长后就失去了细胞核，如人类的红细胞。它的功能是使氧和血红蛋白分子结合起来。

红细胞是由骨髓中的干细胞发育而来的。随着它的发育，将制造出越来越多的血红蛋白。当它离开骨髓时，细胞内充满了血红蛋白，这时细胞核已经破坏了。

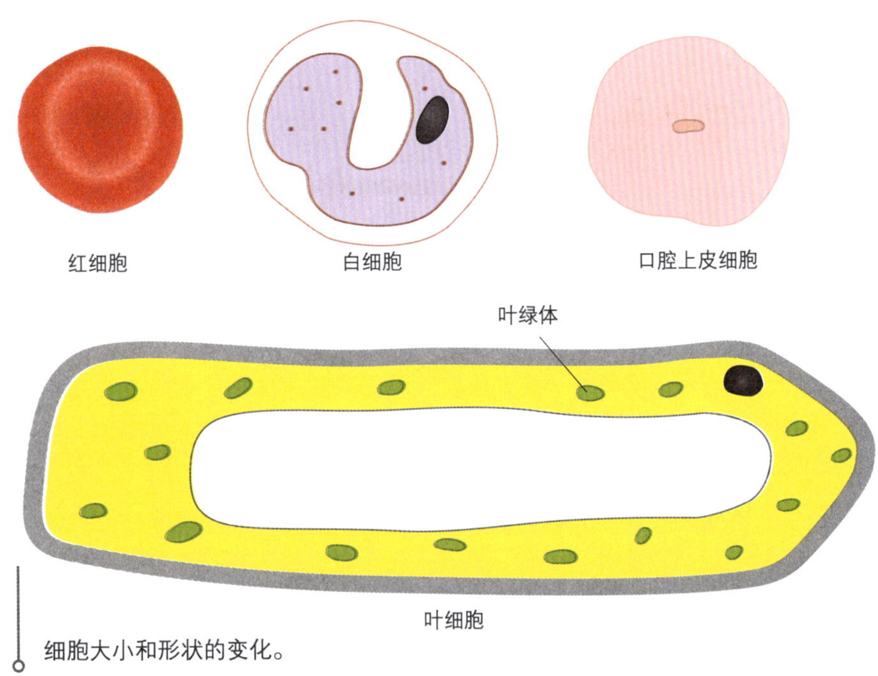

细胞大小和形状的变化。

生物	估计基因数	染色体数
人	30000	46
老鼠	30000	40
果蝇	13600	8
芥菜	25500	5
蛔虫	19100	6
酵母菌	6300	16
大肠杆菌	3200	1

染色体

染色体（chromosome）是一个长的 DNA 分子缠绕蛋白质而形成的。在人类的每个细胞核中 DNA 的总长度大约有 1 m，由约 30000 个**基因**（gene）构成。每个基因都含有编码一类蛋白质分子的全部或部分密码。

不同的物种具有不同数量的染色体和不同数量的基因（如左表所示）。

人类细胞核中都有 23 对染色体。你从母亲的卵细胞核中得到一组 23 个染色体，另一组 23 个则来自父亲的精子的细胞核。

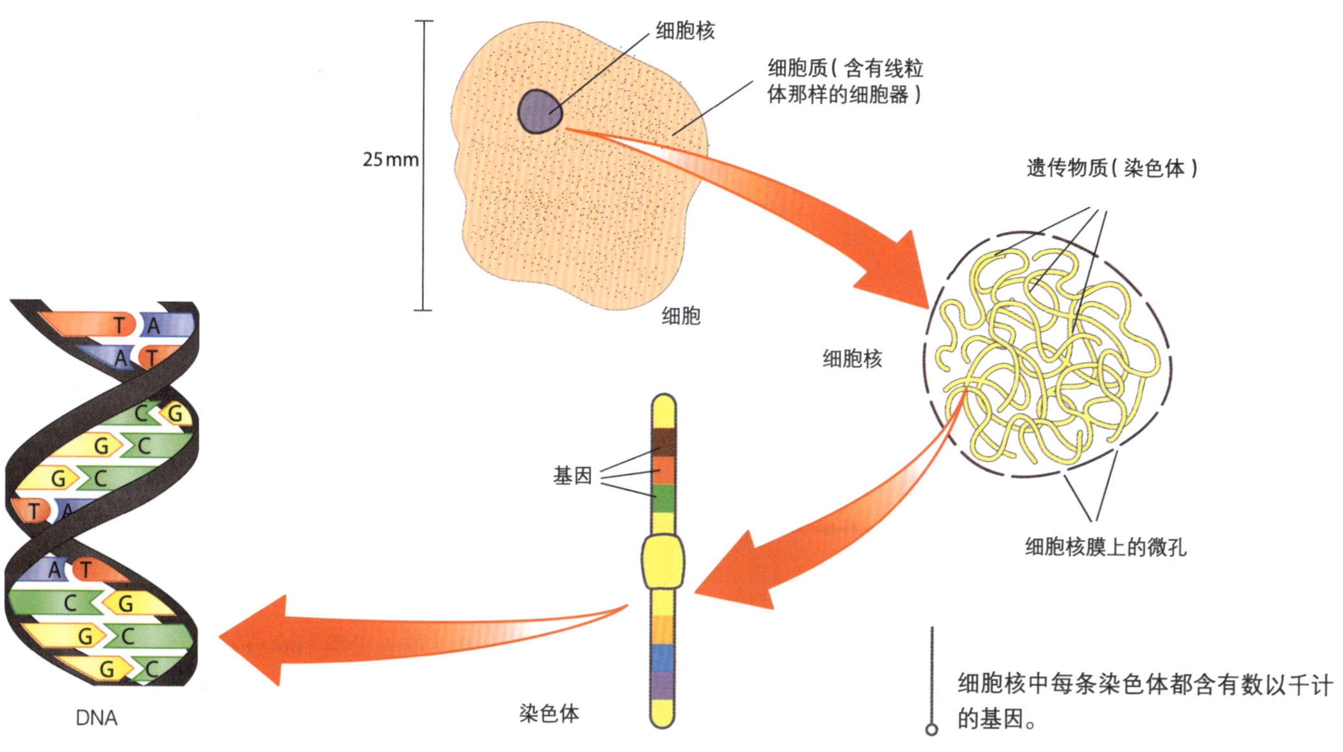

细胞核中每条染色体都含有数以千计的基因。

关键词

- 染色体
- 基因

这些人的遗传相似度要比他们的外观大。他们 99.9% 的基因是相同的。

DNA 的特殊之处

在后面我们将发现 DNA 分子具有特殊的结构，因而能够：

- 精确地自我复制
- 发出指令使细胞在适当的时机制造出适当的蛋白质

问题

1. 给出人体中的红细胞有别于人体中其他细胞的两个方面。
2. 说明每 2—3 个月红细胞就会死亡并被更换的原因。
3. 在酵母菌中可能有多少种不同的蛋白质？
4. 哪种生物的基因数只有酵母菌的一半？
5. DNA 具有哪两种使其具备遗传物质功能的性质？

E 制造新细胞

通过探究发现

- ✔ 人通过体细胞分裂的方式来实现生长和修复人体

我们有时难以说清某物是否是生物。

对此，我们可能要问：

- 它能生长和繁殖吗？
- 它是由细胞构成的吗？

如果细胞不能生长、修复和繁殖，则生命不可能存在。

如果太空探索者从火星带回如图所示的物体。科学家需要弄清楚它们是否是生物，特别是可能殖民地球的生物。

细胞分裂

新生成的人体细胞，携有与父母及他人数量相同的染色体，也含有相同的被称为**细胞器**（organelle）的细胞组成部分。因此，在细胞分裂前，它必须生长并复制：

- 其他细胞器。如**核糖体**（ribosome）、**线粒体**（mitochondria）等。
- 细胞核。它含有染色体。

只有这时细胞才分裂。这一过程称为**有丝分裂**（mitosis）。

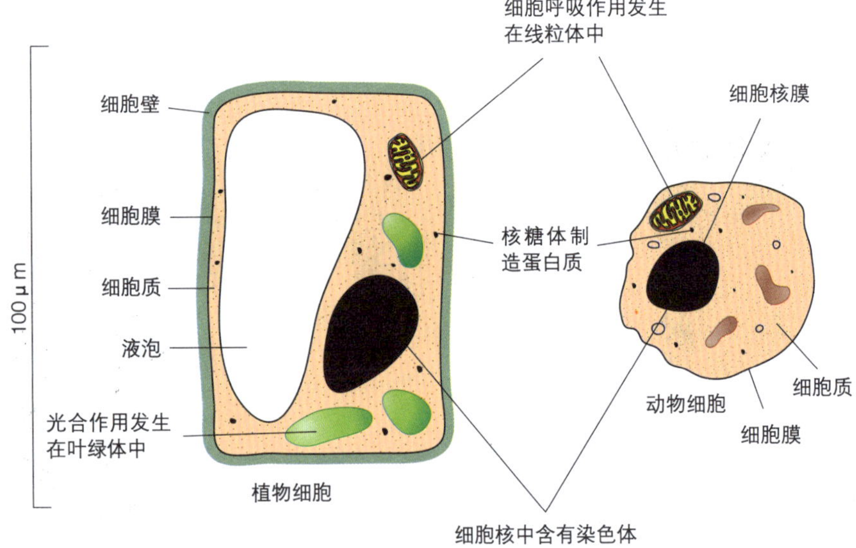

诸如线粒体那样的细胞器在细胞分裂前就被复制了。

在非分裂细胞中的染色体

分裂细胞中经过复制的染色体

我们仅能看到分裂细胞中的染色体。

复制染色体

利用光学显微镜，我们能看到分裂细胞中的染色体。也能看到其他细胞中分布开来的 DNA。染色体被复制后，DNA 链变得短而粗。在第 G 节中，我们将能学到更多的关于 DNA 如何被复制的知识。

关键词

- ✔ 细胞器
- ✔ 核糖体
- ✔ 线粒体
- ✔ 有丝分裂

有丝分裂

在有丝分裂过程中，经过复制的染色体分离且整个细胞分裂。

首先，染色体组到达分裂细胞的每一端而形成两个细胞核。完整的细胞器组也到达每一端。然后细胞质分裂形成了两个独立的细胞。在植物细胞中，还形成了细胞壁。

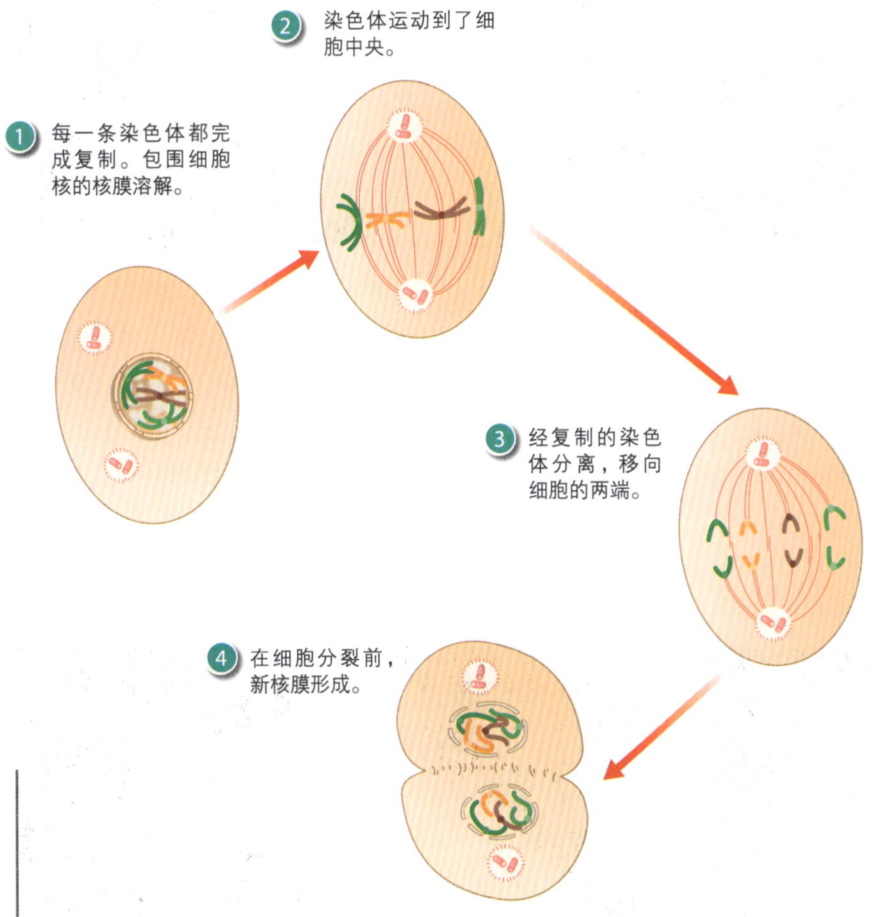

图中表示的是一个动物细胞有丝分裂的过程。只显示了 4 条染色体。

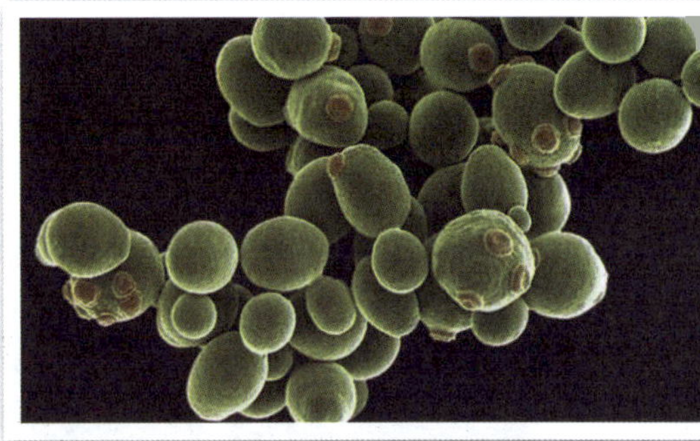

在酵母菌中，新细胞从亲本中长出。

水仙花球分裂形成新花。

有丝分裂和无性繁殖

很多动植物是进行无性繁殖的。它们通过有丝分裂来产生新的个体。

这意味着通过无性繁殖得到的后代通常和其亲本是完全一样的，即它是亲本的克隆体。

问题

1. a. 一个细胞经过一次有丝分裂能产生多少细胞？
   b. 这些新细胞和亲本相比相像吗？
2. 为确定上一页卡通画中的来自火星的物体是否为生物，科学家可能会如何做？
3. 细胞在分裂前要做哪些准备？
4. 细胞有丝分裂过程有哪两个关键步骤？

F 有性繁殖

通过探究发现

- ✔ 细胞分裂产生了配子

大多数动植物都采用有性繁殖的方式。雄性和雌性分别产生称为**配子**（gamete）的性细胞，它们在受精的过程中结合到一起形成受精卵，由它孕育出新生命。

有些动植物的性别是难以区分的，甚至有的是雌雄同体的。

只有雄性的孔雀才能开屏。

由浆果可证明右侧的冬青是雌性的，左侧的则不能确定。

蜗牛具有雌雄两种性器官。

确定生物性别的唯一方式是看其配子。雄性具有可移动的小配子，而雌性具有不移动的大配子。

对于人类，雄性在睾丸中产生精子，而雌性则在卵巢中产生卵子。

250 μm

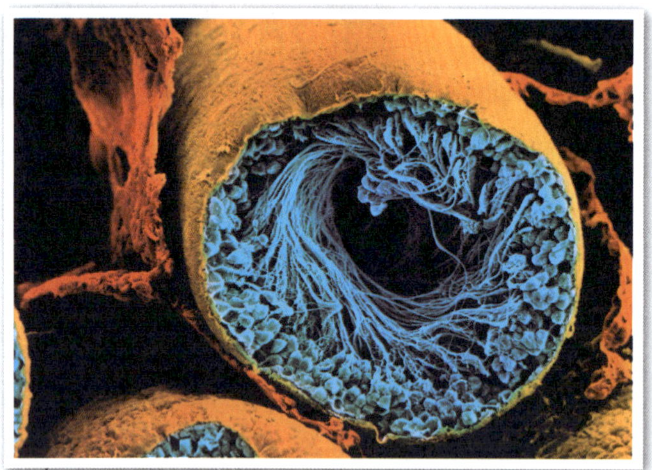

精子在睾丸的小管中发育。

600 μm

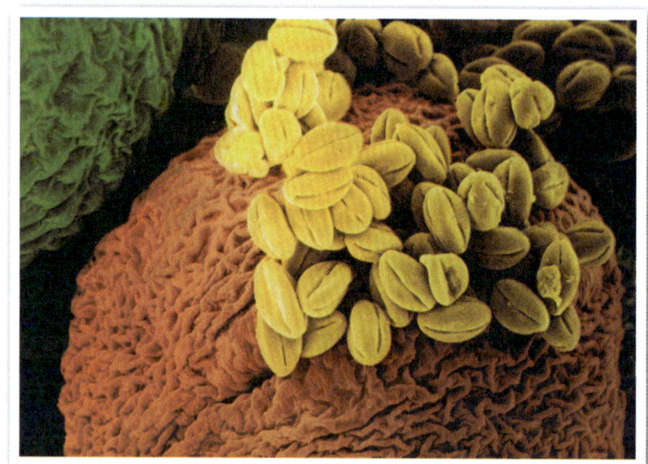

开花植物的花粉中含有雄性配子。

雄性产生的配子往往数量非常大。它们通常用游泳、借助风、昆虫携带等方式到达雌性配子处。

配子的特别之处

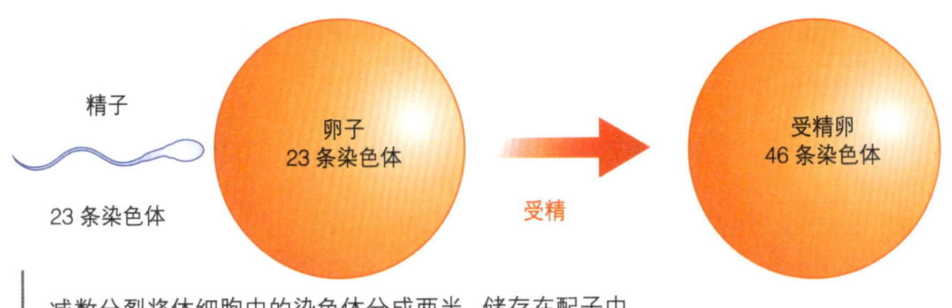

减数分裂将体细胞中的染色体分成两半，储存在配子中。

关键词
- 配子
- 减数分裂
- 遗传变异

人类细胞中含有 23 对染色体，即总数为 46 条。各配子中仅有 23 条不成对的染色体。这一点在精子、卵子受精的过程中非常重要，因为此时它们的细胞核结合到了一起，受精卵得到了恰好的染色体数：23 对（46 条），其中一半来自母亲，另一半来自父亲。配子是通过**减数分裂**（meiosis）的方式产生的。

对人类而言，减数分裂产生的配子：

- 具有 23 条单独的染色体（各为每对染色体中的一条）
- 都各不相同，即都没有相同的遗传信息

有性繁殖产生的后代，彼此间以及与父母间都存在着差异。我们说这一现象表明了**遗传变异**（genetic variation）。

减数分裂

减数分裂始于正常的体细胞，但仅发生于性器官中。

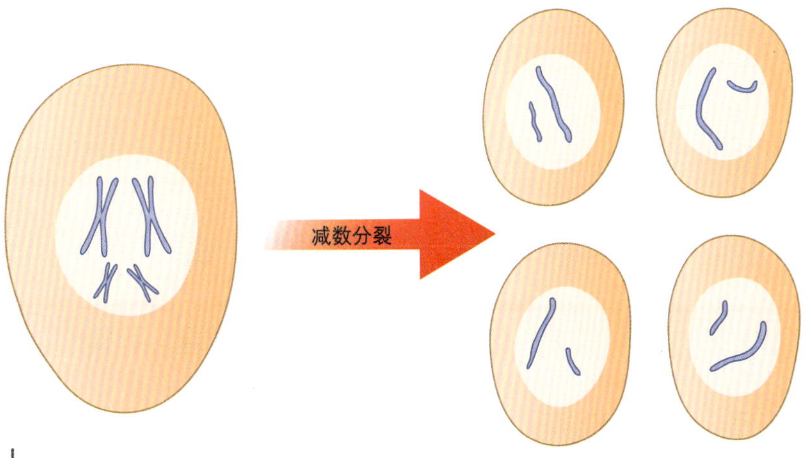

图中显示染色体已经被复制。一个亲本细胞经两次减数分裂，变成了 4 个，它们都含有亲本染色体数一半的染色体。

问题

1. 观察上一页中上部的冬青照片。可以肯定右侧的一株是雌性的。我们为什么不能肯定左侧一株的性别?
2. 为什么说配子中只含有一组染色体这一点是非常重要的?
3. 产生大量的雄性配子的原因是什么?

通过探究发现

- DNA 的结构
- DNA 为细胞分裂而复制的方式

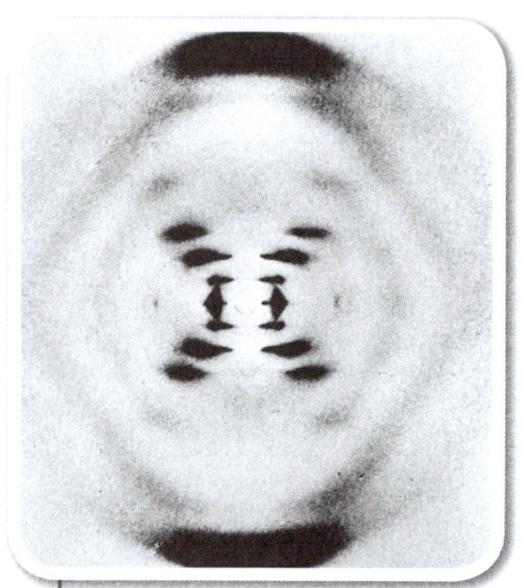

DNA 的 X 射线衍射图样。它是有规律排列的模式。

沃森（左）和克里克用模型揭示了 DNA 结构。

1865 年，格雷戈尔·孟德尔出版了一本关于豌豆的著作（在 B3 章中已学过）。孟德尔的实验数据显示，生物的很多特性是可以遗传的。但这些数据却无法解释遗传信息的传递方式。这留给后辈科学家开展创造性工作和思考的更大空间。

1859年	从细胞核中提取出一种称为“核素”的化学物质。
1944年	“核素”被重新认识为遗传物质。
1940年代后期	欧文·查加夫发现了DNA中碱基的数量分布模式。
1951年	莱纳斯·鲍林和罗伯特·科里证明了蛋白质具有螺旋结构。
1952 — 1953年	罗莎林德·富兰克林和莫里斯·威尔金斯得到了DNA的X射线衍射图样，证明了这种分子具有规律性排列的结构。

一些发现使得人们认识了 DNA 的结构。这些发现可以很好地解释孟德尔实验所得到的数据。基于这种解释，可以对预测进行进一步的实验验证。

解开 DNA 之谜

1953 年，弗朗西斯·克里克和詹姆斯·沃森在科学杂志《自然》上发表了名为《脱氧核糖核酸的一种结构》的著名论文。文中综合了大量关于 DNA 的研究，得出了 DNA 是**双螺旋**（double-helix）**结构**的结论。

碱基配对

DNA 中有 4 种特殊的分子，被称为“碱基”：腺嘌呤（A）、胸腺嘧啶（T）、鸟嘌呤（G）和胞嘧啶（C）。

欧文·查加夫发现：A 的数量总是和 T 的相等，而 G 的数量总是和 C 相等。对无论来自哪种生物的 DNA，这一关系总是正确的。

克里克和沃森归纳了这些证据后得出如下结论：

- A 总是与 T 配对的
- G 总是与 C 配对的

这就是**碱基配对**（base pairing）。

双螺旋结构

沃森用纸板制成了碱基模型。他发现 A+T 和 G+C 的大小相同，立刻他就意识到这意味着什么了。在他们设想的分子模型中，脱氧核糖和磷酸构成了 DNA 分子的两条链，配对的碱基把两条链连起来。DNA 是右旋双螺旋状的，有点像扭曲了的梯子。最有说服力的是，这与 X 射线得到的结果相吻合。

DNA 传递信息的方式

沃森和克里克提出的结构不仅解释了当时所知的 DNA，还让他们预测到 DNA 能精确复制自身的可能方式。碱基配对意味着精确复制 DNA 是可能的：

- 碱基间的氢键分裂，像拉开拉链一样将 DNA 分开成为两股。
- 新合成的链在细胞周期的间期开始形成。
- 因为 A 总是和 T 配对，G 总是和 C 配对，新形成的两个链与原始的完全相同。

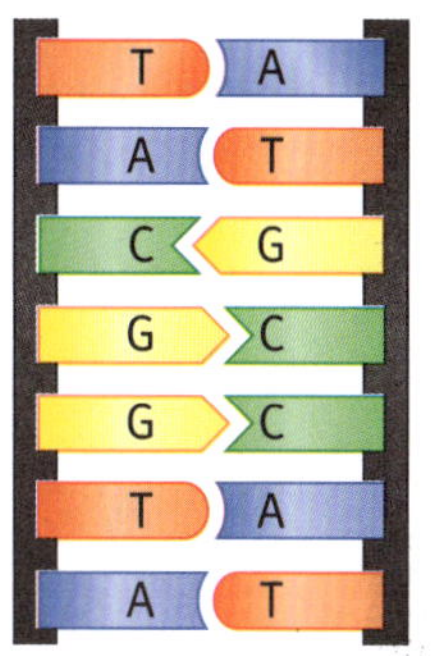

“梯子”的每一层都是配对的碱基，是氢键将它们连在了一起。

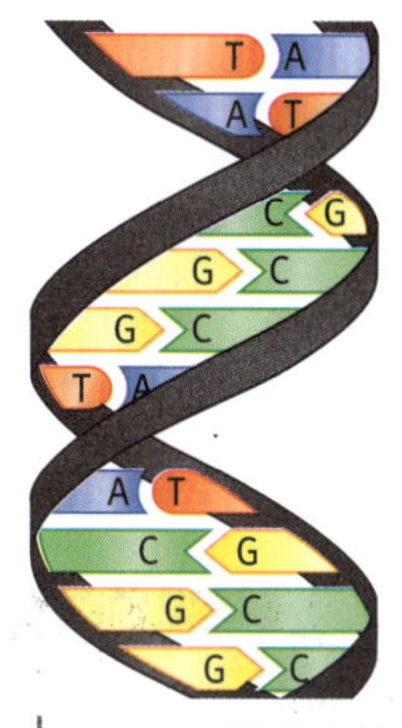

每一层螺旋都有 10 对碱基。

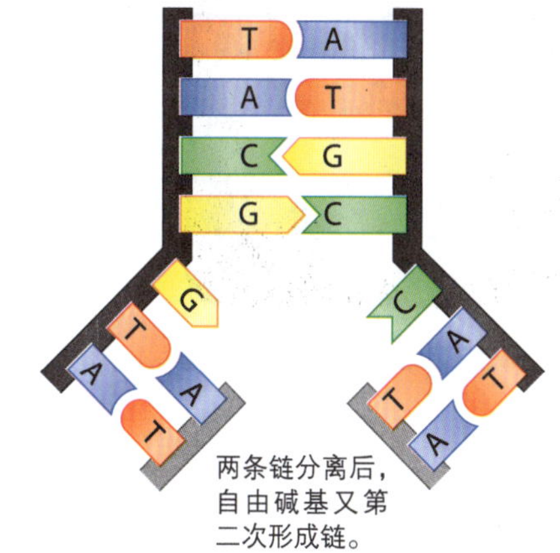

两条链分离后，自由碱基又第二次形成链。

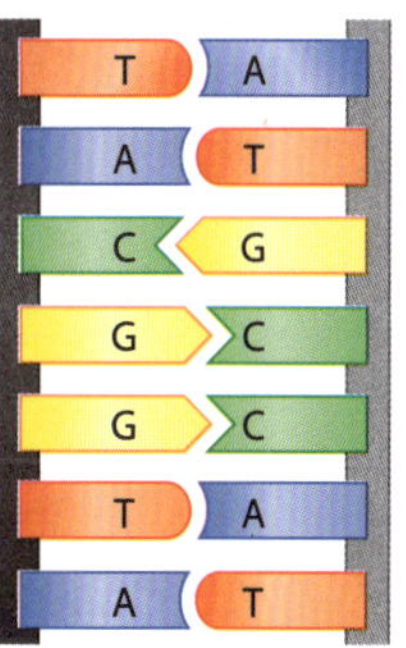

每一个 DNA 分子都是由一半旧（黑）一半新（灰）的 DNA 构成的。

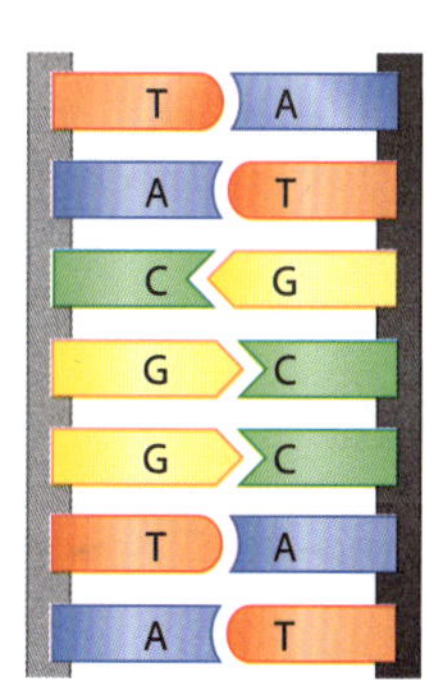

成为两个完全相同的 DNA 分子。

DNA 结构的示意图。

问题

1. DNA 分子的形状在某种程度上很像一个扭曲了的梯子。
   a. “梯子”的两侧是什么制成的？
   b. “梯子”的哪些部分是碱基？
2. DNA 分子中的碱基总是以相同的方式配对。哪种碱基与
   a. A 配对？ b. C 配对？
   c. G 配对？ d. T 配对？
3. 试描述当一个 DNA 分子被复制时将发生的情况。
4. 其他科学家的哪种观察结果可用沃森和克里克的模型解释？
5. 沃森和克里克研究工作的哪些方面可被考虑为“创造性思维”而非简单地利用数据递推？

关键词

- ✔ 双螺旋结构
- ✔ 碱基配对

制造蛋白质

通过探究发现

- ✔ DNA 控制细胞产生何种蛋白质的方式

不同蛋白质所起的生理学功能不同，这说明它们是彼此不同的。蛋白质的空间构象的形成对它的功能是非常重要的。细胞利用约 20 种**氨基酸**（amino acid）来合成蛋白质，蛋白质肽链含有从 50 至数千不等的氨基酸。在每种蛋白质中，氨基酸是以特定的序列联接的，但可能有数千种不同组合，就如同我们用字母表中的 26 个字母能够组成数以千计的单词一样。氨基酸链折叠构成了蛋白质的三维形状。

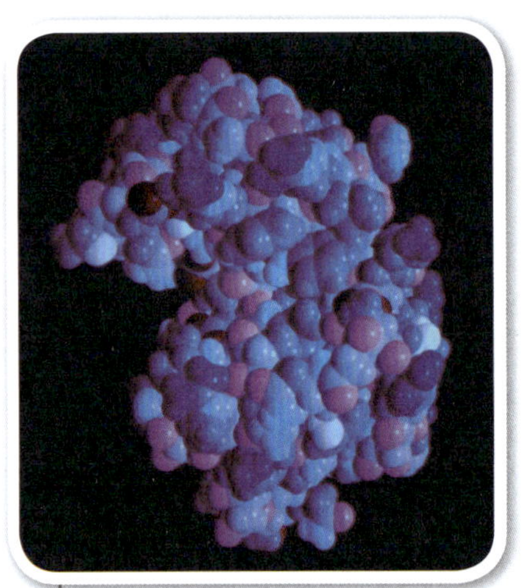

酶因其活性部位的形状而起功效。

遗传密码

1961 年，克里克通过实验证明遗传密码中的 3 个碱基编码 1 个氨基酸。他的实验还表明：遗传密码从一个固定的起点开始，以非重叠方式阅读，编码之间没有分隔符。后人的实验证明，克里克的解释是正确的，他的研究成果成为遗传工程科学的基础。

后来，科学家又通过一步步的推测与实验，最终完全破解了遗传密码，证明在一种叫信使 RNA 的物质上，每 3 个相邻的碱基决定 1 个氨基酸。因此，每 3 个这样的碱基又称作**三联体密码**（triplet code）。构成信使 RNA 的 4 种碱基的不同组合能产生 64 种三联体密码，而常见的氨基酸的数量仅为 20 种，因此对每一个氨基酸来说都有不止 1 个密码。

细胞在什么部位制造蛋白质？

细胞核中的 DNA 含有合成蛋白质的遗传信息。蛋白质是在细胞质中被称为核糖体的非常小的细胞器上制造的。基因不能离开细胞核，那么核糖体是如何获得制造蛋白质的指令的？原来，信使 RNA（简记为 mRNA）发挥了作用，这是一种小到能穿过细胞核膜上的微孔向核糖体传输遗传信息的分子。

DNA 和 mRNA 的区别就在于：

- mRNA 只有一条链
- mRNA 中，尿嘧啶（U）取代了胸腺嘧啶（T）

下图显示了合成蛋白质的方式。

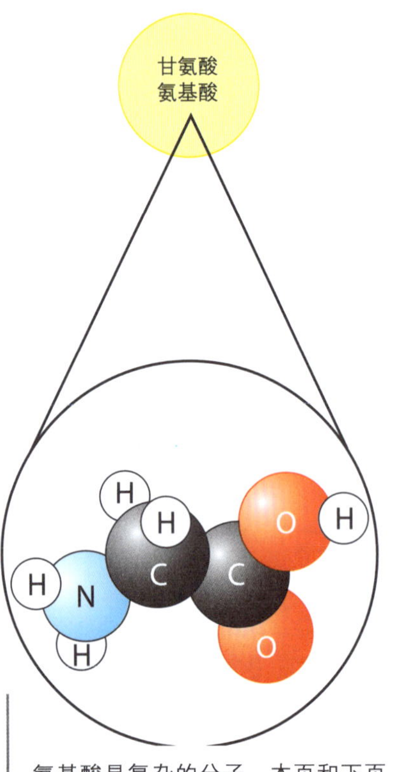

氨基酸是复杂的分子。本页和下页中的图都简单描述了这种分子。

关键词
- 氨基酸
- 三联体密码

1 DNA 双链打开，以一条链为模板按照碱基互补配对原则形成了 mRNA 链。U 取代 T，和 A 配对。

2 mRNA 通过核膜上的微孔离开细胞核到达细胞质中，与核糖体结合。

3 mRNA 与核糖体相联，核糖体在延伸因子作用下沿 mRNA 运动，接受了遗传密码，故能将氨基酸按正确的序列结合起来。当这一过程结束后，核糖体向细胞质中释放蛋白质并开始制造下一个蛋白质。

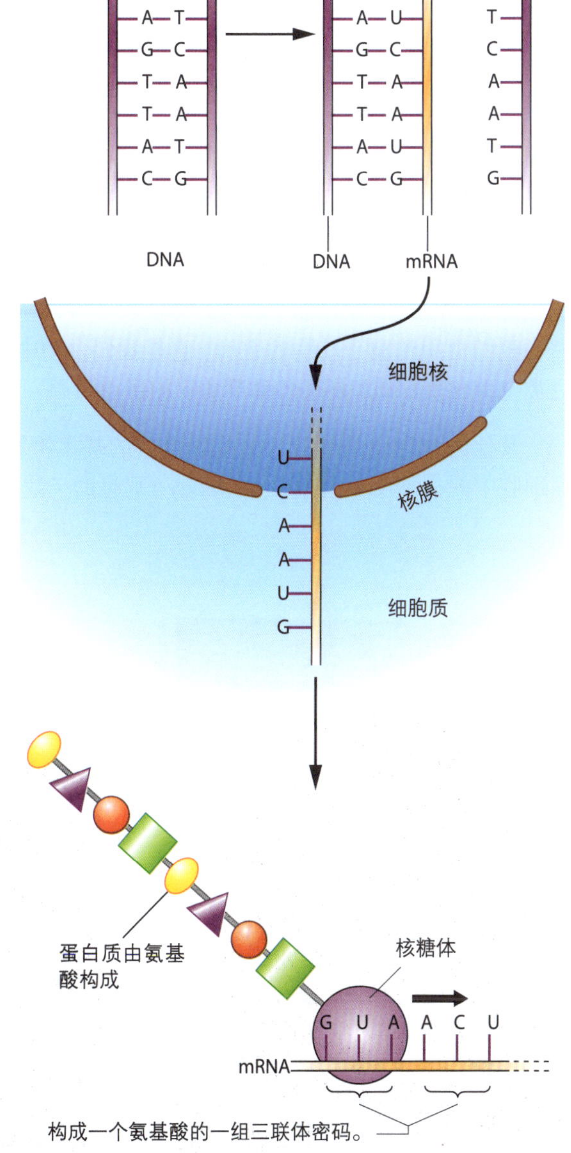

DNA 在核糖体的帮助下制造蛋白质的示意图。

问题

1. 为什么制造蛋白质的指令复制到 mRNA 上?
2. 对每一个氨基酸，有多少三联体密码?
3. 酪氨酸的三联体密码是什么?
4. 哪种氨基酸的三联体密码是 GCC?
5. 用点状图来说明蛋白质的产生方式。做法是：
   - DNA 双链打开。

   最后要做到：
   - 核糖体向细胞质中释放蛋白质。

1 分化细胞和特殊的蛋白质

通过探究发现

- ✔ 人体中的各种不同的蛋白质
- ✔ 细胞分化的原因

一棵橡树中有大约 30 种细胞，而人体中则有超过 300 种细胞。每种细胞都有自己特有的一组蛋白质。

一些蛋白质构成了细胞和组织，称为**结构蛋白质**（structural protein）。如果将细胞中的水去除掉，则其剩余物的 90% 是蛋白质。

蛋白质	存在于	性质
角蛋白	毛发、指甲、皮肤	强壮且不溶化
弹性蛋白	皮肤	有弹性
胶原蛋白	皮肤、骨骼、肌腱、韧带	结实，弹性不大

不同的结构蛋白质具有不同的性质。

我们食用的肉是动物的肌肉，它是我们食物中主要的蛋白质源。像大豆等豆类也富含蛋白质，是很多食草动物的蛋白质源。

其他的蛋白质是维持人体化学反应的基本物质。例如，**酶**（enzyme）能加速细胞中的化学反应；**抗体**（antibody）则有助于我们抵御疾病。

问题

1. 给出人体中 3 种类型蛋白质的名称。
2. 给出一种结构蛋白质的名称，并说明它是如何起作用的。

橡树有约 30 种细胞。

人类有超过 300 种细胞。

基因和蛋白质间的联系

人体中的所有细胞最初都来源于一种细胞，即受精卵。它分裂形成细胞团。很快，细胞就开始分化，由它们制造出各种类型细胞所需要的蛋白质。

DNA 是细胞的遗传物质。基因都携带着细胞合成蛋白质的指令，用控制细胞制造蛋白质的方法控制着细胞的发育。

人的每一个细胞都含有人的所有基因。有些细胞变成了神经细胞，一些变成了构成心脏的细胞，等等。科学家认为可能存在着**遗传开关**（genetic switch），其机理还在研究探索之中。

关键词

- 结构蛋白质
- 酶
- 抗体
- 遗传开关

动物的角、龟甲、大豆、牛排……都富含蛋白质。

问题

3. DNA 中含有细胞的遗传信息。DNA 在细胞中起什么作用?
4. 基因是如何控制细胞发育的?
5. 你从哪里能找到制造下列蛋白质的细胞?
   a. 胶原蛋白
   b. 淀粉酶
   c. 血红蛋白

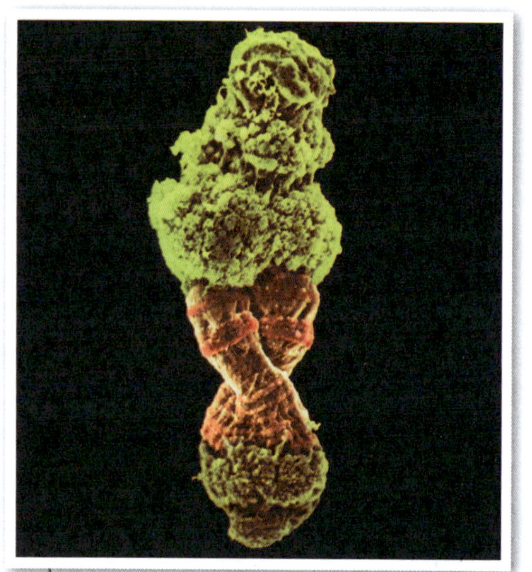

这是一只蚊子唾液腺中的染色体。绿色区域是 DNA 链打开时制造蛋白质的活性部分。其中之一是指令细胞制造许多淀粉酶。

遗传开关

每一种基因都控制着一种蛋白质的合成。因此，在任何生物体内，蛋白质的种类和基因的种类一样多。人的基因数约为 30000 个。

每个细胞中的基因并非都是有活性的。随着细胞的生长和分化，很多基因的开关断开。

在毛发细胞中，促进角蛋白合成的酶的基因开关是闭合的：

毛发细胞基因开关闭合  促进角蛋白合成的酶  毛发生长

但制造淀粉酶的基因开关将断开。

在唾腺细胞中：

唾腺细胞基因开关闭合  分泌淀粉酶  消化淀粉

胚胎中的基因开关

囊胚期的胚胎完全是由胚胎干细胞构成的。这些细胞直至胚胎形成 8 个细胞的阶段仍然是未分化的。这些细胞中的所有基因开关都是闭合的。随着胚胎的发育，细胞开始分化，一些细胞中的基因开关断开。

在人类胚胎形成 8 个细胞前，每个细胞都能发育成任意种细胞，甚至整个器官。

未分化细胞

染色体中所有基因的开关都处于闭合状态。

毛发细胞

唾腺细胞

分化细胞中一些基因的开关断开。

图例

 基因开关闭合　 基因开关断开

一些种类的蛋白质在各种细胞中都含有，例如与呼吸作用相关的酶。所有细胞都要呼吸，因此在所有细胞中这一基因开关都是闭合的。

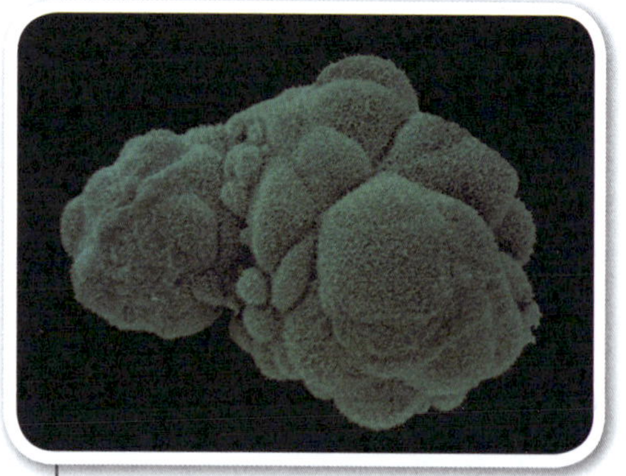

发育到 6 天的胚胎约有 50 个细胞，它们已经分化并将形成各种组织。这些不同的细胞不再能发育成整个器官。

在成人身体的一些部位仍含有通常能置换死亡或损伤细胞的干细胞。它们是仅能发育成特定器官的细胞。因此，它们的一些基因开关必须断开。

正确的细胞，正确的位置

比较一下我们右手和左手上的同一位置的手指，它们看起来彼此成镜像对应。在我们长大过程中，细胞的位置和类型必须受到控制，故每个组织和器官都必须在正确的位置上发育。

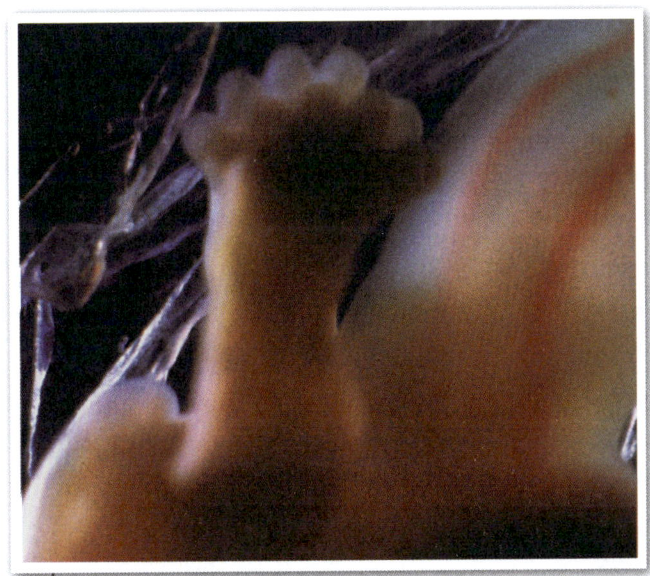

靠近肢体末端的细胞将发育成手指，而靠近身体的细胞则发育成手臂。这是因为胚胎的不同部位发出不同浓度的化学信号物质而导致的。

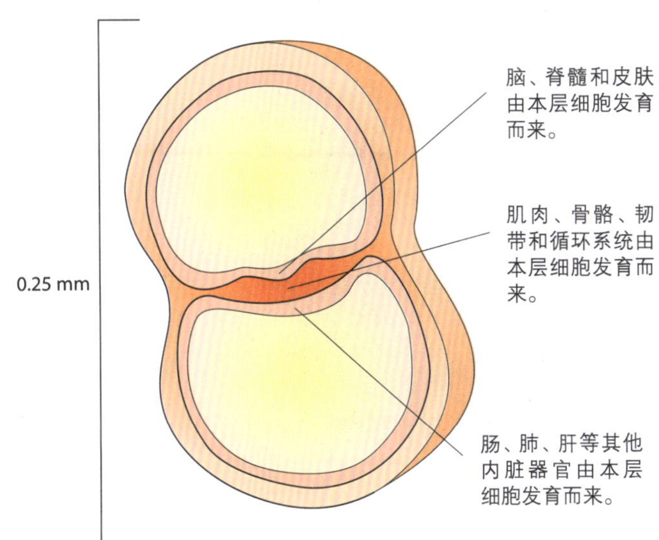

图中显示的是 14 天人类胚胎的分化部分。由此可以看到胚胎中的哪些细胞能进一步发育成组织和器官。

问题

6. 推测一种除呼吸外，所有细胞都可实施的功能。
7. 在 8 个细胞阶段的任何胚胎，有多少基因开关是闭合的？
8. 什么证据能显示在 50—100 个细胞阶段，一些基因开关是断开的？

干细胞

通过探究发现

- 在科学研究中用干细胞治疗多种疾病

人们对干细胞的研究仍在进行之中。这是因为很多科学家看到利用它解决下列问题的可能性：

- 治疗某些疾病
- 修复损伤的组织

假如科学家能够生产	则可将其用于治疗
神经细胞	帕金森综合征和脊髓损伤
心肌细胞	心脏病
胰岛素分泌细胞	糖尿病
皮肤细胞	烧伤和溃疡
视网膜细胞	某些种类的失明

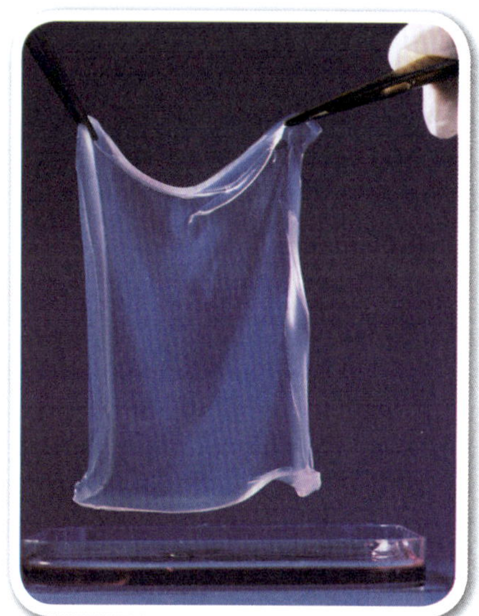

科学家利用皮肤干细胞，在无菌条件下培养出了皮肤。医生可将其用于皮肤移植。

关键是要找出合适的干细胞并利用它们培养足够的细胞。干细胞可从早期的胚胎、脐带血和成人体中获得。胚胎干细胞的应用最广泛，因为它们尚未分化。在胚胎的 8 个细胞的阶段，所有的基因开关都是闭合的。

这种被称为**治疗性克隆**（therapeutic cloning）的新技术尚有很多问题需要解决。例如，由于取自胚胎干细胞的组织与接受移植的人的基因不相同，当人的身体识别到这种细胞并非来自自身时，便会对这一移植组织产生排异作用。

从自身细胞中克隆

另一种可能的方法是将受精卵的细胞核移除，用病人细胞中的细胞核取而代之，然后进行培养。这样产生的胚胎的基因将和病人的一致，胚胎干细胞也就和病人相匹配了。

关键词

- 治疗性克隆

治疗性克隆。

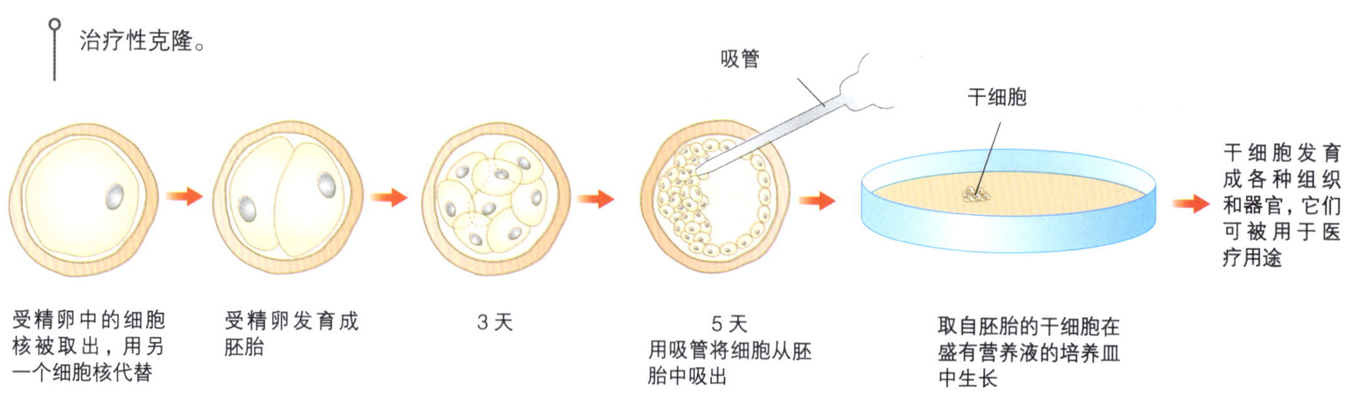

使用成人干细胞

一种避免使用胚胎的方法就是使用成人身体中的干细胞。取自成人捐赠者骨髓的干细胞通常被用于治疗白血病（血癌）。移植的干细胞在接受者自己的骨髓中重造健康的造血细胞。

从刚出生婴儿的胎盘中，可以获取大量更有用的“成人”干细胞。一些公司甚至将人的乳牙用特殊的冰箱储存起来，利用其中的干细胞来满足以后的治疗所需。这些干细胞能够发育成多种分化细胞。

大多数成年人的干细胞只存在于少数类型的细胞中，这是因为很多基因开关都断开了。最近，科学家已经发现了使成人干细胞基因开关再次闭合的方法。这使人利用自身的干细胞替换损伤的细胞有可能成为现实。这也有可能实现无须冒着排异的危险，便能顺利地修复那些不能自愈的器官。

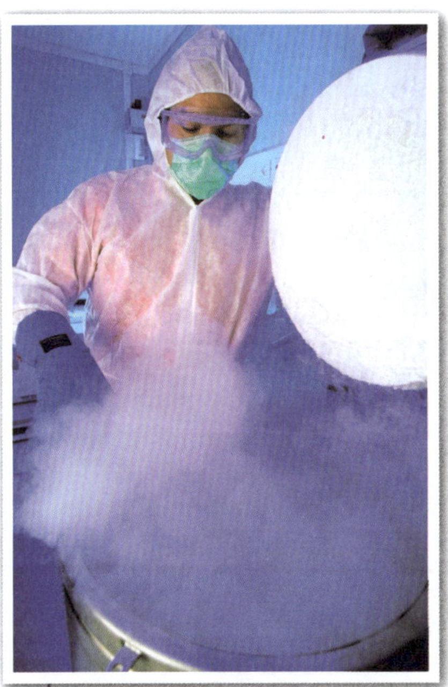

一些公司在低温条件下保存乳牙。其中的干细胞可能用于多年后的治疗。

一些成功的例子

国家监管机构尚没有批准大规模使用这种治疗方法，但相关的实验一直在进行之中。医生需要保证当细胞被用于人体后，产生积极的功效。

克劳蒂亚·卡斯蒂略的肺损坏严重，接受了更换气管手术，而这个新气管是用她自己的干细胞产生的软骨制造的。

- 把捐赠的气管用酶处理，以去除全部细胞。
- 从病人骨髓中获取大量干细胞。
- 在实验室中，干细胞被培育成软骨细胞。
- 把结缔组织“脚手架”用细胞所覆盖。
- 外科手术植入新气管。
- 病人康复，且没有排异反应。

这位病人接受了气管移植手术。其中的软骨组织是利用她自己的干细胞制成的。

问题

1. 为什么用胚胎干细胞进行治疗性克隆是有争议的？
2. 试描述用取自捐赠者的干细胞治疗白血病的方式。
3. 说出两种成人干细胞的潜在来源。
4. 利用取自自身的干细胞治疗疾病有什么好处？
5. 在英国，独立的监管机构对用配子和胚胎治疗和研究生育疾病方面进行着监督。为什么监管机构要独立于政府和从事研究的科学家？

科学解释

遗传技术处于现代科学的前沿。对细胞制造的蛋白质、干细胞技术和细胞调控的研究是这一领域的关键。人们普遍认为这一领域能为现在和将来的人类带来极大的福音。

应该知道:

- 在多细胞生物体内，细胞往往各司其职，即是分化的。
- 直至形成 8 个细胞前，人类胚胎中的所有细胞都是完全一样的（胚胎干细胞），都能产生任何类型的人类细胞。
- 一些细胞（成人干细胞）保持未分化，以及后来发生分化的原因。
- 在植物中，只有特定部位的细胞通过分裂成为分生组织细胞。它们能发育成任意类型的植物细胞，并能被用于产生克隆体。
- 未分化植物细胞所能变成的组织。
- 植物生长素使剪枝发育出根并长成完整的植物，这也是亲本的克隆体。
- 环境对植物的生长和发育起到的巨大影响（例如植物的向光性等）及其原因。
- 遗传信息在细胞中的储存方式。
- 细胞有丝分裂产生了两个细胞，它们彼此间以及和亲本间都完全相同。
- 细胞周期（从生长到有丝分裂）的主要过程。
- 特殊的细胞通过减数分裂产生配子。
- 制造蛋白质的指令来自细胞核中基因的信息，但蛋白质是在细胞质中产生的。
- 4 种不同的碱基构成了双链 DNA 分子，且它们总是以相同的方式配对：A 和 T 配对；C 和 G 配对。
- 基因中碱基的排列次序决定着产生的蛋白质的氨基酸序列。
- 组织的细胞中含有相同基因，但只生产自己所需的特定蛋白质的原因是：对不需要的蛋白质，基因开关是断开的。
- 在胚胎干细胞发育出任何分化细胞的过程中，其基因开关是闭合的。
- 成人干细胞和胚胎干细胞具有潜在应用价值。

生长和发育
生长
多细胞
分化
植物
动物
向光性
生长素
木质部
韧皮部
干细胞
胚胎
成人
分生组织
克隆
决定
伦理
DNA
遗传密码
A
T
C
G
碱基
基因
开关闭合
开关断开
发育的科学解释
细胞分裂
有丝分裂
细胞周期
细胞器
染色体复制
减数分裂
配子
雌性的一半染色体
雄性的一半染色体
受精卵

科学观点

通过对生物的生长和发育知识的学习，我们应更能了解科学家对他们的观测和测量结果所做出的解释。

- 沃森和克里克于 1953 年发现了 DNA 的结构。他们综合了之前 50 年的科学研究结果，提出了与这些结果相符的模型，即 DNA 的双螺旋结构模型。

我们应能区分数据和解释数据的方法，也要能分析数据和解释是否相吻合，更要知道做出这种解释是需要创造性思维的。

- 沃森和克里克提出的 DNA 双螺旋结构模型解释了到当时为止所存在的一个谜，也使他们预测出 DNA 复制自身的可能方式。

进行科学解释时允许推测。如果这种推测被证明是正确的，它又增强了解释的可信度。而当它被证明是错误的时，则无论是推测还是解释都可能是错误的。

利用干细胞存在着伦理学上的问题。

- 用干细胞治疗疾病或修复损伤组织的潜能是巨大的。一些干细胞取自人类的胚胎。如果这些干细胞和接受移植者的基因间存在差异的话，则会产生排异作用。在这一方面有一些关于利用干细胞的伦理争议。
- 解决的方法之一是用接受移植者的细胞核置换受精卵中的细胞核。这样，受精卵发育成的胚胎将是这个人的克隆体。取自克隆胚胎的干细胞被用于医疗时不必再担心排异作用。有人认为，用这种方式制造人的克隆体是错误的。科学家正在研究将基因开关还原到能制造任意类型组织细胞的状态。
- 所有这些都是政府要规范的主题。

有时很难在正确和错误间做出抉择。有人认为，能够使绝大多数人获取最佳效果的做法就是正确的决定。

也有人认为，一定行为的正确与否与结果无关。我们必须明确基于这两种不同观点的争论。

复习问题

1 这一问题是关于基因的。

a. 基因的作用是什么？

i 储存葡萄糖
ii 描述制造蛋白质的方法
iii 通过呼吸作用释放能量
iv 在细胞间传输物质

b. 用下表中给出的词语完成下列句子：

基因是 ______________ 的一部分。

……构成染色体的长DNA分子链
……构成染色体的短DNA分子链
……构成DNA分子的短染色体链
……构成DNA分子的长染色体链

2 细胞的生长和发育是受它的 DNA 所控制的。

DNA 的特征是什么？

完成下表中的句子。

DNA的特征	答案
链数	
碱基数	
链间碱基分布	单个 成对 三个一组 四个一组
分子的形状	

3 减数分裂形成配子。

以下列四人为例说明减数分裂和受精之间的联系。

哪两人的观点结合起来能给出减数分裂和受精间联系的最佳解释？

4 胚胎中的细胞发生了分化。这种变化的结果会是什么？

试确定下列说法正确与否。

细胞中不再含有相同的基因。

一些基因不再能够表达。

每个细胞仅制造自己需要的特定蛋白质。

细胞形成了各种组织。

5 基因中碱基的排列顺序是使氨基酸按正确顺序排列以制造特定蛋白质的密码。

试说明这种密码的作用。

C5 大自然中的化学物质

为什么要研究大自然中的化学物质?

地球上的自然条件非常奇妙：温度恰好能使大部分的水呈液态；大气圈有足够的氧气供生物呼吸，但又不会让物品都燃烧起来；连岩石都提供了众多能保障我们日常生活的化学物质。

已经知道的知识：

- 大气圈如同一层包裹地球的毯子，护佑着地球上的生灵。
- 分子中原子间的键非常强，但分子之间的力却较弱。
- 原子由一个位于中心的原子核及围绕原子核的电子组成。
- 离子化合物具有晶格结构。
- 熔融的离子化合物或其溶液能够导电，因为此时离子可以自由移动。
- 在化学反应过程中，原子及其质量都是守恒的。
- 电解是一类以通电为条件的化学变化。
- 制造、使用和处理化学制品都会对环境造成影响。

要发现什么?

- 地球上的化学物质
- 结构和成键理论
- 水质分析实验
- 用于从矿石中提炼金属的方法
- 化学量的计算方法

科学的应用

结构和化学键理论说明了原子是如何排列和结合成地球上的所有物质的。其中3种较强的化学键是形成各种物质、材料的基础。另一种是较弱的吸引力，它也足以使分子相互作用形成液体和固体。

科学观点

金属的性质使它们在我们的生活中起到了非常重要的作用。但探矿、采矿和金属提炼的过程都可能会对环境造成严重的破坏。化学家利用掌握的化学知识，对既能保护环境，又可以持续发展的利用自然资源的方法进行研究。

A 地球上的化学物质

通过探究发现

- 天然元素和化合物
- 元素的丰度
- 不同地球圈层间元素和化合物的循环

研究地球的人往往会考虑如下图所示的地球结构。它从中心的地核开始，再到地幔，再到地壳。

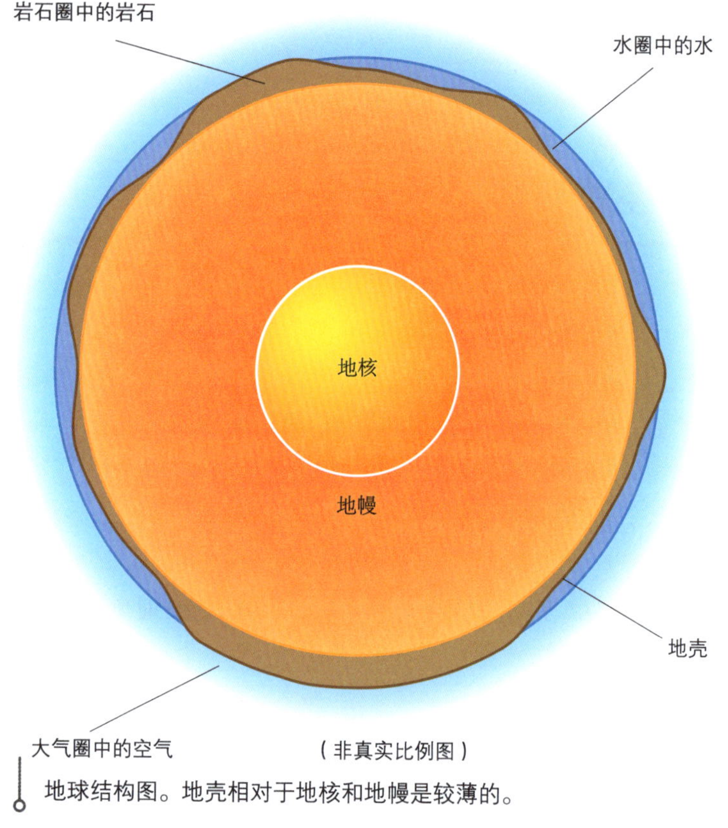

地球结构图。地壳相对于地核和地幔是较薄的。

关键词

- 岩石圈
- 地幔
- 地壳
- 水圈
- 大气圈

本章我们将讨论地球表面的构成：岩石圈、水圈和大气圈，以及其中蕴含的自然资源。

岩石圈（lithosphere）被分成巨大的板块，像拼图片一样环绕地球拼成表面。它们位于**地幔**（mantle）的上部，每年都要漂移很小的距离。地幔上部的**地壳**（crust）主要是由岩石圈构成的。岩石圈的厚度约为 100 km。

海洋和河流构成了**水圈**（hydrosphere）。它虽然没能覆盖整个地球表面，但仅海洋就覆盖了地球三分之二的表面，也算几乎形成了一个完整的“圈”了。

最后，像松软的羽绒被那样包裹地球，并使其温度适宜的空气层被称为**大气圈**（atmosphere）。

地球上的元素

地球是由非常多的化学物质构成的。大气圈含有两种主要的单质气体：氮气和氧气。水圈几乎全部是由一种化合物——水构成的。

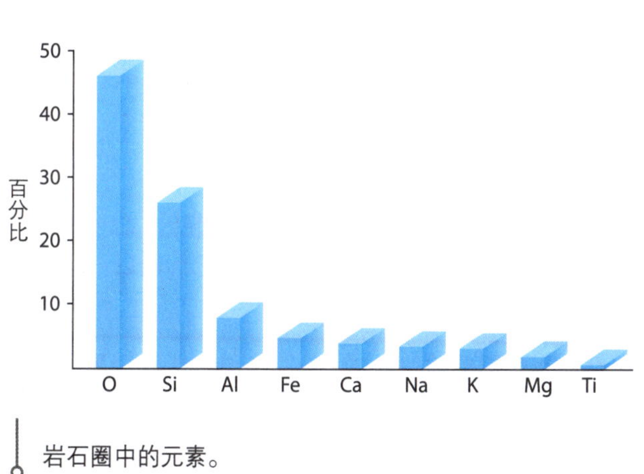

岩石圈中的元素。

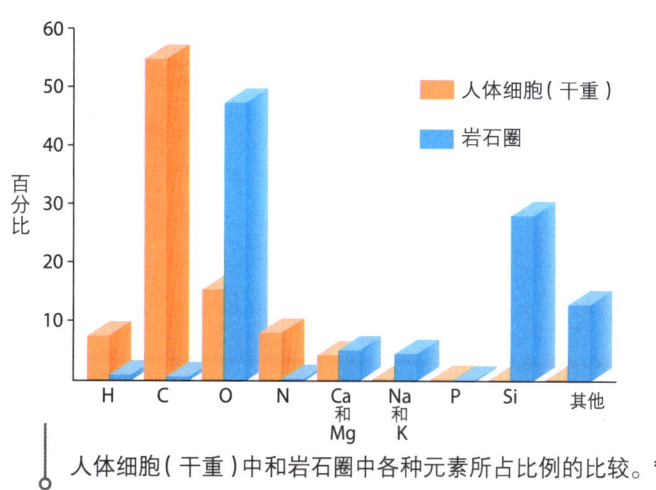

人体细胞（干重）中和岩石圈中各种元素所占比例的比较。*

岩石圈中岩石的主要成分是硅酸盐，它是由硅与氧及非常少量的其他元素结合的产物。

在3个圈层中，各种元素以不同的化学形态存在着。在岩石圈中，碳与氢结合形成了石油中的碳氢化合物。碳同样也存在于粉笔和石灰石的主要成分碳酸钙中。对生命来讲，碳是充满活力的元素，组成生物体的大多数化学物质都是碳和氢、氧以及少量其他元素的化合物。

在圈层之间流动

化学物质并非是在一处不动的，而是不停地在各层间运动着的。以碳原子为例，它可以先从大气圈中被植物所吸收，或被溶于水圈中的水中，最后在岩石圈中形成了沉积物。

水自由地在各圈层间流动。水最显而易见的存在是在水圈中。但想一想大气圈中的云，然后它形成了雨并渗入岩石圈中，再以泉水的形式出现，流入河流和海洋。

问题

1. 观察本页的柱形图。
   a. 在人体细胞（干重）中，含量最高的3种元素是什么？
   b. 岩石圈中含量最高的3种元素是什么？

   对你的答案进行评论。
2. 有说法认为："生物在大气圈、水圈和岩石圈中生活。"试给出这一说法的几个例子。
3. 列表给出4种取自岩石圈，但在我们日常生活中使用的不同物品的例子。

* 原版教材中本图数据有误，翻译时已作修改。

B 大气圈中的化学物质

通过探究发现

- 空气中的气体
- 分子间的弱相互吸引力
- 共价键

地球的大小正好适合以它的重力来维持住大气层。地球到太阳的距离也恰正好，让地球上有合适的温度使水处于液态。这些水和大气圈中的二氧化碳、氧气一起，支持各种植物和动物的生存。

大气圈中主要气体的体积百分含量约为：N_2 占 78%，O_2 占 21%，Ar 占 1%，CO_2 占 0.04%。大气圈中还含有水蒸气和极少量的其他气体。

直到 1890 年，在氧气被发现的 100 多年后，人们才发现空气中存在着氩（Ar）。氩是一种稀有气体，但它并不稀少。你每次呼吸时，都将约 5 cm^3 的氩气吸进肺中。

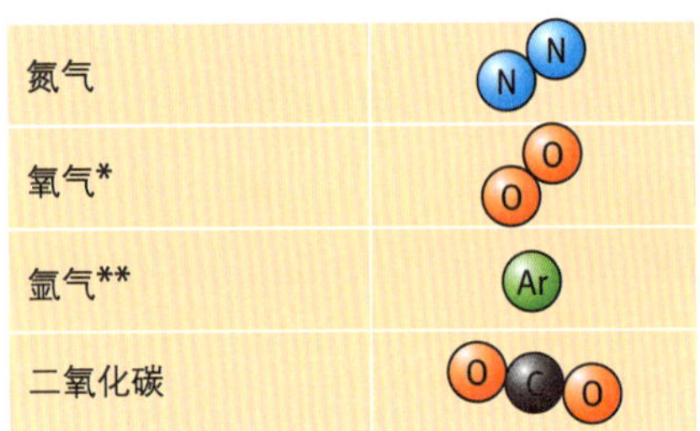

大气圈中的主要气体。

* 氧通常以 O_2 的形式出现，也可以 O_3 的形式出现。

** 氩气是一种稀有气体。所有的稀有气体都是单原子的，故氩气被写成 Ar。

地球表面大气的平均温度约为 15℃。在离地面 80 km 的高处，温度最低可至 –90℃。大气圈中的化学物质的熔点和沸点都非常低，使它们能以气态存在于大气之中。

大气圈中的所有物质都是非金属单质（如 O_2，N_2，Ar 等）或非金属元素的化合物（如 CO_2 等）。

空气中的原子和分子

空气中的大多数化学物质是由**小分子**（small molecule）构成的。其中只有稀有气体是单原子分子。

所有分子都具有微弱的相互吸引的趋势。例如，一个 O_2 分子和另一个 O_2 分子间存在着**吸引力**（attractive force），但这种力很微弱。这也就是大气圈中的化学物质的熔点和沸点都比较低的原因。

对这种原因的一种解释是：分子的运动非常快，以至于当两个 O_2 分子相遇时，它们之间的力没有强到将它们束缚到一起的程度。

关键词

- 小分子
- 吸引力
- 分子模型
- 静电吸引力
- 共价键

分子中的化学键

将原子束缚到一起而形成分子的力是很强的，其大小是分子间吸引力的很多倍。所以，除非在极高的温度下，否则诸如 O_2 和 H_2 那样的小分子不会分裂成原子。

化学家常用一根直线来表示分子中原子间的一个键。例如，简单分子氢气、氧气和二氧化碳可分别用分子式表示为 H_2、O_2 和 CO_2。但我们如果要显示它们中的键的话，则应描述为：

有些**分子模型**（molecular model）使用了相同的方式。用各种色彩的小球表示各种原子，而用小棒或弹簧来表示它们间的键。

电子和键

原子结构知识有助于解释分子中的键（可参考 C4 章中第 K 节：离子理论和化学结构）。当非金属原子结合形成分子时，它们用共用最外层电子的方式形成化学键。

原子核对共用电子对的吸引力将原子强有力地束缚在一起。

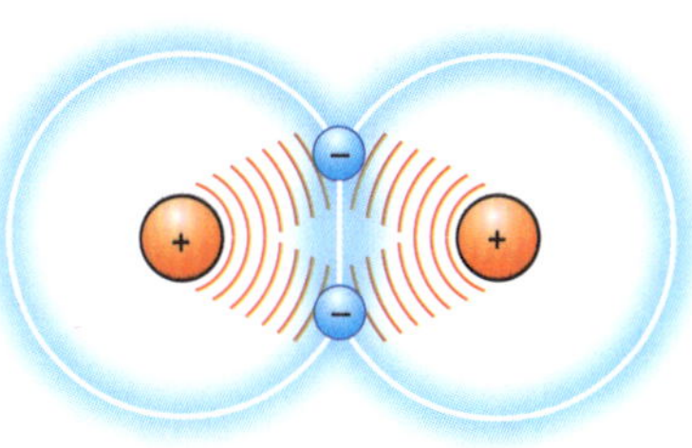

因为两个同带正电荷的原子核间存在着排斥力，故两个原子也不能靠得过近。

两个氢原子间形成的共价键。

氢气分子通过两个氢原子核与共用电子对间的**静电吸引力**（electrostatic attraction）结合到一起，故这是一根单键。

这种强键被称为**共价键**（covalent bonding）。“共”表示“一起”和“强”，意即通过共用电子而得到加强。

一种元素的原子能够形成的键的数量取决于其原子最外层的电子数。右表给出了一些非金属元素的原子能形成的共价键的数量。

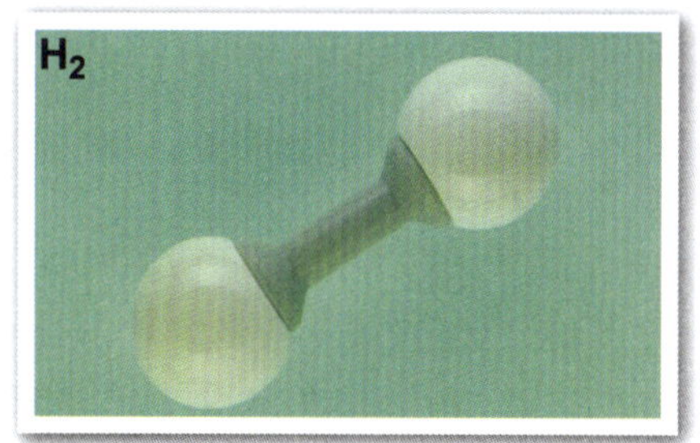

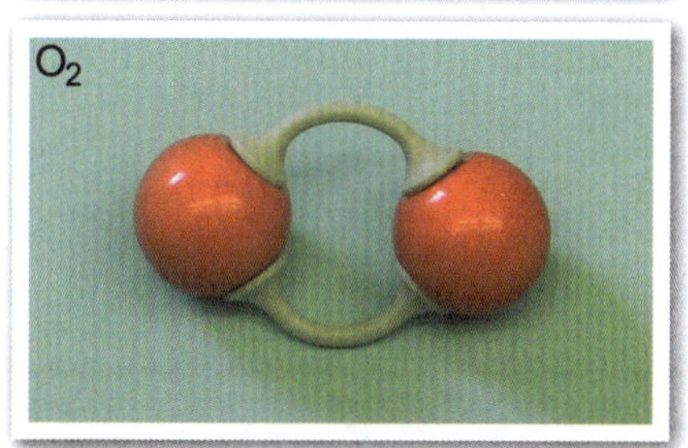

关于 H_2、O_2、H_2O 和 CO_2 的球棒模型。注意分子具有固定的形状。分子中的键间具有固定的角度。

原子	通常能形成的共价键数
H，氢	1
Cl，氯	1
O，氧	2
N，氮	3
C，碳	4
Si，硅	4

问题

1. 作图表示下列分子中的共价键：
   a. 氯化氢，HCl　　b. 氨，NH_3
   c. 甲烷，CH_4　　d. 乙烯，C_2H_4
2. 试估计你所在的房间中氩的体积。

C 水圈中的化学物质

通过探究发现

- 水的非凡性质
- 水分子中和水分子间的键
- 溶液中的离子

在地球上，大部分水是以液态形式存在的，如海洋和云等。也有如冰等的固态和如水蒸气等的气态。

关键词

- 盐
- 溶解

水的性质

我们看到如此多的水，故对水的性质进行研究也是理所当然的了。

水的特性之一是它在室温下呈液态。水分子的质量比氧气、氮气和二氧化碳的都小，而这些物质在室温下却都呈气态。我们可能会据此推测水在室温下也呈气态。但水的熔点是0℃，沸点是100℃。因此，水分子一定具有比氧气等分子更容易相互吸引的趋势。

当水从室温开始冷却时，会发生奇怪的事。在冷却至4℃的过程中，它正如所推测的那样体积减小。然而，继续冷却至0℃时，它又膨胀了。这意味着冰的密度比它周围的水的密度小，故它能浮在水面上。这在自然界中是十分重要的。这意味着冰不会沉到春天温暖的阳光照不到的湖底。

水是**盐**（salt）的良好溶剂，这是水的另一个特性。大多数溶剂都不能**溶解**（dissolve）离子化合物，但水能。

纯水不能导电，这一点与其他由小分子构成的液体相似。这也表明在其中不存在可以自由移动的电荷。虽然纯水不能导电，你也不能用湿手去接触电器。这是因为你手上的水不是纯水，它是能导电的，湿手触摸电器会增大人体遭受电击的危险。

水分子

水分子结构的知识有助于说明它的显著性质。1个水分子中的3个原子不是排列成直线的，而成一定的角度。

水分子中，原子间的共价键中的共享电子并不是平均分配的。氧原子占有比例超过了平均份额，而且在它的最外层有4个不共用的电子。这两个原因使得每个水分子的氧原子一侧略显负电性，而在氢原子侧略显正电性。总体上每个水分子仍是显电中性的。

水分子微小的带正负极的结构使水分子彼此间显现出稍强的吸引力，这也有助于用将离子从晶体中吸引下来的方式达到溶解离子化合物的效果。

水分子间的吸引力及其呈V形的分子形状表明，它们在冰中的排列呈开放型的结构，其结果是冰的密度比水的密度小。

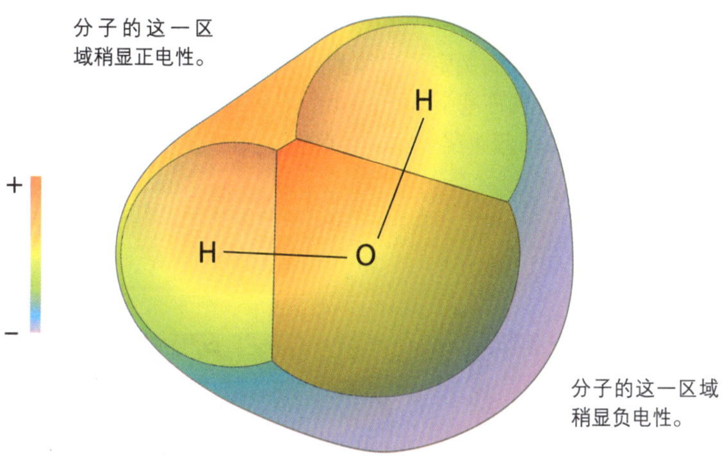

水分子模型显示氧较多地分享了每一个键中的电子对。

水分子

离子溶于水后，能够自由地在水中运动。海水中存在阳离子和阴离子的混合物。

海水中为什么含有盐？

下图显示了在水循环过程中可溶的化学物质进入海洋的过程。

被河水带入海洋的主要可溶性化学物质是氯化钠。我们感觉不到河水咸，是因为河水中盐的浓度太低了。而海洋中的盐经过数亿万年的积累，浓度是较高的，故很咸。

其他能溶解的化学物质有氯化钾、溴化钾、氯化镁、硫酸镁和硫酸钠等。1升普通的海水中，约含有 40 g 从岩石上溶解下来的化学物质。大多数溶解在海水中的化合物都是由带正电的金属离子和带负电的非金属离子构成的，即它们都是盐。

岩石缓慢地被风化，使水能流过暴露出来的岩石内部。可溶性的化学物质被水溶解并被水冲走。

问题

1. 与其他小分子物质相比，水具有不同寻常的高沸点。水还有什么不同寻常的性质？
2. 利用 C4 章第 K 节中显示离子电荷数的元素周期表，写出下列盐的分子式。硫酸根离子是 SO_4^{2-}。
   a. 溴化钾
   b. 氯化镁
   c. 硫酸镁
   d. 硫酸钠
3. 如果冰的密度大于水的密度，则地球上的生物将可能会受到何种影响？

D 检测盐中的离子

通过探究发现
- 离子的性质
- 沉淀反应
- 离子方程式
- 检测离子

为什么要检测水？

政府为保证生活用水的质量而制定了法律和法规，并严控工矿企业向河流中排放有害的化学物质。环境教育基金会对全世界包括海水质量在内的各项指标均符合达标标准的海滩，授予蓝旗奖励。我们都应该关心地球水圈的状况。

家庭中的生活用水。

海滩。

工厂向河流中排放废液。

可溶性

简单的测试就可以使我们了解水样本中的离子情况。这些测试依赖于溶解了的盐中各种离子的特殊而明显的性质。氯化钠具有一系列独特的性质，如溶解度和熔点。但它的有些性质是所有含有钠离子的盐所共有的，还有一些是所有含有氯离子的盐所共有的。

关键词
- 沉淀物
- 离子方程式

在水中的可溶性是离子化合物的一种重要性质。在很大的温度范围内，氯化钠在水中都能很好地溶解，故其溶液中 Na^+ 和 Cl^- 均可达到很高的浓度。然而碳酸钙的可溶性却非常低，故其溶液中 Ca^{2+} 和 CO_3^{2-} 的浓度均较低。

如果我们要将高浓度的 Ca^{2+} 和 CO_3^{2-} 混合在一起，则需要两种溶液：一种是溶解了大量可溶性的钙盐的溶液，另一种是溶解了大量可溶性的碳酸盐的溶液。硝酸钙和碳酸钠就是符合这种要求的两种盐。将这两种溶液混合起来，大量的 Ca^{2+} 和 CO_3^{2-} 相遇，很快就结合为成团的固态晶体，沉到溶液底部成为白色固态**沉淀物**（precipitate）。这是溶解的反过程。其他两种离子，即钠离子和硝酸根离子，则仍存留在溶液中，因为硝酸钠是可溶性盐。

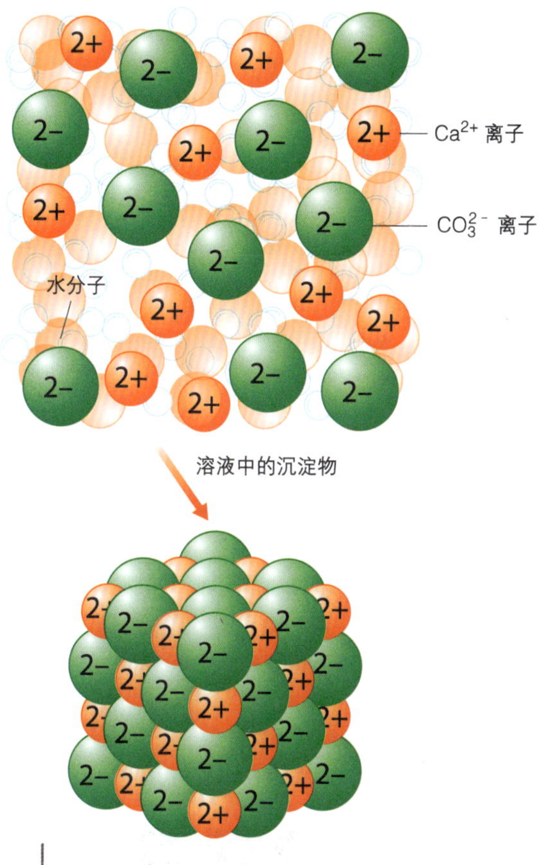

不溶性盐的离子结合成固态沉淀物。

离子方程式

当硝酸钙溶液和碳酸钠溶液混合时，4 种离子中只有两种结合产生了沉淀物。化学家用**离子方程式**（ionic equation）来综合此类反应。离子方程式使我们能专门研究反应中所包含的离子。对形成碳酸钙沉淀的过程：

$$Ca^{2+}(aq) + CO_3^{2-}(aq) \rightarrow CaCO_3(s)$$

将状态符号写在方程式中是很重要的。

为正确写出离子方程式，要遵循下列步骤：

1. 在离子方程式的右侧写出正确的沉淀物分子式，并注明状态符号 (s)。

2. 在离子方程式的左侧分别写出构成沉淀物的离子，并注明所带的电荷和状态符号 (aq)。

3. 如果需要，在离子方程式左侧各离子之前加系数，以表明结合的离子数比例。这可由沉淀物的化学式得出。

贝类利用碳酸钙形成了保护性甲壳。在海洋的上层海水中，有足够多的 Ca^{2+} 和 CO_3^{2-} 以形成不溶于水的碳酸钙。当这些贝类死亡后，贝壳就在海底沉积形成石灰岩。

问题

1. 如果将碳酸钾和硝酸钙溶液混合后，将会发生什么情况？
2. 将硝酸镁和碳酸钠溶液混合后，将产生碳酸镁的沉淀物。写出显示这一过程的离子方程式。

盐或氢氧化物	可溶性
所有的硝酸盐	可溶
所有的钠盐和钾盐	可溶
氯化银	不溶
溴化银	不溶
碘化银	不溶
硫酸钡	不溶
碳酸钙	不溶
除第 1 族中金属外的其他大多数金属氢氧化物	不溶

一些盐和氢氧化物的可溶性。

沉淀物形成的时机

如果我们知道了盐的可溶性，就能预测沉淀反应发生的时机。这有助于我们检测溶液中存在的离子。

检测金属离子

向硝酸钙溶液中加入碳酸钠溶液能够观察到白色沉淀物生成。这是一种检测溶液中钙离子的方法。但溶液中可能还存在另一些也可能形成不溶物的金属离子，故这一结果并不能说明结论。

一些金属也能形成不溶于水的氢氧化物。过渡金属的离子是奇特的。因为它们色彩斑斓，故通过观察所形成的氢氧化物沉淀的颜色，即可判断原始溶液中的金属离子种类。为实施这种测试，可加入少量稀释的氢氧化钠溶液到待测溶液中。

检验 Fe^{3+} 的离子方程式为：

$$Fe^{3+}(aq) + 3OH^-(aq) \rightarrow Fe(OH)_3(s)$$

被测金属离子	沉淀物	观察到的现象
铜，$Cu^{2+}(aq)$	$Cu(OH)_2(s)$	淡蓝色（不溶于过量氢氧化钠溶液）
二价铁离子，$Fe^{2+}(aq)$	$Fe(OH)_2(s)$	绿色（不溶于过量氢氧化钠溶液）
三价铁离子，$Fe^{3+}(aq)$	$Fe(OH)_3(s)$	红棕色（不溶于过量氢氧化钠溶液）
钙，$Ca^{2+}(aq)$	$Ca(OH)_2(s)$	白色（不溶于过量氢氧化钠溶液）
锌，$Zn^{2+}(aq)$	$Zn(OH)_2(s)$	白色（溶于过量氢氧化钠溶液）

检测金属离子。

氢氧化物沉淀：$Fe(OH)_2$、$Fe(OH)_3$ 和 $Cu(OH)_2$。

在检验 Zn^{2+} 时，如果加入过量的氢氧化钠，则沉淀又溶解成为无色的溶液。表中其他的氢氧化物沉淀在这种情况下却是不溶的。

自来水公司要检测饮用水中过渡金属离子的浓度，并使其达不到有害的程度。还要使 Mg^{2+} 和 Ca^{2+} 的浓度小到不能在水管中形成水垢的程度。

检测非金属离子

一些对非金属离子的检测也要利用沉淀反应。

Cl^-、Br^-、I^- 等卤素离子与 Ag^+ 结合也能生成不溶的沉淀物，且每种沉淀物都有自己的特征颜色。

此时，对氯离子 Cl^- 有：

$$Ag^+(aq) + Cl^-(aq) \rightarrow AgCl(s)$$

硫酸根离子（SO_4^{2-}）与钡离子（Ba^{2+}）结合生成白色的沉淀，其离子方程式为：

$$Ba^{2+}(aq) + SO_4^{2-}(aq) \rightarrow BaSO_4(s)$$

AgCl(s)、AgBr(s)和AgI(s)的沉淀物。

被测离子	测试	沉淀物	沉淀物颜色
$Cl^-(aq)$	用稀硝酸酸化后，再加入硝酸银溶液	$AgCl(s)$	白色
$Br^-(aq)$	用稀硝酸酸化后，再加入硝酸银溶液	$AgBr(s)$	乳白色
$I^-(aq)$	用稀硝酸酸化后，再加入硝酸银溶液	$AgI(s)$	黄色
$SO_4^{2-}(aq)$	酸化后加入氯化钡溶液或硝酸钡溶液	$BaSO_4(s)$	白色

检测阴离子。

自来水公司控制水中的硫酸根浓度在 1 g/L 以下，如过高会导致人腹泻。

加入稀酸溶液后，碳酸根离子会生成二氧化碳气体。将冒出的气泡用澄清石灰水检验，看它是否能使澄清石灰水变浑浊。这是因为二氧化碳和氢氧化钙反应能产生乳白色的碳酸钙沉淀。

检验碳酸根离子。

问题

3. 如果将硝酸钡溶液加入酸化的硫酸钠溶液之中，将能看到什么现象？
4. 用什么检测方法能区分出氯化钠溶液和碘化钠溶液？你可能得到怎样的结果？
5. 写出下列反应的离子方程式：
   a. Cu^{2+} 与 OH^- 反应生成 $Cu(OH)_2$ 沉淀
   b. Ag^+ 与酸化的 I^- 反应生成 AgI 沉淀
   c. 硝酸钡与硫酸钾反应
6. 当溶液 X 中加入氢氧化钠溶液时产生了绿色沉淀物，而当加入酸化的硝酸钡溶液时则产生了白色沉淀物。则 X 可能是何种盐的溶液？
7. 溶液 Y 中加入氢氧化钠溶液时产生了白色沉淀物，但它能溶解于过量的氢氧化钠中。溶液 Y 被酸化并加入硝酸银溶液时，产生乳白色的沉淀物。则溶液 Y 中可能含有何种盐？

E 岩石圈中的化学物质

通过探究发现

- 地壳
- 离子键
- 巨型离子结构

花岗岩是一些矿物质的混合物，其中有：石英粒、云母及很大的粉红或白色长石晶体。

关键词

- 岩石
- 矿物质
- 矿石
- 丰富
- 离子化合物
- 离子键
- 巨型离子晶格

问题

1. 写出岩石、矿物质和岩石圈的不同点。
2. 作表比较诸如水那样的分子构成的化合物和诸如氯化钠那样的离子构成的化合物的性质。

岩石和矿物

岩石圈是由**岩石**（rock）构成的。岩石有巨大的（如山脉）、中等的（如大石块）和小的（如卵石）等。

岩石中可能含有**矿物质**（mineral），这些化学物质以元素单质或化合物的形式存在于自然界中。

石灰岩主要是由方解石构成的，其化学式为 $CaCO_3$。砂岩中的主要矿物质是石英，其化学式为 SiO_2。方解石和砂岩都是化合物。花岗岩是多种矿物质的混合物，而石英、长石、云母等都是化合物。

金可以在岩石圈中天然存在，故岩石中的金块是以元素单质的形式出现的。

金属**矿石**（ore）是一种可以较为经济地提炼出金属的岩石（详见第 G 节）。

赤铁矿（Fe_2O_3）是泛黑色或暗红色金属光泽的晶体。

方解石（$CaCO_3$）。

非金属元素氧和硅是岩石圈中最**丰富**（abundant）和常见的两种元素，由它们形成的二氧化硅和硅酸盐占了大陆地壳成分的 95%。长石是硅酸盐，也含有包括铝等在内的金属离子。铝是岩石圈中第三丰富的元素。

石英的成分是二氧化硅，是氧和硅通过共价键结合而成的物质。赤铁矿和方解石是两种典型的由离子构成的矿物质。

蒸发得到矿物

海水中含有很多溶解于其中的化学物质。当水被蒸发后，其中的**离子化合物**（ionic compound）就结晶析出。氯化钠是其中的典型例子。

这种得到矿物质的方式称为蒸发结晶。约在2亿年前的三叠纪，英格兰西北海岸因为海水的蒸发，有大量的盐沉积下来。这些盐上又覆盖了其他沉积物，现在仍在英格兰柴郡的地下。古罗马时期前，人们就已经用这种方法提炼盐并进行贸易了。

美国西部的大盆地是非常干热的地区。盐水在此很快地蒸发，留下一片由盐构成的大地。

盐的结构和性质

氯化钠晶体是立方体，它是由钠离子和氯离子构成的。

在每一个氯化钠晶体中，离子的排列都是相同的，且所有的晶体都是立方体。

随着氯化钠晶体的形成，无数的钠离子和氯离子结合到一起，离子通过异性电荷的相互吸引，形成了能紧密结合到一起的**离子键**（ionic bonding），而这种结构被称为**巨型离子晶格**（giant ionic lattice）。它不像水那样是由单个的水分子构成的化合物，氯化钠晶体中并不存在单个的氯化钠分子。

因为存在非常强的吸引力，故要打破这种有规律的离子分布，则需要很多的能量。所以氯化钠要被加热到801℃才能熔化，到1413℃才能沸腾。将这与冰的熔点0℃和沸点100℃相比较可知，只需要很小的能量即可克服水分子间这种较弱的吸引力。

钠离子和氯离子都带有电荷。然而，固体的离子化合物不能导电，这是因为其中的离子不能自由移动。但当离子化合物熔化或溶解于水后，它就能导电了。这是因为其中的离子已分离开并能自由移动了。

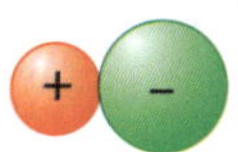

1 Na^+ 吸引紧挨着的 Cl^-，Cl^- 也吸引紧挨着的 Na^+。

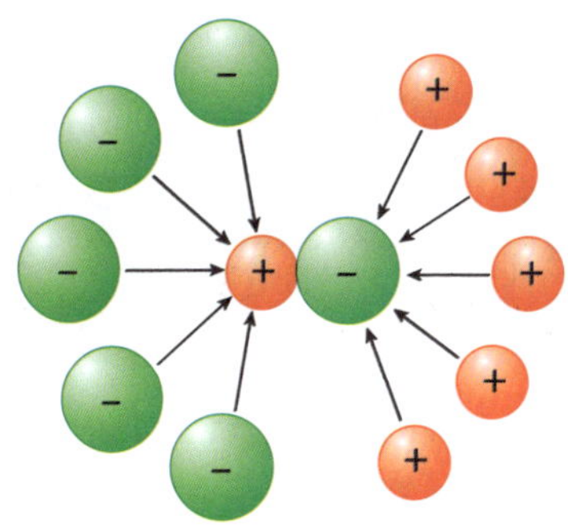

2 另5个 Cl^- 以同样的方式包围 Na^+，总共6个 Cl^-；另5个 Na^+ 以同样的方式包围 Cl^-，总共6个离子 Na^+。

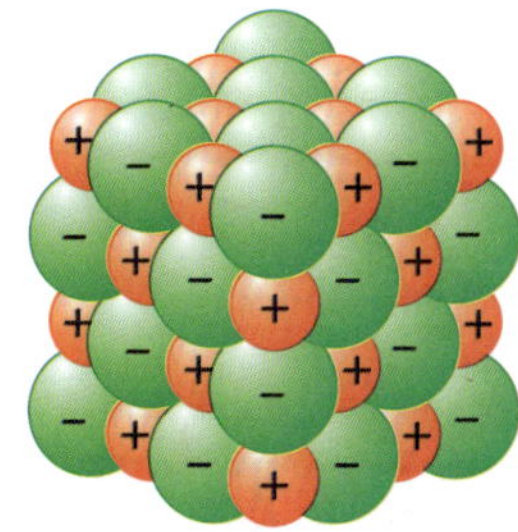

3 每个离子都吸引其他的带相反电荷的离子。这一过程将持续下去，无数的带相反电荷的离子紧密地结合在一起。

氯化钠晶体形成的过程。

F 有硬有软的碳的矿物

通过探究发现

- 金刚石、石墨和石英
- 巨型共价键结构

金刚石和石墨——"性格"不同的双胞胎

如果用高温加热**金刚石**(diamond),它最终会燃烧生成二氧化碳。**石墨**(graphite)也同样。这是因为这两种矿物都是纯粹由碳构成的。它们都能燃烧,但在其他很多方面却是不同的。那么碳原子在金刚石和石墨中是以怎样不同的排列和结合方式而造成了如此大的差异呢?这可以很容易地描绘出来。金刚石和石墨是固体的性质取决于其结构和化学键的典型例子。

地质学家认为,金刚石是在约 30 亿年前地球地幔中的高温高压下形成的。由火山喷发将它们带到地面上来。石墨一直存在于地壳中。在那里,生物遗骸的化石被挤进变形的岩石中。两种不同的条件产生了两种性质截然不同的矿物。

金刚石是透明的,精工切割后能反射出美丽的光芒。

金刚石和石墨的比较

性质	钻石	石墨
硬度(1 最软,10 最硬)	10	1—2
熔点(℃)	3560	3650
沸点(℃)	4830	4830
在水中的溶解性	不溶	不溶
导电性	低	高

金刚石和石墨的一些性质。

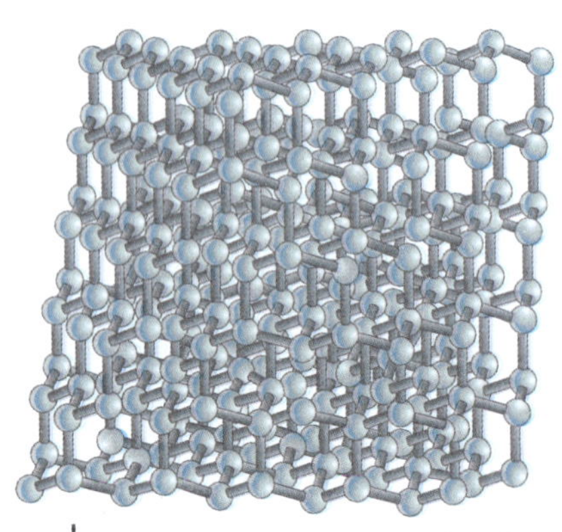

金刚石原子结构模型。结构中的每个碳原子都通过共价键与其他四个碳原子结合,形成巨大的三维分布的结构。

金刚石和石墨中的碳原子

在金刚石中,每个碳原子通过共价键与最邻近的 4 个碳原子结合起来,其围绕着的 4 个键在三维空间中均匀分布,形成了金字塔(4 面体)的形状。这种分布被称为**巨型共价键结构**(giant covalent structure)。这种结构周而复始地将钻石内部的所有碳原子联结起来。

石墨也具有巨型共价键结构。但它的 3 个键是在二维空间中均匀分布的,以 6 边形的结构将大量的碳原子联结起来,每个碳原子都有一个最外层电子没有形成共价键。这些电子在原子层间自由地漂移。这种作用可将各层原子结合起来,但这种作用力很微弱。

不同的结构，不同的性质，不同的用途

金刚石和石墨都具有高熔点和高沸点。这是因为要熔化它们需要破坏掉很多强劲的共价键；它们也都是不溶于水的，这也是因为共价键的存在。它们不像离子化合物，不是由离子间的相互吸引结合的。离子化合物溶于水是因为离子会被水分子所吸引。

碳原子受到大量很强的共价键形成的三维空间网状结构的束缚，使得金刚石成为已知最硬的物质。很多开矿用的钻头的尖头部就是用金刚石制成的。

在石墨中，层与层间微弱的吸引力使它们可以相对滑动。也正是这种滑动使它可用作润滑剂。电子在层间的移动将电荷带着一起移动，使得石墨又具有了导电性。这对巨型共价键结构来讲是非同寻常的。作为对比，钻石中没有可以自由移动的带电粒子，故它是绝缘体。

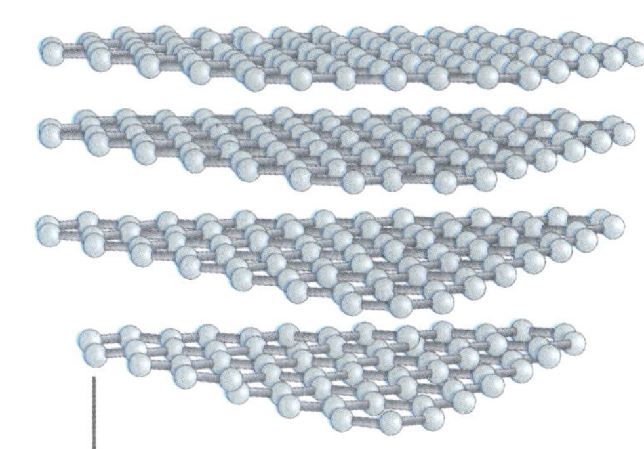
石墨结构模型。结构中的每个碳原子通过共价键和其他 3 个原子结合，形成了扁平的 6 面体。各层间的吸引力是很弱的。

石英——一种类金刚石矿物质

构成砂石的主要物质是矿物质石英。石英是二氧化硅（SiO_2）常见的一种晶体形式。它有着和金刚石相同的巨型共价键结构。硅原子和氧原子间的很强的共价键使石英成为一种坚硬的矿物质。也正是因为坚硬，它常被用作砂纸类工具上的研磨料。砂石是传统的建筑材料，不溶于水的石英使它在任何季节都保持良好的性质。

钻头的金刚石尖。金刚石极坚硬，使其能切割任何其他物质。

纯净的石英晶体透明且坚硬。

铅笔芯实质上是用石墨和黏土制成的。随着铅笔在纸上划过，石墨层留在纸上成为印迹。

问题

1. 利用 C4 章第 J 节中的知识，作表比较巨型离子物质和巨型共价物质的性质，其中包括熔点和沸点、可溶性和导电性等。
2. 试说明石墨很软而金刚石极为坚硬的原因。

关键词

- 金刚石
- 石墨
- 巨型共价键结构

G 来自岩石圈的金属

通过探究发现

- 金属矿石
- 提炼金属
- 化学量
- 电解

金属矿石

社会财富的多少常取决于提炼和使用金属的能力。但大量开采矿石可能会对环境造成较大的破坏。

几乎所有金属都来自岩石圈。但大多数金属都因过于活泼而不能单独存在，而是与其他元素结合生成了化合物。和其他在岩石圈中发现的化合物一样，它们都被称为矿物质。

含有有用矿物质的岩石被称为矿石。有价值的矿物质通常是金属的**氧化物**（oxide）或硫化物。

金属	矿石名称	存在形式
铝	铝土矿	氧化铝，Al_2O_3
铜	黄铜矿	铜铁硫化物，$CuFeS_2$
金	金	金，Au
铁	赤铁矿	氧化铁，Fe_2O_3
钠	岩盐	氯化钠，NaCl

金是如此的不活泼，以至于它不和岩石圈中的其他元素结合。其他大多数金属矿石都是化合物。

因为不和其他元素化合，金在自然界中以单质的形态存在，人们在 5000 多年前就开始使用它。而像铁那样的**活泼金属**（reactive metal），只有在人们发明**提炼**（extracting）方法之后，才被大规模使用。提炼方法包括**还原**（reduction）反应，这是将金属从与其他元素结合的状态分离出来的方法。

开矿过程

经过千百万年的沉积，丰富的矿石在地壳的某一部分积累起来。但即使最富集的矿床也不可能是纯矿石，有价值的矿石是和大量无用的杂质和岩石混合在一起的。因此要先尽可能地将它们分离开来。这一过程称为选矿。

一些矿石在刚开采出来时，其中有用物质的含量是非常高的。如铁矿石中纯 Fe_2O_3 的含量可达 85%。但其他矿石则可能低得多，如铜矿石中通常只含有 1% 的纯铜矿石。

美国犹他州的一处露天铜矿。大规模开采已经对环境造成了很大影响。

关于提炼金属的一些论点

在考虑提炼金属的方法时，有一些因素必须权衡。

- 还原矿石的方法

金属越活泼，则矿石就越难以还原。右表中比较了还原不同矿石的方法。

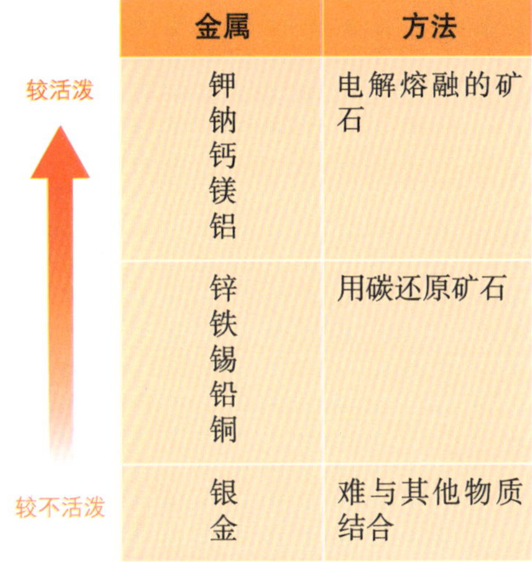

金属	方法
钾 钠 钙 镁 铝	电解熔融的矿石
锌 铁 锡 铅 铜	用碳还原矿石
银 金	难与其他物质结合

- 矿石的供应情况

金属矿藏分布在地球各处。如果矿石不是十分纯净，则可能会因选矿的成本过高而没有利用价值。当金属的价值很高时，则很低品位的矿石也是有利用价值的。

- 能源耗费情况

提炼金属需要耗费能源，这和矿石供应一样重要。如果提炼使用的是电解法，则这一问题尤为突出。例如，炼铝成本的四分之一是花费在电上的。

- 对环境的破坏

像提炼铁和铝那样的大工业，需用的矿石量动辄上百万吨。开采这些矿石会对环境造成很大的破坏。每提炼 1 kg 铜，需要 250 kg 的铜矿石，这意味着若每循环使用 1 kg 铜，则可少开采 250 kg 铜矿石。这也是要求金属循环使用的原因。

熔融的炽热的金属能被浇铸成型。

问题

1. 试解释造成下列事实的原因：
   a. 古罗马人使用过铜、铁和金，但没有使用过铝。
   b. 铁与其他金属相比是廉价的。
   c. 即使可在自然界直接找到金，但它仍非常昂贵。
   d. 约有一半的铁被循环使用，而几乎全部的金都被循环使用。
   e. 位于英国康沃尔郡的一处锡矿在地下仍有很多锡矿石的情况下关闭了。

关键词

- 氧化物
- 活泼金属
- 提炼
- 还原

关键词
- 还原剂
- 被氧化

从矿石中提炼金属

锌是一种从它的氧化物中提炼出来的金属。在岩石圈中发现的锌多是以硫化锌（ZnS）的形式存在的，但它很容易用在空气中加热的方法变成氧化锌（ZnO）。

然后将氧化锌中的氧去除掉，即将 ZnO 变成 Zn。将氧去除掉的方法称为还原。这一过程需要能除去氧的**还原剂**（reducing agent）。在这一过程中，还原剂**被氧化**（oxidised）了。

氧化锌 + 碳 → 锌 + 一氧化碳

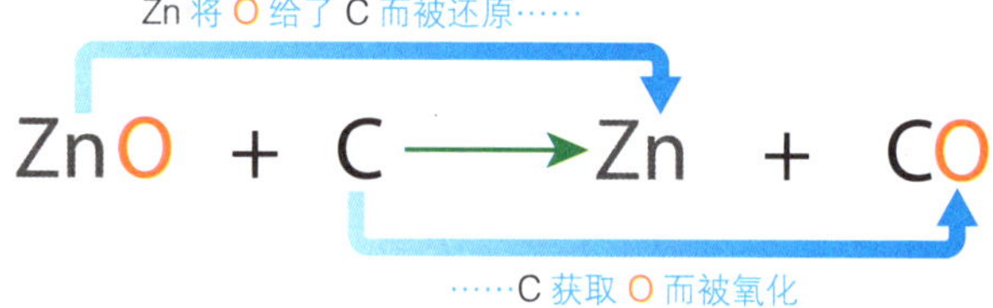

用碳将氧化锌还原为锌。

一氧化碳还将进一步氧化形成二氧化碳。在提炼金属时，碳常被用作还原剂，它一般取自廉价的用煤制成的焦炭。在高温下，碳具有与氧发生反应的强烈趋势，这一性质使它成为一种优良的还原剂。此外，生成的一氧化碳是气体，不会留在锌中成为杂质。

碳还被用来提炼铁和铜。这些反应可被归纳如下：

氧化铁 + 碳 → 铁 + 二氧化碳

氧化铜 + 碳 → 铜 + 二氧化碳

问题

2. a. 写出硫化锌和氧气反应生成氧化锌和二氧化硫的化学方程式。
   b. 大量产生的二氧化硫可能会导致怎样的严重后果？
   c. 如何处理这样的问题？
3. 在用碳提炼金属氧化物中的金属时，为什么氧化和还原反应总是同时进行的？

有多少金属？

化学家常问起“多少”之类问题。比如说，了解清楚每 100 kg 纯净的铁矿石（Fe_2O_3）能提炼多少铁这一问题是非常重要的。

相对原子质量

化学家要先知道原子的相对质量，才能回答诸如“从含 100 kg Fe_2O_3 的矿石中能炼出多少铁”之类的问题。

原子因太小而无法直接称量。例如，约要 10^{24} 个氢原子的质量之和才有 1 g。

化学家用原子彼此间的相对质量取代用克计量的方法来计算原子质量，所用的仪器称为质谱仪。

元素的**相对原子质量**（relative atomic mass）在第 47 页的元素周期表中已标示了出来。最轻的原子是氢，其相对原子质量为 1。

一个镁原子的质量是一个碳原子的质量的两倍。

式量

如果我们知道了化合物的化学式，就能利用其中所有原子的相对原子质量求出**相对式量**（relative formula mass）：

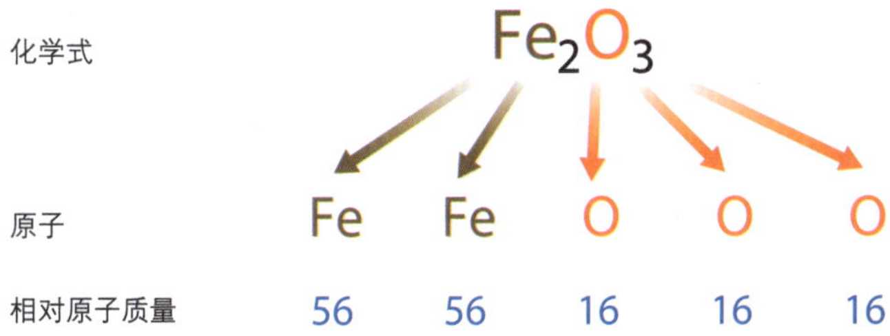

相对式量　　56 + 56 + 16 + 16 + 16 = 160

求出 Fe_2O_3 的式量。

关键词

- ✔ 相对原子质量
- ✔ 相对式量

例题

从 100 kg 的 Fe_2O_3 中能提炼出多少 Fe?

Fe_2O_3 的相对式量为 160。

化学式中有两个 Fe 原子。

2 个 Fe 的相对质量为 $2 \times 56 = 112$。

这意味着，在 160 kg 的 Fe_2O_3 中，有 112 kg 的 Fe。

故 1 kg 的 Fe_2O_3 中，可能含有 $\frac{112}{160}$ kg 的 Fe。

因此，100 kg 的 Fe_2O_3 含有 100 kg $\times \frac{112}{160} = 70$ kg 的 Fe。

另一种表示方法是用百分比，即 Fe 在 Fe_2O_3 中所占的比例（质量分数）为 70%。

问题

利用元素周期表中的相对原子质量。

4. 二氧化硅的相对式量是多少?
5. 从 1 t 的 Al_2O_3 中能提炼出多少 Al?
6. 从 2 t 的 NaCl 中能提炼出多少 Na?
7. 铬矿石中的主要成分是 $FeCr_2O_4$。则从 100 kg 的 $FeCr_2O_4$ 中能提炼出多少 Cr?
8. 从地下挖出 1000 t 的铜矿石，仅含有 1% 的 $CuFeS_2$。则从这 1000 t 铜矿石中能提炼出多少 Cu?

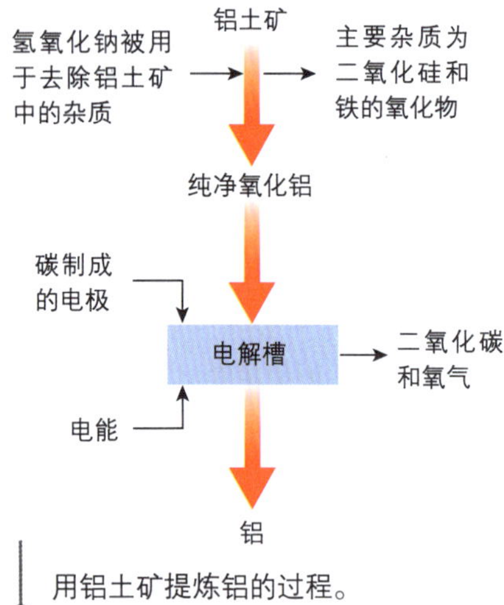

用铝土矿提炼铝的过程。

提炼铝

像铝那样的活泼金属，与氧紧密结合，因此无法用碳作为还原剂将其提炼出来。工业上用**电解**（electrolysis）法从矿石中获取这种金属。电解法是用电流将化学物质中的一些元素分离出来的方法。

铝是岩石圈中含量最丰富的金属。自然界中大多数铝都是以铝硅酸盐的形式存在的，要将铝从中分离出来是非常难的。

铝的主要矿石是铝土矿，其主要成分为氧化铝（Al_2O_3）。其中还有一些在电解之前要去除的氧化铁等。

下图显示了用电解法提炼铝的设备。提炼过程是在内衬有碳的钢槽中进行的。碳衬构成了负**电极**（electrode），**电解液**（electrolyte）是熔融的 Al_2O_3，其中含有 Al^{3+} 和 O^{2-}。

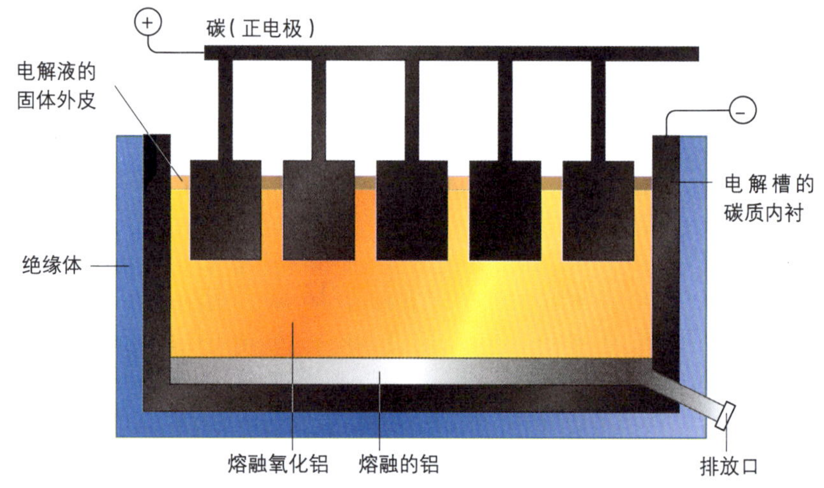

电解熔融的氧化铝提炼铝的设备。

当 Al_2O_3 那样的离子化合物处于熔融状态时，其中的离子便可以自由移动了，且电流也可以通过它了。电流也就能用于分解电解液了。

铝在作为电解槽内衬的负电极上形成。因为电解槽内温度很高，故铝呈液态，在电解槽底形成熔融的金属池。

正电极是插入在熔融的氧化铝中的碳块，氧气从正电极上产生，一部分氧气与碳结合产生了二氧化碳。

关键词
- 电解
- 电极
- 电解液

离子变成原子或分子

电解最终将离子变成了原子。金属离子带有正电荷，故它能吸引带负电的电子，从而形成了从电源进入负电极的电子流。

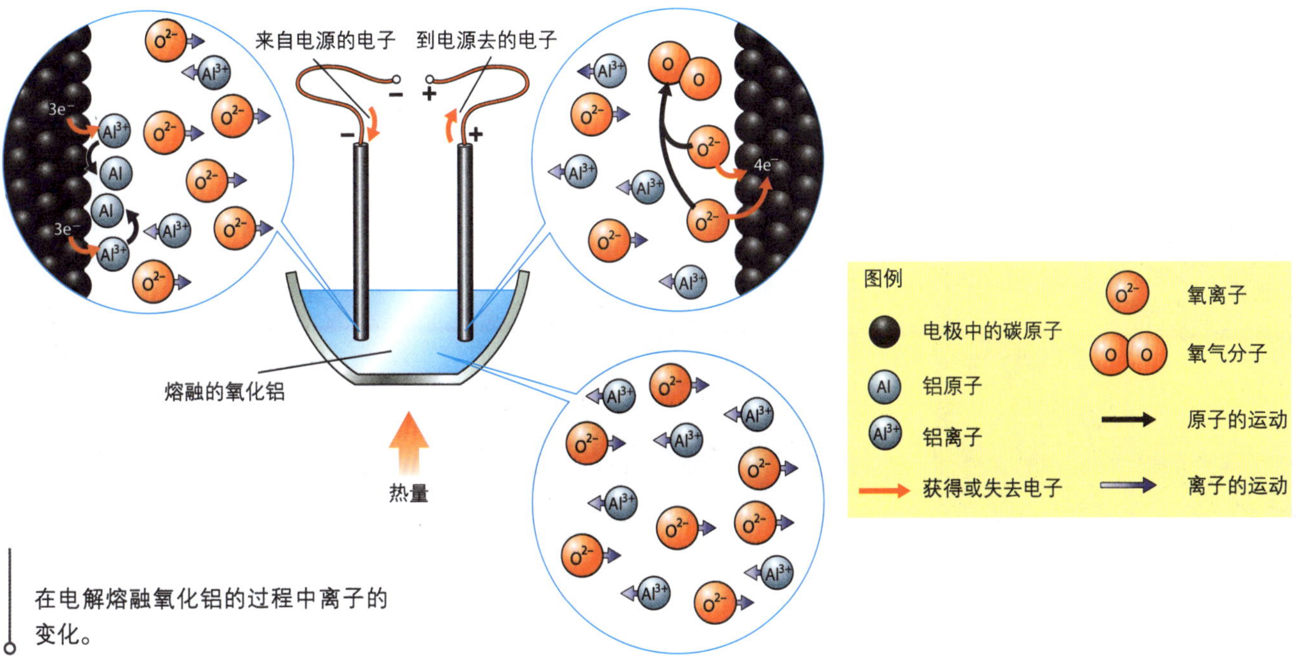

在电解熔融氧化铝的过程中离子的变化。

金属阳离子从负电极获得电子而变成了原子。在电解熔融氧化铝的过程中，铝离子最终又成为铝原子。

Al^{3+}	+	$3e^-$	→	Al
离子		来自负电极的电子		原子

非金属离子带有负电荷，故它们被吸引到正电极上。电极显正电性是因为电源将其上的电子排斥出去了。

阴离子在正电极上放出电子变成了原子。在电解熔融氧化铝的过程中，氧离子最终成为氧原子，且配对结合成为氧气分子。

O^{2-}	→	O	+	$2e^-$
离子		原子		来自正极的电子

O	+	O	→	O_2
原子		原子		分子

问题

9. 作图显示电子在下列粒子中的分布：
   a. 铝原子
   b. 铝离子
10. 通过电解氯化钠可提炼出钠。
   a. 这一过程中得到了哪两种产物？
   b. 用文字和符号描述在这一过程中电极上的变化。

H

金属的结构和金属键

通过探究发现

- 金属的性质
- 金属的结构
- 金属中的键

金属的性质

数千年来，使用金属是人类历史的一部分。在包括各种塑料在内的各种新材料不断出现的现在，我们仍对金属有依赖性。不同的性质决定了金属的各种用途。

技术人员已经掌握了应用新金属材料及称为**合金**（alloy）的混合金属材料的方法。和钢和铝一样，其他诸如钛和镁等金属也已被广泛用于工程之中。

大多数金属都有较高的熔点。

金属大都很坚硬。这艘科研潜艇的钛制外壳能承受海底 6 km 处海水的压力。钛还被用于制造髋关节和赛车。

金属可用弯折和挤压的方式成型。它在弯折时不会断裂，这是因为它具有延展性。可将铝片模压成罐子。

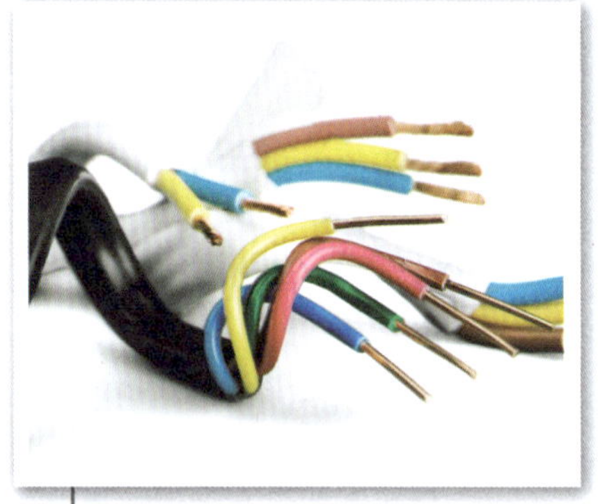

金属能够导电。铜和铝常被作为导体使用。

关键词

- 合金
- 金属键

金属的结构

我们掌握了关于金属性质的各种数据，例如，金属的熔点和抗张强度等。大多数金属的熔点都很高且很坚硬。但要说明它们具有这些性质的原因，材料学家就要搞清它们的结构。

科学家利用模型来描述已经发现的金属结构。模型显示，构成金属的原子：

- 是极微小的球
- 分布得很有规律
- 在每一种晶体中紧密地排列成一个巨大的结构

这种模型被创造性地用来解释金属的性质。如果能解释所有数据，则就是好的模型。

右图显示了作为典型金属的铜中的原子排列情况。从中我们可以看到铜中的原子是以尽可能紧密的方式排列的。结构中每一个原子都与周围的 12 个原子相接触，这是它所可能接触的最多原子数。原子间是以金属键的方式结合在一起的。因为这种键非常强，故铜也就十分坚硬且难以熔化。

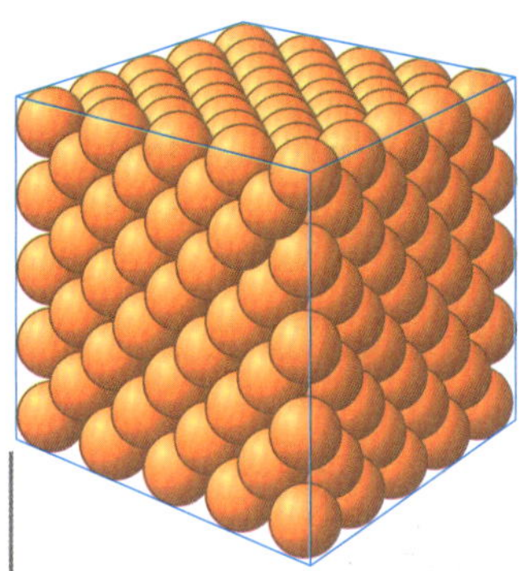

铜中的原子分布。因金属键很强，故铜很坚硬且熔点很高。又因键很“柔”，故它具有延展性，即原子能够移动却不会破坏结构。

金属键

金属具有特殊的化学键联结方式，既非离子键，也非共价键，而是**金属键**(metallic bonding)。它既强又“柔”，原子可以滑移到新的位置上。

金属原子可很容易地共用它们最外层的电子。在金属固体中，原子失去了共用电子而带正电荷。电子不受原子核的束缚，而能在各金属原子间自由移动。由这种带负电的电子“海”和带正电荷的原子间的吸引力构成了稳固的结构。

金属总体上是不带电的。这是因为电子所带的负电荷的总和与金属原子中的正电荷总和相等。带电的原子常被描述为离子，但在它们参与的化学反应中，金属的性质却如同原子的集合一般。

电子能够在巨型结构中自由移动。这表明了金属之所以能导电的原因。当电流通过金属导线时，自由电子从导线的一端向另一端漂移。虽然金属中的电子是自由的，但原子却是被紧密地束缚在一起的。

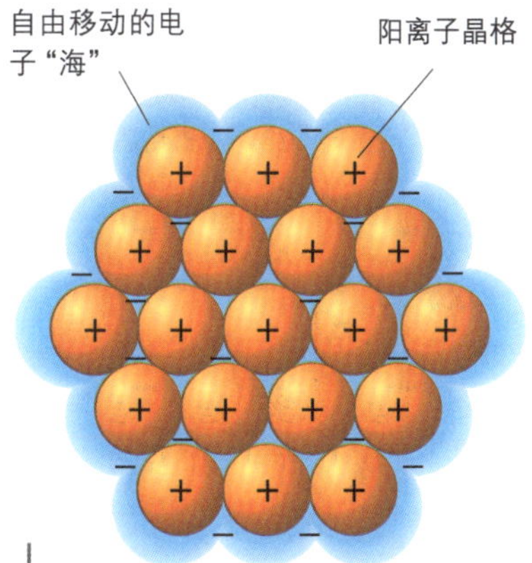

金属键模型。它描绘了原子共用最外层电子的情况。这使得带电原子(金属离子)结合在一起。

问题

1. 给出 5 种强度较大的金属。并给出其中每一种应用其强度的一个例子。
2. 一些人在观察了铜晶体模型中的原子分布情况后，可能会认为下列陈述是正确的。那么，哪些是正确的，哪些是错误的？对那些将错误的陈述当成是正确的人，你会如何做出解释？
   a. 铜晶体的形状是立方体，因为原子是被以立方体规律束缚在一起的。
   b. 在铜晶体中的原子间存在空气。
   c. 因为原子紧密地排列在一起，所以铜的密度较大。
   d. 铜晶体中的原子在室温下不会自由移动。
   e. 因为巨型结构中的原子间的键十分强，故铜具有较高的熔点。
   f. 铜在高温下熔化，因为这时原子被熔化了。
3. 金属晶体中存在金属阳离子，但金属却不是离子化合物。试说明其原因。

金属的寿命周期

通过探究发现

- ✔ 金属的提炼、使用和处理对环境带来的破坏

经过开矿、处理矿石、提炼等过程，我们获得了很多有价值的金属。但这一活动可能会带来不良的后果，特别是对环境造成严重的破坏。在建设对社会有利的工业、创造就业机会和保护自然环境间存在着一些矛盾。

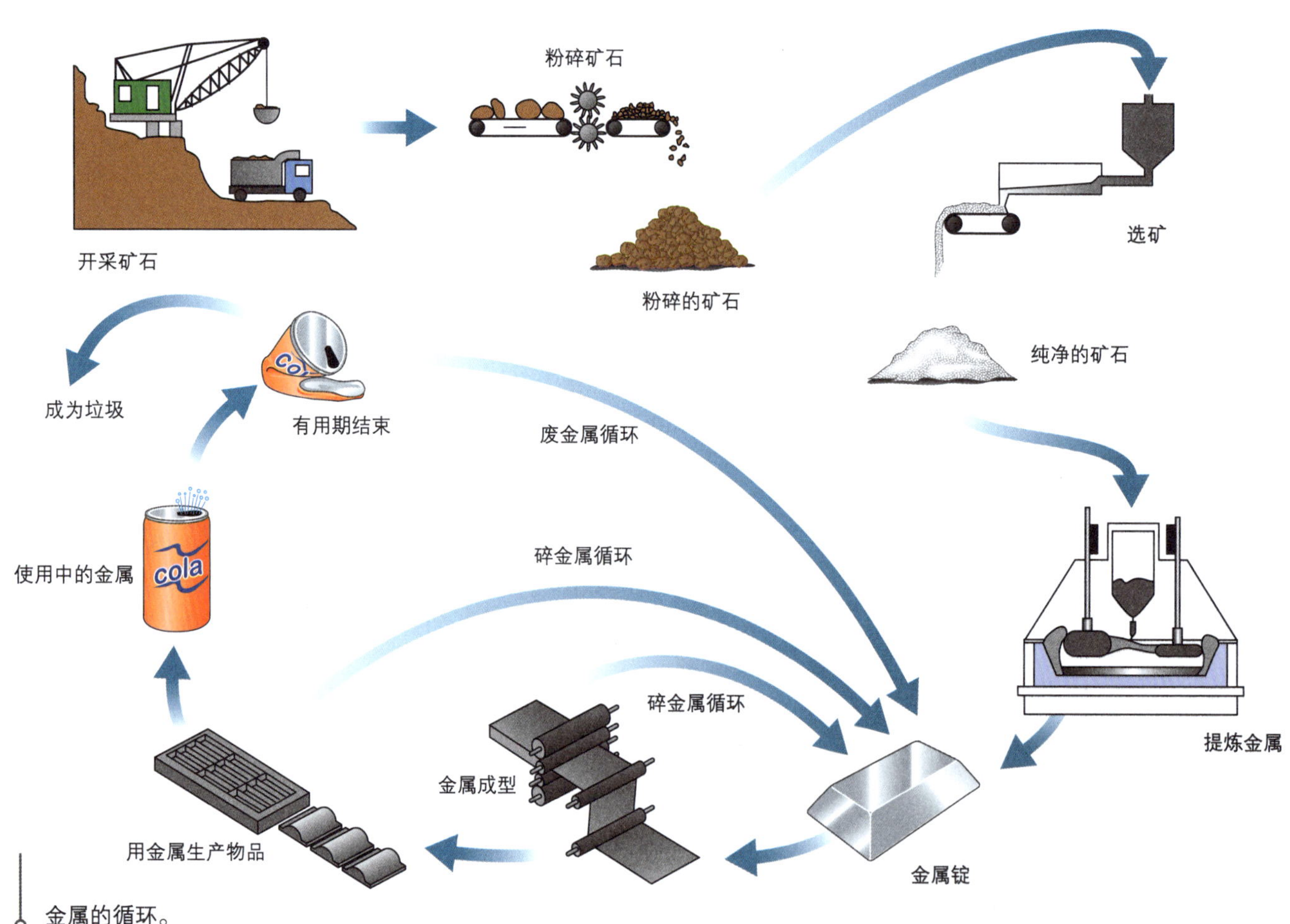

金属的循环。

采矿

采矿可以是在地表（露天）或者在地下进行。无论用哪种方式，都会产生大量的废岩石，并使地表变得千疮百孔。矿工用爆破法开采矿石，又产生了巨大的噪音和灰尘。

在地下矿井中工作的矿工要冒着呼吸粉尘、闷热和矿井坍塌的危险。现代矿井中都安装了通风井和风扇，以使矿井中保持有清新空气，并用传感器时刻监控空气质量。矿井的壁和顶都用坚硬的板材支撑着以防坍塌。

现在开矿和以前相比安全多了，但仍不可能保证绝对的安全。大多数国家都建立了安全法律制度以确保矿业公司不断改善安全条件。

处理矿石

很多金属是珍贵的，但其矿石的等级很低。从露天铜矿开采的矿石，即使其含铜量为 0.4% 仍是有价值的。但这意味着开采出来的矿石有 99.6% 将成为废物。几乎所有的矿都要留下废弃的矿坑，有的甚至非常大。如果其中残留有像铅或汞那样的有毒金属时，将是极其有害的。

提炼金属

所有提炼和加工金属的过程都需要能量，消耗大量的水，还会污染空气。社会的强烈反响和严格的法规都使企业要采取更多的措施防止有害化学物质进入环境中。经济压力也迫使企业更新设备和工艺以减少消耗能源、水和其他资源。

金属的使用

谨慎选用金属材料能降低对环境的破坏。例如，在交通运输方面，减轻汽车、卡车和火车的重量能够降低燃料的消耗并减少排放，还可减少对道路和轨道的磨损。人们用诸如铝、塑料等材料来取代钢材，可以减轻车辆的重量。

循环使用

金属工业都在循环使用金属。各生产过程产生的碎金属都要循环使用。很多金属制品在寿命终结时也要循环使用。

碎钢被送入高炉，和其他金属一起熔化成新钢材。经过循环再生处理的钢材和新的一样。这样每循环使用 1 t 钢，能节约 1.5 t 生铁和 0.5 t 焦炭。除此之外，还能节省开矿时要消耗的大量的水。

循环使用铝的价值也是非常大的。因为用电解法从铝的氧化物中提炼铝需要大量的能源。同时，循环使用还降低了开采和加工矿石时对环境造成的破坏。

牙买加的一处堆放铝土矿废料的大坑。铝土矿是含杂质的氧化铝。其杂质的主要成分是氧化铁，这是一种类似铁锈的废弃物。

问题

1. 为什么来自加工过程的废金属的循环率比用旧的金属物品的循环率要高？
2. 作表显示金属从采矿、生产到使用的 3 个过程中对人类的影响。其中包括所得到的利益和付出的代价。
3. 金属的价格是有起伏的。如果一家矿业公司正在考虑开采一处新铜矿，而这时铜价正在下跌。这会影响这家公司的决定吗？试解释你的答案。
4. 因为铝土矿石储量将能维持数百年之久，制铝工业据此宣称铝是一种可经久使用的金属。你同意这种说法吗？

科学解释

结构和化学键理论有助于解释我们在大气圈、水圈和岩石圈中发现的化学物质的物理性质和化学反应。

应该知道：

- 地球大气圈中的元素和化合物都是由非常小的分子组成的。
- 地球的水圈主要是由水和溶于其中的盐离子构成的。
- 氧、硅和铝是地球岩石圈中含量最丰富的元素。
- 为什么以分子形式存在的化学物质在室温下大多呈液态或气态，且不能够导电。
- 为什么离子化合物具有较高的熔点和沸点，且只有在熔融状态或溶解于水后才能导电。
- 盐的化学式显示了其全部金属阳离子的电荷数等于全部阴离子的电荷数。
- 化学家利用沉淀反应来检测离子化合物中存在的离子。
- 用离子方程式来表示沉淀反应。
- 像二氧化硅和金刚石那样的化学物质具有高熔点、不溶于水、不导电等性质的原因。
- 金属坚硬且能导电的原因。
- 使用何种方法提炼金属，取决于这种金属的活泼程度。
- 如何计算式量并通过化学方程式计算参与反应的物质的质量。用这种方法可以求出从金属化合物中提炼出的金属的质量。
- 电解法将离子变成原子和将离子化合物分解成单质的原理。
- 利用化学方程式表示当用电解法提炼金属时离子的情况。

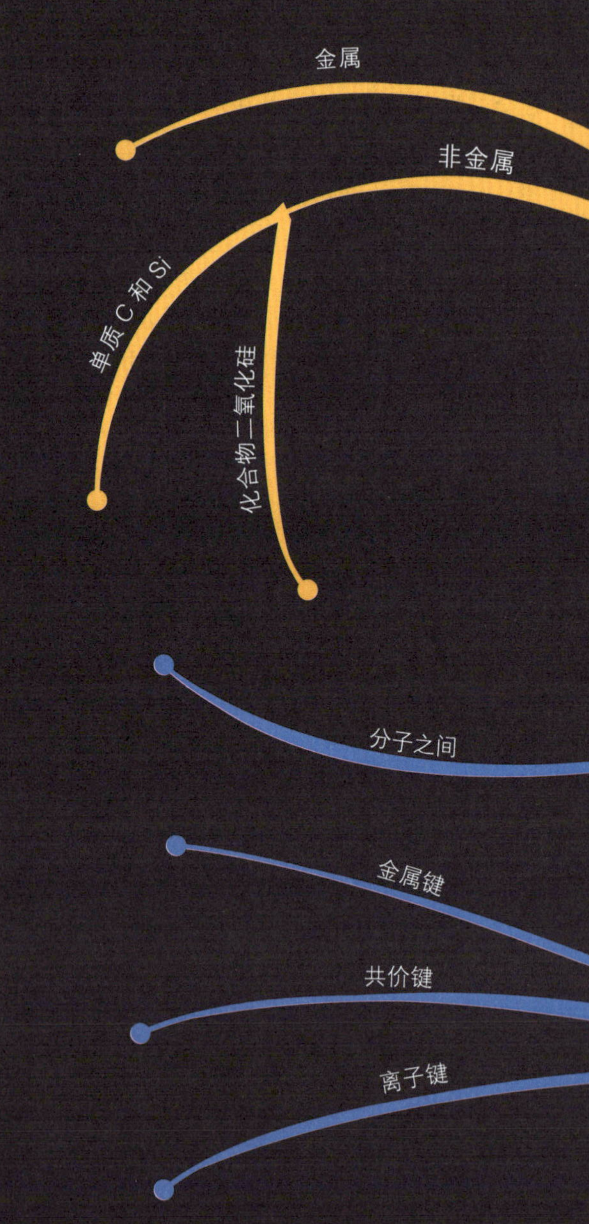

大自然中的化学物质
大气圈
气体
化合物
水蒸气，可变
二氧化碳，0.04%
单质
氮气，78%
氧气，21%
氩，1%
水圈
水
溶液中的离子
自由运动离子
导电
沉淀反应
阳离子检测
不溶性氢氧化物
阴离子检测
岩石圈
矿物质
金刚石
石墨
二氧化硅
金属矿石
丰富的元素
氧，46.6%
硅，27.7%
铝，8.1%
提炼金属
较活泼金属
电解熔融的离子化合物
铝
较不活泼金属
用碳还原氧化物
铜
铁
锌
量
相对原子质量
相对式量
氧化物中的金属质量
键
弱的
强的
结构
分子
许多非金属化合物
空间结构模型
球－棒模型
展示的分子式
分子式
非金属单质
巨型结构
离子形成的盐

科学观点

科学解释是基于数据的，但它超越了原始数据且与之有着明显区别。解释要利用创新性思维对数据进行解读，在对物质结构和化学键理论认识的基础上，我们应该能：

• 给出科学的说明，并区分报告数据的陈述和对解释性观点的陈述（包括假设、解释、理论等）。

• 认识诸如测量元素和化合物性质的数据，依据物质结构和化学键理论对它们作出解释。

科学进步带来的新技术和处理方式有时也会带来新的危险。很多人就对金属的提炼和使用方式产生的越来越多的后果表示担忧。

我们应该能够：

• 说明不存在绝对安全的事。

• 明确因采矿和提炼金属而带来的危险的例子。

• 提出能够降低危险的方法。

一些科学技术的应用，如提炼和使用金属等，能够对生活质量和环境造成不可预料的破坏。利益应和代价放到一起权衡。因此，我们应当：

• 确定受影响的群体及各种团体活动产生的主要利益和要付出的代价。

• 不同的经济团体或社会团体在同一问题上会有不同的观点。

• 明确并给出人类活动对环境造成预期以外的破坏的例子。例如，开采、处理、提炼低等级矿石产生的大量废料等。

• 说明可持续性发展的观点，并将其应用到获取、使用、循环和处理金属的方法之中。

一些方面的科学工作可能要考虑伦理层面的问题。对此类问题有的人同意，有的人不同意。因此，我们应当：

• 明确说明问题是什么。

• 综合人们可能会持有的各种观点。

在讨论伦理问题时，公众通常争论的问题有：

• 正确的决定能够使大多数人获利。

• 无论结果如何，某些行为一定是正确或错误的。

复习问题

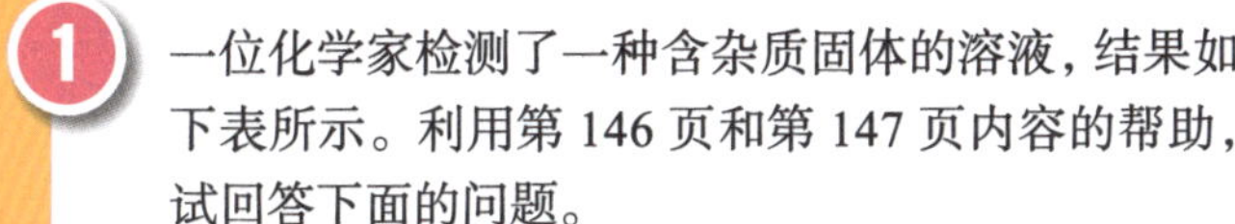

1 一位化学家检测了一种含杂质固体的溶液，结果如下表所示。利用第 146 页和第 147 页内容的帮助，试回答下面的问题。

序号	测试	观察到的现象
1	酸化后加入硝酸银溶液	白色沉淀
2	酸化后加入硝酸钡溶液	白色沉淀
3	加入稀氢氧化钠溶液	淡蓝色沉淀

a. 哪次检测现象表明沉淀中有铜离子？
b. 哪次检测现象表明沉淀中有氯离子？
c. 还存在其他什么离子？

2 用加热条件下加入碳的方法，能够将金属锌从其氧化物中提炼出来。下列化学方程式表示了这一反应过程。

$$ZnO + C \rightarrow Zn + CO$$

a. 在这一化学方程式中：
　i 被氧化的物质是什么？
　ii 所用的还原剂是什么？
b. 试计算：
　i 制取 1 kg 锌需要的氧化锌的质量。（相对原子质量：Zn = 65，O = 16，C = 12）
　ii 制备 1 kg 锌产生的一氧化碳的质量。
c. 解释为什么回收利用有助于金属锌的使用更可持续化。

3 金属铝是通过电解法从铝的氧化物 Al_2O_3 中提炼出来的。
a. 试说明铝不能用加热条件下碳还原的方式进行提炼的原因。
b. 试说明铝的氧化物在熔融状态下能导电的原因。
c. 用化学方程式归纳在电解过程中负电极上发生的变化。

4 下表给出了一些物质的熔点。*

化学物质	熔点（℃）	在水中的可溶性
氮气	-210	不溶
氯化钾	770	溶解
二氧化硅（石英）	1610	不溶

a. 利用物质结构和化学键的观点，给出这些物质的熔点不同的原因。
b. 说明二氧化硅存在于岩石圈中而不存在于水圈和大气圈中的原因。

* 此处原版教材中为“沸点”，但与表中数据不符，翻译时修改为“熔点”。

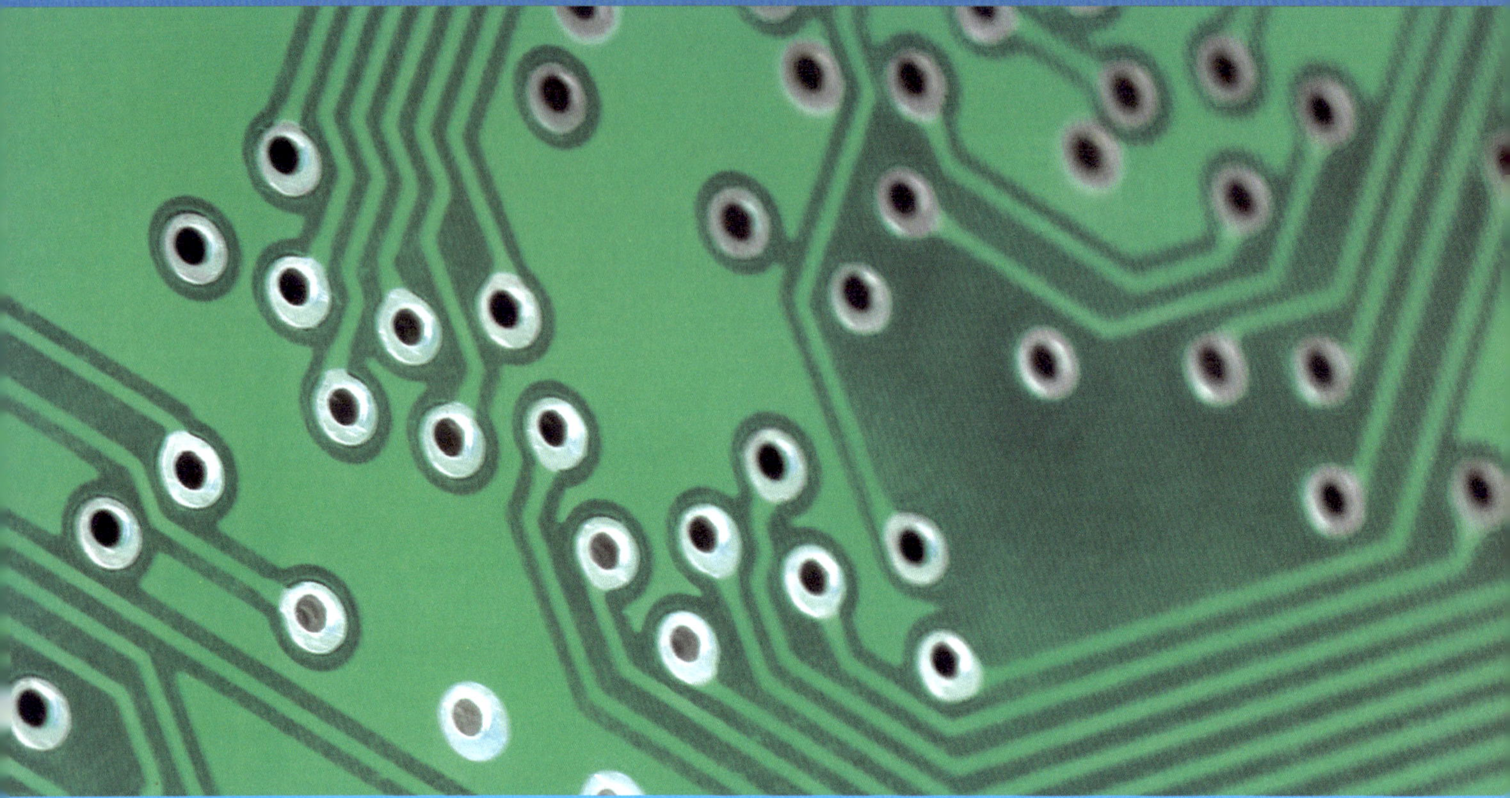

P5 电路

为什么要研究电路？

想象一下我们的生活中没有电将会是多么糟：用蜡烛或油灯照明，没有电炊具和电水壶，没有收音机、电视机、电脑和移动电话，没有汽车和飞机……

电改变了我们的生活，但我们要知道如何安全使用它。电荷是物质的基本构成之一。因此所有想了解自己周围自然界的人，都需要学习一些电的知识。

已经知道的知识：

- 电流是不能在电路中"耗尽"的。
- 电流将电池中的能量传输到电路中。
- 电功率的单位是瓦特，电功率 = 电压 × 电流。
- 通电导线的周围存在磁场。利用这一原理可制造电磁铁。
- 在发电厂中，轮机带动发电机发出电来。

要发现什么？

- 电荷的概念。电荷的运动产生了电流
- 帮助我们描绘电路的模型也能被用于解释和预测电路中的规律
- 电流、电压和电阻
- 能量在电路中的传输，供电系统发电和输电的方式
- 电动机

科学的应用

原子是由带电粒子构成的。流动的电荷形成了电流。电路的一种有用的模型是想象电路中充满了电荷，在电池的驱动下流动而产生了电流。电流的大小取决于电路中电压和电阻的大小。磁铁在线圈附近运动能在线圈中产生电压。

科学观点

物质的电性质被用于很多测量仪器中。为保证仪器的读数能代表真实值，确保外部条件不影响读数是十分重要的。

A 电荷

通过探究发现

- 电荷的概念，两个物体相互摩擦时电荷会发生移动
- 同种电荷和异种电荷相互作用产生的效应
- 电荷和电流间的联系

物质的很多性质是非常明显的，如具有质量、占据空间等。但物质的另一种性质就不是那么明显了，如震撼人心的闪电，接触金属门把手时发生的电击等。这些都是我们称之为**电荷**（electric charge）的性质。约200年前，科学家才开始了解电荷，并学会了控制它的一些方法。正是他们的工作引领了科学技术的发展，改变了我们的生活。

摩擦起电

将两个物体放在一起摩擦就能够产生电效应。如果是将一只气球与衣服摩擦，则气球就能粘到墙上；如果将一把塑料梳子在衣袖上摩擦，则它能吸引卫生纸碎屑。这两种情况下的物体都能在短时间内维持这种电效应。

当我们在摩擦一片塑料时，它可能会发生一些变化：能对近旁的物体产生影响。摩擦得越厉害，则这种作用效果就越强。这好像将某种东西储存到了其中，而且好像存得越多，"跳"到近旁物体上的就越多，并在"跳"的过程中伴随有火花出现。我们就说这片塑料带电了。摩擦起电也能说明本页开头讨论的问题：当人从汽车中出来时，因为衣服和座位间产生滑动，即它们间发生了摩擦而带电了。

"起电"一词的起源

18世纪末，对电荷进行实验研究的实验科学家借用了为枪装火药（charge）一词作为"起电"，而用击发（discharge）一词作为"放电"。

两种类型的电荷

如果我们以同样的方式摩擦两根相同的塑料棒后，再将这两根塑料棒放到一起，则它们会相互远离，即它们间产生了**排斥**（repel）作用。因为这种作用力是非常小的，故只有在其中之一能够自由移动的条件下才能看到这种效应。

闪电是物质最为剧烈的电性质的显现。当雷雨云中的电荷以高速到达地面（或从地面到达云中）时，闪电就发生了。

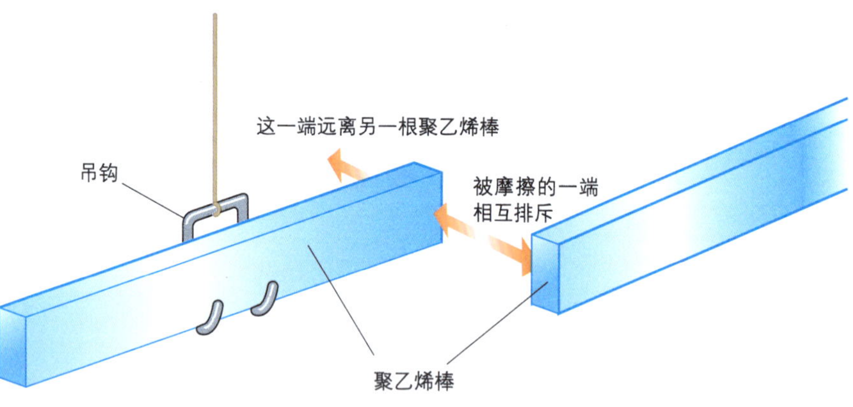

两根同种材料的聚乙烯棒摩擦起电后相互排斥。被吊着的那一根远离另一根移动。

然而，如果我们在实验中采用不同材质的塑料棒，则会发现有一些会产生相互**吸引**（attract）的作用。科学家解释说这是因为有不同电荷存在的缘故。如果两棒带有相同的电荷，则它们相互排斥，但如果带有异种电荷，则它们相互吸引。早期的电实验学家将这两种电荷分别称为**正**（positive）电荷和**负**（negative）电荷，以起到区别的作用。当然，他们也可称它们为“红电荷”和“蓝电荷”，或“A 电荷”和“B 电荷”等。

电荷是从哪里来的？

科学家认为，电荷不是制造出来的，而是在两种物质相互摩擦的过程中“分”出来的。如果我们用布摩擦塑料棒，则布和塑料棒就都带了电（要看到这一现象，则拿布的手上要戴聚乙烯手套，否则电荷可能传递给人体），且是不同类型的电：如果聚乙烯棒带负电荷的话，则布就带正电荷。摩擦本身并不制造电荷，只是将两个物体上的正、负电荷分开罢了。

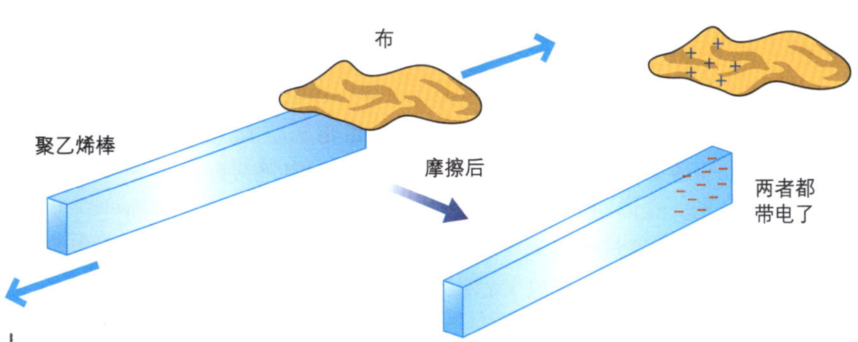

摩擦后，聚乙烯棒带负电荷，而布则带正电荷。合理的解释是：布上的一些负电荷转移到了聚乙烯棒上。

问题

1. 假如你有两根塑料棒，用布摩擦后一根带正电，另一根带负电。如果现在给你第三根塑料棒，并用布摩擦它。试说明你如何检验它是带正电还是带负电。
2. 很多画框都是用塑料而不是用玻璃制成的。如果你用干抹布擦拭塑料画框后，它会很快又布满了灰尘。试用本页学过的关于静电的概念解释其中的原因。
3. 利用右边方框中的知识解释为什么将一个气球在毛衣上摩擦后，气球会粘在墙上。

吸引小物体

一个带有正电荷的物体能够吸引带负电荷的另一个物体。但为什么带电棒能吸引像碎纸屑那样的轻小物体呢？原因是纸屑中一直都存在着正、负两种电荷，只是平时都混在一起，且两种电荷的数量相等，故纸屑是不显电性的，或说它呈电中性。当带负电的棒靠近它时，就将纸屑中的负电荷排斥到纸屑的远端，而将正电荷吸引到了近端。因距离的差异，使棒上负电荷对纸屑上正电荷的吸引力大于它和纸上远端负电荷间的排斥力。因此，纸屑就能被带电棒所吸引了。

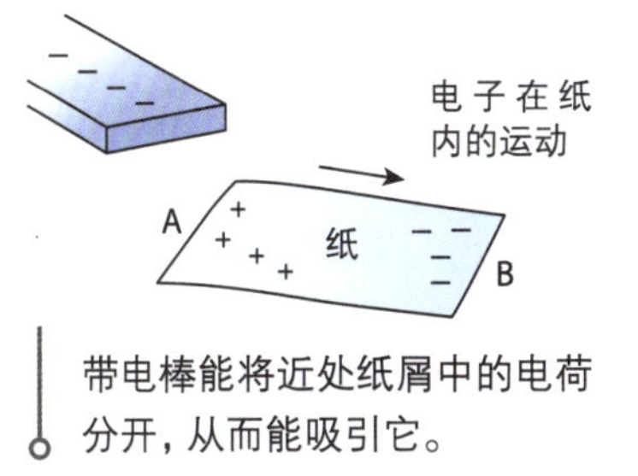

带电棒能将近处纸屑中的电荷分开，从而能吸引它。

静电

我们在这里讨论的效应都是由静电引起的。**静电**（static electricity）一词中，“静”表示它是固定在一个位置不移动的（发生电火花除外）。

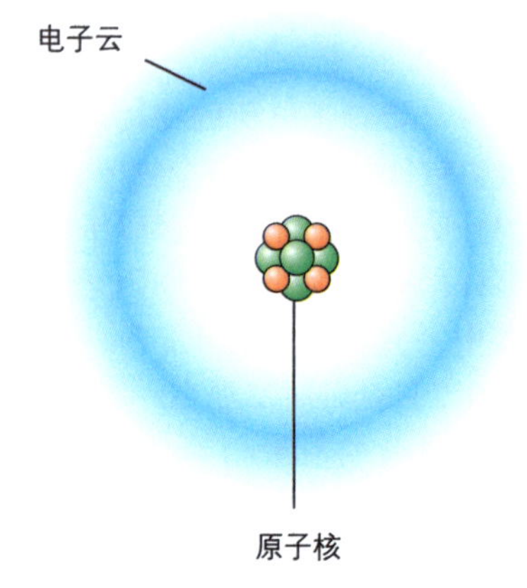

电荷是什么？

电荷是物质所具有的基本性质，它不能用简单的语言来描述。所有的物质都是由原子构成的，而原子又是由带正电荷的质子、不带电的中子和带负电荷的**电子**（electron）构成的。在大多数物质中，正电荷数和负电荷数相等，因此整体上是呈电中性的。当物质呈电性后，就说明它获得或失去了一定数量的电子。

原子是由位于中心的带正电的原子核和环绕它的带负电的电子云构成的微粒。因为电子处于原子的外层，故在摩擦的过程中较易失去，即到达另一个物体上。

虽然不能说明电荷到底是什么，但科学家已经发展起了能预测其效应的方法和观点。**电场**（electric field）就是其中的观点之一。在所有的电荷周围，都存在着电场。在这一空间区域中，我们可以感受到电场所产生的效应，如另一个电荷进入这一电场中后，会受到力的作用。

运动的电荷 = 电流

范德格拉夫起电机是一种分离电荷的设备。当它运行时，上部的圆顶开始聚集电荷。随着电荷量的增加，其周围的电场也越来越强，使电荷能够“跳跃”到附近的其他物体上，并放出火花。这时如果将验电笔接触圆顶导体球的话，则验电笔会发光。这说明有**电流**（electric current）通过了验电笔而使它发光：圆顶上的电荷逸出，流过验电笔中的氖泡并使其发光，最终通过人体到达地面。这一实验（还有其他相似的现象）表明，电流即是流动的电荷。

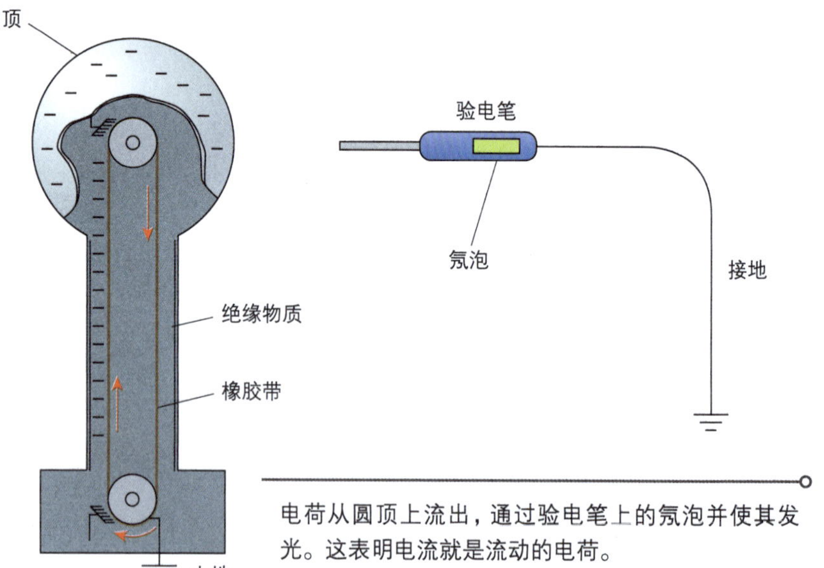

电荷从圆顶上流出，通过验电笔上的氖泡并使其发光。这表明电流就是流动的电荷。

电路中的电流

B

闭合回路

右图给出了一个简单**电路**(electric circuit)。如果我们连接一个像这样的电路，将很快就能发现：

- 电路中的任一处断开，则所有元器件将都不工作了。

这表明一定要有某种东西绕电路运动才能使电路正常工作。这里的“某种东西”就是电荷。

我们应该注意到：

- 当电路闭合时，两个灯泡都立即发光；但当电路任意某处断开时，则它们都将立即熄灭。

这好像表明**电荷**(charge)能在电路中非常快地流动。即使对于非常大的电路或用非常长的导线，我们仍探测不到电荷的流动有任何延迟现象。但这有另外一种可能的解释：假如在电路的各部分(如导线、灯丝、电池等)在任何时刻都存在着电荷(十分微小的带电粒子)。当开关闭合后，所有的电荷都流动起来，且是全体一致的流动。这样，就能解释即使电荷流动的速度并不快，但所产生的效应却在即刻间出现的原因了。

下图显示了一个模拟简单电路工作原理的模型。表示电源的是由一只仓鼠转动的踏车。踏车的转动推动了塑料管中的豌豆。如果管中装满了豌豆，则所有地方的豌豆都将沿“电路”动起来，且是同时的。底部的叶轮也将随仓鼠的运动而同时转动起来。转动的叶轮可以举起重物。仓鼠损失了能量，而叶轮获得了能量。仓鼠对踏车做了功使其转动，从而使豌豆运动并对叶轮做功。

通过探究发现

- ✔ 简单电路的工作原理
- ✔ 能帮助理解电路概念和预测电路现象的模型
- ✔ 测量电流的方法

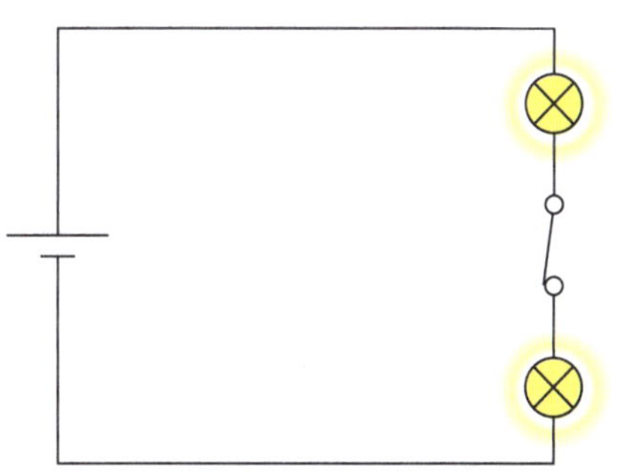

当开关断开时，两个灯泡都将熄灭。

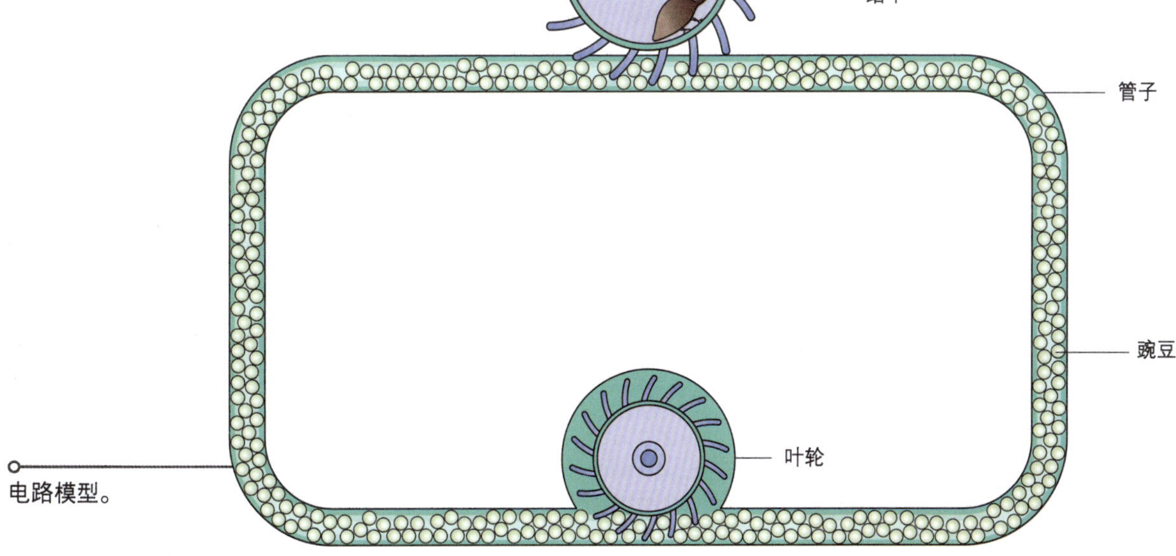

电路模型。

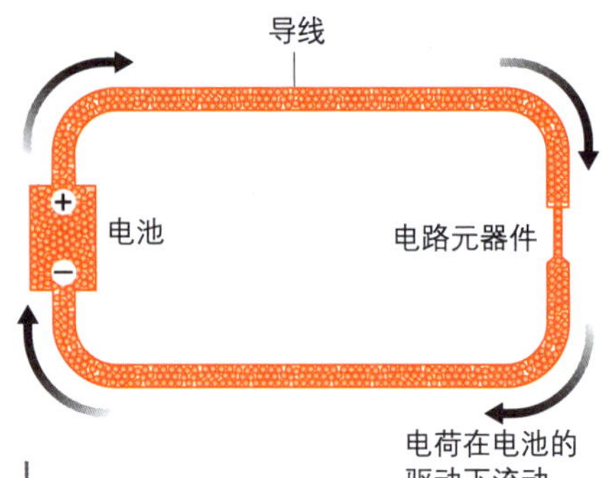

可以认为在闭合电路中的电流是在电池的驱动下产生定向流动的电荷。电荷存在于所有物质中，但在导体中可以较自由地移动。

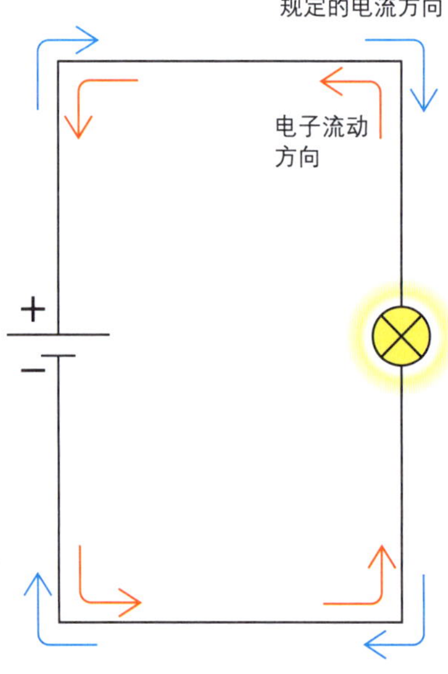

电流实质上是通过电路中导线的定向电子流。我们可以认为它和原先规定的电流方向具有相同的意义，但电荷流动方向相反。

关键词
- 电路
- 电荷
- 电流表

电路模型

模型是一种透过表面现象从更深层次理解或解释某种事物工作原理的方法。左图就是综合归纳出的一个电路的科学模型。

其关键点有：

- 所有时刻电路的各部分中都充斥着电荷。
- 当电路闭合后，电池就驱使电荷发生流动。
- 所有电荷都同时开始流动。

电池使电荷在电路中以下列方式流动：电池中发生使异种电荷分开的化学反应，使正电荷聚集到电池的一极，而负电荷聚集到另一极。如果将电池连入电路，电池两极上的电荷就在电路的导线中建立起了电场，这个电场使得导线中的电荷慢慢地漂移，且是在电池刚一接入电路的瞬时就一起同步流动的。因此，它所产生的效应也是即时的。另外，电荷在整个电路中的流动是连续的，因此，电荷也在电池内部连续流动。

电流方向的规定，电子流动方向

在上述的模型中，电路中的电流方向被规定为从电池的正极流出，经过导线和电路元器件后，最后由电池负极返回电池。这里假定了电路中流动的是正电荷。事实上，我们无法用简单的方式证明流动的电荷是正的还是负的，也无法证明它们的流动方式。这一模型及其规定被提出并被广泛接受的几十年后，科学家开始认识到，真正在金属导体中流动的电荷是电子，而电子是带负电的。在所有金属中，原子中的一些电子仅受其“母亲”——原子很松散的束缚作用，故电子在通过金属时是相对较为自由的。因此，在由电池在导线中建立起来的较弱的电场中，都可以使它们产生定向流动。绝缘体中几乎没有可以自由移动的电荷。

为解释和预测电路中产生的现象，我们用“电子沿一个方向流动”或“正电荷沿一个方向流动”的说法不会产生不同的结果。虽然现在科学家相信金属中的电流是电子的定向流动，其方向和早先规定的电流方向相反。但在本教程中，将仍像大多数科学家和工程技术人员一样，采用原先规定的电流方向。

电流

电流是定向流动的电荷。我们看不到电流，但我们能观察到它产生的效应。当有电流通过手电筒的小灯泡时，就使它内部的灯丝发热而发光。通过灯泡的电流越大，则它发出的光就越亮（除非电流过大使灯丝烧断）。

我们可以使用**电流表**（ammeter）来测量电流的大小。电流表的读数（单位为安培，或简记为安，亦可用字母 A）显示了每秒通过电流表的电荷的量。

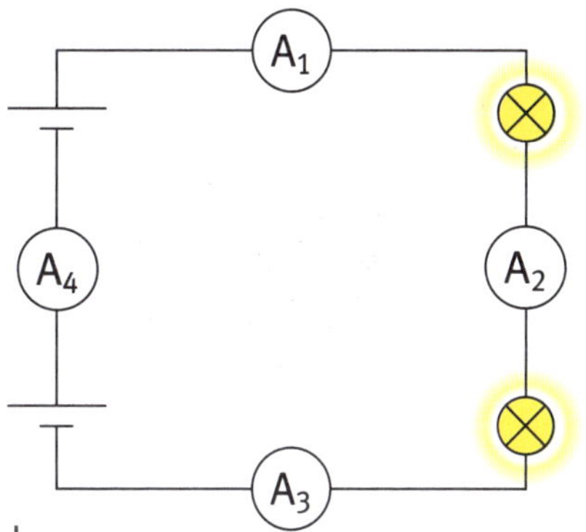

在这一由两个灯泡和两个电池串接的电路中，所有各点的电流的大小都相同，即使在电池之间也是如此。在灯泡发光时，电流并没有被“消耗”掉。

电路中的电流

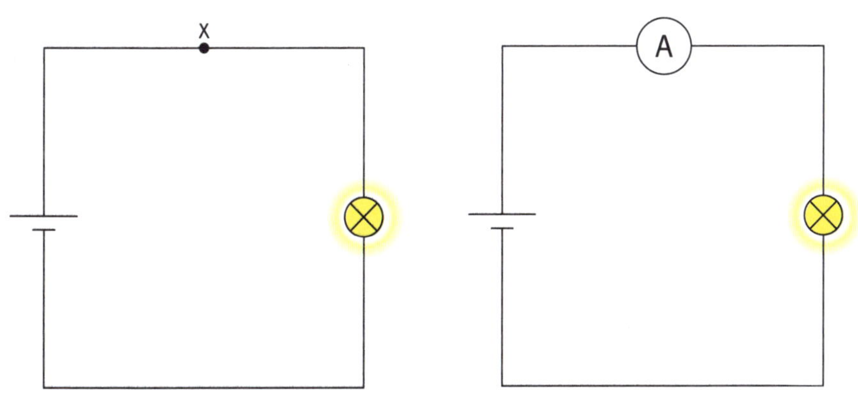

为测量 X 点的电流，我们就必须将电路在此点断开，再在此处接一只电流表，这样才能使电流能够流过它。

如果我们用电流表来测量电路中不同点的电流的大小，就能得到下列重要结论：

- 简单电路（单回路）中的电流处处相等。

这看起来好像不可思议。但灯泡确实要有电流才能发光，这是不争的事实。但电流是导线中流动的电荷，恰如豌豆在管道中的集体运动，或像骑行中的自行车链条。因此，电路中任意各点的电流相等。

当然，一定有某种东西在这过程中被消耗掉了。这就是贮存在电池中的能量。它随着时间的推移不断减少。电池要驱动电流通过灯丝而做功，从而使其发热、发光。光也带着能量离炽热的灯丝而去。因此，电路先是将电池中的能量转移到灯丝上，然后又散布到周围的空间中（以光的形式）。电流只是使能量的转化成为可能，其本身并没有被消耗掉。

问题

1. 观察第 169 页中的电路模型。其中什么相对应于：
   ⅰ 电池，ⅱ 电流，ⅲ 电流的大小？
   a. 真实电路中的什么与电路模型中的叶轮相对应？
   b. 模型中可能用什么作开关？
2. 你如何改造电路模型以探究由两个相同灯泡串联的电路？并利用模型解释：
   a. 为什么当开关闭合或断开时，两个灯泡同时发光或熄灭？
   b. 为什么开关闭合时，两个灯泡立即发光？
   c. 为什么两个灯泡一样亮？

电路的支路

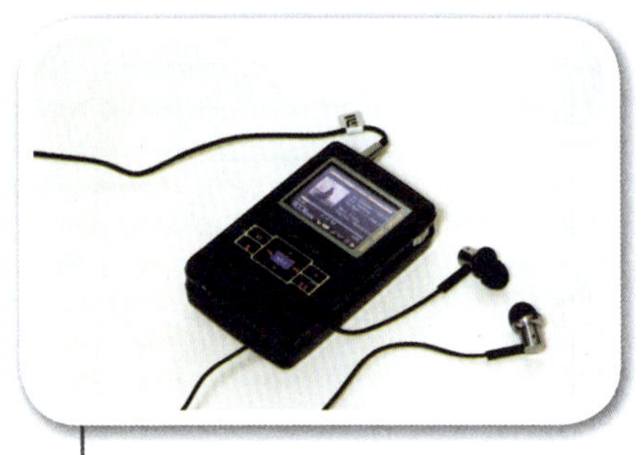

在这种便携式 MP3 中，电池既要用于驱动硬盘电机，又要用于信号解码和放大。

我们经常用一组电池来使多个用电器同时工作。要达到这一目的，我们可将它们全部都一个接一个地连入一个简单电路中。像这样将多个用电器顺次接入电路的连接方法，称为**串联**（in series）。这时，电路中的电荷流动时要依次流过所有这些用电器。

另一种连接电路的方法是**并联**（in parallel）。在左下图的电路中的两个灯泡就是以并联方式连接的。这种连接方式的好处在于，两个灯泡的工作状态是彼此独立的，如果一个灯泡烧坏了，另一个照样能够发光。这也使我们能很容易地找出坏掉的灯泡并将它替换掉。

支路中的电流

下图中的电路，它的用电器包含一个电动机和一只蜂鸣器，它们以并联的方式连接在一起。尼古拉同学被要求测量 a、b、c 和 d 点的电流，他的测量结果如下表所示。

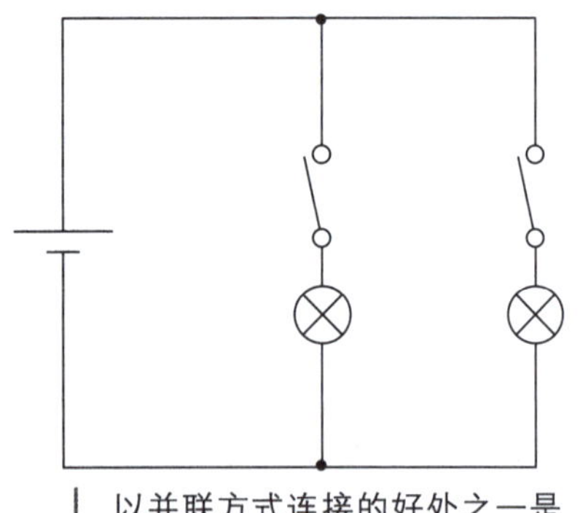

以并联方式连接的好处之一是可以分别控制支路的开和关。

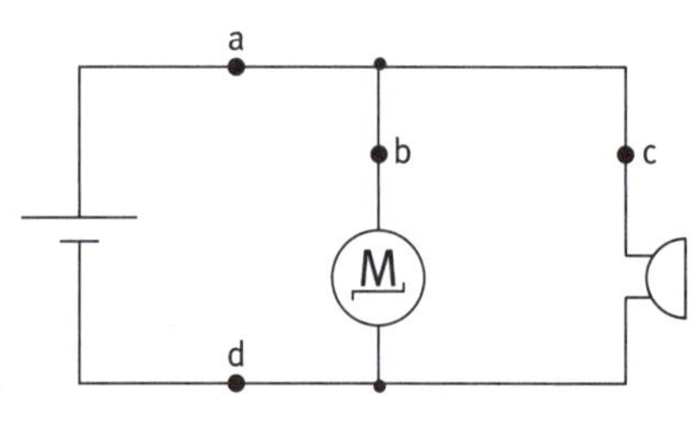

电路中的各点	电流（mA）
a	230
b	150
c	80
d	230

测量有两个分支的并联电路中的电流。

尼古拉注意到，在 a 点和 d 点的电流大小相等，都是 230 mA。当他将 b 点和 c 点的电流值相加后发现结果也是 230 mA。这是一个很好的启示，能使我们想起电荷绕回路流动的模型。在电路的连接点，电流产生了分流，部分电荷流入一条支路，剩余的流入另一条支路。因为电流是每秒通过电路的电荷量，因此，流过两个支路的电荷量之和应等于流过干路的电荷量。或者说，进入连接点前的电荷量等于流出连接点后的电荷量。

关键词
- 串联
- 并联

问题

1. 当我们要用一个电池组来使几个用电器同时工作时，较多地采用并联的连接方式，而较少采用串联的连接方式。试写出并联连接的 3 个优点。
2. 观察上面左方的电路图。如果我们要使两个灯泡同时发光或熄灭，则你应将开关安在哪里？作出两张简图显示两种可能的方案。
3. 在上面含有电动机和蜂鸣器的电路中，求出下列部位中电流的大小：
   a. 连接电动机的下部导线中
   b. 连接蜂鸣器的下部导线中
   c. 电池本身

控制电流

电路的科学模型是建立在电荷在电池的驱动下，绕闭合导体回路定向流动的假设之上的。电荷的这种运动形成了电流。电流的大小是由下列两个因素决定的：

- 电池的**电压**（voltage）
- 电路中元器件的**电阻**（resistance）

通过探究发现

- ✔ 用电池的电压和电路中的电阻都可以控制电流的大小
- ✔ 电阻产生的原因
- ✔ 电池的电压、电路中的电阻和电流间的关系

电池电压

电池有不同的形状和大小，它们的电压单位通常是伏特（或简记为伏，亦可用字母 V 表示）。电池的电压值要在其外壳上标识出来，如 1.5 V、4.5 V、9 V 等。为了理解电压及其大小的含意，现在让我们来看下面的图，它显示了同一个小灯泡先后接在 4.5 V 和 1.5 V 电池上的情形。

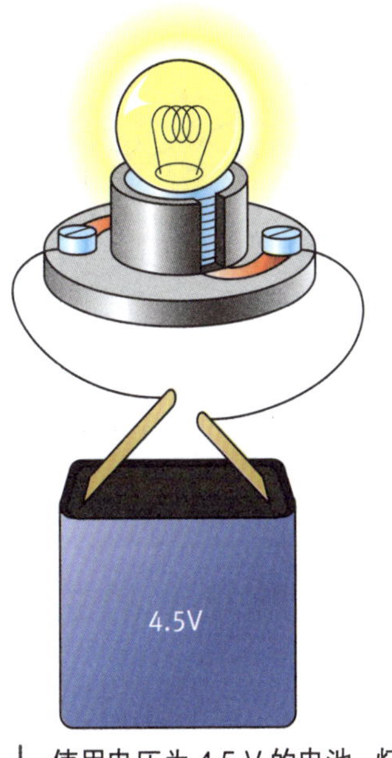

使用电压为 4.5 V 的电池，灯泡较亮。

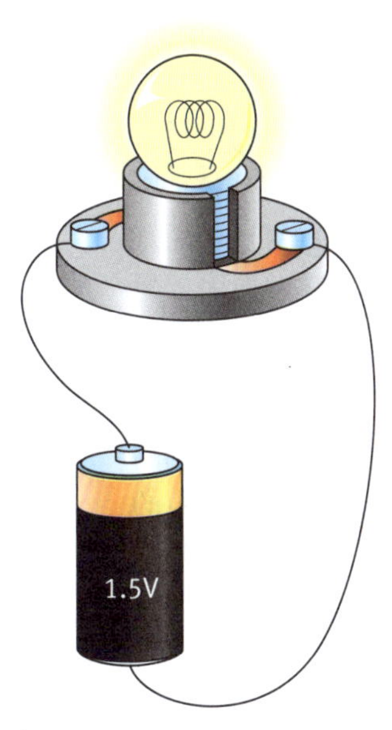

使用电压为 1.5 V 的电池，灯泡较暗。

图中位于前排的电池的电压都是 1.5 V 的，但有着不同的大小和形状。后排的 3 种电池的电压分别为 4.5 V、6 V 和 9 V。

通过的电流越大，则灯泡也就越亮（电流以不能烧断灯丝为限度）。而上图的灯泡中应该是接入 4.5 V 电池时的电流大。我们可以将电池电压考虑为推动电荷在电路中做定向移动的驱动力，或推动电荷定向移动做功的能力。电池能在导体电线中建立起一个电场，而自由电荷正是通过与这个场的作用开始运动的。电压越大，则这种“推力”也越大，导致电路中的电流也越大。

电池的电压取决于它内部使用的化学物质。我们可以将两片材质不同的金属棒放入盛有食盐或酸溶液的烧杯中，这样就制成了一个简易电池。然而，这样制成的电池电压下降很快，不能实际应用。用于真正的电池中的化学物质是经过选择的，它能使电池维持电压稳定且能使用较长的时间。

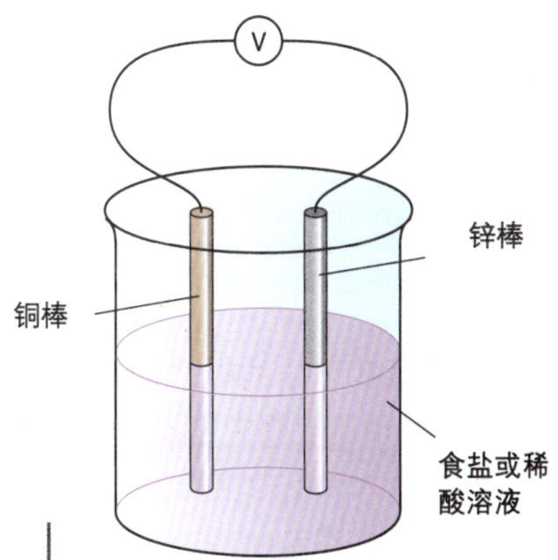

图示为一种简易电池，其电压取决于所选用的金属棒和溶液的种类。

电阻

电路中电流的大小取决于所用电池的电压大小，但这不是唯一的决定因素。构成电路的各元器件本身还具有阻碍电荷作定向流动作用的电阻，电池是在克服电阻的同时推动电荷流动的。如果我们比较两个连入不同阻值的电阻器的电路，就能看到产生的效果是不同的。电阻器是各种类型具有不同电阻的电路元件，用它也可以控制流过的电荷的多少。

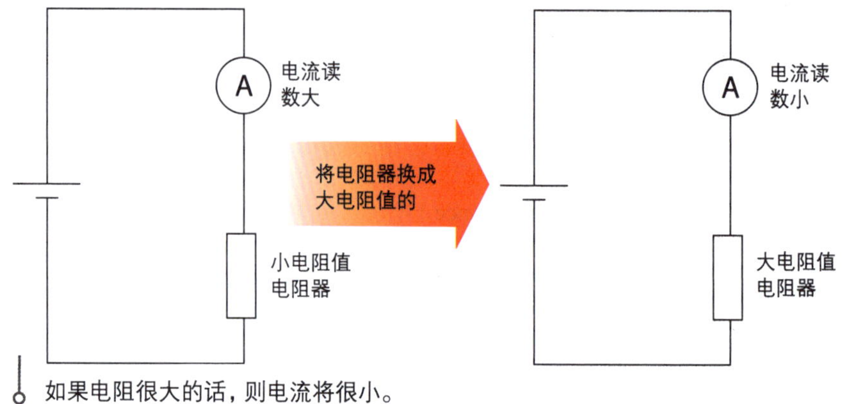

如果电阻很大的话，则电流将很小。

改变电路中的电阻，就能改变电路中的电流。电阻越大，则电流越小。

电阻是如何产生的?

并非只有像电阻器那样的特殊元器件才具有电阻，其实，任何物质都具有电阻。我们平时使用的导线也有电阻，只是阻值较小罢了，但绝不为 0。还有一些金属线具有较大的电阻，如灯泡中的灯丝的电阻就很大，这也是当有电流通过它时就能发热的原因。另外，诸如电热水壶等加热电器中的电热元件，其实质就是一个电阻较大的电阻器。

所有的金属在有电流通过它们时都会发热。在金属中，运动的电荷是自由电子。在它们的定向流动的过程中，会与导线中固定的原子结构，或称原子空间点阵发生碰撞，从而使原子的振动加剧，因此导线的温度就会上升。在一些金属中，固定原子受电子碰撞的机会很小，因此电子的流动就相对地容易。而在另一些金属中，固定原子就像流动电子路径上的大障碍物，因此形成了大的电阻。

电子流
导线
原子中心（固定点阵）
运动的电子

有电流通过时导线会发热。

问题

1. 回顾 B 节中的电路模型，你如何改变模型使其能显示下列效果？由此能否预测电路中电流的变化？
   a. 较大的电池电压
   b. 电阻增大
   （可以考虑两种不同的方法来达到）
2. 给出两种改变一个简单电路的方法，且每一种方法都能使电路中的电流增大。

总结：影响电流的主要因素

电路中电流（I）的大小取决于电池电压（V）和电阻（R）的大小。

• 如果增大电压（V），则电流（I）也增大。

• 如果增大电阻（R），则电流（I）将减小。

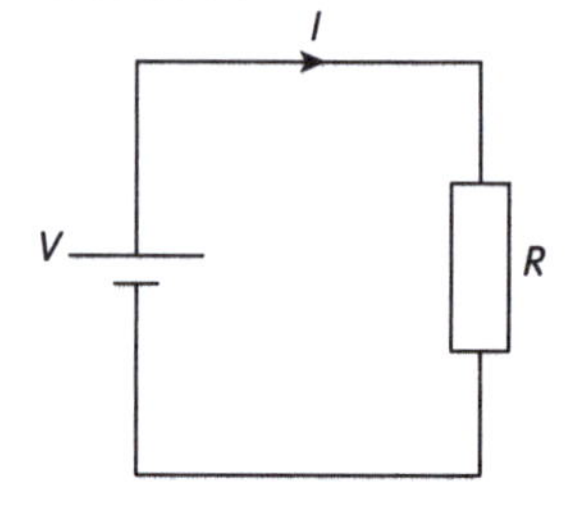

测量电阻

电池电压、电阻和电流间的关系引出了一种测量和定义电阻的方法。第一步是更详细地研究电压和电流之间的关系。妮可同学采用的是将不同电压的电池和线圈相连接，再测量电路中电流的方法。

1. 妮可将一个电阻线圈、一节 1.5 V 的电池与电流表连接在一起，然后测量电流。
2. 然后以串联方式接入第二节电池。

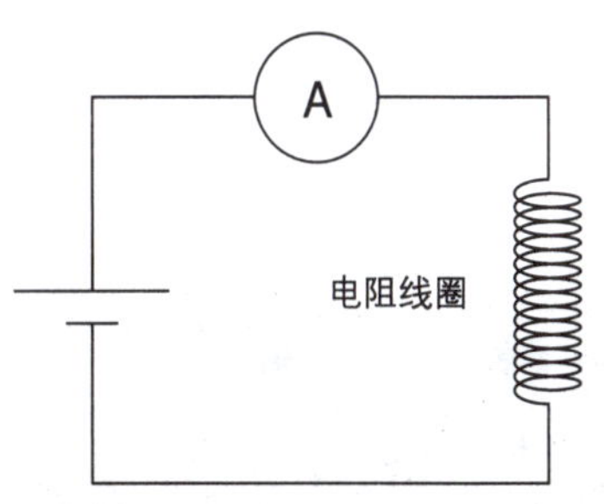

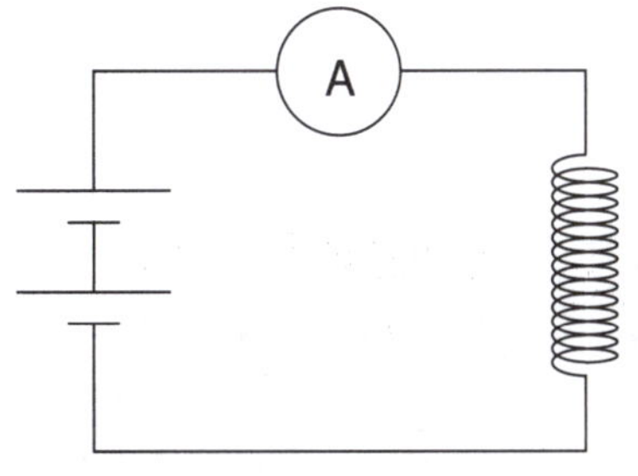

3. 她又将电池一节节增加，直至 6 节，每次都得到一组数据。
4. 最后，她作出了电流和电压的关系图像。

1.5 V电池节数	电池电压（V）	电流（mA）
1	1.5	75
2	3.0	150
3	4.5	225
4	6.0	300
5	7.5	375
6	9.0	450

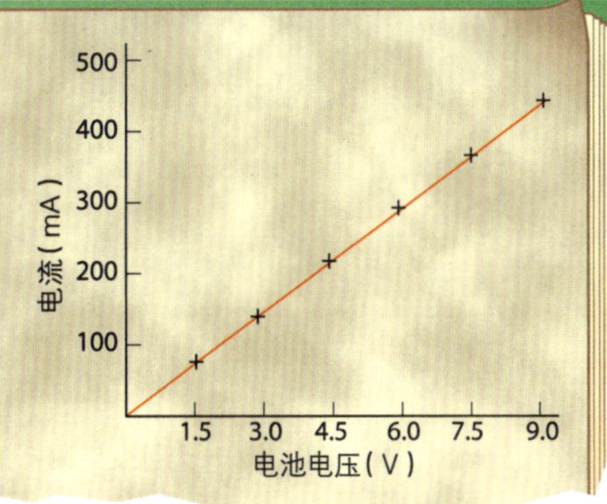

图像中的直线表示了电路中的电流和电池电压成正比。这一结果就是人们熟知的**欧姆定律**（Ohm's law）。如果我们用每次得到的电压值除以电流值，就会发现其结果都是相同的。而如果所得到的值越大，则电路中的电阻也就越大。这就是测量电阻的方法。它可用下式表示：

$$导体的电阻 = \frac{导体两端的电压}{通过导体的电流}$$

或用字母符号表示为：

$$R = \frac{U}{I}$$

电阻的单位是欧姆（或简记为欧，亦可用字母 Ω 表示）。

变换公式形式可得 $I = \frac{U}{R}$。如果知道了电池的电压和电路中的电阻，就可以利用它方便地计算出电路中的电流了。

问题

3. 在妮可的探究实验中：
   a. 她要用多少节 1.5 V 的电池才能使通过线圈的电流达到 600 mA?
   b. 她所使用的线圈的电阻是多大?
4. 在简单串联电路中，一个 9 V 的电池连接在一个 45 Ω 电阻的两端。
   这个电路中的电流是多大?

欧姆定律

欧姆定律说明，在温度不变的前提下，通过导体的电流和加在导体两端的电压成正比。欧姆定律仅适用于某些类型的导体（如金属材料制成的）。因为电流本身也会在导体中产生热量，这就使问题变得复杂起来。例如，通过正在发光的小灯泡的电流就不再和电池电压成正比关系了，它的 *I-U* 图像是弯曲的，原因是电流在通过小灯泡的灯丝时将它加热了，它的电阻也随之增大。

关键词

- 电压
- 电阻
- 欧姆定律

各种各样的电阻器

电路中使用电阻器的目的一般是要控制电路中电流的大小。有时我们为了更方便地控制电路中电流的大小，如控制收音机或CD播放机音量的高低，往往使用可变电阻器。当我们转动它的旋钮或移动它的滑动钮时，它接入电路的电阻就会发生较稳定而有规律的变化。

左图所示的电路图中给出了可变电阻器的符号。当我们改变电阻时，电路中灯泡的亮度将随之改变，两个电流表的示数也将一起增大或减小。无论将可变电阻器安装在一个回路的哪一个位置，它都能控制其中电流的大小。（B节中的电路模型预测过这一点吗？）

用可变电阻器控制串联电路中的电流。

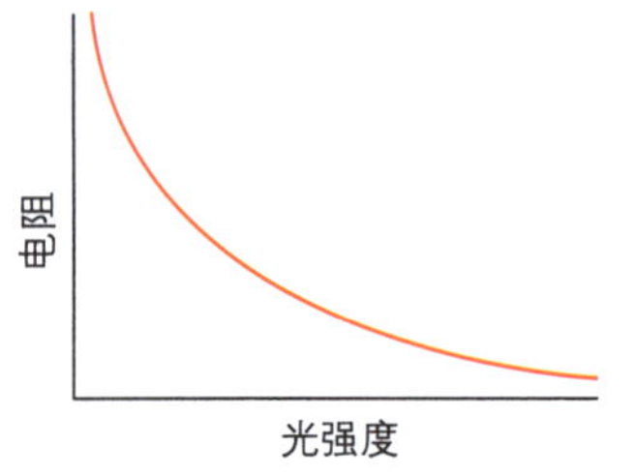

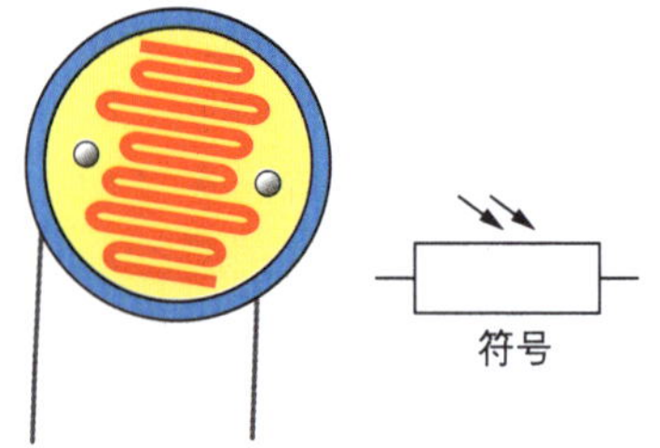

光敏电阻的阻值随光强度的增大而减小。

每一个滑动钮都能调节一个可变电阻器的电阻。

有一些很有用的传感器实质上也是一种可变电阻器。例如，光敏电阻器（LDR）是一种用半导体材料制成的器件。当将它置于暗处时它的电阻变大，而将它置于亮处时电阻又变小。LDR可用于测量光亮度，也可用作根据亮度的变化控制其他设备的开关，如用它制成门灯开关，可自动控制灯夜间亮，白天熄灭。

热敏电阻器是另一种用半导体材料制成的器件，它的电阻能随温度发生剧烈的变化。通常的电阻器当温度升高时电阻变大，但热敏电阻器能在温度升高时使电阻变小。热敏电阻器可用于制作测量温度的温度计，并能用作根据温度状况工作的设备的开关。例如，用热敏电阻器可制成热水器的自动开关。当水温低于一定值时，它将自动接通电加热器电路，而当温度高于一定值或达到需要的温度后，它又会自动切断加热器电路。

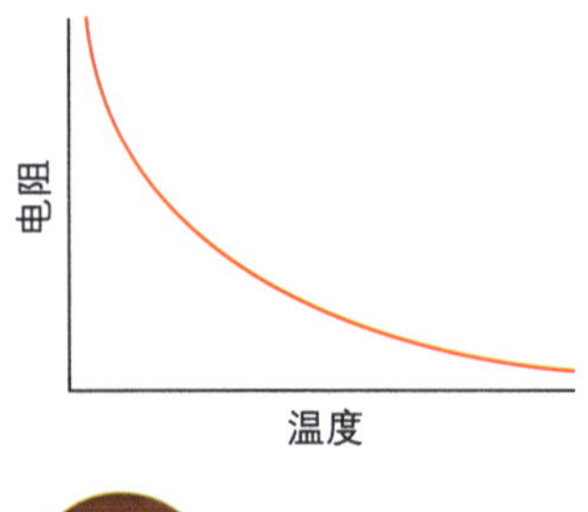

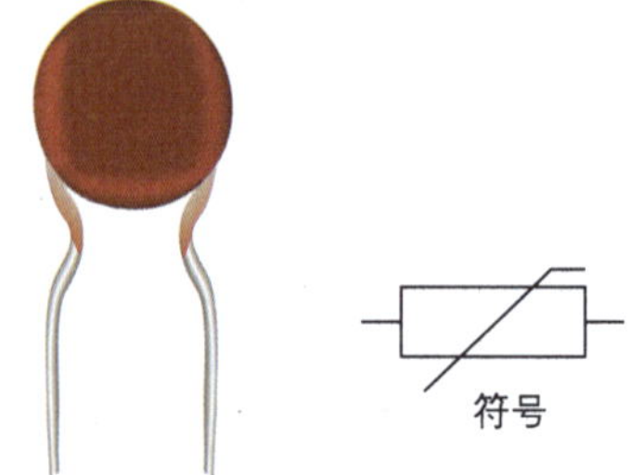

热敏电阻的阻值随温度的升高而减小。

电阻器的结合

实际上，大多数电路都比到目前为止我们在本章中讨论过的电路复杂。实际电路一般都包含有很多以不同方式连接起来的元器件，而串联和并联是电路的两种基本连接方式。

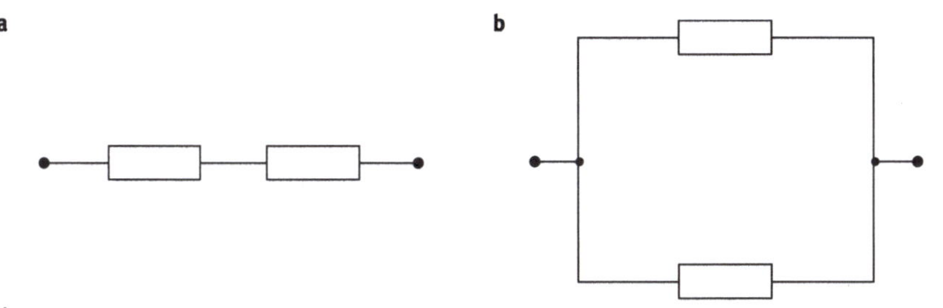

两个电阻器的连接：a 串联；b 并联。

这是一台电子计算机中的电路板，它包含了大量复杂电路，图中的小柱状物即为电阻器。

两个电阻器串联后的总电阻，和没串联前的任一个相比，都具有较大的电阻值。这时电池要驱使电流通过两个电阻器。但对于并联的两个电阻器的总电阻，则比没并联前的任一个都小，因为现在有两条通路可使电荷通过。新并联进来的电阻并不会影响原先一个电阻构成的电荷通路，而新通路使电荷更容易通过了，因此总电阻就变小了。

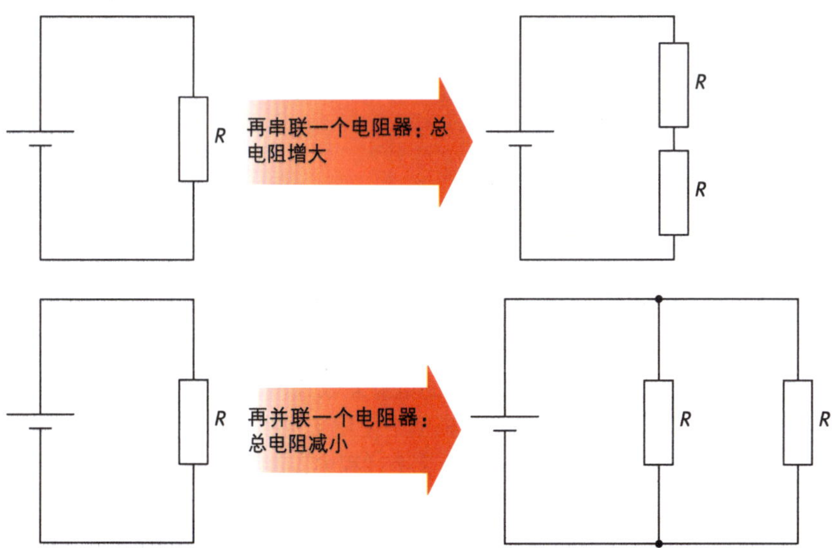

以不同的连接方式再加入一个电阻器：看它们的效果是如何不同的。

问题

5. 下面 3 个图中的所有电阻器都是相同的。将它们连接成的电路，按总电阻值从大到小的顺序排列起来。

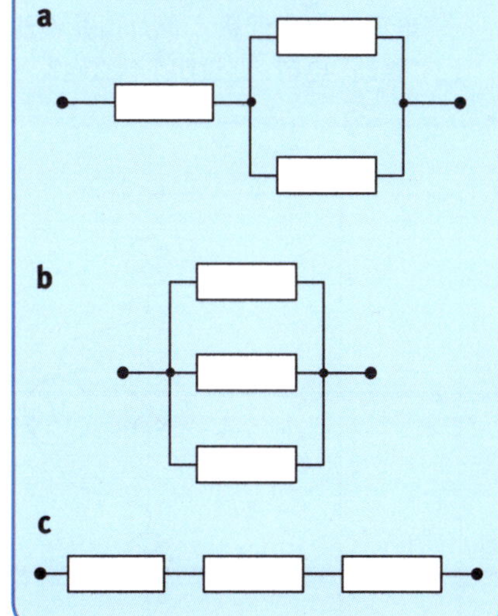

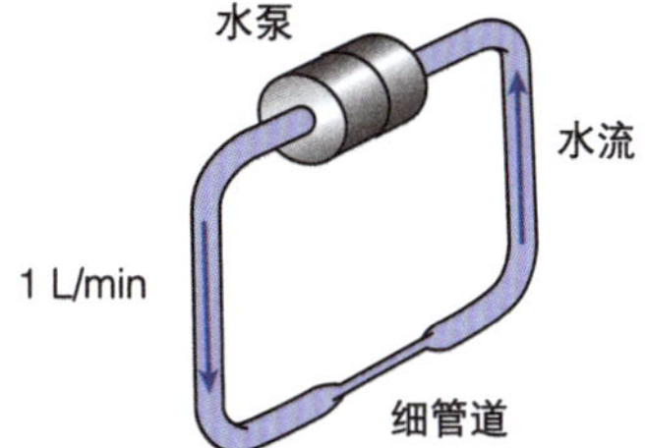

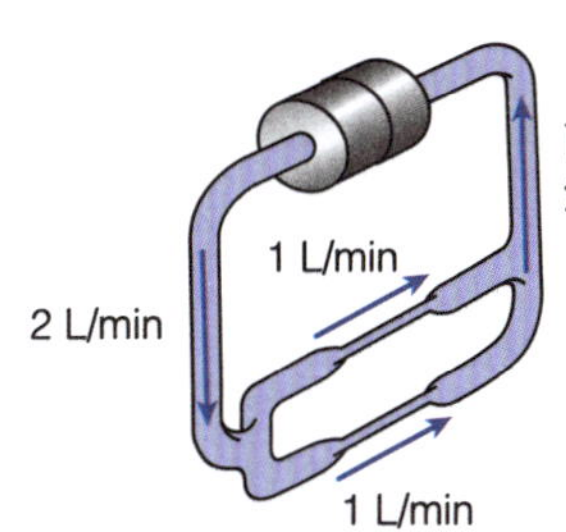

水流模型显示了并联产生的第二条通路使总电阻减小的原因。

E 电势差

通过探究发现

- 用电压表测量电路中两点间电势差的原理
- 高度差能够提供十分有用的研究电势差的模型
- 电流在流过并联电路时要分流
- 分压器使用的方法

我们在前面曾经用电压来表示电池"推动"电荷在电路中流动的能力。但如果我们将一个**电压表**(voltmeter)接到一个正在工作的电路中的电阻器(或灯泡)两端时，它竟然有读数！而电阻器和灯泡并不能起"推动电流"的作用。那么，电压表的读数一定表示了其他方面的含义。

为此，我们可以把电池想象为一台水泵，它能将水从低处抽到高处，然后再流回它原来的地方，又进入水泵的进水口，周而复始。下图显示模拟由 3 个电阻器(或 3 个灯泡)串联接入电路的情形：水泵对水做**功**(work)增大了水的势能，然后水对 3 个水轮做功后返回原点。如果不考虑能量损失的话，对水轮做的功之和等于水泵对水做的功。

在这个电路中，电池对电荷做功，将它们升高到较高的"能级"上，然后又分 3 步做功将这些能量转移了出去，使它们的能量恢复原来的大小。电压表测量到的实际上是电路两点间的"能级"的差异，因此可称为**电势差**(potential difference, p. d.)。电势差的单位也是伏特(V)。

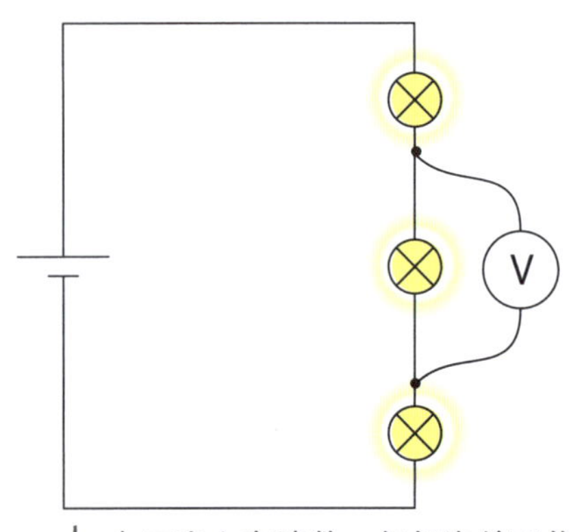

电压表上有读数。但灯泡并不能"推动"电荷，这说明了什么呢？

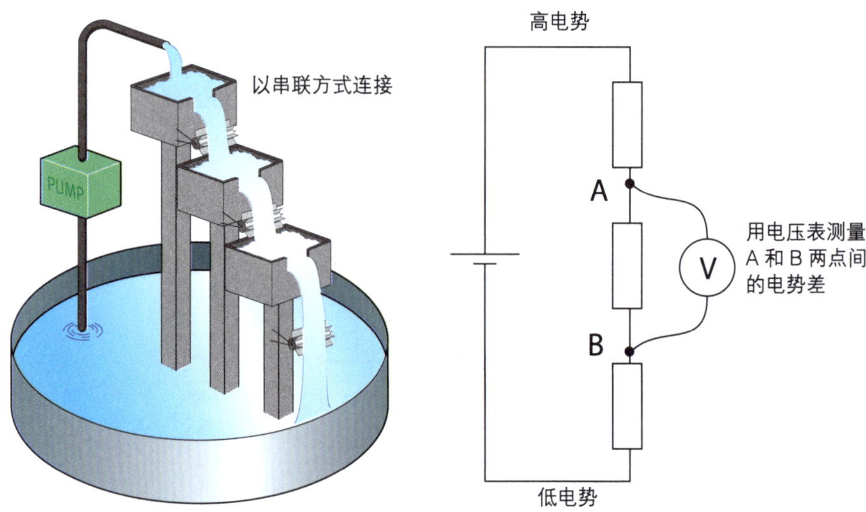

电池的电压实质上就是电池两极间的电势差。如果我们在上述电路中使用电压较大的电池，这就意味着它两极间的电势差较大，则灯泡(或电阻器)两端的电势差也就较大。这就好像在水泵模型中使用了更强有力的水泵，使水能达到更高的水位。而在向下流回原水位的 3 个过程中，其水位的变化也就更大。

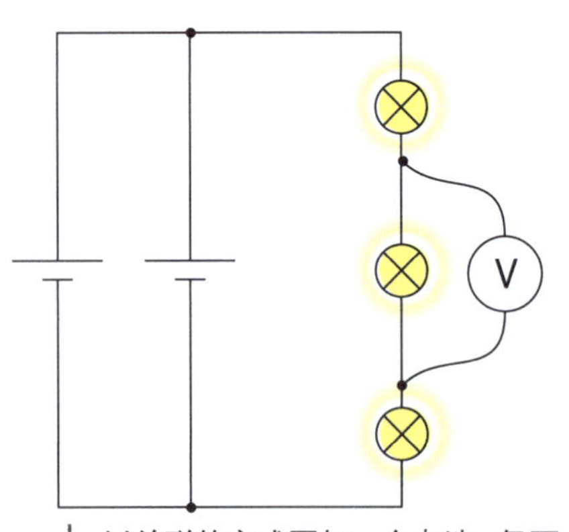

以并联的方式再加一个电池，仍不能改变灯泡两端的电势差。因此，通过灯泡的电流也不变。

对并联电路也可用相同的方法。但这时水流被分成了 3 股，每股都一次损失掉所有本身具有的能量。

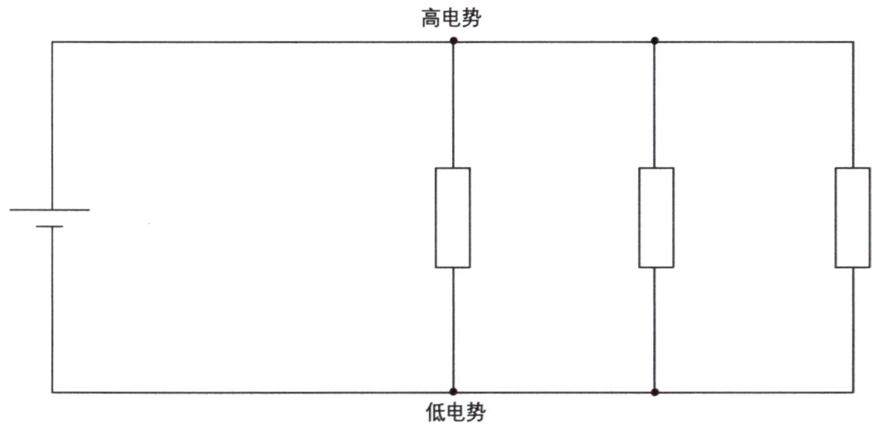

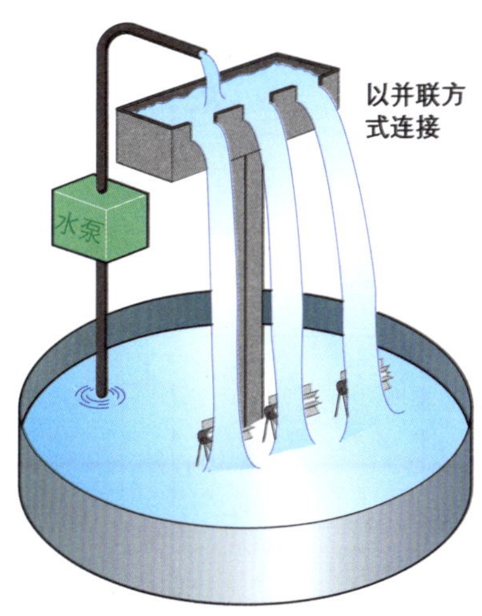

跨接在电路各元件两端的电压表读数

这时水泵模型有助于我们理解和预测接在不同电路中电阻器两端的电压表的读数。如果一些电阻器是以并联方式和电池相连的，则每一个电阻器两端的电势差都是相同的，即都等于电池电压。

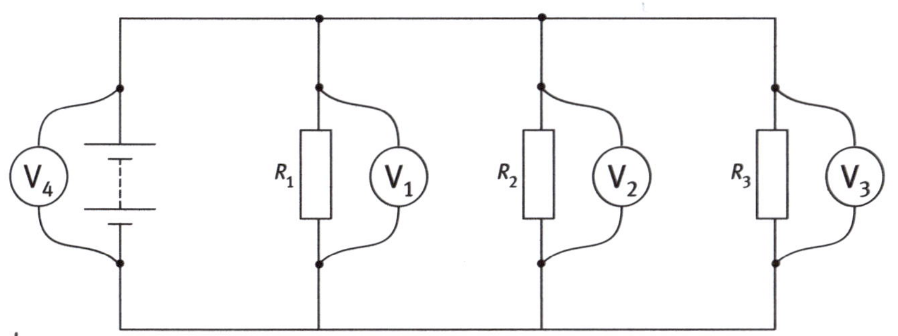

图中所有的电压表的读数都相同，与 R_1、R_2 和 R_3 的阻值大小无关。

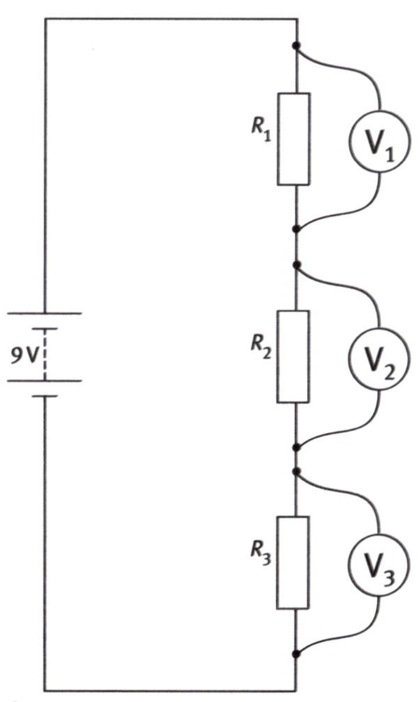

各电压表读数和电阻成正比，它们之和等于电池电压。

如果电阻器是以串联的方式（如右图所示）和电池相连的，则它们各自两端的电势差之和等于电池电压。这和前一页的水泵模型所表达的结果完全一致。

在串联电路中，每个电阻器两端的电势差的大小取决于电阻的大小。具有最大阻值的电阻器两端的电势差最大。这里表达的物理意义是：将电荷“推过”具有较大阻值的电阻器所需要做的功，肯定要比通过阻值较小的电阻器的大。

如果将多个相同的电池以并联方式和一个电阻连接，则电阻两端的电势差和一个电池时的相同。因为电阻两端的电势差不变，故流过电阻的电流也不变。

关键词
- 电压表
- 功
- 电势差

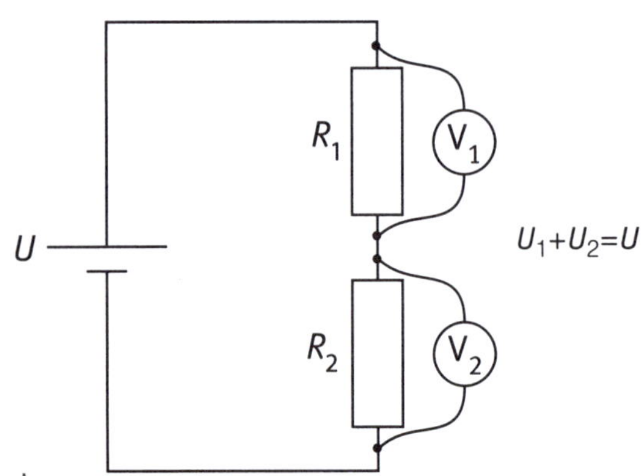

两个电阻串联构成了分压器。

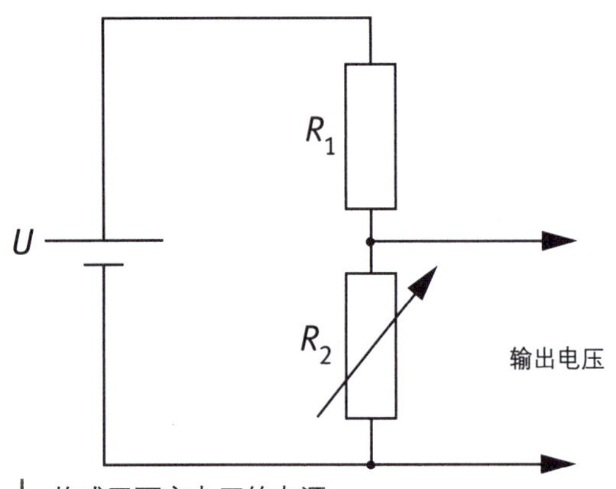

构成了可变电压的电源。

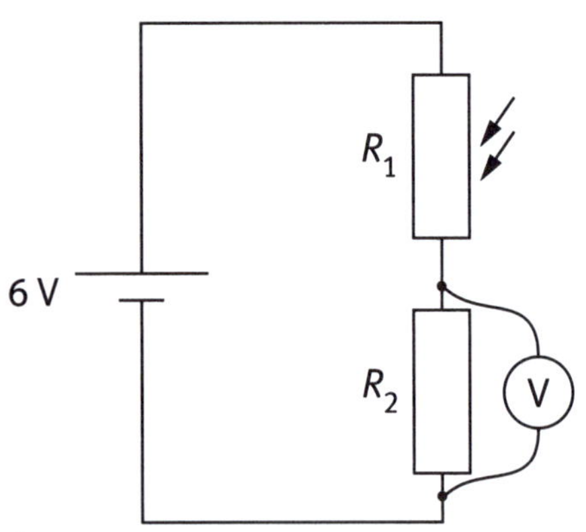

简单的光度计。

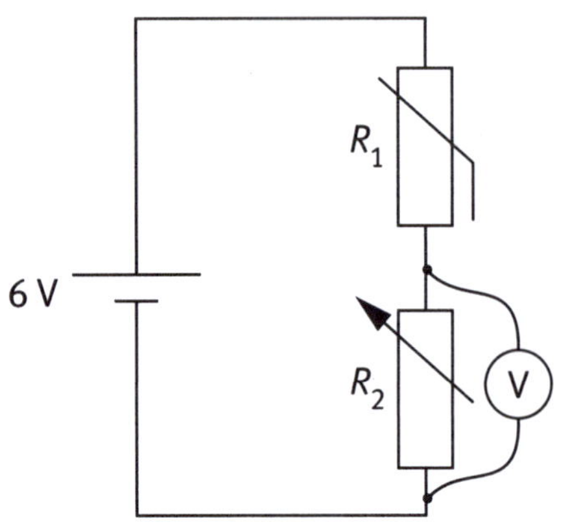

分压器

由两个电阻串联起来构成的电路有许多重要的用途，在电子电路中尤是如此。这两个电阻上的电势差之和等于电池两极的电势差（即电池电压）。这时，两个电阻将电池电压分成了两部分。因此，这种电路也被称为**分压器**（potential divider）。这两个电阻可以是不等值的。阻值较大的电阻上分得的电压也较大。

分压器的一个用途是提供可变的电压。若可变电阻器 R_2 调至 0 时，则输出的电压也为 0。而固定电阻 R_1 两端的电压则等于电池电压。但若 R_2 的电阻增大，则它“分得”的电压也将增大，使输出电压增大。电池只能提供固定的电压。但我们可以借助分压器，只需调节旋钮即可提供可变的输出电压了。

传感器也是利用了分压器的原理。光传感器是利用光敏电阻（LDR）与一个固定电阻串联制成的。在黑暗中，LDR 的阻值很大（远比 R_2 的大）。故电压表的示数小至几乎为 0。

但它受光照射时，LDR 的阻值急剧变小（远比 R_2 的小）。故电压表的示数几乎等于电池电压，即图中电压表的示数接近 6 V。

换言之，电压表的示数反映了 LDR 处的光亮度。

问题

1. 描述并解释左侧的分压器电路中，当热敏电阻处于下列状态时电压表示数的变化：
   a. 冷时
   b. 热时

   说明用这个电路制成电子温度计的可能性。

并联电路各分支中的电流

第 179 页并联电路中的电阻器 R_1、R_2 和 R_3 两端的电势差完全相同，它们都完全等于电池两极间的电势差。但通过各电阻器的电流却不一定相同，这时电流的大小取决于电阻器的阻值。通过阻值最大的电阻器的电流是最小的。对于这一观点，我们可以通过两种方式来理解它：

1. 假如使水在一根粗水管中流动，然后将水管在中间分成两根，保持两端的水管不变。若分开后并列的水管的粗细不同，则每秒内流过较粗水管的水较多，因为较粗的水管比较细的水管的阻力要小，因此流过粗水管的水就多。

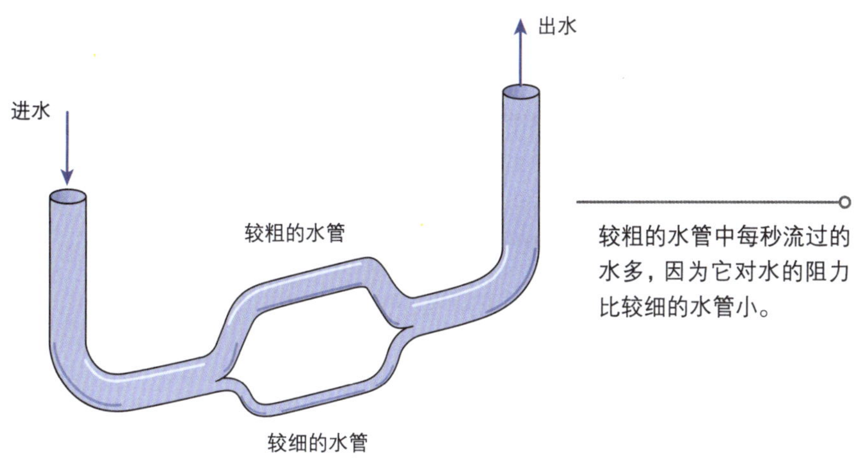

较粗的水管中每秒流过的水多，因为它对水的阻力比较细的水管小。

2. 两个电阻器并联后接到电池上，就形成了共享一个电池的两个分立的单回路电路，在各回路中的电流是彼此独立的。一个回路中的电阻越小，则其电流就越大。因为电路中有些导线是两个回路中共用的，故这里的电流将最大。我们由此应能看出，这里的电流为两个单回路中的电流之和。

问题

2. 设想将下图电路中的红色电阻器拆下并保留缺口。则将发生的现象是：
   a. 电流只能通过紫色电阻器
   b. 仍有电流从电池流出再返回电池

   对每种情况都给出你的解释。

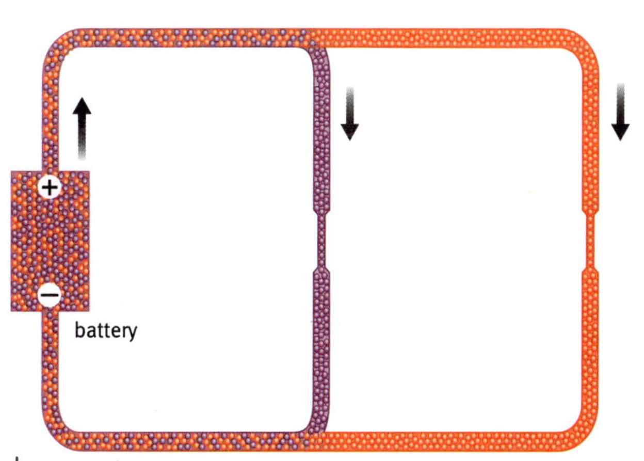

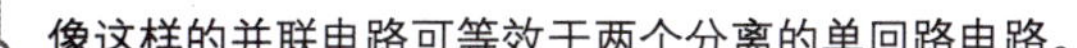

像这样的并联电路可等效于两个分离的单回路电路。

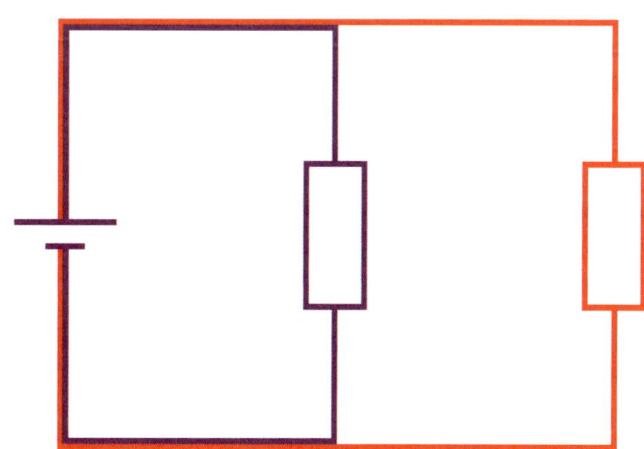

F 电功率

通过探究发现

- ✔ 电路元件消耗的电功率的大小取决于流过它的电流和它两端电压的大小

从根本上说，电路就是电流以某种方式做功的装置。它能将电池中贮存的化学能转移到电路的其他元件上。而电路元件做功的快慢，即将电池中的能量转移到电路中其他元器件上的快慢程度是任何电路的主要特征之一。而转移能量的快慢程度称为电路的**电功率**（power）。

测量电路的电功率

若要使一个只有一节电池和一个灯泡的简单电路的功率变为原来的两倍或三倍的话，我们可采用下面的两种方式：

- 一种方法是：在电路中再先后接入一个或两个灯泡，并使它们和原先的灯泡以并联方式连接，如下图左下侧的方式所示。这时，电路的电势差不变，但电池流出的电流却分别是原来的两倍或三倍，电功率是和电流成正比的。

- 另一种方法是：在电路中再先后接入一个或两个灯泡，并使它们和原先的灯泡以串联的方式连接，然后再分别接入第二节和第三节电池，使每次各灯泡的亮度都相同（下图横向所示）。这时，电路中的电流保持不变，但电路中的电势差却分别是原来的两倍和三倍，电功率也和电势差成正比。

右下角的框内给出了归纳后的结果。

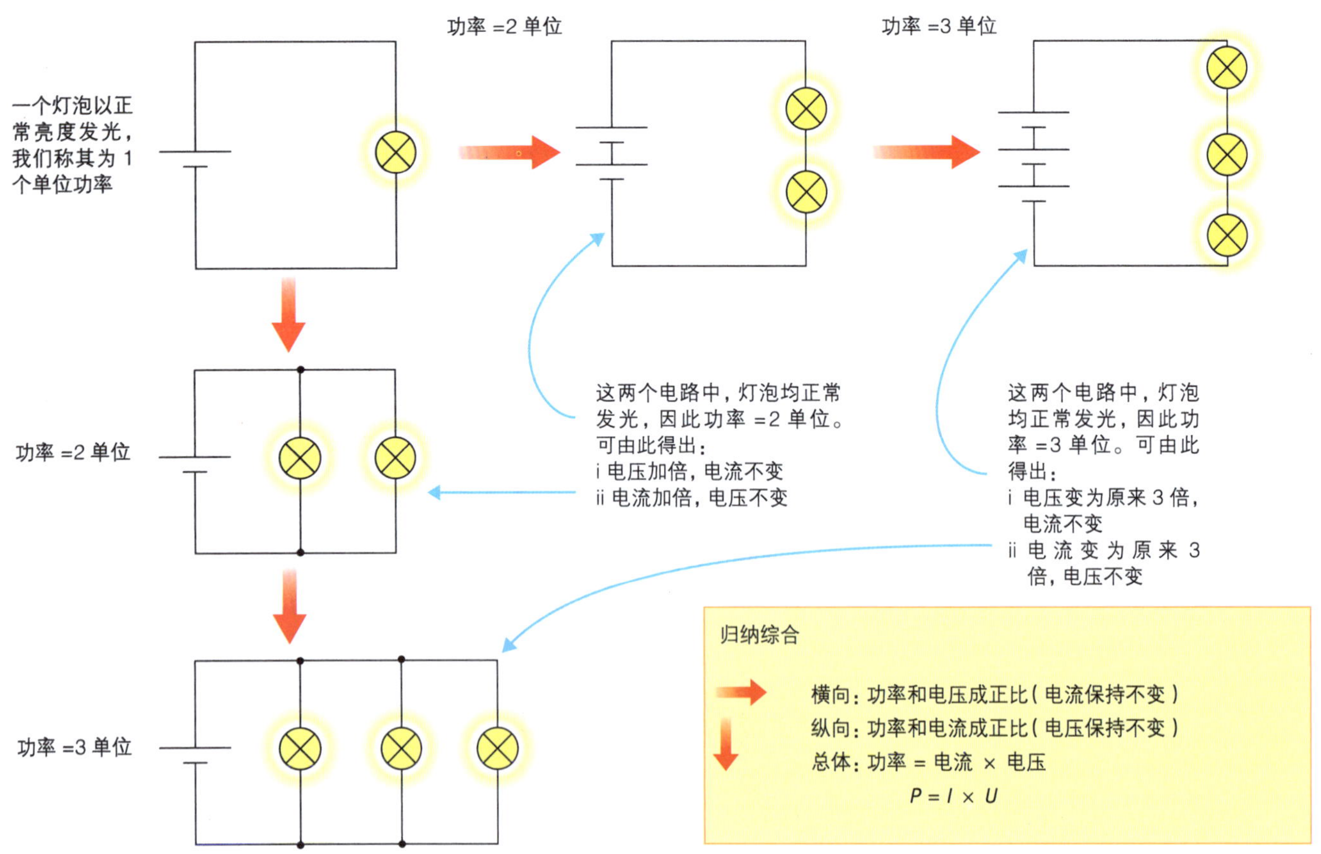

总体来说，电路中消耗的电功率取决于流过电路的电流和电路两端的电压。可用下式表示：

功率	=	电流	×	电压
P	=	I	×	U
（W）		（A）		（V）

电功率的单位是瓦特（可简记为瓦，亦可用字母 W 表示）。1 瓦特等于 1 焦耳 / 秒，即 1 W = 1 J/s。

为了理解上式中电功率的物理意义，可参见第 174 页中关于电阻的解释。若将电池的电压增大，则导线中的电场也就增强了，其中的自由电荷（电子）的流动速度也就加快了。当这些电荷与导线中的原子碰撞时，转移出去的能量也增大了。电荷的速度加快，导致碰撞也更加频繁。因此，当电压增大时，电子和金属中原子点阵的碰撞和原先相比既更剧烈又更频繁。

如果我们知道了电路中电功率的大小，就可以计算出在一定的时间范围内电路所做的功（或转移的能量）的多少。

电功（转移的能量）	=	电功率	×	时间
W	=	P	×	t
（J）		（W）		（s）

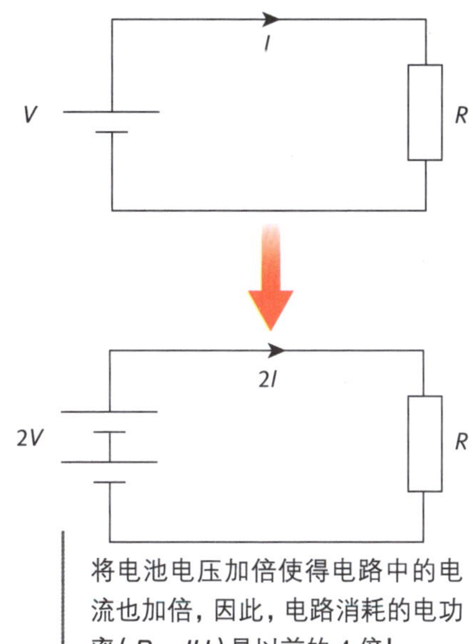

将电池电压加倍使得电路中的电流也加倍，因此，电路消耗的电功率（$P = IU$）是以前的 4 倍！

地铁列车使用的电动机的电功率远大于站台顶棚上照明灯的电功率，这是由于前者的电压和电流均大于后者。

问题

1. 在下列两个电路中，电阻器 R_1 的阻值较大，电阻器 R_2 的阻值较小。当两电路的开关都闭合一段时间后，哪个电阻器将较热？试说明你的理由。

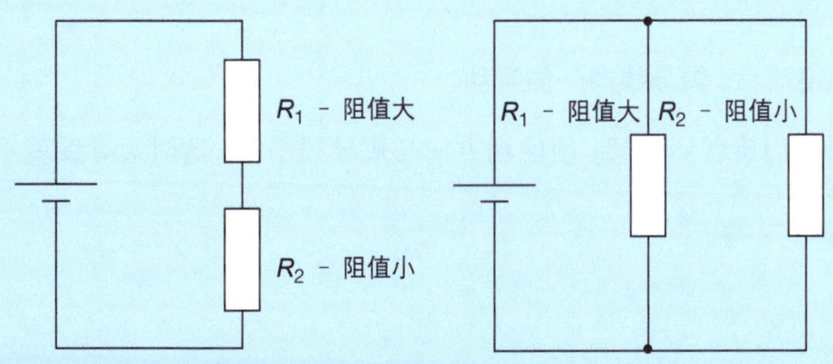

2. 在电路 A 中，一节电池和一个阻值较小的电阻器相连接；而在电路 B 中，一节电池和一个阻值较大的电阻器相连接。若两个电路中所使用的电池相同，则它们哪个储存的能量先耗尽？试说明你的理由。

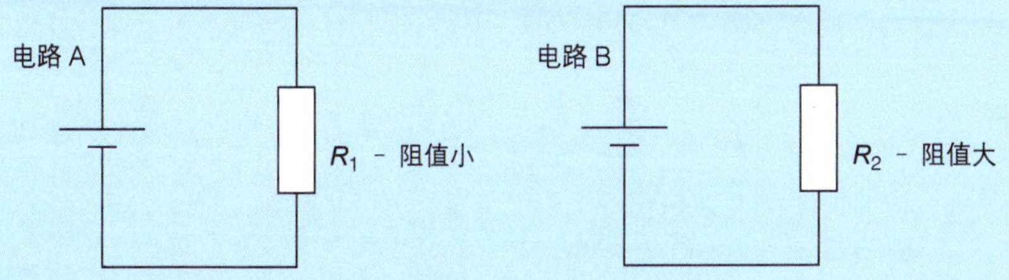

关键词

✔ 电功率

通过探究发现

- 通电导线在磁场中所受的力
- 电动机能转动的原因

磁效应

1819 年，丹麦物理学家汉斯·克里斯琴·奥斯特注意到，每当他接通一个电路中的电源时，其导线附近的小磁针就发生偏转。通过进一步的探究，他发现了电和磁之间的一种联系。当导线中有电流通过时，则在导线周围产生了**磁场**（magnetic field），附近的小磁针就受到了由电流产生的磁场的作用力。

将导线绕成线圈可使磁性更强，这是每一匝导线产生的磁场迭加所致。如果将线圈中放入铁芯，则磁性还会进一步加强。这样就成为一个**电磁铁**（electromagnet）。

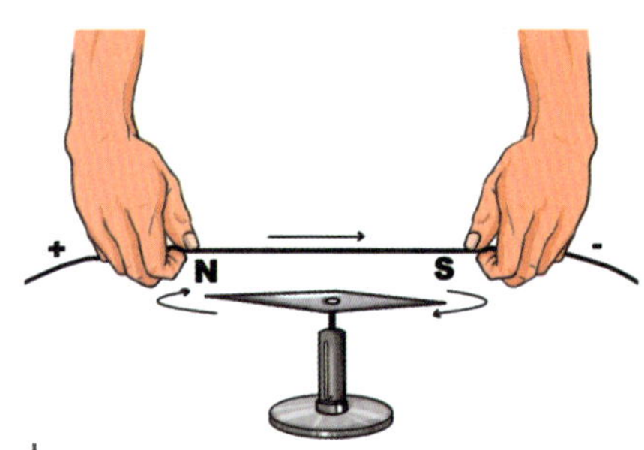

当小磁针上方的导线中通以电流时，小磁针发生转动。

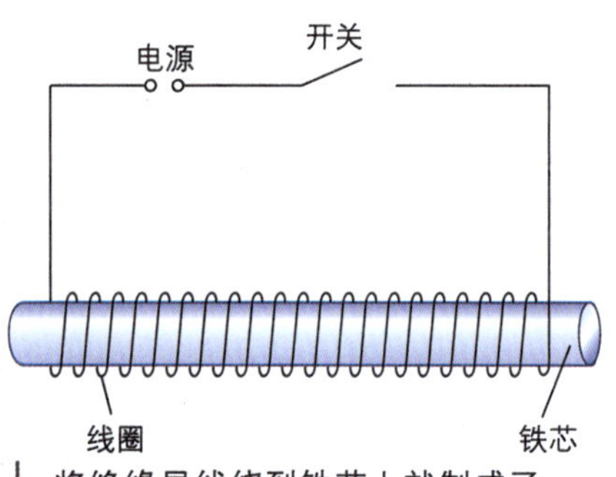

将绝缘导线绕到铁芯上就制成了一个电磁铁。它可以用开关控制磁性的有无。

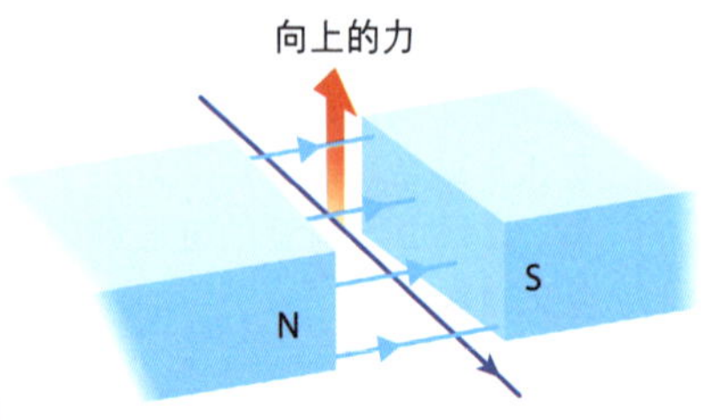

磁场中通电导线受到的力的方向与磁感线方向和电流方向都垂直。

磁场力

将一个像指南针那样的永久性磁铁放到由通电导线产生的磁场中，它就受到了力的作用。我们能否将磁铁固定住而使导线运动呢？下图显示了达到这一目的的一种途径。将一根短导线“骑”在两根平行长导线上。导线是铜制的并去除绝缘层。将短导线置于由两个磁铁形成的磁场中。这时接通电源，短导线就向一侧滑过去。磁场力的方向与磁感线和电流方向都成直角。

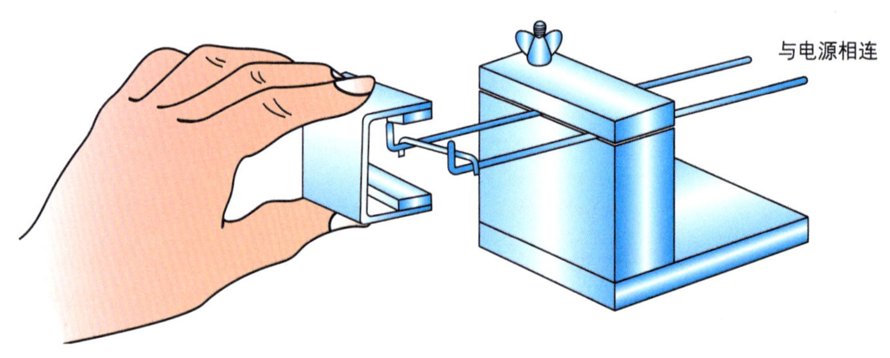

接通电流后，短导线向一侧运动。

如果我们旋转磁铁架，使磁场方向与短导线平行，这时短导线就不再受这种力的作用了。

线圈的旋转效应

磁场能使通电线圈转动。右图显示的是一个矩形扁平线圈在磁场中的情况。线圈两端导线中的电流方向与磁场方向平行，故它们间没有力的作用。然而，线圈两侧导线中的电流方向与磁感线垂直，故它们都受到了力的作用。这个力的方向与磁场和电流的方向都垂直。又因线圈两侧的电流方向是相反的，故一侧受到的力向上，另一侧向下。这两个力的作用效果使线圈绕图中虚线所示的轴线转动起来。若线圈是用很多匝的导线构成的，则它能产生更强劲的力。

磁场对扁平线圈的旋转效应。

电动机

上图中的线圈只能转过 90°，然后就停了下来。但如果我们能在这一点改变电流的方向，则就能改变每一侧导线的受力方向，从而使其能再转半圈。这时再改变线圈中的电流方向，则可以使它不停地转动下去了。这就是简单**电动机**（motor）的工作原理。

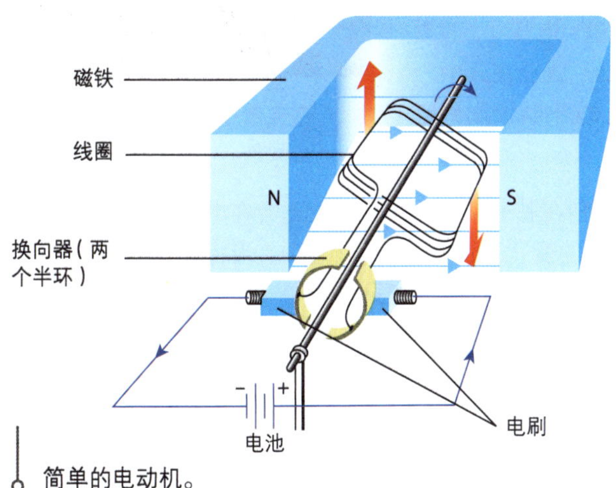

简单的电动机。

现在不使用固定连接的方式，而是用一对电刷紧靠由一对半圆环构成的**换向器**（commutator）。换向器固定在线圈上并随其一起转动。线圈转动时，在每一半圈中，电刷各接触一个半环。因此，每转过一圈，通入线圈的电流方向发生两次改变，同时也改变了它在磁场中受力的方向，从而能维持线圈持续转动下去。

问题

1. 观察两个磁铁之间的通电平线圈。试解释为什么当线圈平面与磁场垂直时没有产生使它转动的力。
2. 试解释换向器是如何保证线圈接在直流电源上，也能使电流方向变化的。

关键词

- 磁场
- 电磁铁
- 电动机
- 换向器

通过探究发现

- 磁铁在线圈附近运动能在线圈中产生电流的原因
- 决定发电电流大小的因素
- 用于大规模发电的方法

电和磁间存在着联系。电流能够产生使通电导线运动的磁场，这就是电动机依据的物理原理。我们能否将这一过程反过来，即用在磁铁旁运动的导线来产生电流呢？

电磁感应

19 世纪 30 年代，英国物理学家迈克尔·法拉第用磁铁、导线、线圈等做了大量的探究实验。他发现，当将一根磁铁插入线圈时，竟然能产生电流，且仅在磁铁运动时才能产生电流，在静止时则不能。而当将磁铁从线圈中抽出时，也能产生电流，但电流的方向是相反的。这一效应被称为**电磁感应**（electromagnetic induction）现象。

迈克尔·法拉第发现了电磁感应现象。

当磁铁向线圈中运动时，导线周围的磁场发生了变化，磁感线“切割”了线圈，从而在线圈两端产生了电势差（电压）。如果线圈和一个闭合电路相连接，就能在其中产生电流。只要磁铁在运动，线圈就能起到电池那样的作用。

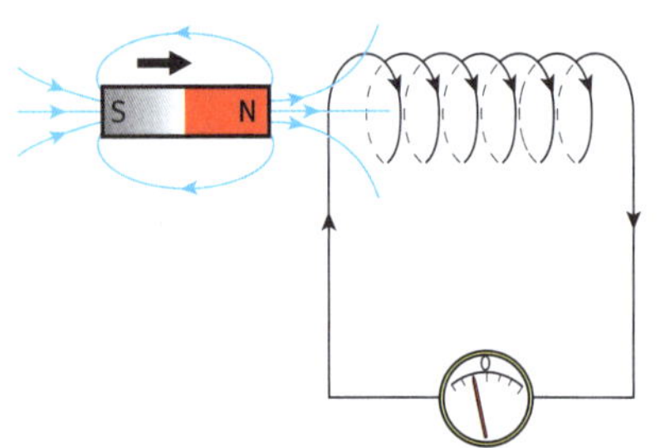

① 当一根磁铁向线圈内插入时，在灵敏电流表上有微小的读数。

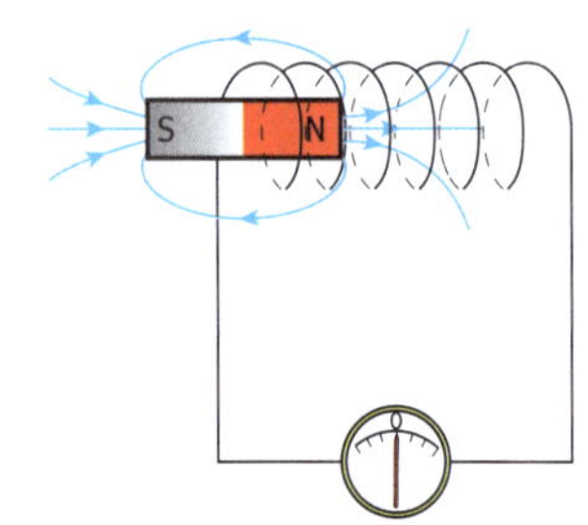

② 磁铁静止不动时，回路中没有电流。

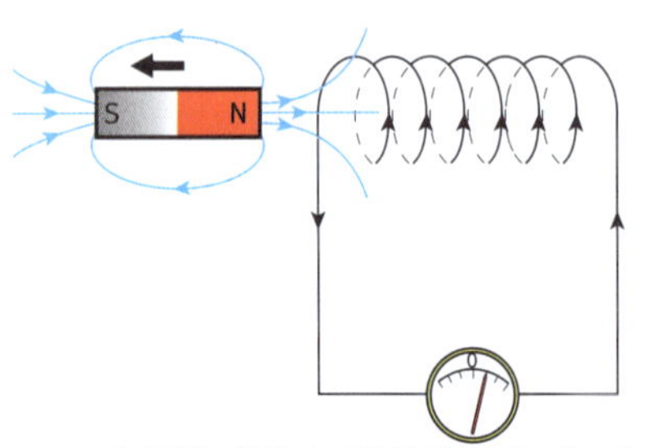

③ 当再将磁铁向线圈外抽出时，在灵敏电流表上也有微小的读数，但方向和插入时相反。

在线圈中插入或抽出磁铁的过程中，线圈中能产生电流。

若磁铁在线圈中静止，则在其两端没有电压，也不会在电路中产生感应电流。引起感应电压的是磁场的变化（而不是磁场本身）。当将磁铁从线圈中抽出时，磁场也发生了变化，产生了方向相反的感应电压（或电流）。

增大感应电压值可以用下列方法：

- 加快磁铁进出线圈的速度。
- 使用磁性更强的磁铁。
- 使用匝数更多的线圈（线圈的感应电压等于各匝线圈中的感应电压之和）。

制造发电机

我们可用在一个线圈一端附近转动磁铁的方法制造一个简易**发电机**（generator）。如果在线圈中加入铁芯的话，则效果将更明显。因为这样可增大线圈中磁场的强度。随着磁铁的转动，线圈周围的磁场在恒定地变化着，就在线圈两端感应出电压，从而能在电路中产生电流。但电流的方向却是随着磁场每半圈一次的方向变化而变化的。这种电流称为**交流电**（alternating current, a. c.）。对很多用电器来讲，它们都是用**直流电**（direct current, d. c.）工作的。直流电的电流方向是始终不变的。

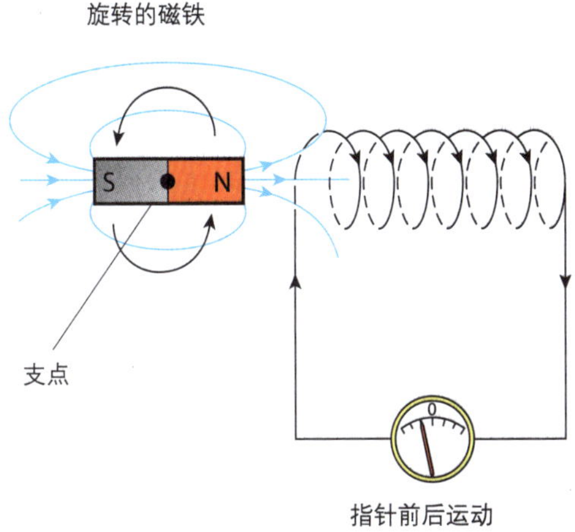

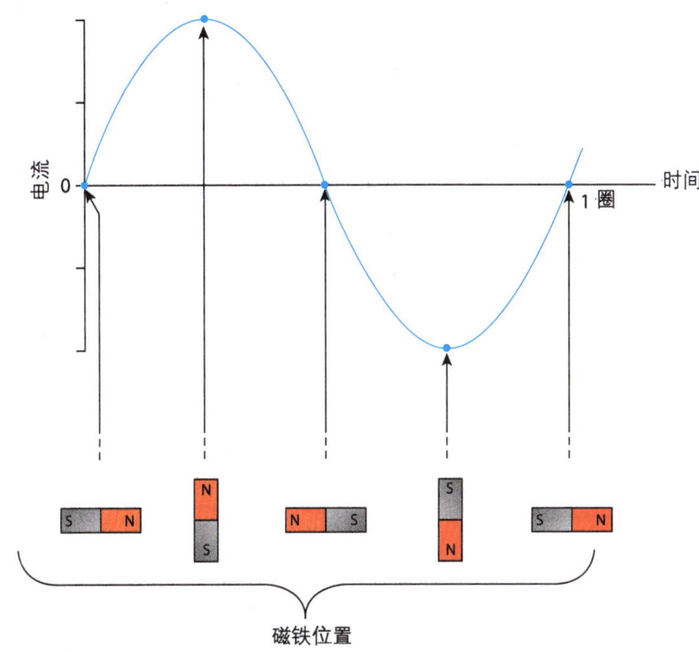

如果磁铁是旋转的，则将在线圈中产生交流电流。

根据这一原理制造的发电机所产生的交流电，其电压（或电流）可以用下列方法来增大：

- 使用磁性更强的磁铁或电磁铁。
- 加大磁铁或电磁铁的转速（这样会增大交流电的频率）。
- 增加固定线圈的匝数。
- 在固定线圈中加入铁芯（这可使线圈中的磁性大为增强，甚至可增大1000倍以上）。

在典型发电厂的发电机中，是用一个电磁铁在线圈中旋转来发电的。当它旋转时，就在线圈中产生了交流电。在英国的发电厂中，电磁铁在线圈中的旋转速度为每秒50周。发电机一般是用蒸汽轮机带动的，而蒸汽是用燃烧天然气、石油或煤产生的，也有的是用核反应堆的热效应产生的。

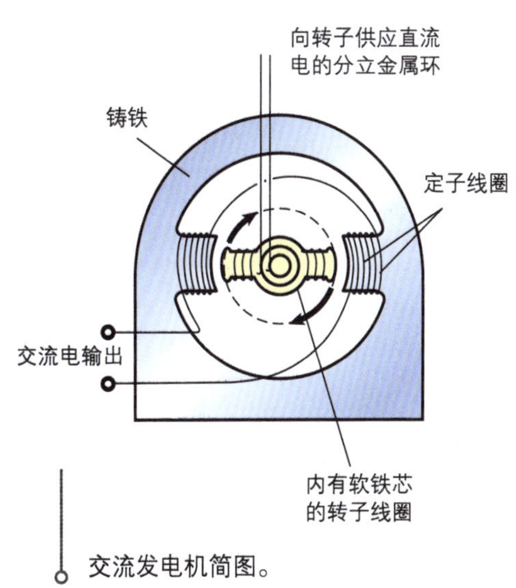

交流发电机简图。

问题

1. 试描述发电厂发出的交流电和电池产生的直流电的不同之处。
2. 观察上图，试说明当发电机中的磁铁旋转时，其外侧线圈两端的电流随时间变化的原因。

关键词

- ✔ 电磁感应
- ✔ 发电机
- ✔ 交流电
- ✔ 直流电

变压器

磁铁在线圈中的运动可以在线圈中产生电流。运动的普通磁铁可用电磁铁来代替。若将一个线圈绕在一根铁芯上，就能成为一个电磁铁。当有电流通过时，它可能具有比普通磁铁更强的磁性。

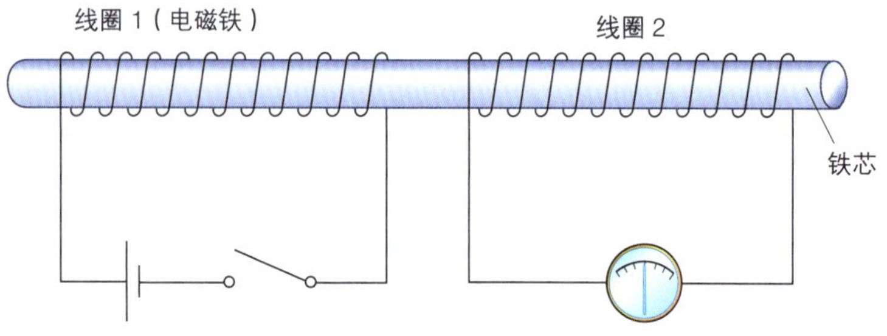

当开关闭合后，电磁铁中就有电流通过（线圈 1）。这与在线圈 2 中插入磁铁具有相同的效应。因此，一旦线圈 1 中的电流发生变化，就在线圈 2 中产生了电流。像这种在一根铁芯上绕制两个线圈制成的装置称为**变压器**（transformer）。使原线圈中的电流发生变化就能在副线圈中产生感应电压。如果在原线圈两端通入交流电，即它的电流每时每刻都在发生变化，则就在副线圈中产生了变化的感应电压。

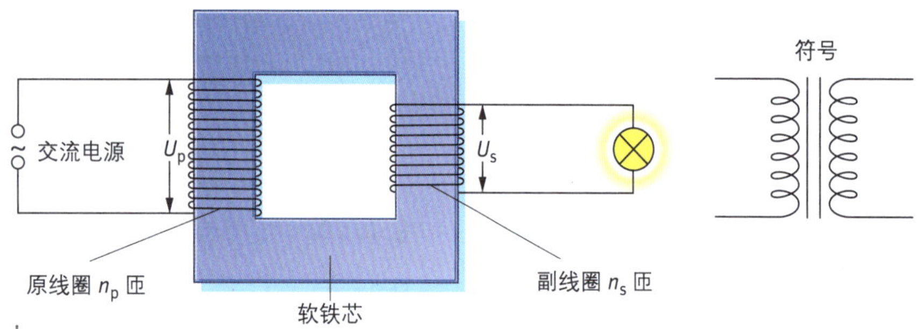

这是变压器原理图。当原线圈中的电流发生变化时，则在副线圈的两端产生感应电压。这使得右边的电路回路中有电流。请注意：变压器的各线圈间没有直接连接，它们间的唯一联系是磁场。

变压器改变电压的功效取决于两个线圈的匝数比。

下式给出了变压器中各线圈的匝数和电压间的关系：

$$\frac{\text{副线圈两端电压}}{\text{原线圈两端电压}}=\frac{\text{副线圈匝数}}{\text{原线圈匝数}} \quad \text{即} \quad \frac{U_s}{U_p}=\frac{n_s}{n_p}$$

如果副线圈上导线的匝数比原线圈的多，则在副线圈两端产生的感应电压就比加在原线圈两端的电压要高。然而，有所得就必有所失！这时副线圈中的感应电流会相应地变小，而副线圈中的电功率不能大于原线圈中的电功率（记住：$P=IU$）。

通过探究发现

- 变压器被用于改变供电电压的原理
- 国家电网的主要组成部分

在发电厂中，用于发电的初级能源一般是天然气，但也使用煤、核能、储存在大坝中的水和风等作能源。

发电厂的核心是一个涡轮机组，当它转动时，带动发电机的线圈一同转动。

国家电网

变压器在国家电网系统的输电过程中起到了非常重要的作用。英国所有的发电厂都是联入国家电网系统的，因此可将电送往英国任何一个需要用电的地方。家庭中的任何一个插头也都接有发电厂送来的电，也就是说是和国家电网相连的。要做到这一点，就意味着既需要长长的输电线，也需要变压器中变化的磁场。

关键词
✔ 变压器

变压器用来提高发电站的输出电压，然后在输电线的末端再次降低电压。只有发电厂产生的是交流电时，这一过程才可能发生。

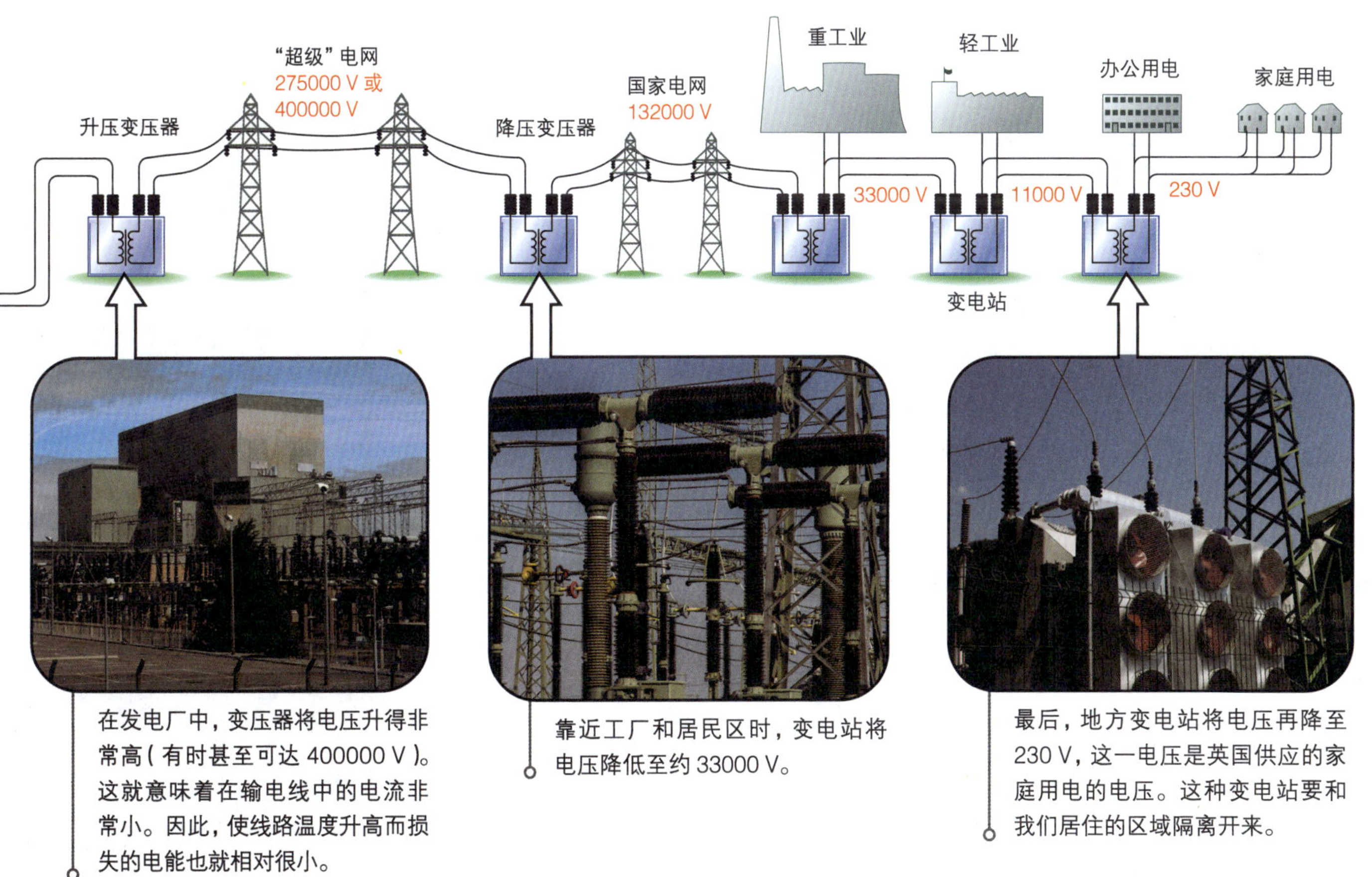

在发电厂中，变压器将电压升得非常高（有时甚至可达 400000 V）。这就意味着在输电线中的电流非常小。因此，使线路温度升高而损失的电能也就相对很小。

靠近工厂和居民区时，变电站将电压降低至约 33000 V。

最后，地方变电站将电压再降至 230 V，这一电压是英国供应的家庭用电的电压。这种变电站要和我们居住的区域隔离开来。

问题

1. 一台变压器中的原线圈是 100 匝，而副线圈为 25 匝。若在原线圈两端加上 12 V 的交流电，则副线圈两端的电压是多大？
2. 你如果想用一个 6 V 的交流电源使一个 12 V 的灯泡正常发光，请说明你如何制作一只简易变压器来达到这一目的。
3. 在国家电网中，变压器常被用于“升压”的目的，如用它将电压从 25000 V 升高至 400000 V，则在这一过程中，什么物理量变小了？

科学解释

电是现代生活的基础。理解电路中电荷、电流、电压和电阻的概念，使我们能够对发电和输电的方法有基本的了解，并能安全地利用电带来的便利。

应该知道：

- 电荷及电荷可分为正电荷和负电荷。
- 电流是存在于电路材料中的电荷的流动。
- 电路的工作原理及帮助我们理解电路原理的模型。
- 电流在电路中流动的过程中是不会耗尽的，它能对流过的用电器做功，将电池的能量传输到用电器上。
- 电池的电压决定了它推动电荷能力的大小。
- 在同一个电路中，电压越大，则电流也越大。
- 电路中的用电器阻碍电荷的流动，电流的大小取决于电池电压和电路的电阻。
- 电阻器有电流通过时发热及灯丝能发光的原因。
- 可变电阻器以及热敏电阻和光敏电阻在电路中的作用。
- 利用电压表测量电路中两点间电压的方法。
- 电池能够升高电路中电荷的势能，电荷在用电器中流动后能量将减小。
- 电压即为电势差。
- 串联和并联电路中电阻两端的电压和流过它的电流。
- 用两个电阻构成的分压器。其中一个是可变电阻器、热敏电阻或光敏电阻，这是非常有用的装置。
- 电路传输的功率，即每秒输送的能量。
- 通电导线在磁场中受到的力以及电动机的原理。
- 电磁感应包括：
  - 导线或线圈在变化的磁场中感应出电压。
  - 如果这根导线或这个线圈是一个闭合电路的一部分，则其中就有感应电流。
  - 磁场必须是变化的，否则将不会产生感应电压。
  - 将电磁感应原理用于制造发电机时，能增大效果的方法。
- 发电机可被用于大规模发电。
- 交流电和直流电的差异。
- 供电系统（如国家电网等）要用高压输电，而到我们家中使用时又要降压的原因。
- 变压器的原理以及其中线圈匝数变化产生的效果。

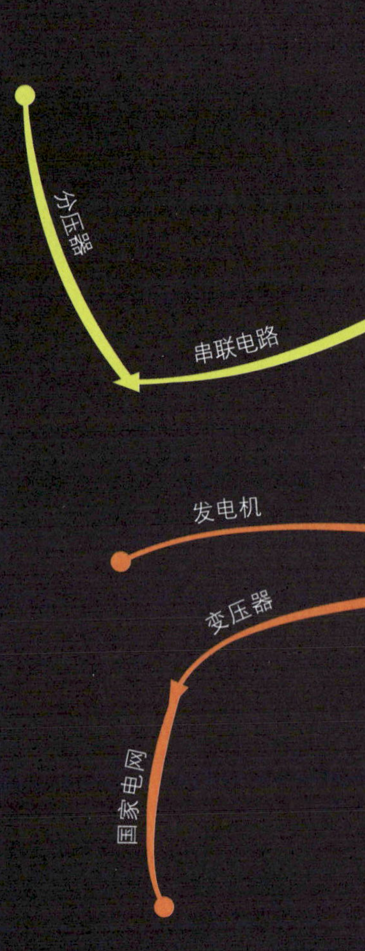

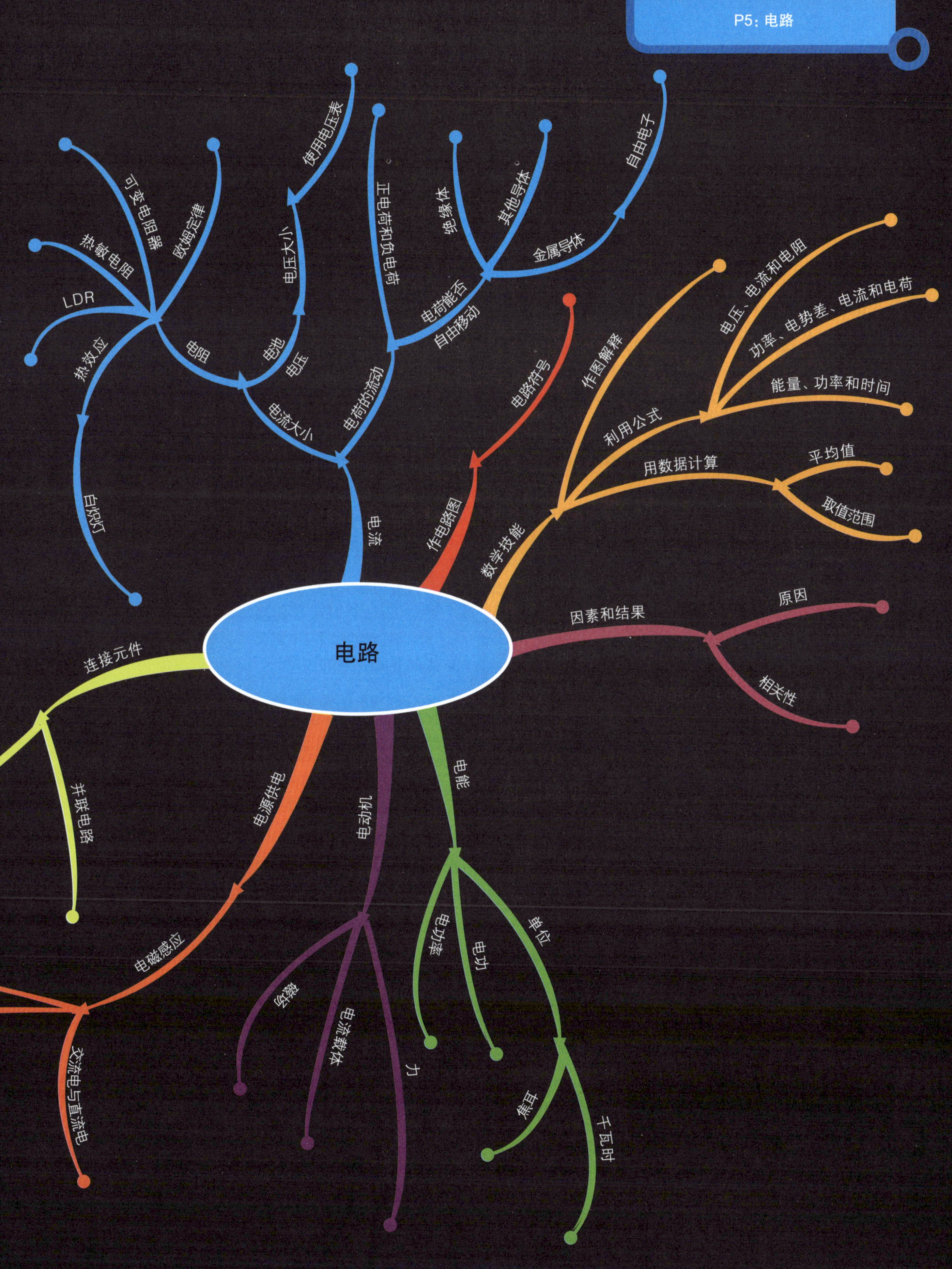
电路
电流
电流大小
电阻
电池
电压
电压大小
使用电压表
热效应
白炽灯
LDR
热敏电阻
可变电阻器
欧姆定律
电荷的流动
正电荷和负电荷
电荷能否
自由移动
绝缘体
其他导体
金属导体
自由电子
作电路图
电路符号
数学技能
作图解释
利用公式
电压、电流和电阻
功率、电势差、电流和电荷
能量、功率和时间
用数据计算
平均值
取值范围
因素和结果
原因
相关性
连接元件
并联电路
电源供电
电磁感应
交流电与直流电
电动机
线圈
电流载体
力
电能
电功率
电功
单位
焦耳
千瓦时

科学观点

除了理解和应用电路知识外，了解科学家们利用数据来发展科学观点的做法也是非常重要的。

收集数据通常是科学探究的起点，但数据并非是完全可信的。数据只有在能重复再现的情况下才是可靠的。在进行一些测量的过程中，可能会得到不同的结果。这是因为：

- 测量的不是同一样本。例如，测量的不是同一根电阻丝。
- 测量的量是在变化之中的。例如，在测量 LDR 的电阻时，室内的光亮度是变化的。
- 测量设备的限制。例如，电气系统老化等。

一般来讲，某个量的真值的最佳估计值，是其多次测量的平均值。当多次测量得到的值是一组分离的数据时，则真值应在这组值的最大值和最小值之间。我们应当：

- 能够计算这组由重复测量得到的数据的平均值。
- 如果某次测量得到的数据偏离其他数据的范围很远，则它极可能是一个异常值。
- 能够说明在计算平均值时，是否应将一个异常值包含在内。

在比较各组测量的数据以确定两个平均值间是否存在差异时，观察数据范围是非常重要的。我们应该知道：

- 如果同组数据的范围没有重叠的话，则可能存在着真实的差异。

为了解某一因素和结果间的关系，就应控制其他对结果可能造成影响的因素。在制定这一探究活动的计划时，我们应能够：

- 认识到对其他因素的控制是必需的，如果不对这些因素进行控制，则这一计划是有缺陷的。
- 能解释控制其他可能影响结果的因素的必要性。要注意的是，不能控制要探究的因素。例如，如果要探究导线粗细对电阻值的影响，则测试样本的材质和长度应是一致的。

因素和结果间可能是以不同的方式联系的，区分它们是很重要的。某一因素和结果间存在的相关性并非意味着这一因素就是导致结果的原因。它们都可能是由其他因素导致的。例如，在某一区域的变电站越多，则这一区域的婴儿出生数越高。但这并不说明这两者间存在因果关系，而是因为居住人口多的地方，则有更多需要供电的房屋。因此，我们应能：

- 明确数据、图表和描述间的相关性。
- 解释观察到的相关性并不意味着该因素是导致这一结果的原因。
- 解释分立的个案并不能提供支持或反对相关性的可信证据的原因。

复习问题

1 观察本章中的电路模型，然后完成下表。

	什么对应于电路中的		
模型	电池	电流	电阻或灯泡
管子里的豌豆			
管子里的水			

2 在一个单回路的电路中电流处处相等，但它是不会被消耗掉的。上一题中的各种模型是如何说明这一点的？

3 假设一个简单电路中含有一个电池和一个灯泡。试指出下列说法中哪些是正确的，哪些是错误的，并给出理由。

a. 在开关闭合之前，则导线中没有电荷，只有在开关闭合后，电荷才从电池流入导线。

b. 灯泡灯丝中运动电荷和固定原子之间的碰撞使其发热至发光的程度。

c. 灯泡发光的过程中消耗了电流。

4 我们可以从商店中买到标有 1.5 V、4.5 V、6 V 和 9 V 字样的电池，却买不到标有 1.5 A、4.5 A、6 A 和 9 A 字样的电池。试说明其中的原因。

5 如果给你 4 个均为 4 Ω 的电阻器。请作出用这 4 个电阻器连接成一个具有下列阻值的整体的电路图。

a. 16 Ω　　b. 1 Ω

c. 10 Ω　　d. 4 Ω

注意：对 c 和 d 有不止一种方法。

6 皮特有一个印有 LDR 标志的传感器。

a. LDR 表示什么含义？

b. LDR 对什么敏感？

c. 皮特需要测量什么来得到其电阻值？

d. 作电路图显示他可能的测量 b 问中物理量的方法。

7 完成下列句子。

当一根磁铁插入一个线圈时，则在线圈中 ________ 出电压。只有当磁铁 ________ 时才会产生电压。交流发电机就是利用这一原理制成的，它有一个 ________ 在固定线圈附近旋转。为了增大感应电压，我们可使用一个 ________ 的电磁铁，使固定线圈的 ________ 更多，使转子线圈转动得 ________，或在线圈中加入 ________ 等方法。

电流能在电路中不断改变方向的称为 ________ 电，可用符号 ________ 表示。它和电池中始终沿一个方向流出的电流不同，电池中流出的电流称为 ________ 电，可用符号 ________ 表示。

8 电动机和发电机间的相似和不同之处各有哪些？

9 学校实验室中有一套演示输电线路的变压器。它的初级线圈有 240 匝，次级线圈有 1200 匝。

a. 输出电压和输入电压将有多大差异？

b. 若输入电压为 2 V，则输出电压为多大？

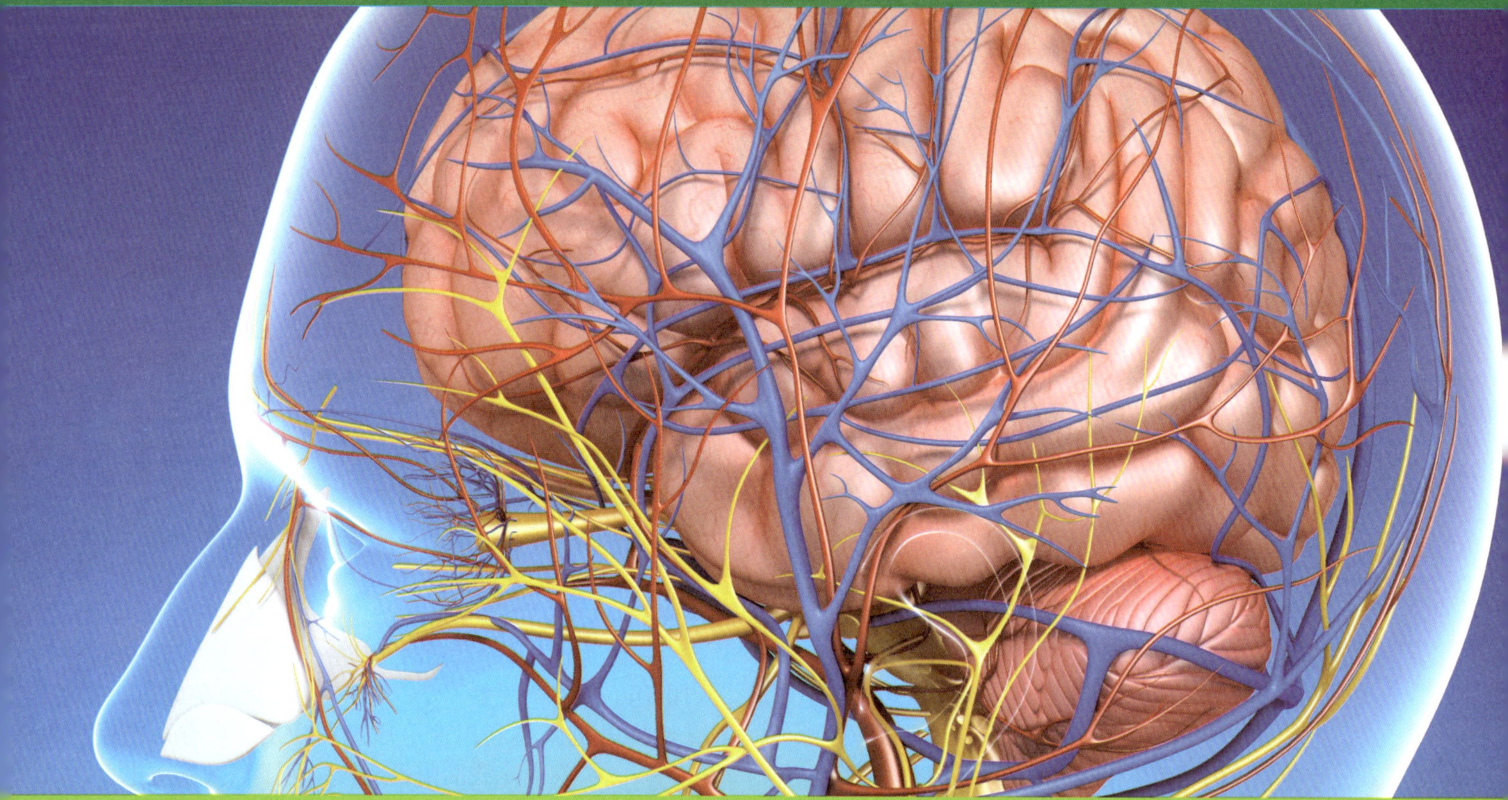

B6 脑和意识

为什么要研究脑和意识?

脑保证我们能在地球上生存，它使我们具备了智慧，并能做出复杂的动作。

已经知道的知识：

- 人类成为地球的主宰要归功于进化出了较大且复杂的脑。
- 药物能影响人的行为。
- 神经和激素有助于我们适应环境。

科学的应用

动物要对刺激作出反应以维持生存。作为中枢神经系统的脑和脊髓，每秒要协调数以百万计的电脉冲。这些脉冲决定了人的思维、感觉和作出反应的行为方式。一些药物能够影响这一过程。

要发现什么?

- 生物对刺激的反应方式
- 神经冲动在人体中传导的方式
- 脑协调感觉的方式
- 学习新技能的方式
- 科学家如何研究记忆

科学观点

科学研究的应用可能会带来伦理问题。有人认为能导致大多数人获得最佳结果的决定才是正确的，但也有人认为有些行为无论如何操作都是非自然的或错误的。

A 什么是行为

通过探究发现

- 什么是行为
- 简单行为能帮助动物生存的方式

假如我们坐在寒冷的室外，随着温度的降低，我们的身体可能会因感觉冷而颤抖。

颤抖是我们对温度变化的一种**反应**（response）。我们周围像温度降低这样的环境中发生的变化称为**刺激**（stimulus）。饥饿刺激的反应是进食；痒刺激的反应是抓挠。进食和抓挠都称为**行为**（behaviour）。

你可以把行为想象成动物的任何举动。动物对周围环境变化的反应对其生存至关重要。

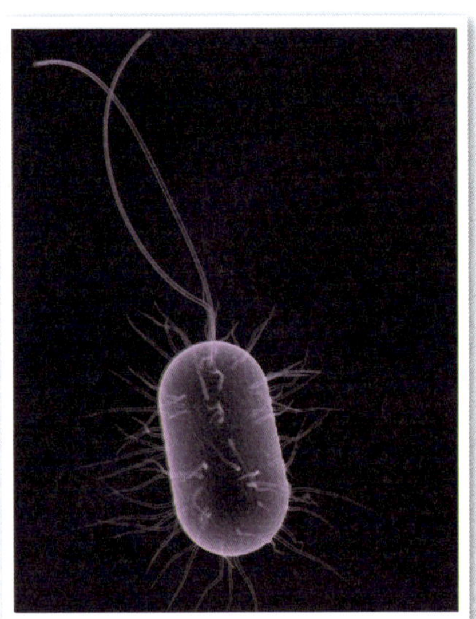

大肠杆菌生存于温血动物的肠道中。它能探测到营养物质浓度高的区域所在并向那里运动。

简单行为

简单动物总是以相同的方式对刺激作出反应。例如，潮虫总是要避开阳光。这是**简单反射**（simple reflex）的一个例子。这种反射总是**无意识的**（involuntary），是自动的行为。反射非常重要，因为它能提高动物的生存机会。本节的很多照片中都显示了这种反射作用。

为什么说简单反射作用是重要的？

简单反射行为有助于动物：

- 找到食物、庇护所或同伴。
- 躲避掠食者。
- 避开有害的环境，如极端天气等。

潮虫要避开光线，故我们可在阴暗处找到它们。

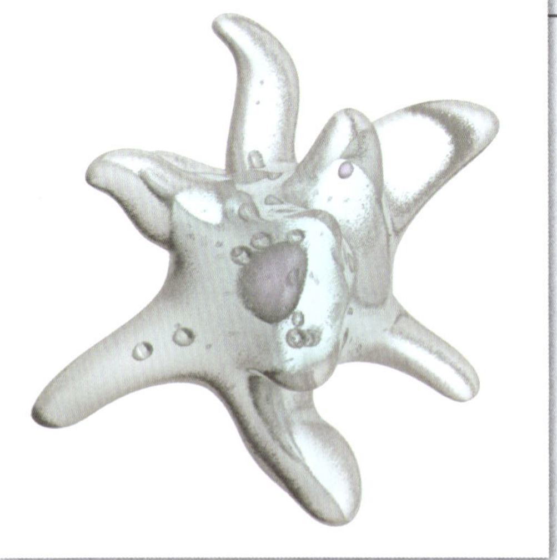

单细胞的阿米巴变形虫能避开具较高浓度的盐、强酸、碱的区域。

简单反射通常能帮助动物生存。但也有一些只具有简单反射行为的动物通常不易改变自己的习性，也不能从经验中学习技能。故当周边的生存条件变化时，就往往对它们的生存构成威胁。

当巨型章鱼发现掠食者时，就迅速收缩肌肉，向后喷出水流，推动它逃离危险区域。它还能喷出黑色的化学物质（通常称墨汁）以掩护逃跑。

当海兔的尾巴受到挤压时，其肌肉会快速而强劲地收缩，以逃避其他动物的捕食。

关键词
- 反应
- 刺激
- 行为
- 简单反射
- 无意识的

在动物世界中，蚯蚓拥有一些最快的反射动作。它的体壁在探测到尖锐的鸟喙后，就快速收缩肌肉以进入泥土中。但这次鸟的动作更快。

你打过苍蝇吗？异常敏感的眼睛使它们反应速度非常快。

问题

1. 书面解释本节中的关键词。
2. 描述一个你今天在下列情况下所做的动作：
   - 不需要去思考，也不需要去学习如何做
   - 学过如何做但做时无需思考
   - 做前要经过思考
3. 你描述的哪一个动作是一个有意识行为？而哪一个又可能属于简单反射行为？

复杂行为带来更多的生存机会

复杂动物，如哺乳类、鸟类、鱼类等，也具有简单反射能力。但它们的大部分行为却复杂得多。这包括被经验改变的反射行为，其中很多行为不是无意识地做出的，而是有意识的决定。例如，若天气变得十分寒冷时，我们不再依靠反射行为来保暖，而是决定赶快添加衣物。

因为复杂动物在环境条件变化时能改变其行为，故更容易生存下来。

B 人类的简单反射

通过探究发现

- ✔ 新生儿的反射行为
- ✔ 有助于我们生存的简单反射行为

人类和其他哺乳动物的行为通常是很复杂的，但简单反射行为对生存也非常重要。例如：

• 当一个物体碰触你的喉咙后部时，你就会以呕吐的方式避免将其吞下去，这就是呕反射。

• 当有强光照射你的眼睛时，瞳孔将会变小。这种**瞳孔反射**（pupil reflex）可防止强光损伤眼后部敏感的细胞。

这类行为通过我们的基因遗传下来，被称为**先天性**（innate）行为。

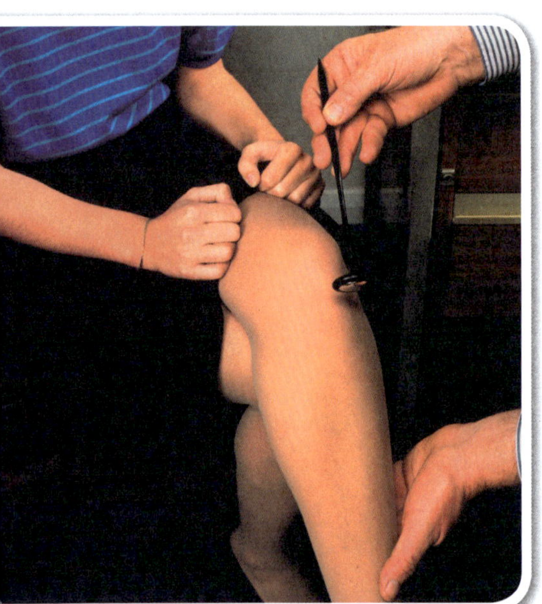

膝跳反射导致人的大腿肌肉收缩，使小腿向上运动。在体检时，医生一般会做类似的反射检查。试着在闭眼的情况下保持站立，人体将做出有助于保持平衡的反射。

新生儿反射

婴儿在诞生时，护士要对他做一系列**新生儿反射**（newborn reflex）检查。这些反射中的很多种仅在出生后的短时间内呈现。在一些个案中，这些反射有时不出现，有时又在该消失时仍存在。这意味着婴儿的神经系统的发育可能不正常。

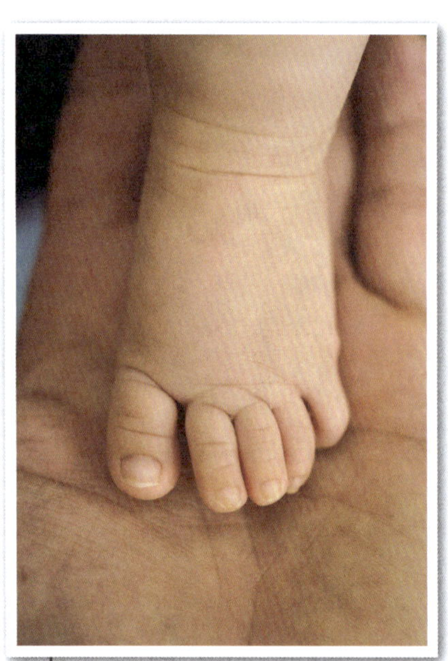

行走反射：如果用手将一个婴儿架起来，支撑起他的头部，再使他的脚接触平面，他将做出走路的样子。这种反射动作通常在出生 2—3 个月后消失。而在 10—15 个月大时，这种行为又会在学走路时再现。

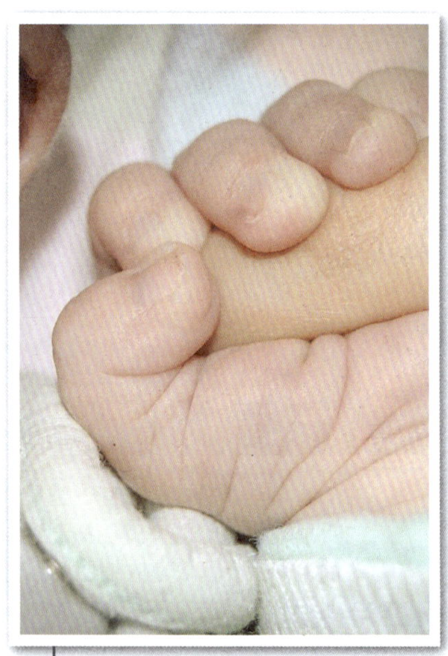

抓握反射：当你将手指放在一个新生儿张开的手掌上时，他将抓住它。而当你想将手指抽回时，他将用力抓住。这种反射通常在新生儿 5—6 个月大时消失；当你挠新生儿的脚心时，他的脚趾和脚都将弯曲。这种反射通常在 9—12 个月时消失。

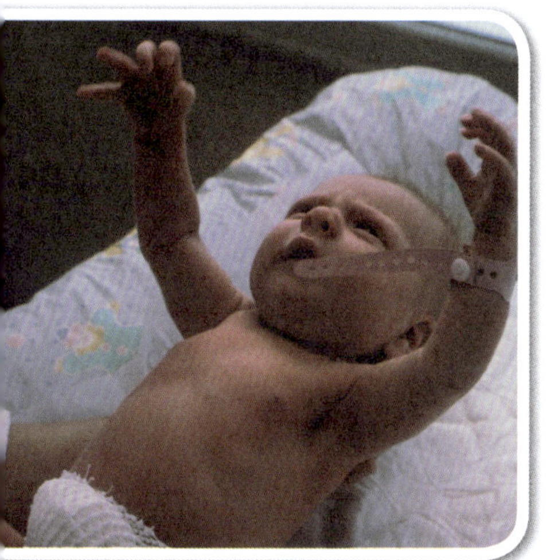

惊吓反射：常被称为莫罗反射，以纪念意大利科学家阿图尔·莫罗。其表现为婴儿听到较大的噪声或被快速移动时狂舞手脚和颈部乱动，然后四肢内收并哭闹。这种反射通常在3—6个月时开始消退。

吸吮反射：乳头或手指接触婴儿的嘴部时，会导致吸吮反射。这将在约2个月大时开始被有意的吸吮所代替。觅食反射：将面部朝向别人以寻找食物。这种反射帮助婴儿在哺乳时找到乳头。觅食反射约在4个月大时开始消退。

游泳反射：如果将一个不到6个月大的婴儿放到水中，他会舞动手脚并屏住呼吸。

婴儿猝死综合征（SIDS）

婴儿猝死综合征常制造悲剧，但至今仍无治疗良方。在英国，每周约有7个婴儿死于此症。即其死亡率达到新生儿的万分之七。

这种病很可能是多种原因导致的。很多人认为它是因婴儿的简单反射没有适当发育而造成的。这也使医生认为下面的情况可能发生：

• 当胎儿探测到血液中的氧含量不足时，反射作用将使他减少运动量，因此细胞呼吸所需要的氧变得更少。

• 随着婴儿的成熟，反应也发生了变化。当一个婴儿或儿童的空气通道被遮挡时（如盖上羽绒被），他会不停地动，将头转来转去，并试图推开遮挡物。这时是对缺氧所作出的更积极的反应。

• 如果新生儿没有发育出排除危险的反射，如当空气通道被遮挡还保持静止不动的话，则可能因窒息而死。

医生现在都忠告年轻的母亲要让婴儿仰面睡觉，不要使用像羽绒被那样的软质床上用品。这可降低婴儿的面部被遮挡住的危险。

关键词

- ✔ 瞳孔反射
- ✔ 先天性行为
- ✔ 新生儿反射

问题

1. 对下列对象各描述两种反射行为：
   a. 成年人
   b. 新生儿
2. 你认为惊吓反射对婴儿的生存有什么帮助？
3. 为什么早产儿比足月产的婴儿患婴儿猝死综合征的风险更大？

感受器

我们仅能对感受到的外部环境变化作出反应。人依靠体内外的**感受器**（receptor）感受刺激和环境的变化。

我们能感受到很多种刺激，例如，声音、质感、味道、温度和光等。不同的感受器专司感受不同的刺激。体外的感受器感受外部环境，其他的则监控体内情况的变化，如体内温度和血糖等。

感觉器官

有些感受器仅由一个细胞构成，如皮肤中的痛觉感受器等。有的感受器细胞则组合起来，成为复杂的感觉器官的一部分，如眼睛等。对人类和绝大多数哺乳动物而言，视觉是非常重要的。光进入人眼后，会产生一个周围环境的三维图像，使我们获取周边物体的形状、颜色和运动状态等情况。

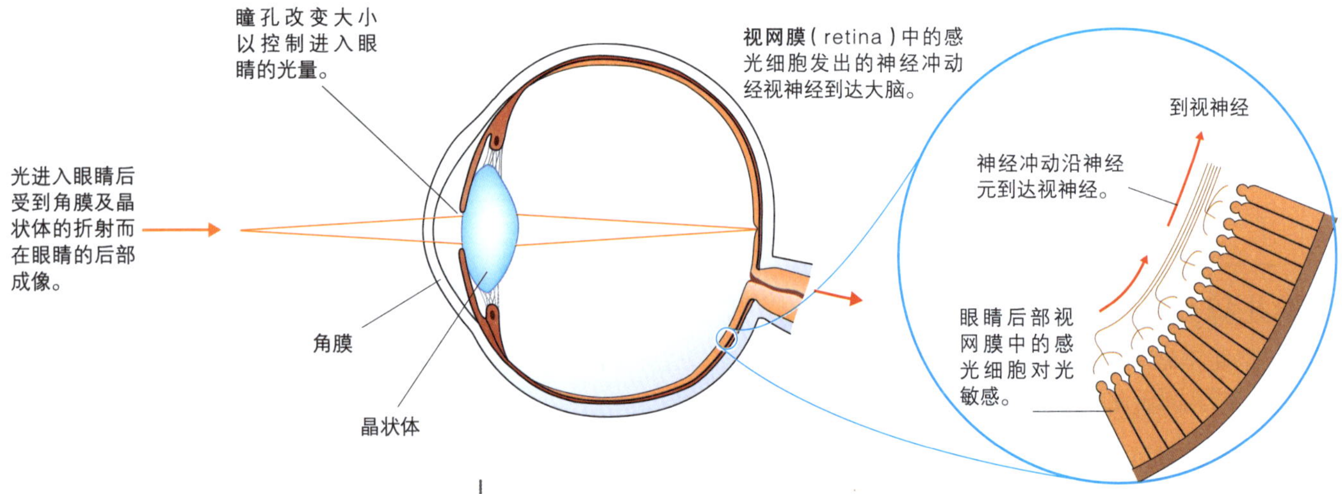

光被角膜和晶状体聚集到眼睛后部的感光细胞上。这些细胞是感受器，它们产生输入大脑的神经冲动。

效应器

身体对刺激作出的反应是由**效应器**（effector）来完成的。在多细胞生物中，效应器可能是**腺体**（gland）或**肌肉**（muscle）。神经系统和分泌**激素**（hormon，俗称荷尔蒙）的内分泌系统都是多细胞生物体进行短时和长时反应所需的复杂系统。

来自环境的刺激引发了肌肉或腺体的反应。神经冲动能导致快速而短暂的反应，如肌肉收缩等。而激素则能导致诸如加快生长速度那样的长期效应。

关键词

- 感受器
- 视网膜
- 效应器
- 腺体
- 肌肉
- 激素

效应器是腺体或肌肉。

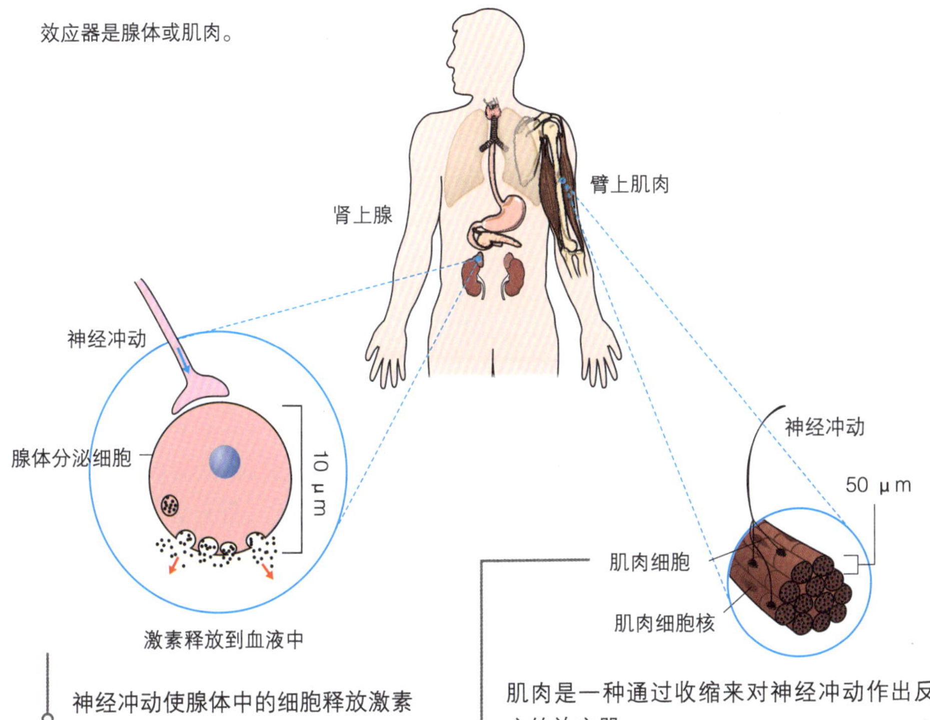

神经冲动使腺体中的细胞释放激素

肌肉是一种通过收缩来对神经冲动作出反应的效应器。

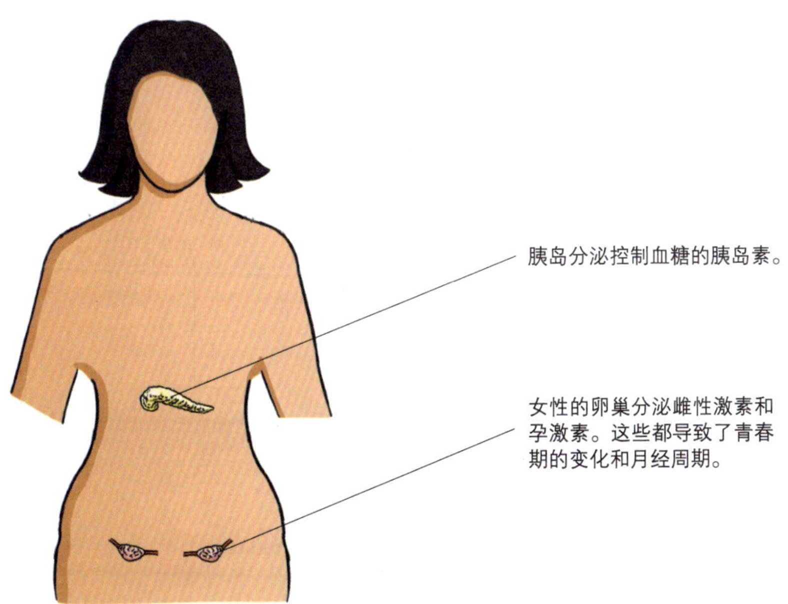

神经冲动到达诸如卵巢和胰岛那样的腺体后，使这些腺体分泌出激素。和神经冲动相比，激素具有慢而长期的效应。

问题

4. 给出两种不同类型的效应器，并说出它们的功能。
5. 为了给你的运动鞋系上新的鞋带，你可能使用何种感受器？
6. 在做下列事情时你将使用哪种效应器？
   - 给朋友写信
   - 叫喊
   - 跑步
7. 有一种眼睛中弱光感受器细胞受损的疾病。这可能对人的观察产生什么影响？

C 神经系统

通过探究发现

- 人体神经系统的构成
- 反射得到控制的方式

进化过程产生了大型的和更复杂的多细胞动物。这些动物发育出的神经系统和内分泌系统，使其能对环境作出反应。这也使得它们比简单动物有更多的生存机会。

午后，当你从黑暗的电影院走出后，瞳孔将变小。瞳孔通过反射阻止强烈的光线作用于眼睛。和所有的反射一样，这种行为是由**神经系统**（nervous system）支配的。

神经系统中的细胞传递**神经冲动**（nerve impulse）。神经冲动使神经系统的各部分实现信息交换。

中枢神经系统（CNS）
脑
脊髓
感觉神经元和运动神经元将CNS和身体联接起来。
周围神经系统（PNS）

在哺乳动物的神经系统中，脑和脊髓通过周围神经系统与身体各部位联接起来。

周围神经系统

很多神经将脑、脊髓与身体的其他部位联接了起来，这些神经就构成了**周围神经系统**（peripheral nervous system）。

神经和神经元

神经系统是由被称为**神经元**（neuron）的细胞构成的。和大多数人体细胞一样，神经元也具有细胞核、细胞膜和细胞质。但和其他细胞不同的是，它具有由细胞质构成的长而细的延伸体，其被称为**轴突**（axon）。它将神经元和人体不同部位联接起来。

轴突载有神经冲动的电脉冲。和电路中的电线一样，轴突也应该是相互绝缘的，这种绝缘体是**髓鞘**（fatty sheath），它包裹在神经元的外面。髓鞘还能增大神经冲动沿轴突传输的速度。

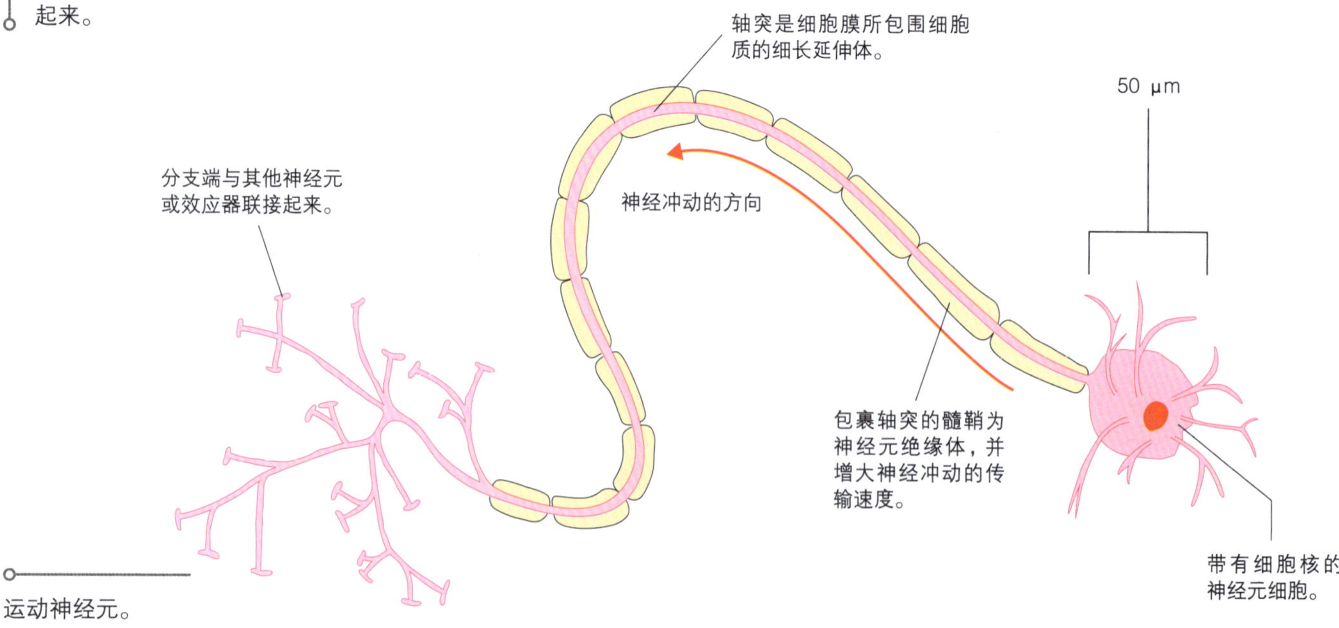

运动神经元。

反射弧

对简单反射而言，神经冲动是通过一种称为**反射弧**（reflex arc）的通路从神经系统的一处传输到另一处的。下图显示了疼痛反射的通路。脊髓中的**中间神经元**（relay neuron）将**感觉神经元**（sensory neuron）和相关的运动神经元联接起来。

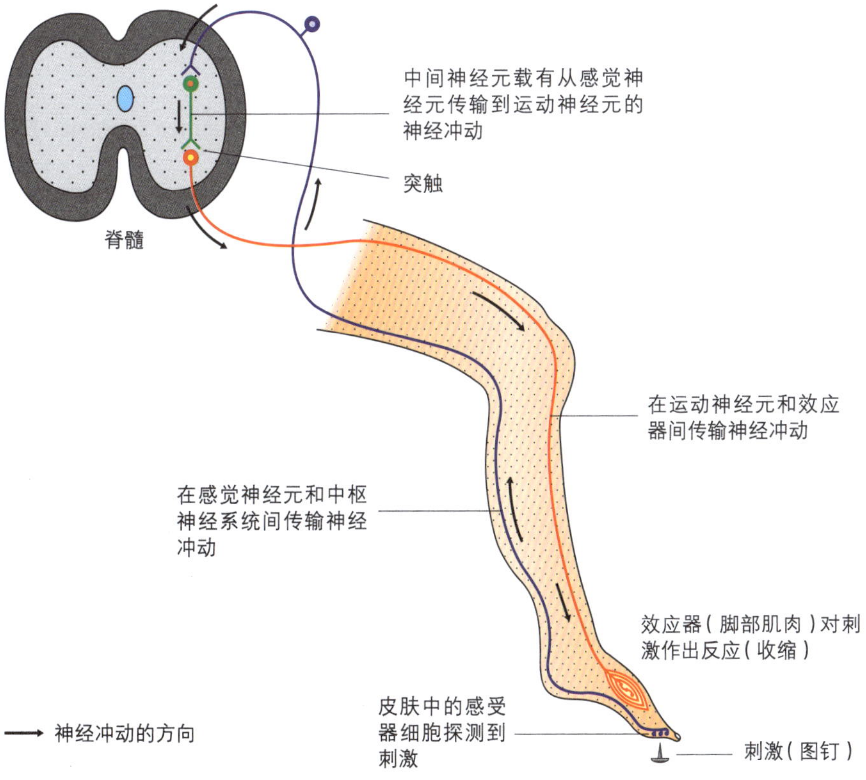

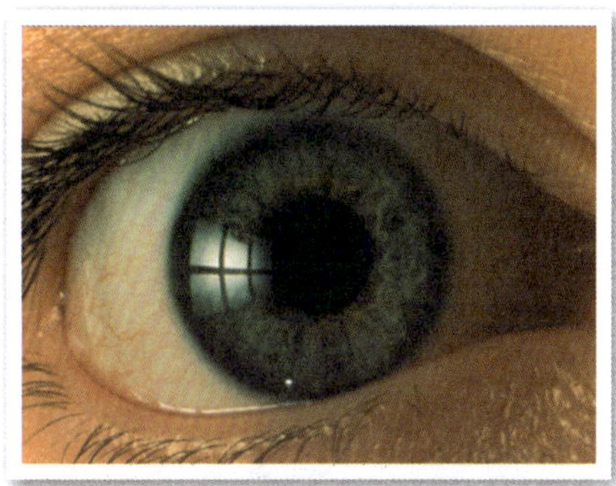

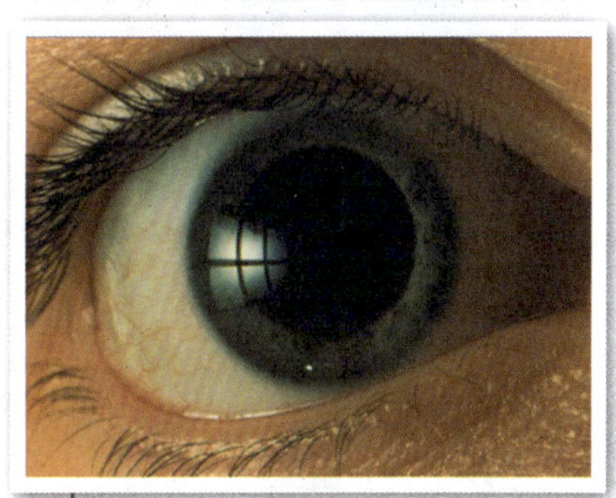

虹膜肌肉能根据光的强弱改变瞳孔的大小。瞳孔的大小能控制光刺激的强度。

中枢神经系统

人的**中枢神经系统**（central nervous system, CNS）处理感受器和感觉神经元接收到的所有信息。这些刺激信息进入大脑或脊髓。在反射弧中，CNS 将来自感受器的传入信息和**运动神经元**（motor neuron）相联接。运动神经元通过效应器对刺激作出必要反应，完成反射活动。

关键词

- 神经系统
- 神经冲动
- 周围神经系统
- 神经元
- 轴突
- 髓鞘
- 反射弧
- 中间神经元
- 感觉神经元
- 中枢神经系统
- 运动神经元

问题

1. 描述它们间的差异：
   - 感觉神经元和运动神经元的作用
   - 轴突和神经元
   - 中枢神经系统和周围神经系统
2. 作图显示第 198 页中新生儿抓握反射的反射弧。这种反射是由脊髓来控制的。

D 突触

通过探究发现

- 神经冲动从一个神经元传输到另一个神经元的方式

我们在进行体育比赛或玩电子游戏时，反应要非常快才能赢。沿轴突传输的神经冲动以每秒 400 米的速度使我们作出快速反应。

真实生活中，能对刺激作出快速反应是重要的，这能使人避开危险。

神经元间的间隙

神经元相互间不接触。神经冲动在神经元间传输时，要越过被称为**突触**（synapse）的微小间隙。有些药物或毒素会干扰神经冲动越过突触。这就是它们会对人体造成影响的原因。

神经冲动是如何越过突触的？

神经冲动不能跳过突触，而是利用称为神经**递质**（transmitter substance）的化学物质来传输过去。下图显示了这一过程。

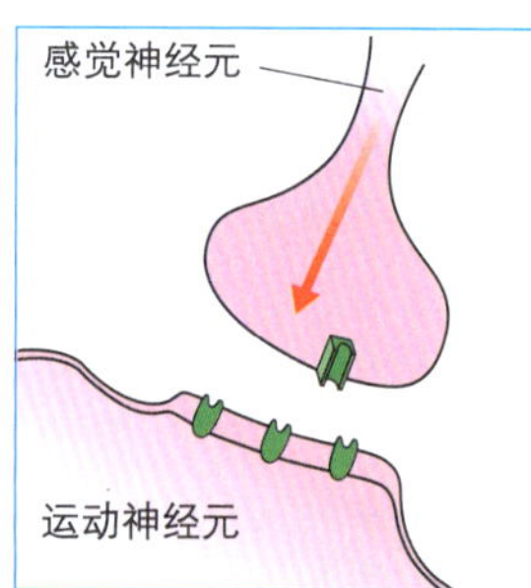

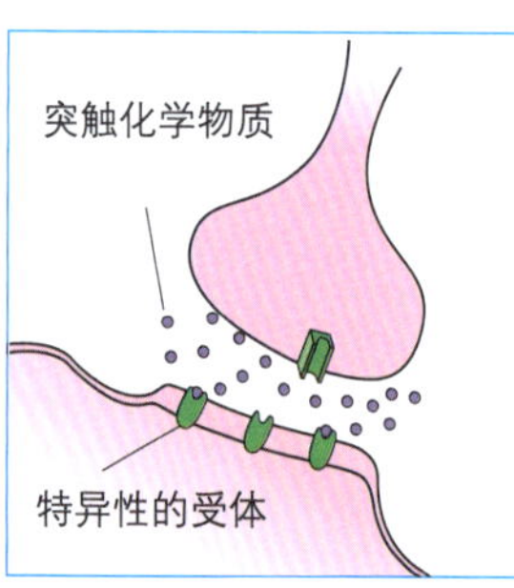

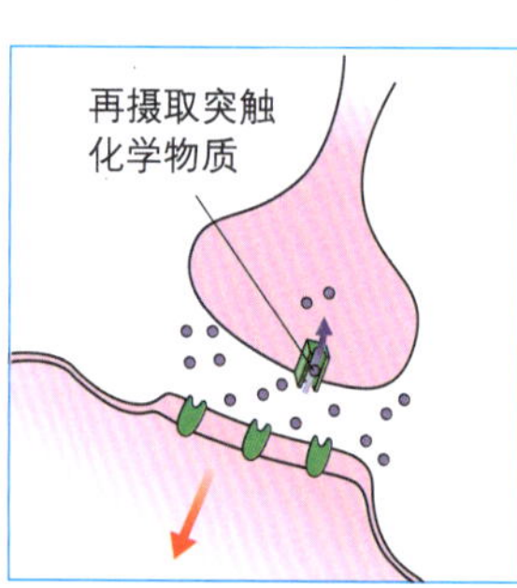

1. 一个神经冲动到达突触，其方向如箭头所指。
2. 感觉神经元中释放出的化学物质扩散过突触。分子以正确的形状与运动神经元细胞膜上的**受体分子**（receptor molecule）特异性地结合。
3. 运动神经元中产生神经冲动。化学物质又被吸收回到感觉神经元中以备再次使用。

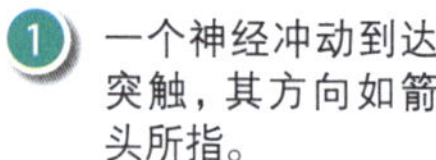

突触的工作原理。

箭毒的毒性很强，它被涂在吹管的箭头上。

突触能减缓神经冲动吗？

突触上的空隙只有 20 纳米（nm）宽，故化学物质在越过它时只需要非常短的时间。神经冲动传输速度被它减缓到约 15 m/s。即使如此，神经冲动仍然以不可思议的速度从人体一处传往另一处。

人脑中仅靠化学物质传输冲动吗？

我们的思考、感觉和行为含有一系列化学物质越过神经元间突触的过程，但人类的行为远非大脑中的化学物质所能做到的。

关键词

- 突触
- 递质
- 受体分子
- 血清素
- 迷幻剂

这一过程是非常复杂的。科学家对神经系统的研究正是从大脑开始的。

血清素

血清素（serotonin）是大脑释放到突触的一种化学物质。当它被释放时，人能感到愉悦。愉悦是生存所必需的一种重要反应。例如，在食用一种美味食品时，我们会有愉悦感，正因为如此，我们才会想进食。而这是生存的基本要求。

大脑中缺少血清素，人会感到抑郁，这是一种严重的疾病。至少有五分之一的人在人生的某一阶段会患上抑郁症。他们会连续很多天感到郁闷，并经常感到难以处理每一天的工作、学习问题，甚至不能照顾家庭中的生活。

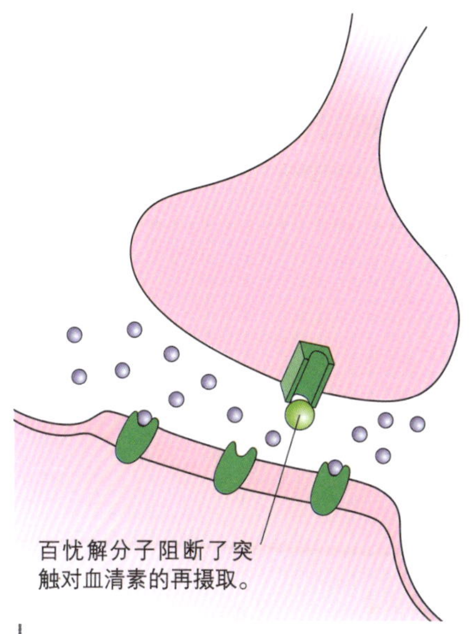

感到抑郁可能是因为大脑中的血清素太少。百忧解起到了阻隔血清素再摄取的作用。

一些药物对大脑的影响

百忧解是一种抗抑郁药，它会增大大脑突触中血清素的浓度。故服用它后会使人感到兴奋。右图说明了百忧解产生功效的方式。和所有药物一样，百忧解也会产生副作用。

迷幻剂

迷幻剂（ecstasy）是诸如摇头丸之类的迷幻药物的总称，它们的作用原理和百忧解的方式一致。对猴子的研究表明，长期服用迷幻剂会破坏大脑愉悦通道中的突触，将导致永久的焦虑感，并伴随有注意力不集中、健忘等症状。对一些人而言，这种有害效应并非是立即呈现的。迷幻剂还能干扰人体中的体温控制系统，降低大脑中产生的 ADH 激素。这些后果都是致命的。我们在 B2 章中已经学习了很多关于 ADH 激素的知识。

β－受体阻滞药

一些人患有严重的心绞痛。这种病可能会因心情压抑或兴奋而激发。神经冲动使心脏受刺激而跳动加快，导致心肌因缺氧而疼痛。医生可能会通过 β-受体阻滞药来缓解病症，这种药能降低突触传输的神经冲动，使心跳加速停止。β-受体阻滞药还有助于控制心脏中的神经冲动，保证心跳以有规律的可控方式进行。

问题

1. 写出你对突触的描述。
2. 作流程图描述一个神经冲动到达突触时所产生的效果。
3. 试说明释放大脑中血清素有助于我们生存的原因。
4. 很多药物（如箭毒等）能阻断在突触处运动神经元上的特异性受体与神经递质的结合。试说明这将如何影响运动神经元相联接的肌肉。
5. 百忧解被说成是一种有选择性的血清素再摄取抑制药（SSRI）。试说明它抗抑郁的可能方式。

大脑

通过探究发现

- 大脑的结构
- 科学家研究大脑的方式

想一下我们一天中所做的事：起床，确定早餐吃什么；上学，和朋友交谈……所有这些复杂行为都是受大脑控制的。但这归根结底是如何发生的，至今仍在研究中，研究大脑的科学家被称为**神经科学家**（neuroscientist）。神经科学是一门新兴科学，这意味着仅在不久以前科学家才开始探究大脑的机理。

复杂的神经和激素系统只有在多细胞生物进化之后才会发展起来。这些生物有专门的组织和器官来进行交流过程。

来自新环境的刺激

眼的位置

简单的脑

两根神经索

涡虫头部的感觉器官能探测光和化学物质的刺激，经简单的脑处理后作出反应。

简单动物

神经元载有传遍全身的神经冲动。一些非常简单的动物在头部有大量神经元，运动时，头端首先到达新地方。这些神经元起到了脑的作用，使动物能处理头端接收到的信息。

观察简单动物脑的工作机理能够帮助科学家开始了解更为复杂的大脑。

复杂动物

我们所做的更为复杂的动作需要一个更大的大脑。人类的大脑是由数十亿的神经元构成的。它具有很多区域，每个区域可使同一个器官执行一种或多种特殊的功能。复杂的大脑还能使人从经验中学习。例如，学会如何和他人协作等。

人类大脑的平均数据

宽 140 mm

长 167 mm

高 93 mm

质量 1.4 kg

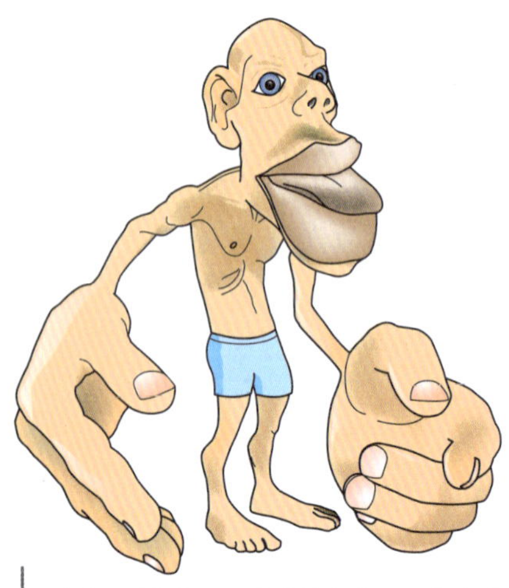

这幅图被称为“感觉侏儒”。画中身体各部分的大小代表了接收神经冲动的感觉皮层的面积。

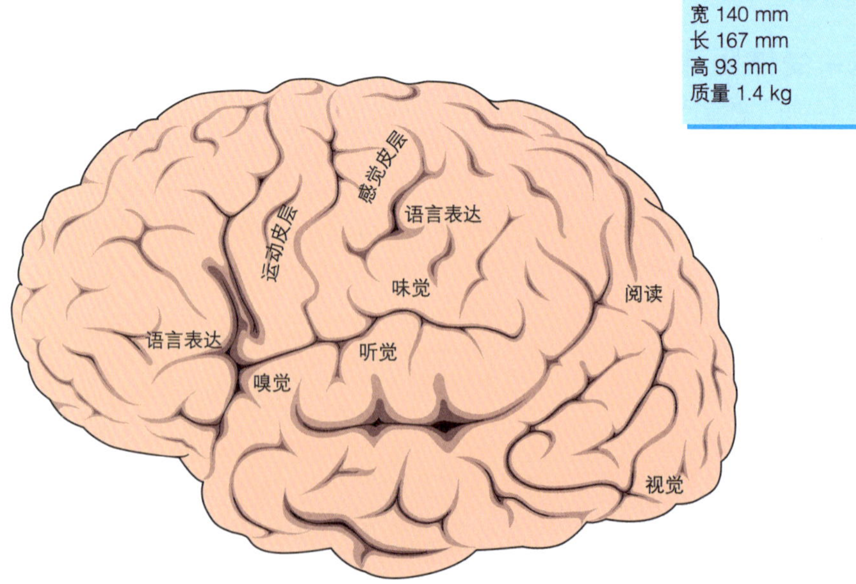

大脑皮层是高度皱褶化的。虽然它只有 5 mm 厚，但其总面积达 0.5 m^2。这张大脑皮层的区域图显示了各区域对应的功能。

意识

我们醒来后，很快就会感知自己和环境的状况。这被称为**意识**（consciousness）。大脑中专司这一功能的区域称为**大脑皮层**（cerebral cortex）。它也负有智慧、语言和记忆等职能。大脑还要在大脑皮层中处理思维、情感及被称为“思想”的意识。

和其他哺乳动物相比，人类的大脑皮层面积要大得多。研究大脑这部分的功能，有助于我们理解它对人类的作用。

关键词
- 神经科学家
- 意识
- 大脑皮层

了解大脑

1940年代，加拿大一位名叫怀尔德·彭菲尔德的脑外科医生在治疗一位癫痫病人时，用电刺激病人的大脑表面，想找出问题所在的区域。手术过程中，病人保持清醒。因为没有痛觉感受器，故病人没感到疼痛。

彭菲尔德观察了在刺激大脑不同区域时病人的各种运动。从这一信息，他明确了运动皮层特定区域控制了哪些肌肉。

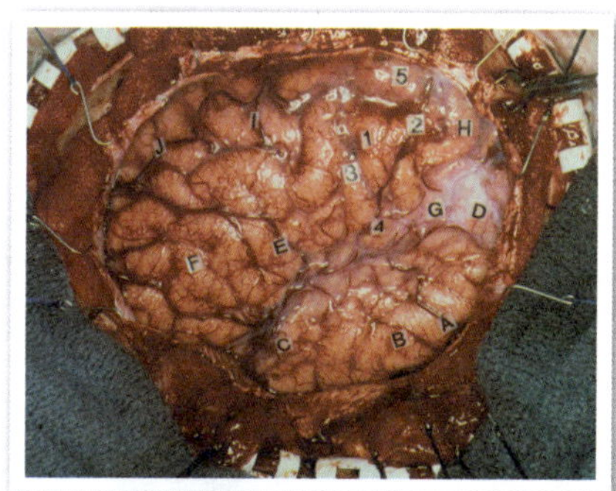

在实施脑外科手术时，彭菲尔德用刺激裸露大脑的方式作出了大脑运动皮层区域图。

受伤的大脑

科学家研究了大脑受到部分损伤或得了中风的病人。对受伤士兵大脑的研究对了解大脑功能起到了重要作用。

脑显像

借助核磁共振成像（MRI）扫描那样的现代显像技术，在无需开颅的条件下，可了解关于大脑结构和功能的详细信息。MRI可被用于显示当病人在从事不同的行为时，大脑的哪一部分最活跃。这种扫描技术被称为功能性核磁共振成像（fMRI）扫描。大脑的活跃部分的血流量会加大。

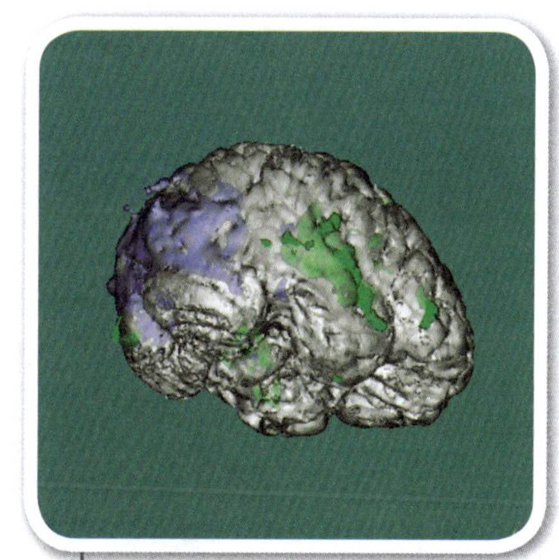

功能性MRI扫描显示了病人在做不同动作时，大脑活跃部分的血流量加大。

问题

1. 人的大脑是由什么构成的？
2. 为什么复杂的大脑对生存是非常重要的？
3. 大脑的哪4种功能是由大脑皮层执行的？
4. 试说明为什么大脑的异常活跃区域中血流量增大是非常必要的。
5. 试比较大脑的功能性MRI扫描图。你凭什么说明这个人是一个大声朗读的人？
6. 在利用伤员来研究大脑时，科学家们应考虑哪些伦理问题？

学习行为

通过探究发现

- ✔ 条件反射有助于生存的原因

下图中的幼狮只有几个星期大小，是反射作用帮助它们活了下来。但它们的很多行为，如怎么捕猎或者如何与狮群中的其他成员相处等，还应从其母亲那里**学习**（learn）。这称为学习行为。

对幼狮的生存来讲，学习行为如同反射作用一样重要。

巴甫洛夫的实验

当狗看到食物时就分泌唾液。食物是刺激，而分泌唾液是反应。

每当狗在进食时，巴甫洛夫就摇铃。

每当听到铃声后，狗就分泌唾液，即使没有食物时也是如此。

狗学会了将铃声的刺激和食物联系起来。这类学习被称为**条件作用**（conditioning）。

学习将新的刺激和反射行为联系起来，使动物能改变自己的习性。这被称为**条件反射**（conditioned reflex）。最终的反应——分泌唾液，与最初的刺激——食物间没有直接联系。

对生存而言，通过经验学习新行为是非常重要的。这意味着当环境条件发生变化时，动物可以改变它的习性。

条件反射

1904 年，俄罗斯科学家伊万·巴甫洛夫因在研究消化系统方面的杰出成果，获得了诺贝尔奖。在研究中，他训练了一条狗。当听到铃声时，它就认为能得到食物。左侧图显示了这一过程。

条件作用帮助生存

条件反射能帮助动物生存。例如，苦味的毛虫通常长有鲜艳的外表。当鸟试图吃它时，却因那难吃的味道而放弃了。有了一次经验后，鸟的反应是不再捕食这种颜色的虫子。故长有特殊的颜色的虫子生存了下来。

如果颜色鲜艳的昆虫是有毒的，这种反射同样会使鸟生存下来。如果其他昆虫也具有这种颜色，鸟也会因这一条件而不吃它们。这样的例子能举出很多：长有黄黑条纹的不叮人食蚜蝇有时也会吓住那些被黄蜂蜇过的人。

警戒色保护这只毛虫不被捕食。

调教宠物

打开厨房中的一罐汤时，家中的狗或猫在听到开罐的声音时会很兴奋。虽然它们不想喝汤，但从经验学到的反射知道，开罐后就要有食物送来了。

如果将猫关到这样的笼子里带到宠物诊所，则会使它产生将笼子和恐怖相联系的反射作用。以后笼子会对它产生可怕的刺激，甚至只是为它搬家时也会如此。

当金鱼看到人时，也会对食物产生条件反射，它会游到人站立的一侧。它将看到人的刺激和人往水中投食的刺激联系了起来。

问题

1. 作流程图说明如何将一只猫调教得每当听到淋浴器喷水声时，就会作出要吃食反应的方法。
   解答时要利用本节给出的关键词。
2. 广告通常都使用迷人、有趣且富有鼓动性的画面和声音。列表写出广告中推介你想买的物品的照片和广告词。它是如何使你产生趋于买这种产品的条件作用的？

关键词

- 学习
- 条件作用
- 条件反射

数以百计的神经元相互作用以调节当接受如此多刺激时的反应。

意识控制反射

大多数的人类反射弧是受脊髓控制的，只有头部的感受器产生的反射是由大脑控制的。反射弧只在感觉神经元和运动神经元间起简单的联系作用。

反射反应是不经思考后，即大脑还没有做出决定就产生的。这种自动发生的作用就好像是专为生存而设计的。

但有的反射并非是我们想要的，故一些反射可用**有意识的**（conscious）控制来修正。你端起一个很烫的盘子时，痛感会使你扔掉盘子。但如果盘中装有你喜爱的晚餐，则你将克服疼痛尽量将盘子轻轻放下。这是一个大脑的意识控制反射反应的例子。下图显示了这一过程。

大脑中数以百计的复杂通路被成功地用于协调如此快速的运动。

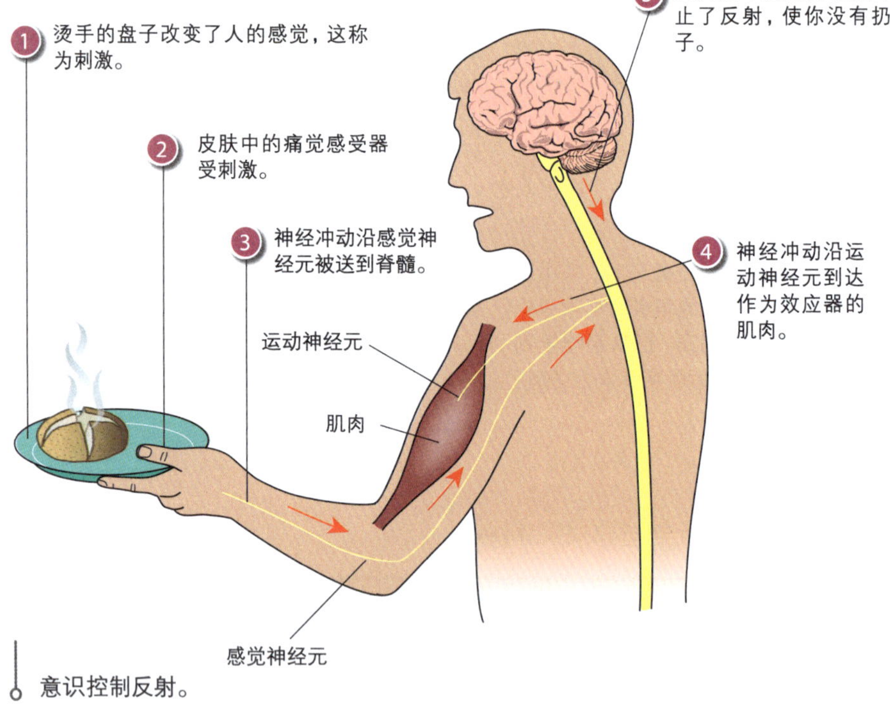

意识控制反射。

这种复杂行为要利用这些动物大脑中高度复杂的通路。

一切都在意识控制之下——更复杂的行为

大脑中通常有数以百计的神经元以各种不同的方式连接着。利用这些复杂的通路，大脑就能够处理高度复杂的信息，如音乐、气味、运动的图像等。大脑的其他部位也储存信息，并可利用其做出更复杂的行为。

复杂行为使我们能够从经验中学到很多东西。**社会行为**（social behaviour）就是人类在进化过程中学到的。

早期的人类学会了通过制造和使用工具来获取食物或保护自己，掌握了语言能力又使他们能交流新思想。这都使人类在生存竞争中占得优势。

关键词
- 有意识的
- 社会行为

做合乎伦理的决定

我们对大脑和行为的了解主要来自之前对动物和人的实验。这使我们改进了人类学习的理论，并发展出新的治疗伤病的方法。

一些人对用动物做医学研究存在异议，也有一些人认为以科学的名义干预脊椎动物的大脑是不正当的。

通过对有精神健康问题的人的研究，科学家已经了解了大量关于大脑的知识。但像彭菲尔德那样用癫痫病人做研究是合乎伦理的吗？有人争辩说，用病人做实验能改进医疗方法使大量其他病人受益。

对在战争中大脑受损的士兵进行研究，使科学家了解到大脑的机理。但使用诸如 MRI 那样的新技术，意味着建立起更清晰的了解健康大脑工作方式的图像是可能的。

问题

3. 试列出两种你能控制的反射和两种无法控制的反射。
4. 当婴儿的膀胱满了时，他就开始排尿。作图显示当婴儿长大了以后，就能用来自大脑的神经冲动控制这种反射的原因。
5. 给出 3 个早期人类通过学习而能在生存竞争中获得优势的例子。
6. 你认为在用老鼠和猴子做研究大脑功能的实验，存在任何伦理上的差异吗？
7. 你认为在什么情况下将对人的科学实验与脑失调症结合起来才可能是正确的？

G 人类学习

通过探究发现

- 人类学习新事物的方式
- 科学家对人类记忆功能的解释

哺乳动物都具有由数以亿计的神经元构成的大脑。当人和其他哺乳动物经历了新事物时，都能发展出新应对方式。经验改变了人类的行为，这一过程称为学习。人和动物都在社群中交流和学习行为方式。

进化出容量较大的大脑使早期的人类有较好的生存机会。智能、记忆、意识和语言是由大脑外层，即大脑皮层所实施的复杂功能。这些功能都包含在学习之中。

学习是如何发生的？

人脑中的神经元互相连接而形成很多复杂**通路**（pathway）。这些通路是如何形成的？神经冲动首次沿着特定的通路传输时，从一个神经元到另一个神经元，在神经元间形成了新的连接。新的经验在大脑中建立起新的神经元通路。

如果经验是重复的，或刺激特别强劲，则在相同的神经通路上就产生了很多神经冲动。每当这种情况发生时，神经元间的连接也得到了加强。加强了的连接使神经冲动在通路中传输得更容易。作为结果，人也更容易作出反应。

人类婴儿的大脑能非常快地发育出新的神经通路。人的大脑终生都能发育出新通路。这意味着人终身都能从事学习，虽然后来变得比较缓慢。

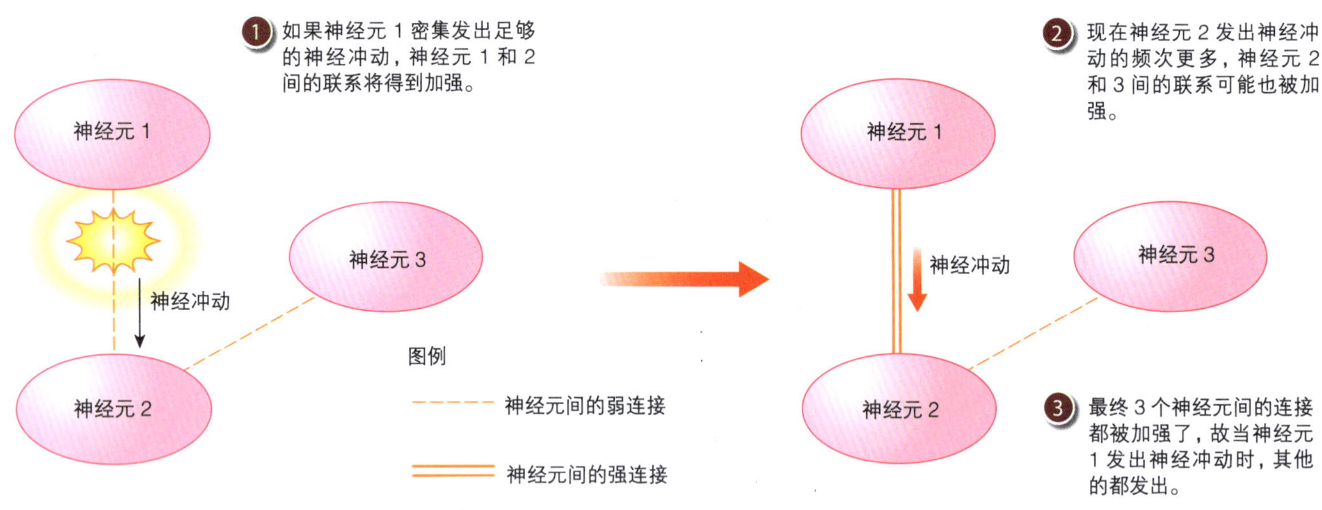

作为外部环境刺激的结果，神经通路布满了婴儿的大脑。重复刺激强化了通路。每当它再被刺激时，都会以相同的方式作出反应。大脑中的一些神经元并不参与构成通路，这些无用的神经元将被消灭掉。

重复

重复（repetition）有助于学习，因为它能强化用于实施特殊技能的大脑通路。我们都学过骑自行车、演奏乐器、跳舞和打字。在做这些事时，我们就创建了新的通路，并通过重复使其得到加强。这使得我们在用练习时的方法重做这些事时感到很容易。

例如，玛丽是一位体操运动员。当她学习新动作时，往往静止站立并想象动作过程、身体的位置和各阶段所用的肌肉等。当她想到某块肌肉时会触发对其起作用的神经冲动，图景想象因此起作用，强化了神经冲动的通路。经过一段时间的图景想象，在实际练习中就会感到容易得多。

玛丽对新动作的想象对掌握它们很有帮助。

年龄和学习

人通过重复来学习说话，因为周围都是说话的人。8 岁之前的儿童学语言都是非常容易的，因为他们大脑中的语言处理区域很容易形成新的神经元通路。随着年龄变大，学习语言能力会因为难以在大脑中建立新通路而变困难。

未驯化的孩子

1799 年，在法国南部，一个与众不同的动物爬出了森林。他的动作像一只野兽，但看起来像人。他不能说话，他所喜爱的食物和身上的伤痕表明他大部分生涯是与野兽生活在一起的。他是一个野人，或者说**未驯化的**（feral）“狼孩”。当地人猜想他的年龄约为 12 岁，给他取名维克多。

维克多被带到了巴黎，和一位医生住在一起。医生试图训练他并教他说话。起初，人们以为维克多的舌头或喉咙有毛病。当人们教他叫一些物品的名字时，他只能发出嘶嘶声。他只能用嚎叫或咕噜声与人交谈。

维克多最多能说十几个字。因为从他被发现时起，语言发育的最佳时期已经过去了。

关键词

- 通路
- 重复
- 未驯化的

问题

1. 写出几个说明通过经验学习的方式。在答案中使用“通路”和“重复”等关键词。
2. 为什么说重复是一种有助于学习的方法？
3. 列表写出可通过想象图景来帮助练习的技能。

H 记忆

通过探究发现

- 短期和长期的记忆
- 记忆的多层模型
- 工作记忆模型

心理学家是研究人类意识的科学家。他们将**记忆**（memory）描述为储存和检索信息的能力。

短期和长期记忆

阅读下面的句子：

- 你在阅读这个句子时，就利用了**短期记忆**（short-term memory）。

对大多数人来讲，短期记忆可持续 30 秒的时间。如果你不具备短期记忆的能力，就不能理解这个句子，即当你读到这个句子的末尾时，可能已经忘记了开头。

回忆一段你熟悉的歌词：

- 你利用**长期记忆**（long-term memory）记住了歌词。

言语记忆是储存词语信息的能力，它也划分为短期记忆和长期记忆两种。长期记忆的信息能保持很长时间，它记忆的时间好像没有限制，有的甚至能终生记住。

不同的记忆，不同的因由

患有**老年痴呆症**（Alzheimer' s disease）的人严重丧失了短期记忆能力。他们记不住今天的日期或简单的指令，但能清楚地记住童年往事。

还有一些人因脑部受伤或疾病而丧失了长期记忆能力，但短期记忆能力还是正常的。这一证据是很重要的，因为它证明了长期记忆和短期记忆是由大脑以不同的方式分别进行的。

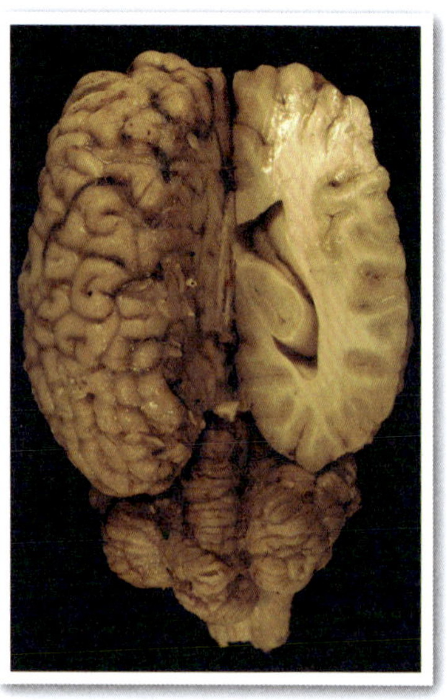

美国肯塔基大学实施的“修女研究”，有 678 位来自圣母修道院的修女参加。科学家每年都对她们的精神和身体功能进行研究，并在她们死后检查她们的大脑。这一研究在老年痴呆症和其他脑紊乱领域取得了显著进展。

感官记忆存储

我们也能利用感官记忆存储能力来短期储存声音和图像信息。当你在篝火晚会上挥舞一个烟花棒时，大伙会看到它闪光的轨迹，甚至能画出其形状。能看到轨迹的形状是因为大脑将闪光的每一幅画面作了短期储存。这种能力也使我们能将电影分离的画面看成连续的。声音也能以这种方式短暂储存。

感官记忆存储短暂记忆了烟花每一时刻的图像，使我们看到整个图景形状是连续的。

问题

1. 写出你对记忆的描述。
2. 短期记忆和长期记忆的区别是什么？
3. 说明老年痴呆症患者不能做诸如购物或做饭之类工作的原因。
4. 举例说明短期记忆和长期记忆是两种不同的记忆方式。

关键词

- 记忆
- 短期记忆
- 长期记忆
- 老年痴呆症

关键词
- 信息检索
- 记忆模型
- 多层模型

短期记忆能记住多少内容?

用一张纸盖住下图中的字母表。将纸向下移动，使你能看到第一行字母，读一遍后再盖住，然后用同样的方式依次读下面各行。看你能按正确的顺序记住多少字母。

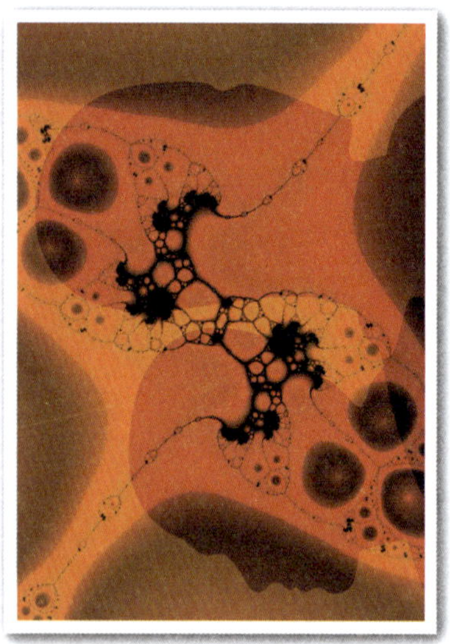

N T
A N L
N F E K
B F E X A
N A Z T P L
M B T F E Q P
U N D A C X Z G
O R B V E X Z D A
R T L D C A G P V E

如果你能正确记住一行中的 7 个字母，则表明你的短期记忆功能是非常强的。短期记忆功能仅能记住约 7 项。当你回忆一张表中的字母时，则每个字母就是一“项”。要记住更多的字母，就要将它们分成组。

例如，字母 O R B V E X Z D A 构成的一行有 9 个字母，可将其分成各有 3 个字母的 3 组：“ORB”“VEX”“ZDA”。

这时就较易记住这 9 个字母，因为它只有 3 项。没有超出短期记忆的项数。

记忆模型

像对字母表那样进行**信息检索**（retrieval of information），是一种测试记忆力的方法，它能告诉我们哪种记忆是能够达到的，而哪些又是不能达到的。但这并不能说明大脑中神经元工作的记忆方式。常用**记忆模型**（model of memory）来说明记忆发生方式。

多层模型：存储器共同工作

通读下面给出的单词表，然后用纸遮住，尽量多地写出你所能记住的单词，且可以按任意序列。

dog, window, film, menu, archer, slave, lamp, coat, bottle, paper, kettle, stage, fairy, hobby, package

你能写出多少？如果这类测试是对大量的人实施的，则可总结出回忆起单词的规律：他们通常能记住单词表中的最后几个单词且书写无误，对开始的几个单词也能较好地记住。

当你观察单词表时：

- 神经冲动从眼睛传输到感官记忆中。
- 一些感受信息被传输到短期记忆，但仅有你关注的信息能通过。那些你不关注的信息就记不住了。
- 如果传来的信息过多，超过了短期记忆所能记住的量，则它们就遗失了，即被忘记了，你就记不住这些信息了。
- 一些信息被传输到长期记忆。这些单词将被记住，通常是开始和最后的几个单词。
- 当你开始写时，最后到达的信息仍然驻留在短期记忆中。故单词表最后几个单词通常也是你能记住的。

这种利用感觉、短期记忆、长期记忆的记忆形态即为记忆的**多层模型**（multistore model）。

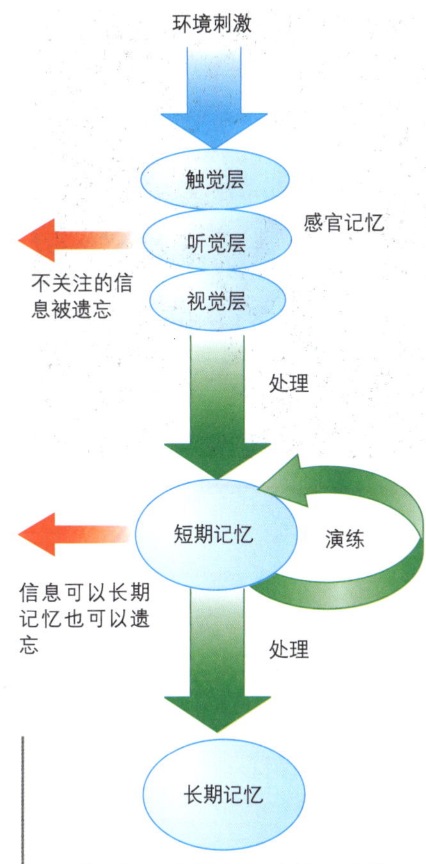

这种记忆多层模型可被用于解释一些信息被长期记忆，而另一些则被遗忘的原因。

问题

5. 你在咖啡馆中看菜单。当你告诉朋友点单的内容时，却忘记了一些。你为什么不能记住菜单上所有的内容？
6. “到目前为止，尚无一种记忆模型能完全解释记忆是如何产生的。”
   a. 如何使一种解释能为科学家所广泛接受？
   b. 为什么尝试用一种模型来解释记忆产生的方式是非常有用的？

排练是演员记住台词的技术。

演练和长期记忆

观察下列一行字母：

RTIDACGPEV

对短期记忆而言，这些分开的字母是太多了。如果给你时间，你可能会一遍又一遍地重复直至记住。**重复信息**（repetition of information）是众所周知的记忆方法。演员在 45 分钟内能够记住一首 14 行短诗。心理学家认为通过反复演练可将信息从短期记忆变成长期记忆储存起来。

工作记忆模型

1972 年，两位心理学家弗格斯·克雷克和罗伯特·洛克哈德认为多层记忆模型过于简单，演练仅是将短期记忆转成长期记忆的方式之一。

多层记忆模型认为，通过演练处理信息使其储存起来，而非经过短期记忆而遗忘掉。克雷克和洛克哈德反驳道，如果信息经过更深化的处理，也应能很牢固地记住。因此，如果理解了信息或信息对人有意义，则也能被长期记住。

例如，如果将信息适当分类，就能深化处理。例如：

AAT，BAT，CAT，DAT，EAT

比 DAT，AAT，EAT，CAT，BAT 更容易记住。

如果信息和诸如颜色、光、声等强刺激相联系，也能被深化处理。

主动工作记忆

短期记忆现在被视为主动的**工作记忆**（working memory）。由此，我们能够持有和处理有意识思考的信息。长期记忆和工作记忆相互联系，通过这种方式我们可以演练需要的信息，并将以后可能有用的信息储存起来。

应用于实践

在学校学习的过程中，我们可以利用心理学家已经发现的好方法。

- 重复：如果你想记住已经读过的信息，就多读几遍。
- 演练：阅读那些你必须学习的、其内容短到能保存在短期记忆中的片断。对它们作注释以转到长期记忆中。
- 主动记忆：利用荧光笔涂关键词语和利用蜘蛛形图来处理正在学习的信息。

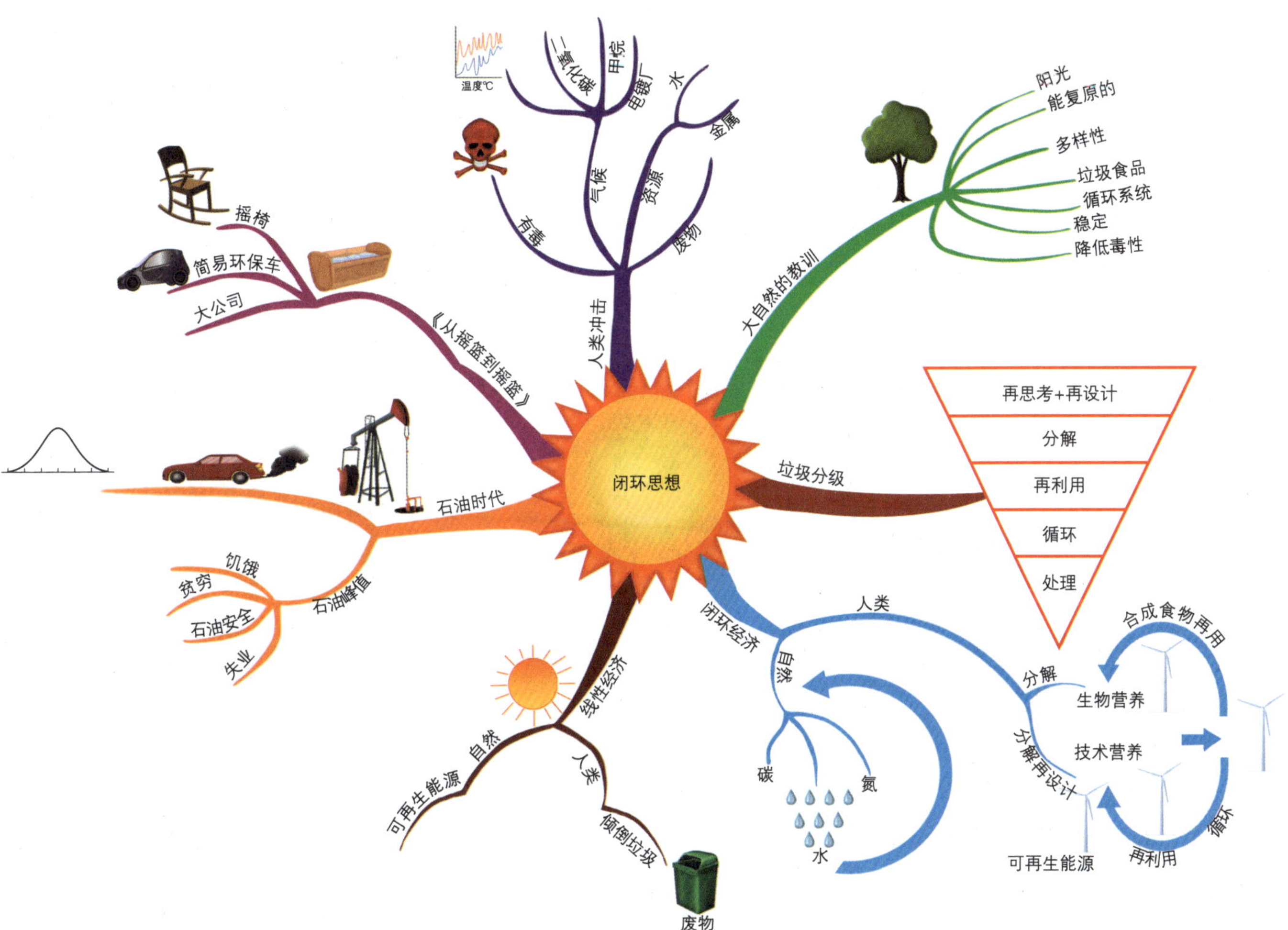

问题

7. 作两张表列出 10 种你要从超市买的物品。尝试记住一张表。将第二张表放入诸如罐子、烤箱、洗碗机等在内的家电里并尝试记住。则哪张表容易记住？为什么？
8. 试给出因和强刺激相联系而容易记住的信息：
   a. 颜色　b. 气味　c. 声音
9. 写出你通过演练记住的一些事物。例如，电影院的方向、电子游戏中复杂的运动图像等。演练是如何帮助你记忆的？
10. 说明利用荧光笔涂在关键词上，便更易记住它们的原因。
11. 作一张如上的蜘蛛形图来显示你所掌握的关于记忆和学习的信息。

关键词
- ✔ 重复信息
- ✔ 工作记忆

科学解释

在当今，神经科学一直在飞速发展着，但我们对人类大脑工作原理的了解仍然不够深入，而这恰恰是我们把握学习方式及治疗老年精神疾病的关键。

应该知道：

- 刺激来源于生物所在环境发生的变化。
- 简单反应的本质，以及它对感受器、中枢系统、诸如视觉那样的人体效应器起重要作用的原因。
- 人体利用神经冲动和激素分别作出短期和长期反应。
- 人类和脊椎动物体内中枢神经系统和周围神经系统（感觉和运动神经元）间的关系。
- 递质载着神经冲动经突触从一个神经元到另一个神经元，以及毒品和药物对这种传递的影响。
- 神经冲动通过中间神经元在脊椎和感觉神经元、运动神经元间传输，自动产生快速反应。
- 科学家作出大脑皮层的区域图来确定各区域的特殊功能。
- 早期的大脑进化给予人类更多的生存机会。
- 短期记忆和长期记忆与信息储存、演练对长期记忆的作用。
- 是什么帮助人学习和记住了信息。
- 记忆的多层模型对短期记忆、长期记忆、重复、储存、演练和遗忘提供了工作模式。
- 简单模型和多层模型一样发展成为诸如工作记忆那样更为复杂的模型。

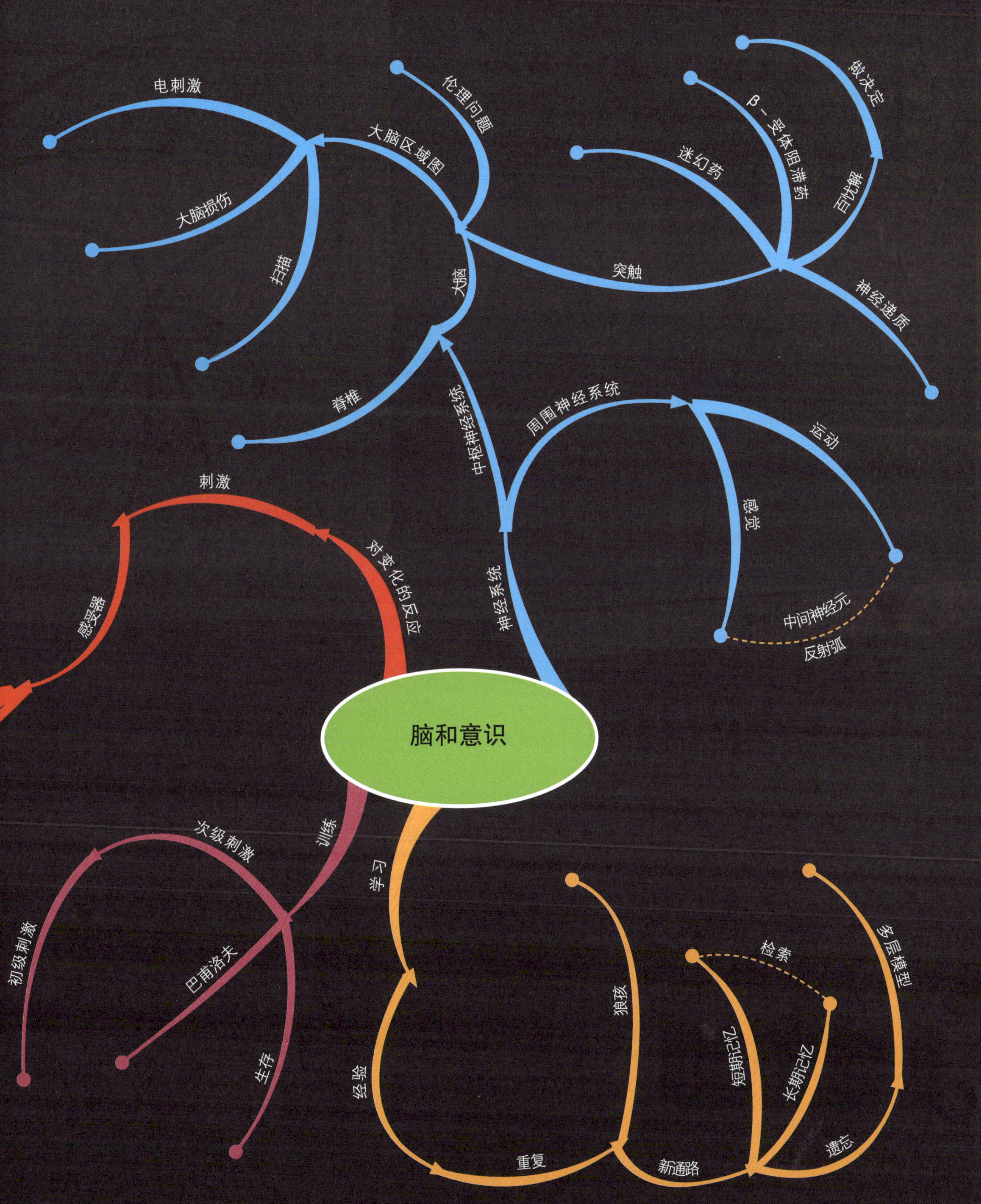

脑和意识
神经系统
中枢神经系统
大脑
脊椎
大脑区域图
伦理问题
电刺激
大脑损伤
扫描
突触
迷幻药
β－受体阻滞药
做决定
百忧解
神经递质
周围神经系统
运动
感觉
中间神经元
反射弧
刺激
对变化的反应
感受器
训练
次级刺激
初级刺激
巴甫洛夫
生存
学习
经验
重复
狼孩
新通路
检索
短期记忆
长期记忆
多层模型
遗忘

科学观点

人们对脑的认识大部分来自于先前对动物或人的实验。这使得科学家能够不断完善人类的学习方式，并发展起对脑疾病和伤害的治疗方法。

人们需要对科学研究所涉及的伦理问题进行充分的辩论，并在综合各种不同观点的基础上取得一致意见。

- 一些人认为，如果用动物进行医学研究能够造福人类，则是可接受的。另一些人则认为，随意干预脊椎动物的大脑功能，其本身就是非正当的。
- 科学家通过对患有精神健康方面疾病的人的研究，已经掌握了大量关于脑的知识。但利用患病的人进行实验是公正正确的吗？
- 对脑部在战争中受损的士兵进行的研究帮助科学家了解到脑的工作方式。

有时我们难以确定什么是正确的，什么是错误的。一些人认为能为大多数人带来最佳结果的决定就是正确的决定。

也有一些人认为，无论结果如何，一定的行为既有正确的，也有错误的。我们需要基于不同的观点进行辩论，并最终达成一致。

- 随着诸如 MRI 等新技术的出现，使得通过实际观察健康大脑并建立起大脑工作图像成为可能，从而降低了用动物和病人进行实验而引发的争议。

本章介绍了几种能说明人类记忆和学习行为的模型。

- 简单的多层模型仅对观察或收集学习和记忆中的数据是有用的。弗格斯·克雷克和罗伯特·洛克哈德于 1972 年得出多层模型过于简单的结论。

克雷克和洛克哈德创造性的思考产生了更加完备的对人类记忆方式的解释。我们应该从中意识到，创造性思维包含在对事物解释的发展之中。

- 工作记忆模型提供了对人类记住事物方式的更为广阔的解释。

在比较、了解科学解释的过程中，我们要选择能对科学现象给出较好说明的解释，并能给出作出这种选择的理由。

复习问题

1 感觉神经元和运动神经元的空隙被称为突触间隙。一个神经冲动在突触处载有一系列信息。

下列句子的顺序是错误的，且其中有一个句子也是错误的。

A. 化学物质被释放到突触处。

B. 感受器分子产生了化学物质。

C. 化学物质和运动神经元膜上的感受器特异性受体结合。

D. 化学物质经扩散越过突触。

E. 神经冲动沿运动神经元传输。

F. 神经冲动到达了感觉神经元的一端。

选择 5 个正确的句子，将它们按正确的顺序写下来。

2 巴甫洛夫利用狗分泌唾液来研究条件反射原理。这期间，他应用了一系列步骤来产生条件反射。

a. 在每一步骤中，他都提供了不同的刺激。

i 让狗听到铃声。

ii 使狗看到食物。

iii 让狗听到铃声并看到食物。

步骤1：初始反射		
	狗分泌唾液	给狗食物

步骤2：重复多次		
	狗分泌唾液	给狗食物

步骤3：训练反射		
	狗分泌唾液	给狗食物

b. 按照这一调查得出结论。

确定下列结论中哪些是正确的，哪些是错误的。

铃声被用作初始刺激。

训练反射反应和初始刺激有直接的联系。

狗学会了将次级刺激和初始刺激相联系。

3 一只名为皮普的小狗，它的大脑中有数十亿的神经元。

说明随着皮普的发育，它大脑中的神经元通路将会发生什么情况。

4 通过对大脑受损的人的研究，科学家能够收集到关于大脑功能的有用信息。

写出研究所涉及的伦理问题，以及正反两个方面的观点。

5 试说明：为什么诸如迷幻剂那样的毒品能够干扰神经冲动在大脑中神经元间的突触中传输？

6 描述一种能被用于解释大脑储存和演练作为记忆的信息的模型。

C6 化学合成

为什么要研究化学合成？

我们利用化学物质来保存食物、治疗疾病、装扮我们的家等。这些化学物质很多都不是天然的，而是人工合成的。研制一种化工新产品，如某种治疗疾病的药物等，都要依赖从事化学合成并测试新物质性质的科学家的工作。

已经知道的知识：

- 在化学反应过程中，原子被重新组合。
- 在化学反应过程中，各种元素的原子数保持不变。
- 矿物质可被用于生产合成材料。
- 碱中和酸而生成盐。
- 化学反应可用文字表达式和配平了的化学方程式来描述。
- 一些物质是由被称为离子的带电粒子构成的。
- 能重复再现的数据可信度高。

要发现什么？

- 化学工业的重要性
- 解释酸和碱的性质的理论
- 化学反应中放出和吸收能量
- 控制化学反应速度的技术
- 合成新化学物质的步骤
- 测量化学合成效率的方法

科学的应用

研究合成新化学物质的化学家要具备实践技能并且掌握科学理论。他们必须控制化学反应速度，使其既不能太慢，也不能太快。他们还要计算为得到所需的生成物要使用多少反应物。化学家要能够解释物质变化带来的能量的变化。在化学合成的过程中，酸是重要的反应物。离子理论能解释这些化学物质的特性。

科学观点

化学家能确保在化学反应过程中使用了恰当等级的化学物质。技术化学家要检测使用的化学物质的纯度，并保证所得到的数据尽可能地准确和可靠，从而对纯度的真值做出最佳的估计。

A 化学工业

通过探究发现

- 化学工业
- 大宗和精细化学品
- 化学合成的重要性

化学工业将原料转变成纯净的化学物质，再通过合成的方法将其变成各种各样的产品。

在化工厂和实验室中工作的工业化学家。

关键词

- 化学工业
- 大宗化学品
- 精细化学品
- 化工厂
- 实验工厂
- 扩大规模

化学工业(chemical industry)能将像石油、天然气、矿石、空气和水那样的物质转变成各种有用的产品。这些产品包括食品添加剂、肥料、颜料、染料和药物等。

那些生产**大宗化学品**(bulk chemical)的工业每年的产量在数千甚至上百万吨。其典型的例子有氨、硫酸、氢氧化钠、氯和乙烯等。

还有一些小规模的化工厂生产**精细化学品**(fine chemical)，如药物、除草剂、杀虫剂等。也生产少量供其他工业特殊目的使用的特种化学物质，其中包括阻燃剂、食品添加剂、制造电视机或电脑显示屏的液晶等。

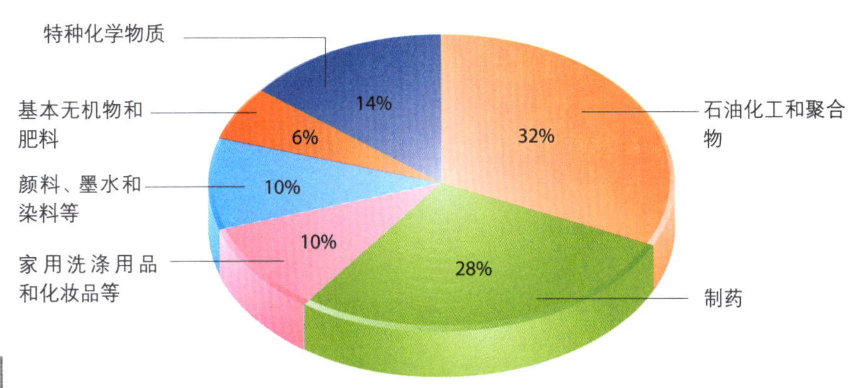

英国化学工业生产的各种产品所占的比例。

生产化工产品的工厂称为**化工厂**(plant)。很多化学反应是在高温下才发生的，因此需要大量能源。同时，还需要电能将反应物和生成物从化工厂的一处抽送到另一处。有时这种能源就来自化工厂，因为一些化学反应会放出能量。

化工厂的所有设备中，诸如温度、压力等工作状态都用传感器来监控，采集到的数据被送往中心控制室的计算机中，在那里，工程技术人员控制着整个工厂的运行。

化学工业中的从业人员

化学工业中需要很多不同技能的人员。在实验室中工作的化学家负责研究新工艺和开发新产品。

工业需要新工艺使其具有竞争力和可持续发展性，目的是要使用较少的原料和能源，减少废物排放等。

设计新产品的人要和市场销售人员保持密切关系，因为销售人员可以告诉他市场是否需要这种新产品。如果新产品有市场前景，则要先在**实验工厂**（pilot plant）进行小规模试生产。

作为市场研究的一部分，一些新产品要先让顾客试用。同时，金融专家要估算新产品在市场上的销售量、核算成本，估算它投放市场后可能产生的利润。

化工工程师要设计出**扩大规模**（scale up）生产的工艺和大规模生产的工厂。这可能要花费数亿英镑。

化工厂的产品，有一些直接对公众销售，但其大部分被用于生产其他产品，因此要将它们运输到作为消费者的生产厂家那里。

化工厂需要经理等管理人员，他们监控着工厂的各运作环节。还有一些后勤人员，他们要为工厂中的生产人员服务，其中包括医护、餐饮服务、培训、安全监管等人员。

问题

1. 将下列物质按原料和产品分类：
   空气，氨，阿司匹林，水，石油，聚乙烯
2. 给出一种大宗化学品的名称和分子式。
3. 列表将下列化学物质按“大宗化学品”和“精细化学品”分类：
   - 药物：阿司匹林
   - 碳氢化合物：乙烯
   - 香料：柠檬醛
   - 硫酸
   - 除草剂：草甘膦
   - 氢氧化钠
   - 食品染料：β-胡萝卜素

在控制室中监控生产流程。

维修工人使设备保持正常运行状态。

B 酸和碱

通过探究发现

- 酸和碱
- pH
- 酸的反应

酸

酸(acid)这个词听上去有一种危险的感觉。因为硫酸、硝酸、盐酸等酸达到一定浓度后对人体是相当危险的。我们在使用它们时要十分小心。当用水将它们稀释后，其危险性也随之降低。以稀盐酸为例，若它溅到皮肤上时，只要立即用水清洗，则不会造成伤害，但它会让伤口感到刺痛，也会腐蚀衣物。它也存在于我们的胃中，能帮助消化和杀死细菌。而胃受到胃黏膜层的保护，不会受到伤害。

并非所有的酸对生命都是有害的，很多酸也是生命的一部分。生物学家已经发现了柠檬酸循环。这是在所有细胞内发生的一系列化学反应，它利用了生物运动和生长过程中呼吸所放出的能量。

有机酸

有机酸是由一组由碳、氢、氧等原子构成的分子所组成的。这种酸的酸性来自—COOH 原子团中的氢。

柠檬酸和酒石酸是典型的固态有机酸，而乙酸是一种液态有机酸。

关键词

- 酸
- 碱

醋酸(学名乙酸)是一种液体，存在于日常用的醋中。大多数白醋就是稀释的醋酸，而食醋呈棕色是因为其中含有其他能产生特别味道和颜色的化学物质所致。大多数微生物不能在酸中存活。故醋也被用于腌制咸菜。

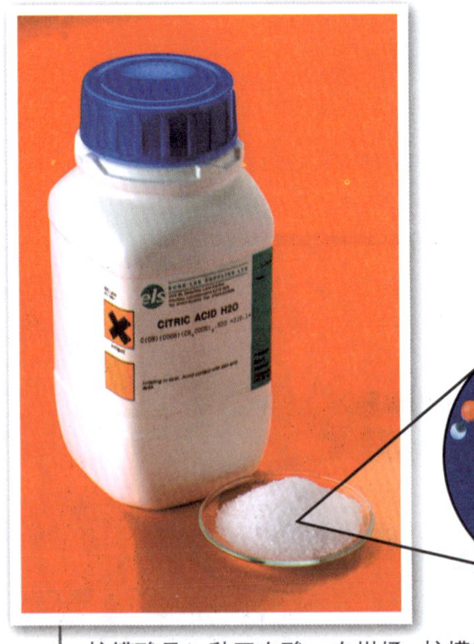

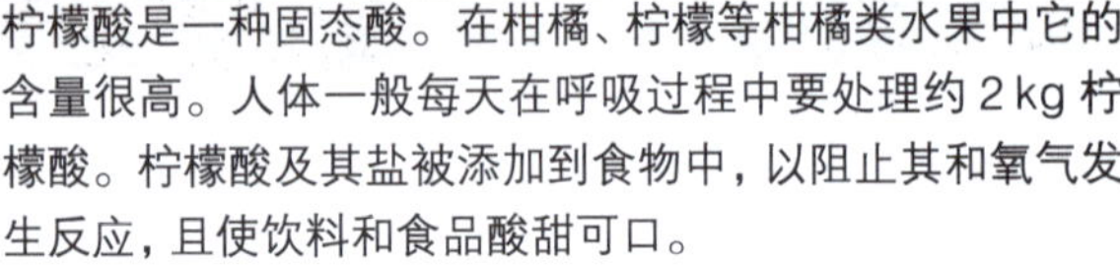
柠檬酸是一种固态酸。在柑橘、柠檬等柑橘类水果中它的含量很高。人体一般每天在呼吸过程中要处理约 2 kg 柠檬酸。柠檬酸及其盐被添加到食物中，以阻止其和氧气发生反应，且使饮料和食品酸甜可口。

矿物质酸

硫酸、硝酸和盐酸是用无机物或矿物质制造的。纯酸都是由酸分子构成的。硫酸和硝酸在室温下呈液态。氯化氢是气体，它溶于水后就成了盐酸。

硫酸（H_2SO_4）是用硫、氧、水等物质制成的。纯的浓硫酸是像油一样的液体。英国的化学工业每年约生产 200 万吨硫酸。硫酸是重要的化工原料，用它来生产的化学品包括洗涤剂、颜料、染料、塑料和化肥等。

碱

药剂师出售抗酸剂片给有胃灼感和消化不良的人。抗酸剂具有和酸相反的作用，能中和掉胃中过多的酸，故称“抗酸”剂。

药用抗酸剂通常能溶于水。其他的抗酸剂都能溶于水且其水溶液的 pH 都大于 7。化学家将它们称为**碱**（alkali）。常见的碱有氢氧化钠（NaOH）、氢氧化钾（KOH）、氢氧化钙 [$Ca(OH)_2$] 等。

氢氧化钠俗称苛性钠。“苛性”意为会损害包括皮肤在内的生物组织。碱对纤弱的生物组织造成的破坏作用比稀释的酸更甚。苛性碱常被用作烤炉和下水道等最强力的清洗剂，但在使用它们时要加倍注意安全。

将浓硫酸加入食盐（氯化钠）晶体中后，就能得到氯化氢（HCl）气体。它能溶于水，在潮湿的空气中形成水雾，发出难闻的气味。

烤箱的清洗剂中通常含有苛性钠。

问题

1. 由分子的结构图写出下列分子的分子式：
   a. 醋酸
   b. 柠檬酸
2. 写出下列抗酸剂的分子式：
   a. 氢氧化镁是由镁离子（Mg^{2+}）和氢氧根离子（OH^-）构成的。
   b. 氢氧化铝是由铝离子（Al^{3+}）和氢氧根离子（OH^-）构成的。

pH
14 稀氢氧化钠
13
12 石灰水
11
10 一些品牌的牙膏
9
8
7 血液
7 纯水
新鲜牛奶
6 蒸馏水
5
4
3 醋
2 柠檬汁
1 胃液
0 稀盐酸
碱性
中性
酸性

pH。

指示剂和 pH

将**指示剂**（indicator）放在酸或碱的溶液中会显示不同的颜色。在酸溶液中，蓝色石蕊试剂变成红色，而在碱溶液中，红色石蕊试剂变成蓝色。特定的混合指示剂，如万能指示剂，可以根据变化颜色和深浅程度来估计被测物的 pH。

pH 也可用 pH 计等电子设备测出来，只需将电极插入待测溶液中即可。从这种仪器上可直接读数，也可将其与数据记录仪或电子计算机相连。

在一些化妆品、香波及一些食品标签上都能看到 pH 字样。它是被用来表示酸碱性的。pH（pH scale）是一个数字范围，用于表示水溶液的酸度或碱度的大小。大多数实验室中溶液的 pH 范围为 1—14。

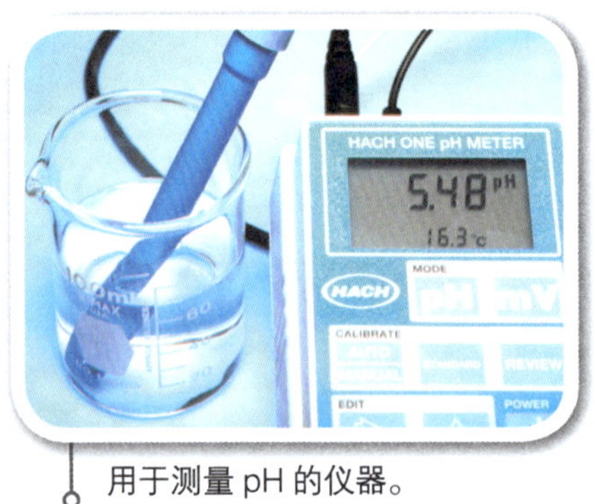

用于测量 pH 的仪器。

绣球花含有天然指示剂：如果它长在酸性土壤中就开蓝花，而在碱性土壤中则开粉红花。这和石蕊试剂相反。

酸的反应

酸与金属的反应

酸和**金属**（metal）反应产生**盐**（salt），另外的生成物是氢气。

酸 + 金属 → 盐 + 氢气

例如：$2HCl(aq) + Mg(s) \rightarrow MgCl_2(aq) + H_2(g)$

并非所有的金属都是以这种方式反应的。我们可能记得 C5 章第 G 节中的金属活泼性的顺序。表中排在铅后面的金属都不与酸发生反应，即使是铅，也难以在短时间内探测到发生变化的迹象。

用酸在金属板上作蚀刻画时，常用羽毛拂去冒出的氢气泡。

酸与金属氧化物和金属氢氧化物的反应

酸与**金属氧化物**（metal oxide）和**金属氢氧化物**（metal hydroxide）反应均生成盐和水，且没有气体放出。

酸 + 金属氧化物（或金属氢氧化物） → 盐 + 水

例如：$2HCl(aq) + MgO(s) \rightarrow MgCl_2(aq) + H_2O(l)$

酸和金属氧化物间的反应常是从矿石中提炼有用化学物质的重要步骤。

酸和碳酸盐的反应

酸和**碳酸盐**（carbonates）反应能生成盐、水和二氧化碳气体。

酸 + 碳酸盐 → 盐 + 水 + 二氧化碳

地理学家常用将盐酸滴到岩石上的方法来测试碳酸盐：如果看到有气泡产生，则表明岩石中含有碳酸盐，且倾向于是碳酸钙或碳酸镁。

文字表达式为：

盐酸 + 碳酸钙 → 氯化钙 + 水 + 二氧化碳

其配平的化学方程式为：

$$2HCl(aq) + CaCO_3(s) \rightarrow CaCl_2(aq) + H_2O + CO_2(g)$$

用这种检测碳酸盐离子的方法简单、有效。因此，"酸检"一词常被用于描述任何能提供充分证明的方法。

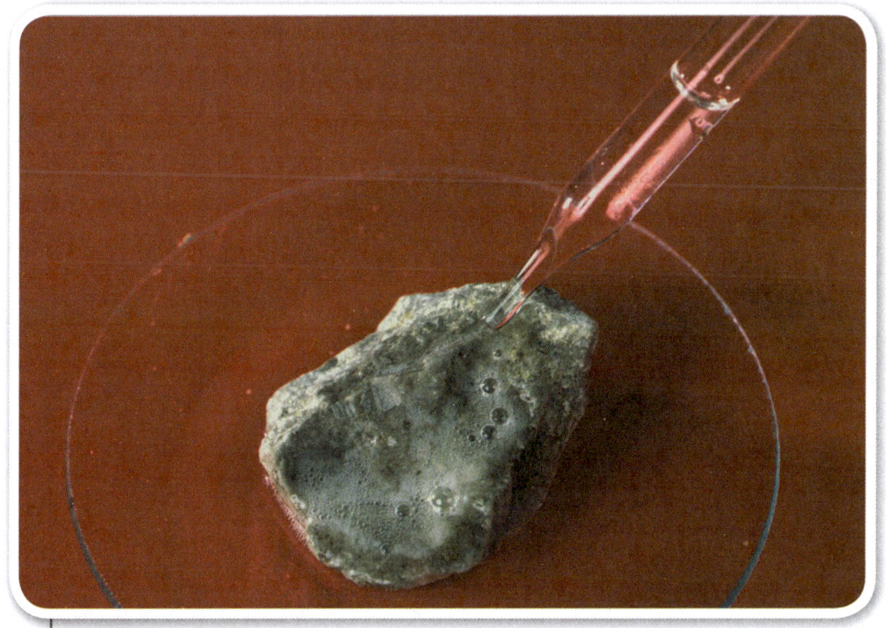

用盐酸检测碳酸盐。

关键词

- 指示剂
- pH
- 金属
- 盐
- 金属氧化物
- 金属氢氧化物
- 碳酸盐

问题

3. 利用盐酸和锌反应生成可溶的氯化锌 $ZnCl_2$ 的方法，可在锌板上作蚀刻画。试写出这一反应的文字表达式和配平的化学方程式。
4. 氢氧化镁 $Mg(OH)_2$ 是一种能中和过多胃酸（HCl）的抗酸剂。试写出这一反应的文字表达式和配平的化学方程式。
5. 非洲的坦桑尼亚有一座火山，其火山灰中含有碳酸钠 Na_2CO_3。它冷却后遇到盐酸会产生气泡。试写出这一反应的文字表达式和配平的化学方程式。
6. 烧硬水会在壶中形成水垢。水垢含有碳酸钙。除水垢常用 3 种酸：柠檬酸、醋酸和稀盐酸。你趋向于用哪种酸来为电水壶除垢？试说明原因。

C 用酸制成的盐

通过探究发现

- 用离子理论解释中和反应
- 盐及其分子式

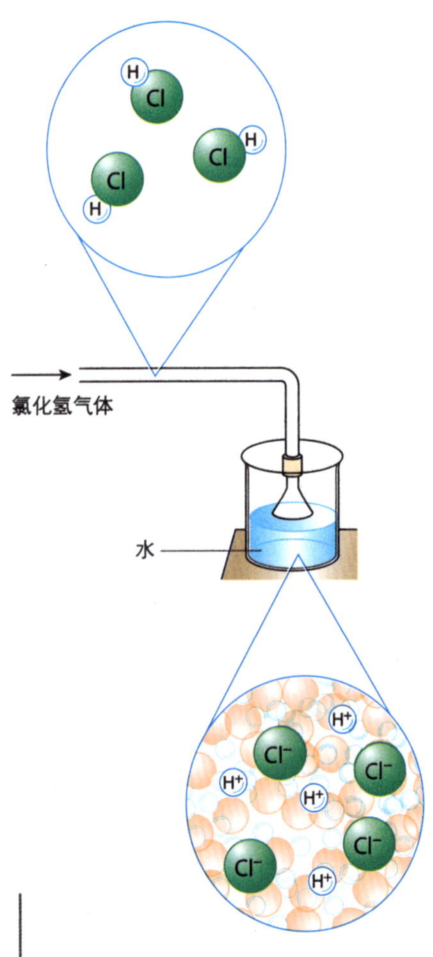

氯化氢溶于水生成了盐酸。HCl 分子与水反应生成了离子。

关键词

- 氢离子
- 氢氧根离子
- 中和反应

酸为什么具有如此的性质?

化学家已经建立起了能解释所有酸一类的化合物在和指示剂、金属、碳酸盐、金属氧化物、金属氢氧化物反应时都具有相似现象的理论。

酸溶于水时，不是与水简单的混合。它们间会发生反应，并因此而产生氢离子(H^+)。例如，盐酸是氯化氢的水溶液。氯化氢分子和水反应后产生了**氢离子**(hydrogen ion)和氯离子。

$$HCl(g) \xrightarrow{水} H^+(aq) + Cl^-(aq)$$

酸的理论是离子理论中的一种。任何化合物，当它溶于水时能产生氢离子，就可以将它看作酸。

所有酸的分子式中都有氢，如硝酸是(HNO_3)，而磷酸是(H_3PO_4)等，都含有氢。但并非所有含有氢的化合物都是酸。如乙烷(C_2H_6)和乙醇(C_2H_5OH)等就都不是酸。

有机酸在溶于水时，只有—COOH 原子团中的氢原子才能发生离子化。

什么使溶液呈碱性?

像可溶性金属氢氧化物那样的碱都是离子化合物。它们都是由金属离子和**氢氧根离子**(hydroxide ion)OH^- 组成的。当它们溶解时，水中就增加了氢氧根离子，正是这些离子使溶液呈碱性的。

$$NaOH(s) \xrightarrow{水} Na^+(aq) + OH^-(aq)$$

中和反应

氢氧化钠和盐酸反应生成了盐(氯化钠)和水。

$$Na^+(aq) + OH^-(aq) + H^+(aq) + Cl^-(aq) \rightarrow Na^+(aq) + Cl^-(aq) + H_2O(l)$$

在**中和反应**(Neutralization reaction)的过程中，酸中的氢离子和碱中的氢氧根离子反应生成了水。

$$H^+(aq) + OH^-(aq) \rightarrow H_2O(l)$$

溶液中剩余的离子生成了盐。

盐

当金属氧化物或金属氢氧化物与酸中和时就生成了盐。因此，每一种盐的原料都可认为是两个来源，一个是金属氧化物或金属氢氧化物，另一个是酸。

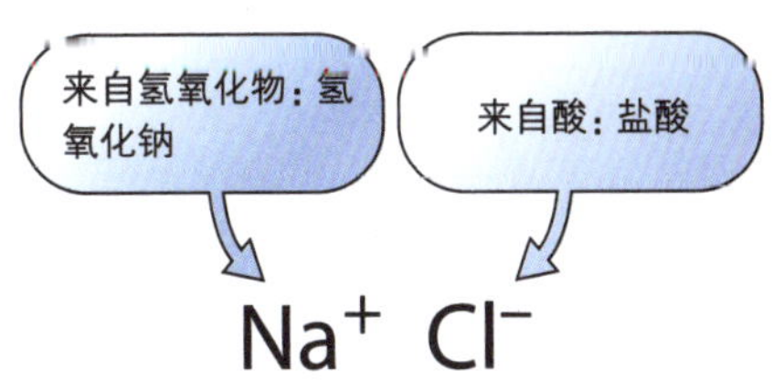

盐是离子化合物（见 C4 章第 J 节：离子理论）。大多数盐都是由带正电的金属离子与带负电的非金属离子结合而成的。金属离子来自金属氧化物或氢氧化物，而非金属离子来自酸。

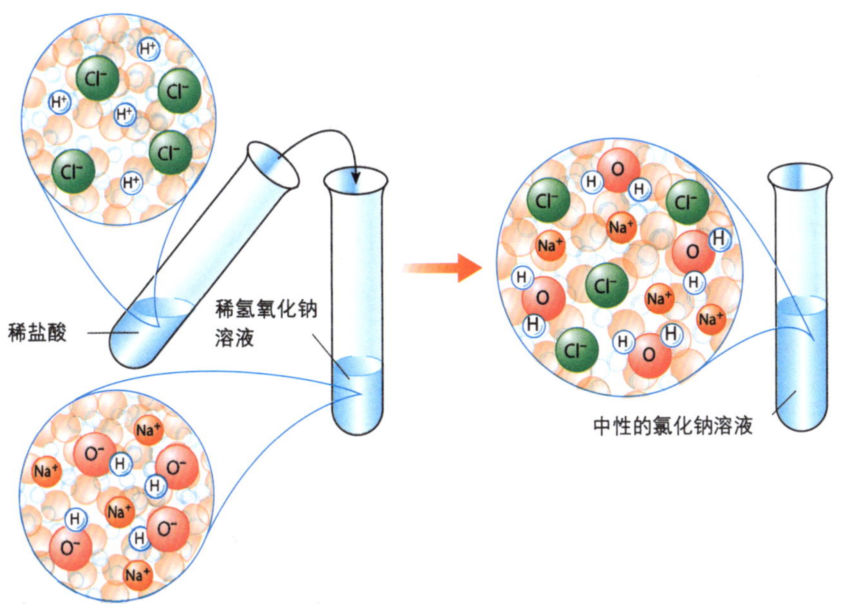

稀氢氧化钠溶液中和稀盐酸，生成了中性的氯化钠溶液。图中浅色的水分子没有参与反应。

若已知离子的带电情况，就有可能得出盐的分子式。记住所有的化合物总体上是电中性的（见 C4 章第 K 节：离子理论和原子结构）。一些非金属离子中含有不止一个原子，下表给出了一些例子。在硝酸镁的分子式 $Mg(NO_3)_2$ 中，用 $(NO_3)_2$ 表示分子式中有两个硝酸根离子。

含有多于1个原子的非金属离子	符号
碳酸根	CO_3^{2-}
氢氧根	OH^-
硝酸根	NO_3^-
硫酸根	SO_4^{2-}

问题

1. 用化学方程式显示下列化合物溶解于水时发生的情况：
   a. 硝酸
   b. 硫酸
   c. 氢氧化钙
2. 写出下列反应中生成的盐的名称：
   a. 氢氧化锂和盐酸
   b. 碳酸钙和硝酸
   c. 氧化镁和硫酸
3. 利用 C4 章第 K 节和本页的离子表，写出下列盐的分子式：
   a. 硝酸钾
   b. 碳酸镁
   c. 硫酸钠
   d. 硝酸钙
4. 利用 C4 章第 K 节和本页的离子表，写出下列盐中金属所带的电荷：
   a. $CuCO_3$
   b. $PbBr_2$
   c. Fe_2O_3

D 化学物质的纯度

通过探究发现

- ✔ 纯度
- ✔ 用滴定法测纯度

沉淀碳酸钙(CP)	
实验分析	99%
氯(Cl)	0.005%
硫酸根(SO_4^{2-})	0.05%
铁(Fe)	0.002%
铅(Pb)	0.002%

实验室级碳酸钙瓶上的标签。“实验分析”表明了物质纯度为99%，另含有所标注的少量其他杂质。

关键词

- ✔ 滴定
- ✔ 滴定管
- ✔ 终点

问题

1. 使用氯化钠(食盐)的目的有：
   i 给食品调味
   ii 熔化道路上的冰
   iii 医院中输液用的生理盐水
   将氯化钠按对纯度需要排序，从纯度最高的开始。
2. 在滴定的各步骤中，哪一步骤：
   a. 配制溶液?
   b. 使用滴定管，目的是什么?
   c. 到滴定终点，技术人员如何知道到滴定终点了?

纯度的等级

酸和金属、氧化物、氢氧化物与碳酸盐的反应可被用于有目的地制造有特定价值的盐。出于安全的考虑，对用于食品和药物的盐要求是十分纯净的。

化学物质并非都是纯净的。以用于高炉炼铁的碳酸钙为例，炼铁厂可直接使用来自采石场的石灰石。虽然其中有很多杂质，但一点也不影响它在高炉中的作用。

化学品供应商能提供各种纯度等级的化学物质。在学校实验室中，我们可能使用的是下列等级中的一种：技术级，普通实验室级，分析级。纯度最高的等级是分析级。

使化学物质纯净化要分步进行，每一步骤都要耗时费钱，且面临很多困难。纯度越高，成本越大。因此，用户都选用刚好能满足自己要求的纯度的物质。

在为达成某目的选择特定纯度的化学品时，一定要知道：

- 杂质的含量
- 杂质的成分
- 杂质对达成目标的影响程度
- 杂质是否会参与反应，如果参与反应是否影响结果

检测纯度

药物除了有效成分外，还要加入改善口感和便于服用的成分。这意味着制药厂还需要甜化剂、食用香料及其他添加剂。

制药厂购进这些原料后，技术化学家还要检验这些化学物质是否是符合制药要求的纯度等级。

像用于止咳药的糖浆中常加入柠檬酸以控制其pH。技术人员通常用**滴定**(titration)的方法检验其纯度，测量的是达到中和时碱的用量。他们还需知道所用碱的精确浓度。

滴定的步骤

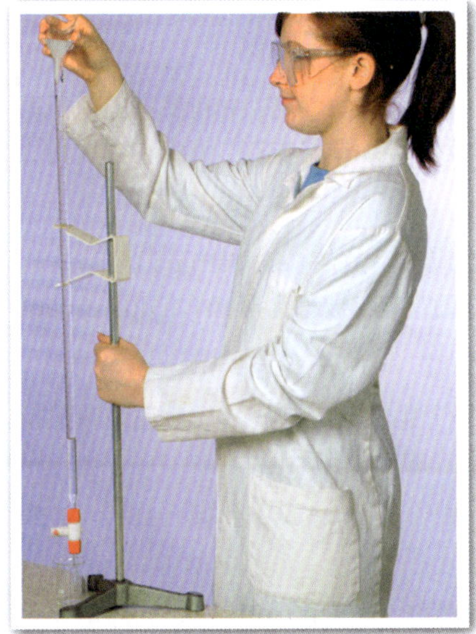

1 技术人员在**滴定管**（burette）中装入已知浓度的氢氧化钠溶液。

2 精确称量柠檬酸样品的质量。

3 将酸溶解到纯水中，然后加入少量酚酞指示剂。在酸液中酚酞是无色的。

4 用滴定管加入碱液，同时不断摇动烧瓶中的溶液。在快到达终点时改为逐滴加入。到**终点**（end point）时柠檬酸被中和了。这时指示剂呈粉红色。

技术人员将重复多次这种滴定过程。如果某次的结果和其他各次有较大的差异，则有理由怀疑其精确性，应该舍去这一结果，再对其他相近的结果求平均值。

问题

3. 一份 1.35 g 不纯的柠檬酸样品被溶于水中，然后用浓度为 40 g/dm^3 的氢氧化钠溶液滴定。平均滴定量为 20.6 cm^3。
   a. 利用下列公式求出样品中柠檬酸的质量：
      柠檬酸的质量 (g) = 平均滴定量 (cm^3) × 0.064。
   b. 利用下列公式计算样本的百分比纯度：
      百分比纯度 = $\frac{柠檬酸质量}{样本质量} \times 100\%$
4. 一位化学技术人员用滴定法测量了某酒石酸样品的纯度，得到了如下结果：98.7%，99.0%，105.4%，80.0%，98.8%，98.5%
   a. 给出结果不完全相同的理由。
   b. 哪两个值应怀疑？
   c. 在舍去了两个差异较大的值后的平均值是多少？
   d. 给出真值所在的可能范围。

E 化学反应中能量的变化

通过探究发现

✔ 放热反应和吸热反应

放热和吸热反应

大多数的化学反应需要提供能量来启动，还有一些需要能量来维持。这也是本生灯和电加热装置在实验室极为普遍的原因。

还有不少化学反应在进行过程中会放出能量，如燃烧、中和反应等。硫酸是化学工业的重要物资。制造硫酸的关键反应必须严格控制，因为它会放出大量的能量。

向周围放出能量（环境变得更热）的反应称为**放热**（exothermic）反应。当然，也有从周围吸收能量（环境变得更冷）的反应，被称为**吸热**（endothermic）反应。

通过测量反应前后的温度，可以判断一个化学反应是放热反应还是吸热反应。反应后温度上升的是放热反应，温度下降的是吸热反应。

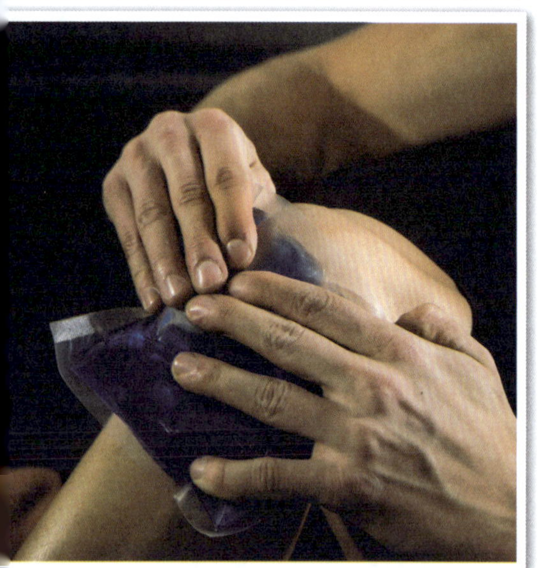

放热反应和吸热反应都得到了实际应用。利用放热反应放出的能量可进行焊接。“冰袋”利用吸热反应从受伤肌肉中吸收能量。

化学工业中的能量变化

在化工厂中工作的科学家需要知道，在合成过程中，各反应是放热的还是吸热的。关注这一点的原因是：

- 吸热反应需要燃料，而燃料是要花钱买的。
- 放热反应放出的能量可供化工厂的其他方面使用，如用来发电等。
- 温度升高使反应加快（详见第 F 节）。反应放出的热量会使反应越来越快，甚至可能会因此“失控”，引发爆炸。

这种“失控”曾经于 1984 年在印度位于博帕尔的一家化工厂引发了大灾难。可能有 2000—15000 人死于这次灾难。至今，很多人仍在承受这一事故引发的病痛的折磨。当人们能理解并能控制相关反应的能量变化后，就有可能防止这种灾难的发生。

能级图

所有的化学反应都放出或吸收能量。理解了这种能量变化规律有助于化学家控制反应。

- 在放热反应中有能量放出，生成物的能量会比反应物的能量低。
- 在吸热反应中要吸收能量，生成物的能量会比反应物的能量高。

化学家利用**能级图**（energy-level diagram）来了解化学反应中能量变化的规律。能级图显示了生成物和反应物的能量。竖直方向表示能量的大小，反应物在左，生成物在右。它通常用配平了的化学方程式来作出。

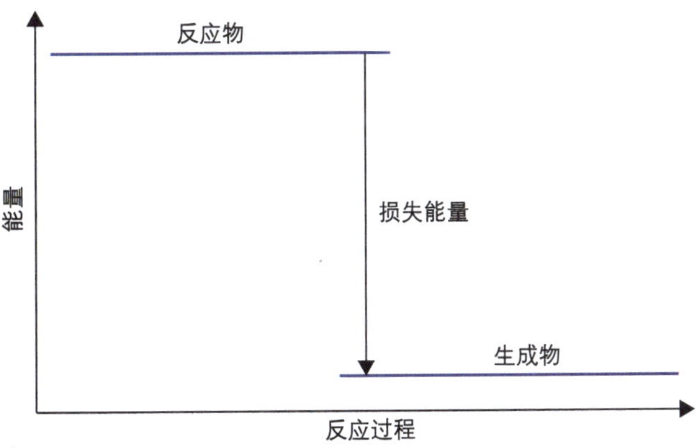

放热反应。

镁和盐酸的反应是放热反应。因反应要放出能量，故能级图中生成物比反应物的能量小。

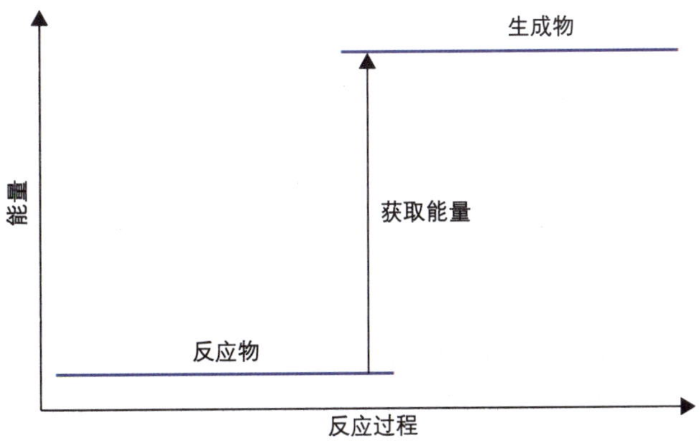

吸热反应。

柠檬酸和碳酸氢钠的反应是吸热反应，因反应要吸收能量，故能级图中生成物比反应物的能量大。

关键词

- ✔ 放热
- ✔ 吸热
- ✔ 能级图

电加热器被用于对反应加热而不出现明火。

问题

1. 如果你曾经因骨折或受伤而打过石膏绷带，可能仍会记得开始敷湿绷带时温暖而舒适的感觉。而如果尝一口冰冻果子露，则会有清凉的感觉。这些感觉都是化学反应造成的。
   a. 哪一个反应是放热的？哪一个是吸热的？
   b. 对这两种反应分别作出能级图。对图中涉及的化学物质用“反应物”和“生成物”表示。

通过探究发现

- 测量反应速度
- 影响反应速度的因素
- 工业催化剂
- 碰撞理论

控制反应速率

一些化学反应是在瞬间发生的。如爆炸就是一个快速反应的例子。

还有些反应可能要用数秒、数分钟、数小时，甚至数年的时间。生锈和食物变质都是缓慢的反应过程。

找到合成化学物质的最高效的方法是化学家的工作之一。选择速度合适的反应是十分重要的。速度过快的反应是危险的，而要持续数天的反应则又是不符合实际生产要求的，因为这样将占用设备和人员过多的时间，成本也将过高。

爆炸是反应速度极快的化学反应。

测量反应速率

你的脉搏是你心脏每秒跳动的次数。生产速度则是一定时间内生产的产品数。化学反应速度与此含意相似。

化学家用测量在固定时间内产出生成物的量或消耗反应物的量的方法来测量**反应速度**（rate of reaction）。对反应

$$Mg(s) + 2HCl(aq) \rightarrow MgCl_2(aq) + H_2(g)$$

它的反应速度可通过收集并测量产生的氢气进而很容易地计算出来。

$$平均反应速度 = \frac{氢气体积的变化}{氢气体积变化所用的时间}$$

在大多数化学反应中，速度是随时间变化的。左下图表示了镁和酸反应时，生成的氢气体积随时间的变化图像。开始时图像最陡，这表明这时的反应速度最大。随着反应的进行，反应速度减慢并最终停止。图像中的斜率即为反应速度。

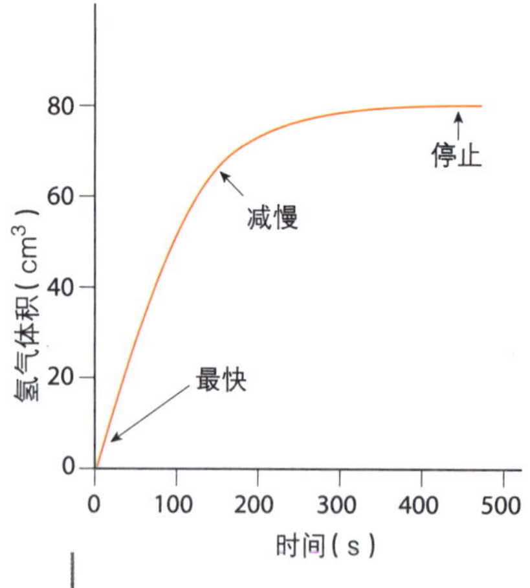

镁和盐酸反应生成氢气时体积随时间变化的图像。

问题

1. 从下一页中找出一种方法测量下列反应的速度（提示：观察反应物和生成物的状态）
   a. $CaCO_3(s)+2HCl(aq) \rightarrow CaCl_2(aq)+CO_2(g)+H_2O(l)$
   b. $Zn(s)+H_2SO_4(aq) \rightarrow ZnSO_4(aq)+H_2(g)$
   c. $Na_2S_2O_3(aq)+2HCl(aq) \rightarrow 2NaCl(aq)+SO_2(g)+S(s)+H_2O(l)$

关键词

- 反应速度

测量反应速度的方法

收集和测量生成的气体

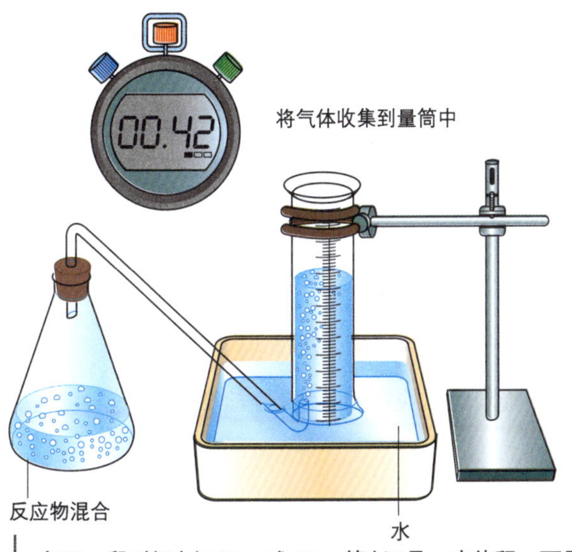

每隔一段时间（如 30 s 或 60 s 等）记录一次体积。可用下一页左图介绍的方法，用注射器代替量筒收集气体。

测量气体生成时质量的损失

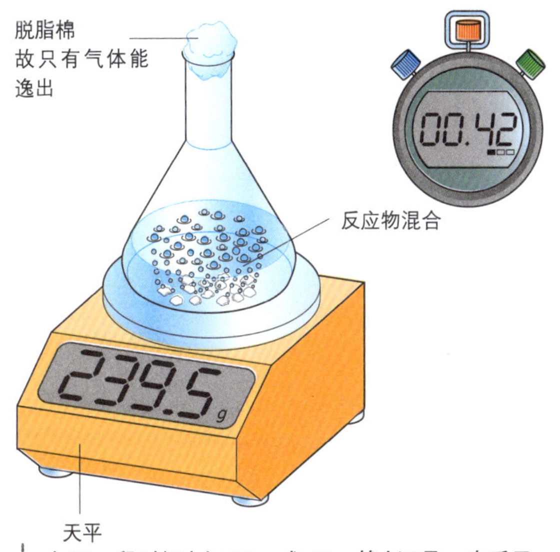

每隔一段时间（如 30 s 或 60 s 等）记录一次质量。

记录少量反应物消失的时间

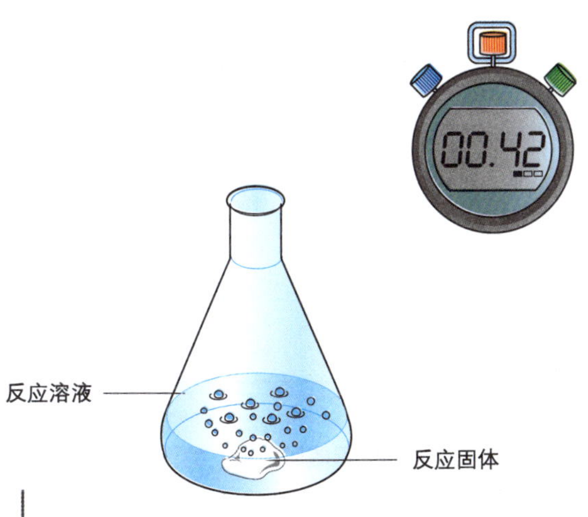

将固体和溶液在烧瓶中混合并开始计时。当固体消失时停止计时。

记录溶液变浑浊的时间

这种方法适用于产生难溶性固体的反应。将溶液在烧瓶中混合并开始计时。当不能透过溶液看到白纸上的十字时停止计时。

手动计时的方法仅适用于反应能持续几分钟（或更多）的反应。激光测量仪器或数据记录仪等现代手段的使用，使化学家能测量不到千万亿分之一秒（1 飞秒）内化学反应的速度。

影响反应速度的因素

关键词
- 浓度
- 表面积

粉末状的消食片在水中的反应比片状的快。放在室温下的牛奶比放在冰箱中的更快变质。条件的变化能导致诸如此类过程的速度的变化。

影响化学反应速度的因素有：

- 溶液中反应物的浓度。浓度越大，则反应越快。
- 固体的表面积。粉末状的固体与水、溶液或气体的接触面积大，故反应速度也大。
- 温度。温度每提高 10℃，能使一些反应的速度增大约 1 倍。
- 催化剂。有一些化学物质能增大反应速度，而自身却没有损耗。

起作用的因素

左下图中的仪器被用于探究改变金属锌与硫酸反应的条件所产生的效果。右下图的图像显示了这种结果。

气体注射器
稀硫酸
锌粒

用于探究影响锌与硫酸反应速度的因素的仪器。

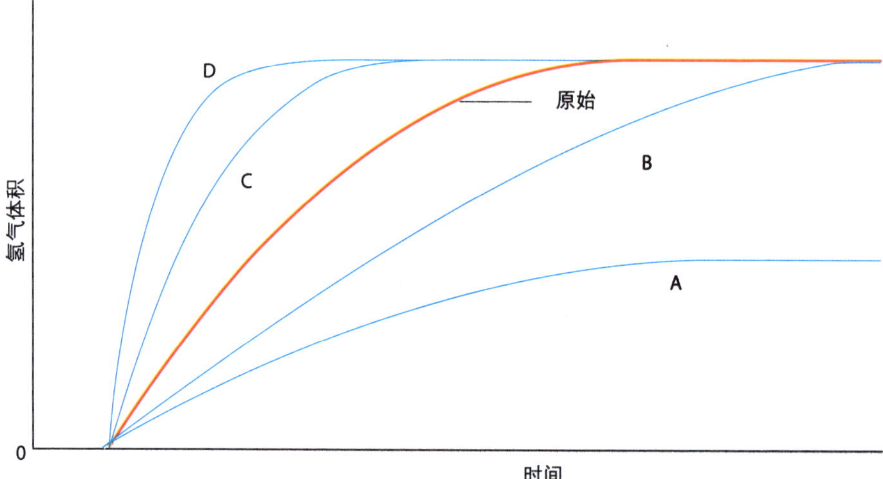

探究影响锌与硫酸反应速度的因素的实验中氢气体积随时间变化的图像。实验者每次都使用相同质量的锌。锌的用量超过反应所需量。

$$Zn(s) + H_2SO_4(aq) \rightarrow ZnSO_4(aq) + H_2(g)$$

图像中的红线表示 20℃时锌粒与 50 cm^3 稀硫酸反应生成的氢气随时间的变化情况。反应逐渐变慢并最终停止，这是因为硫酸消耗完了。反应中的锌过量。

浓度的影响

上页图像中的 A 线表示硫酸**浓度**（concentration）减半，但其他条件保持不变的情况。

若用 50 cm^3 浓度减半的稀硫酸实验，则反应速度开始时较慢，得到的气体体积减半，这是因为只有原来一半的酸参与反应。

表面积的影响

上页图像中的 B 线表示用同样质量的锌，但颗粒稍大，其他条件与初始时一样。颗粒变大使得总**表面积**（surface area）变小，故开始时反应速度慢。硫酸的量没有变化，锌仍有剩余，故最后得到的氢气体积也不变。

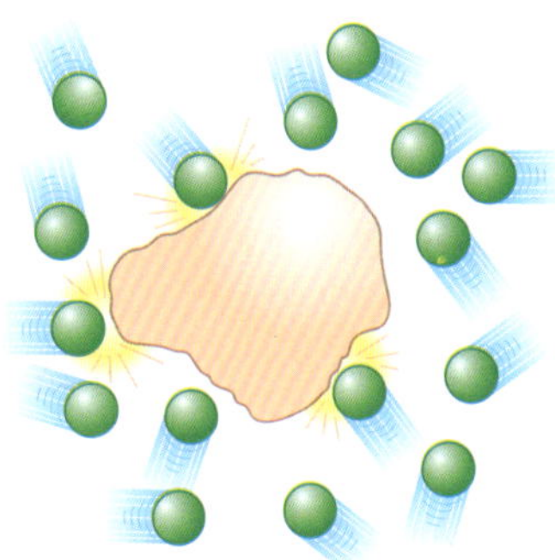

1 个大块反应速度小

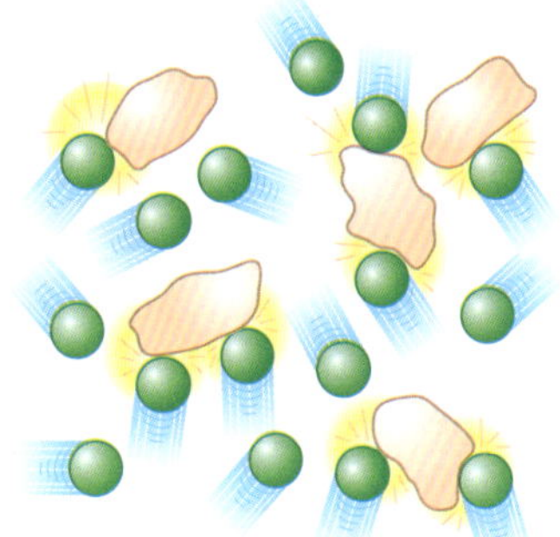

多个小块反应速度大

将 1 块固体分成很多小块，能增大总表面积，使其与溶液的接触面积增大，从而使反应速度加大。

温度的影响

上页图像中的 C 线表示将温度提高至 30℃，但保持其他条件不变的情况。这将使在开始时反应速度加倍。因为化学物质的量相同，故最终得到的氢气的量也相同。

催化剂的影响

上页图像中的 D 线表示的是当所有条件均保持不变，但使用了催化剂的情况。在开始时反应速度大。但它不能改变生成物的量。故最终得到的氢气的量不变。

问题

2. 将一块碳酸钙放入一个盛有酸的烧杯中，反应发生并有二氧化碳气体放出。给出 3 种能提高这一反应速度的方法。
3. 如何控制条件来加速下列过程？
   a. 将环氧树脂胶定型
   b. 煮熟一个鸡蛋
   c. 将汽车排出的一氧化氮转化为氮气
4. 在调查温度对化学反应的影响时，为什么保持其他条件不变十分重要？
5. 锌和硫酸反应时，探究硫酸的浓度对反应速度的影响得到结果如下图所示。

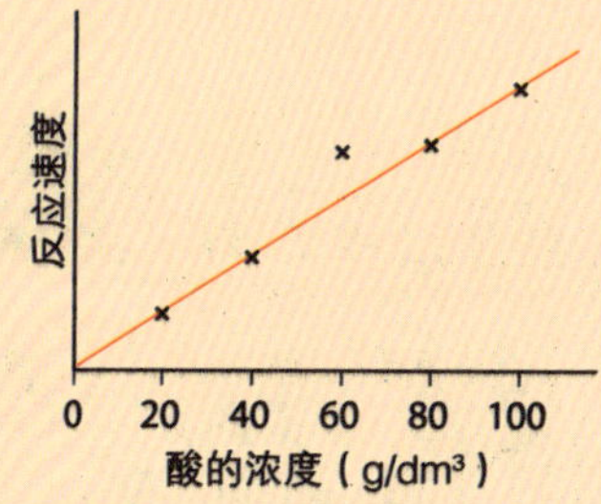

   a. 浓度与反应速度是否有相关性？如果有，试描述它。
   b. 哪一个结果是异常值？给出能说明这一结果和预期不同的原因。

工业中的催化剂

什么是催化剂？

催化剂是一种能提高反应速度的化学物质。它参与化学反应，但没有损耗。

现代工业选用的催化剂具有高度选择性。当反应物可以经历多个化学反应而生成多种产物时，这一点是很重要的。使用合适的催化剂能够使生成所需产物的反应加快，却不能使生成不需要的副产品的反应加快。

较好的催化剂

催化剂在很多工业生产中是必不可少的。它能使很多生产流程更经济、可行。这意味着能降低化工产品的生产成本，能以普通人买得起的价格出售。

研发新型催化剂是科学家研究工作的重要领域。这在工业上用甲醇和一氧化碳生产乙酸的过程中可明显看出（详见第B节）。这一工艺是巴斯夫公司于1960年首先研发的，它是用钴化合物作为催化剂，于300℃和700大气压下完成的生产过程。

约6年后，孟山都公司研发成功了同一反应的另一种工艺，只是将催化剂换成了铑化合物。这时对反应条件的要求就低得多，它在200℃和30—60大气压下即可完成生产过程。

1986年，英国石油公司从孟山都公司购进了这种生产乙酸的技术，但选用铱化合物作为催化剂。这使得生产更快、更高效。铱相对便宜，且用量很少。这种催化剂的选择性更强，它能使乙酸的产量更高，但副产品却很少。因此，用此种方法生产高纯度乙酸既容易，成本又低，且浪费很少。

在用甲醇和一氧化碳生产乙酸的过程中，使用催化剂可加快反应速度。

甲醇 + 一氧化碳 → 乙酸

$CH_3OH(g) + CO(g) \rightarrow CH_3COOH(g)$

碰撞理论

化学家建立起了能解释影响反应速度因素的理论体系。

理论的基本观点是：粒子，如分子、原子、离子在相互碰撞时才会发生反应。这些粒子相互碰撞进而反应的理论，可解释浓度、温度、使用催化剂等对反应速度的影响。

按照**碰撞理论**（collision theory），当分子碰撞时，原子间的某些键会发生断裂并形成新键，从而产生了新分子。

气体、液体和固体中的分子都在不停地运动着，故每秒都在发生着无数次的碰撞。如果每一次碰撞都导致反应的话，则大多数反应都是爆炸性的了。事实上，通常只有小部分碰撞成功并产生反应，只有分子运动的能量足够大，才能打破原子间的键。

任何增加单位时间碰撞有效率的变化，都会使反应速度加快。增大化学物质在溶液中的浓度能增大碰撞的概率。原本只有少部分的分子能碰撞，浓度增加后碰撞的概率就大了。这也意味着成功碰撞的分子也多了。

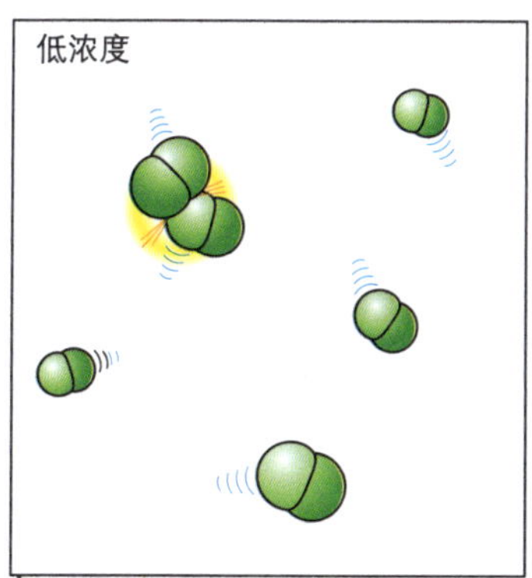

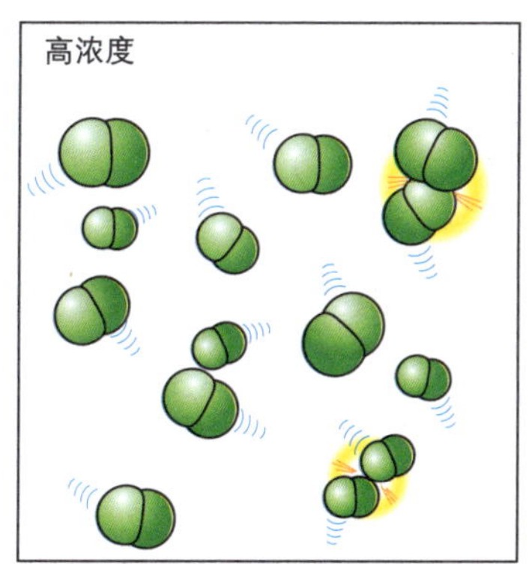

在高浓度溶液中，分子具有更多的碰撞机会。较高的碰撞概率意味着反应速度加大。因此，提高反应物浓度能使反应速度加大。

将固体分成小块使总表面积增大，这使得更多的原子、分子或离子能和固体碰撞接触而发生反应，也使成功碰撞的概率增大而使反应速度加大。

关键词

✔ 碰撞理论

问题

6. a. 钴、铑和铱位于元素周期表中的什么位置？
   b. 我们为什么不会对这 3 种金属用于相同的生产过程表示惊奇？
7. 给出我们要研发出具有下列特点的生产工艺的原因。
   a. 在较低温度和较低压力下发生反应
   b. 产生的废物较少

通过探究发现

- 合成的步骤
- 制造可溶性盐

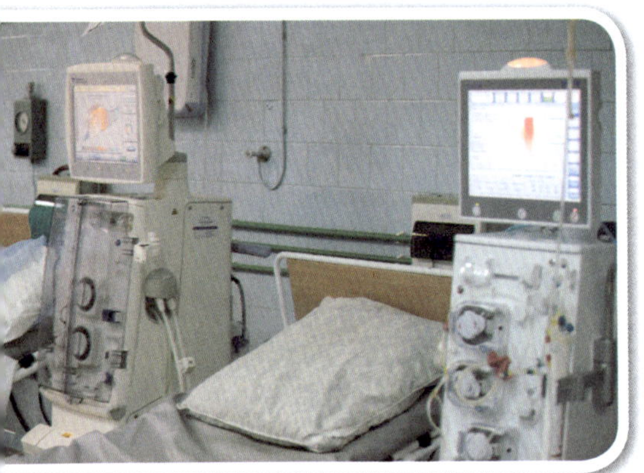
肾透析。

生产透析用的氯化钙

化学合成是制造新化合物的方法之一。合成就是由一些物质反应来生成一种新物质的过程。这和分解相反，分解是将物质分开来研究其构成的过程。

肾脏能去除血液中的毒素。对有严重肾病的患者，在等待肾移植的过程中要用体外透析机来完成这一工作。血液通过管道流出身体进入透析机。

血液进入透析机后，要经过一种特殊的膜。在膜的另一侧有一种盐的混合溶液，其浓度和血液中相同的盐一样。有毒物质在进入这种溶液中后即被移除。有用的盐也可返回血液中。

氯化钙是透析机中盐的一种。这是一种特别重要的盐，因为血液中钙要维持一定的浓度，多一点或少一点都会使病情加重。因此，所用的氯化钙必须是极纯的，且加到溶液中的量也要精确计量。

制备氯化钙的流程如下图所示。

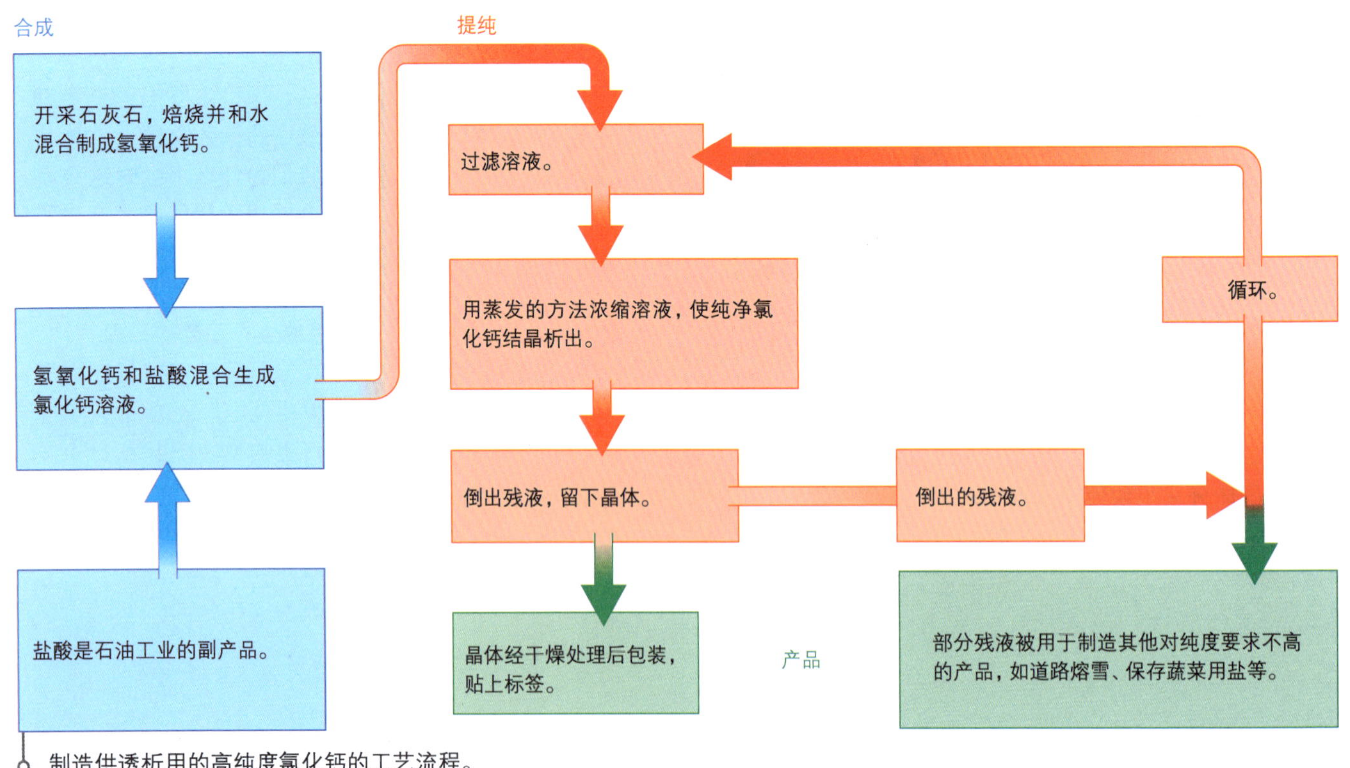

制造供透析用的高纯度氯化钙的工艺流程。

制造硫酸镁样品

硫酸镁是另一种用途广泛的化学工业用盐。如用作植物的营养剂等。

在实验室中制备硫酸镁（或其他可溶性盐）的过程能展现化学合成的各个步骤。

在下列方法中，都要添加过量的固体，以保证所有的酸都被用尽。这种方法仅适用于加入酸中的固体不溶于水且不与水发生反应。

一位工人将硫酸镁倒入农场的喷雾机中。因为硫酸镁会对人体造成伤害，故他穿着防护服。硫酸镁含有植物生长需要的微量营养素。这种盐还可用作：

- 洗涤用品的原料
- 缓泻药的成分
- 洗澡水再利用的净化剂
- 其他镁化合物的原料
- 家禽和牲畜的补充饲料
- 塑料制品的凝结剂

选择反应

所有酸的典型反应都可被用来制盐：

- 酸 + 金属 → 盐 + 氢气
- 酸 + 金属氧化物（或氢氧化物）→ 盐 + 水
- 酸 + 金属碳酸盐 → 盐 + 二氧化碳 + 水

因为要从化合物中提炼出来，故金属镁较昂贵。因此选用镁的氧化物或碳酸盐作为与硫酸反应制造硫酸镁的原料。

进行危险评估

降低危险性在任何时候都是重要的。我们应该明确化学物质、实验设备及实验方法的危险性。这被称为**危险评估**（risk assessment）。

实验使用的镁的化合物是无害的，但稀硫酸具有刺激性，不要使它沾到皮肤上，特别不要让它溅到眼睛中。应养成在使用化学用品时佩带诸如护目镜等防护用具的习惯和意识。

佩带眼防护用具

有害

问题

1. 参考制造氯化钙的生产流程。
   a. 写出制造氯化钙反应的文字表达式和配平了的化学方程式。
   b. 给出尽可能提高高纯度氯化钙产量的方法和步骤。
2. 泻盐中含有硫酸镁。硫酸镁能溶于水。作流程图显示你能将不溶于水的杂质从泻盐样本中移除掉的方法。你可能使用的过程有：结晶；溶解；干燥；蒸发；过滤。

问题

3. 试写出碳酸镁和硫酸反应的化学方程式并配平。
4. 为什么将碳酸镁和硫酸混合后会泛起泡沫?
5. 下列做法有什么好处?
   a. 使用碳酸镁粉末
   b. 当大多数酸耗尽时对其加热
   c. 使加到酸中的固体稍许过量
6. 为什么用稀硫酸和下列物质发生反应不可能制成高纯度的硫酸盐?
   a. 金属锂
   b. 氢氧化钠
   c. 碳酸钾
7. 阅读本页和下一页中制造硫酸镁的过程，明确可能产生如下危险的步骤：
   a. 反应剧烈，化学物质溢出
   b. 化学物质溢出或溅到加热器上
   c. 炽热的仪器可能造成烫伤
   d. 仪器破裂产生尖锐的边角

找出使用的量

利用反应质量可求出产生一定量生成物所需的反应物的量（详见第 H 节）。在这一过程中，所添加的固体是过量的。这意味着生成物的量取决于硫酸的浓度和体积。浓度为 98 g/L 的稀硫酸被用掉了 50 cm^3，其中含有 4.9 g 硫酸。

在适宜的仪器中和合适的状态下发生的反应

在室温下该反应的速度已足够快，特别是在碳酸镁呈粉末状时更是如此。

这一反应可以在烧杯中安全地进行。用玻璃棒搅拌，可确保氧化镁或碳酸镁能与硫酸很好地混合。搅拌也能防止有泡沫从烧杯中涌出。

1 测量烧杯中所需酸的体积，再加入金属氧化物或碳酸盐，直至不再溶解于酸中为止。稍稍加热，直至所有的酸都耗尽。确保在实施下一步骤之前，固体稍有剩余。

从反应混合物中分离生成物

过滤是一种既快又容易地将剩余固体从生成物溶液中分离出来的方法。如果将混合物加热，则过滤进行得更快。

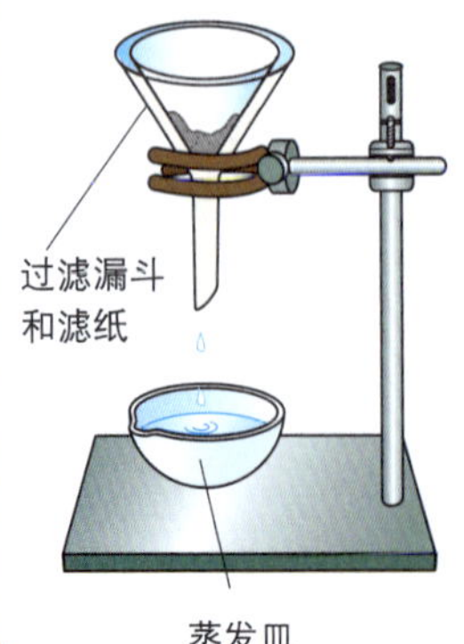

2 滤掉多余的固体，将盐溶液收集到蒸发皿中。被滤纸滤下的是剩余的固体。

关键词
✔ 危险评估

生成物提纯

混合物被过滤后，滤液中含有溶于水的高纯度盐。用蒸发皿蒸发掉大部分水，加快结晶过程。浓缩液冷却结晶。晶体在烘箱中烘干后再转移到干燥器中。干燥器是一种密闭的容器，其中有能强力吸水的固体。

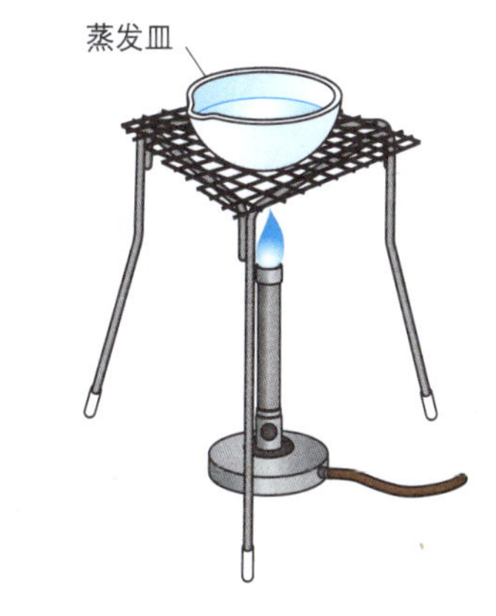

3 加热蒸发掉一些水分，直至晶体开始形成。这时，用玻璃棒蘸取一小滴溶液，冷却后即有盐晶体生成。

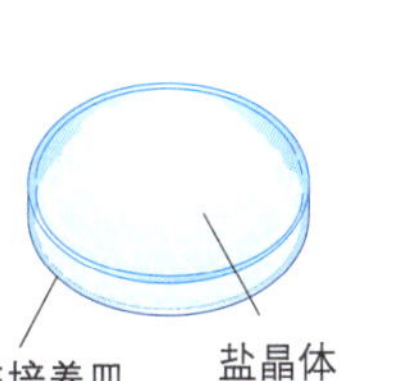

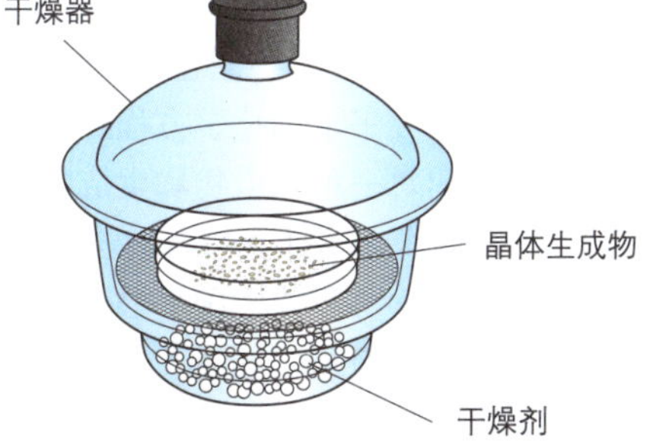

4 将浓缩的溶液倒入贴标签的有盖培养皿中，使其缓慢冷却结晶。

5 在烘箱中完成干燥过程后，再将其放入干燥器中。

通过偏振滤光镜看到的纯净硫酸镁晶体（放大 60 倍）。

测量生成物的产量和纯度

实验的最后一步是将干燥的晶体转移到已知重量的样本管中再进行称量，以得出生成物晶体的实际产量。检测生成物的纯度通常也是很重要的一步。

从晶体的外观也能大致了解生成物的纯度。对非常小的晶体，则可借助显微镜进行观察。生成纯净的晶体通常是形状规整的。

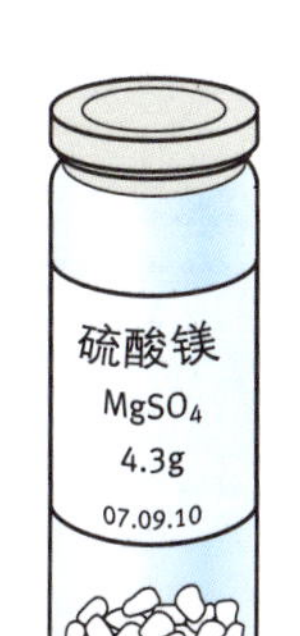

6 测量生成物样本后要标注物质的分子式、质量和制备日期等。

问题

8. 了解在制备硫酸镁的提纯阶段移除杂质的方法。
9. 为什么向硫酸中加入过量的碳酸镁是很必要的？

H 化学物质的量

通过探究发现

- 反应质量
- 化学反应的产量

关键词

- 相对式量
- 反应质量
- 实际产量
- 理论产量
- 百分比产量

问题

1. 求出下列物质的质量：
   a. 与 100 g 碳酸钙反应的盐酸中的氯化氢（HCl）
   b. 与 56 g 氢氧化钾反应的稀硝酸中的溶质硝酸（HNO_3）
   c. 与硫酸（H_2SO_4）反应生成 319 g 硫酸铜（$CuSO_4$）所需要的氧化铜（CuO）

化学家想要制造一定量的产品，就要先知道需要多少原料。这在工业上特别重要，因为只有高产量和低成本才能获得高利润。

其方法是利用元素周期表中的相对原子质量，根据配平了的化学方程式两端的化学式计算出以克或吨为单位的物质质量。

反应质量

由化学式中所有原子的相对原子质量可得出化学物质的**相对式量**（relative formula mass）。由相对式量，就能求出化学方程式中反应物和生成物的质量了。这样算出的是**反应质量**（reacting mass）。

求出反应质量的方法

步骤 1：写出配平了的化学方程式。

步骤 2：算出每一种反应物和生成物的相对式量。

步骤 3：在配平了的化学方程式下写出相对反应质量。此时要考虑到化学方程式中配平的系数。

步骤 4：将相对反应质量加上相应单位（g，kg 或 t 等），使其转化为反应质量。

步骤 5：将这种量按比例扩展为在合成或实验中的实际反应物或生成物的质量。

例题

试求硫酸和氢氧化钠反应时反应物和生成物的反应质量。

步骤 1：$2NaOH + H_2SO_4 \rightarrow Na_2SO_4 + 2H_2O$

步骤 2：NaOH 的相对式量 = 23 + 16 + 1 = 40

H_2SO_4 的相对式量 = (2 × 1) + 32 + (4 × 16) = 98

Na_2SO_4 的相对式量 = (2 × 23) + 32 + (4 × 16) = 142

H_2O 的相对式量 = (2 × 1) + 16 = 18

步骤 3 和 4：

$2NaOH$	+	H_2SO_4	→	Na_2SO_4	+	$2H_2O$
2 × 40=80		98		142		2 × 18=36
80 g		98 g		142 g		36 g

产量

化学合成的产量即从已知量的反应物出发得到的产物的量。**实际产量**（actual yield）是生成物从混合物中与其他物质分离、提纯并干燥后的质量。

理论产量

理论产量（theoretical yield）是反应精确地按化学方程式进行而得到的生成物的质量。这种产量是理论上的，要在没有副产品，且在化学物质在从一个容器转移到另一个容器的过程中没有损耗等理想情况下进行。因此，实际产量总是小于理论产量。

例题

用 8 t 甲醇来生产乙酸，则其理论产量是多少?

步骤 1： 写出配平的化学方程式

甲醇 + 一氧化碳 → 乙酸

$CH_3OH(g) + CO(g) \rightarrow CH_3COOH(g)$

32   60

步骤 2： 算出相对式量

甲醇：12 + 4 + 16 = 32

乙酸：24 + 4 + 32 = 60

步骤 3 和 4：写出相对反应质量，加单位后转换成反应质量。

所以，用 32 t 甲醇理论上可制取 60 t 乙酸。

步骤 5： 扩展为实际用量和产量

如果设乙酸的理论产量 = x(t)，则有

$$\frac{\text{乙酸质量}}{\text{甲醇质量}} = \frac{60\ \text{t}}{32\ \text{t}} = \frac{x}{8\ \text{t}}$$

因此，用 8 t 甲醇可生产的乙酸质量为

$$x = 8\ \text{t} \times \frac{60\ \text{t}}{32\ \text{t}} = 15\ \text{t}$$

百分比产量

百分比产量（percentage yield）即实际产量占理论产量的百分比，它总是小于 100%。

问题

2. 试求下列情况下在溶液中生成的盐的质量：
   a. 盐酸中和 4 g 氢氧化钠。
   b. 12.5 g 碳酸锌（$ZnCO_3$）与过量的硫酸反应。
3. 在制备硫酸钠的反应过程中使用了 8.0 g 氢氧化钠。
   a. 试计算用 8.0 g 氢氧化钠反应制取硫酸钠的理论产量是多大。
   b. 若实际产量为 12.0 g，则其百分比产量是多大?

例题

如果用 8 t 的甲醇生产了 14.7 t 的乙酸，则其百分比产量是多大?

由上一例题：

理论产量 = 15 t

实际产量 = 14.7 t

百分比产量

$$= \frac{\text{实际产量}}{\text{理论产量}} \times 100\%$$

$$= \frac{14.7\ \text{t}}{15\ \text{t}} \times 100\%$$

$$= 98\%$$

科学解释

化学家利用已经掌握的化学反应知识来研究和合成新型化合物。

应该知道：

- 化学工业为我们提供了诸如食品添加剂、肥料、染料和颜料、药品等有用的产品。
- 化学家利用指示剂和 pH 计来检测酸和碱，并测量其 pH。
- 常见的碱有氢氧化钠、氢氧化钾、氢氧化钙等。
- 酸和金属、金属氧化物、金属氢氧化物、金属碳酸盐等都能反应生成盐。
- 化学家用离子理论解释了酸都具有相似的性质，以及碱和酸发生中和反应生成盐的原因。
- 在使用诸如酸和碱等腐蚀性较大的化学物质时，事先采取预防性的安全措施是十分重要的。
- 用追踪变化快速的化学反应的方法，测量稍纵即逝的反应物和形成的生成物，然后用图像分析得到的结果。
- 反应物的浓度、反应物固体颗粒的大小、温度的高低、是否存在催化剂等，都是影响反应速度大小的因素。
- 碰撞理论能够解释反应物浓度、固体颗粒大小的变化等对反应速度的影响。
- 如果在反应过程中放出能量，则是放热反应；如果在反应过程中吸收能量，则是吸热反应。
- 化学合成包括多个阶段，且要利用一系列应用技术。这对安全高效地得到高纯度生成物是十分重要的。
- 滴定是一种检验用于合成反应的化学物质纯度的过程。
- 利用化学反应的配平了的化学方程式，可计算用于化学合成的化学物质的量，并可计算理论产量。

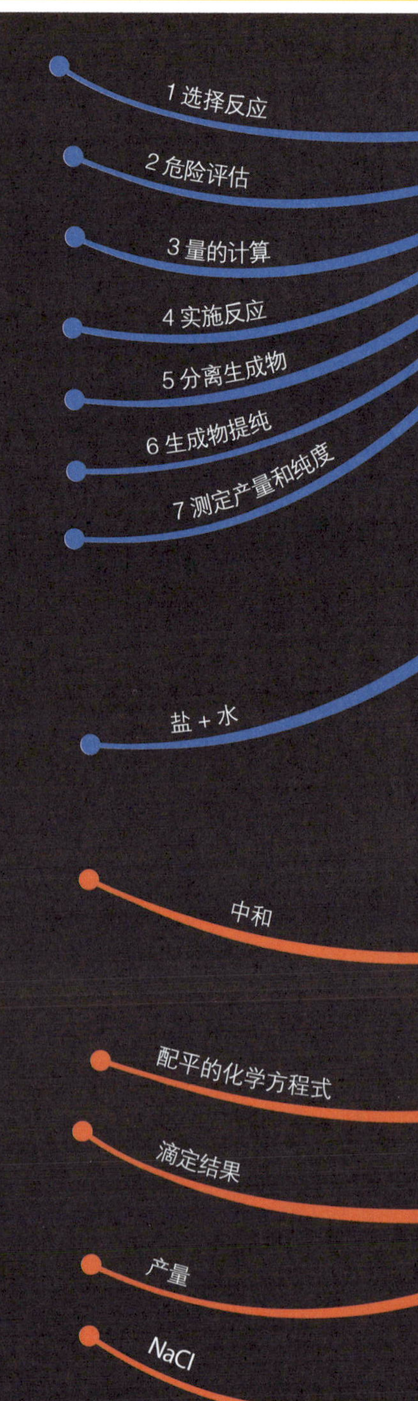

化学合成
化学物质
酸
固体，如柠檬酸
液体，如硫酸
气体，如氯化氢
溶液中的氢离子
盐酸 HCl(aq)
离子反应生成水
中和
碱
Na、K和Ca的氢氧化物
溶液中的氢氧根离子
pH
测量
指示剂
pH 计
标度
pH1—6 是酸性
pH7 呈中性
pH8—14 是碱性
化学工业
产品
肥料
食品添加剂
颜料
染料
医药
原料
石油
天然气
来自植物的化学物质
技术
溶解
结晶
过滤
蒸发
干燥
分子式
化学方程式
离子方程式
式量
带电离子
反应质量
离子式
合成
控制
能量变化
放热反应
吸热反应
速度
温度
浓度的影响
碰撞理论
解释
固体表面积的影响
催化剂
阶段
制造盐
金属
盐 + 氢
氧化物和氢氧化物
碳酸盐
盐 + 二氧化碳 + 水

科学观点

科学家不能肯定他们对某一量的测量得到的是否是真值。数据只有在能重复再现的情况下才是可靠的。如果我们对一个量用相同的方式重复测量多次，如在滴定实验中所做的那样，各次得到的结果可能都不一样。这是因为：

• 被测的量是变化的。例如，各次测量的固体生成物样本的纯度可能是不一致的。

• 判断上的误差。例如，对指示剂在终点时颜色的判断或观测位置等的差异。

• 测量仪器的局限性，如滴定管等。

通常估计真值的最佳方法是取多次测量结果的平均值。此时，我们应该：

• 能够计算一组重复测量得到的数据的平均值。

• 知道测量可能会存在异常值。如果某一测量值明显偏离了重复测量所得的其他数值，则它可能就是异常值。

• 能够给出在计算平均值时舍弃测量结果中的异常值的理由。

在比较滴定的各组结果时，我们应该知道：

• 如果数据范围没有重叠，则各组数据间的差异是真实存在的。

为了调查一个因素和结果间的关系，则控制其他可能会影响结果的因素是十分重要的。如控制其他反应物的温度、浓度等。在调查化学反应速度时，我们应该：

• 明确结果和可能会影响结果的因素。

• 能够给出因素变化可能会导致结果发生的变化。

在设计一个探究某因素对结果产生影响的实验中，我们应该：

• 能够解释控制所有可能影响结果的因素的必要性的原因。

• 认识到这样的事实：其他因素被控制是正确的设计特点，而绝不是设计缺陷。

如果当一个因素存在时其结果出现，且在因素消失时这一结果也消失；又如果随着所研究变量的增大，结果变量也增大（或减小），则我们就说因素和结果间存在着相关性。在研究反应速度的内容时，我们应当：

• 理解相关性显示的因素和结果间的联系。

• 能够识别数据以文本和图表的形式呈现时呈现的相关性。

• 理解存在相关性并非总意味着结果是由某因素导致的。

• 明确存在能解释相关性的机制。科学家倾向于接受能导致结果的因素。

复习问题

1 一位同学发明了一种体育治疗袋。袋内的两种化学物质混合后就能起到使伤口感到清凉的效果。

a. 这两种物质混合发生的是吸热反应还是放热反应?

b. 下面的能级图中,能更有效地使伤口感到清凉的是哪一个?

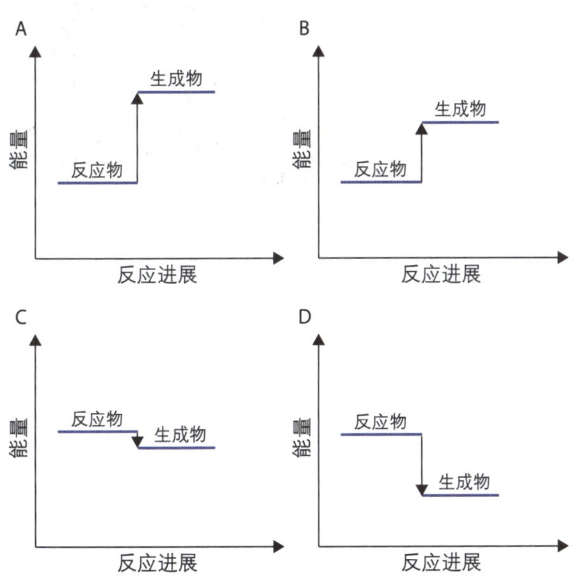

2 一位化学家用滴定氢氧化钠的方法来测试一份酒石酸样品的纯度。下表给出了测试结果。

	第1次	第2次	第3次	第4次
最初滴定读数(cm^3)	0.1	0.1	25.0	21.9
最终滴定读数(cm^3)	25.2	25.0	50.0	46.9
加入碱的体积(cm^3)	25.1	24.9	25.0	

a. 说明化学家重复滴定4次的原因。

b. 计算第4次滴定所用碱的体积。

c. 化学家计算了所有结果的平均值。他为什么要这样做?

d. 给出真值可能存在的范围。

3 一位老师向一个盛有稀盐酸的烧瓶中加入了3 g锌粒。她用一只气体注射器测量了反应放出的氢气的体积。

时间(min)	注射器中气体的体积(cm^3)
1	32
2	56
3	74
4	87
5	95
6	95

a. 作出结果的图像。

b. 计算3至4分钟反应速度的平均值,单位为cm^3/min。

c. 这位老师决定再用3 g锌粉重做这一实验。实验中,她保持了其他因素不变。试在图像中作出带标注的图像来显示这次实验的结果。并用碰撞理论来解释所带来的效果变化的原因。

d. 说明这位老师保持其他因素均不变的原因。

P6 放射性物质

为什么要研究放射性物质？

人们经常用放射性相互开玩笑。如果你去参观一座核能发电厂，或者到医院接受放射性治疗，人们可能会幽默地说你将会“在黑暗中闪光”。在不是必需的情况下，人们对放射性物质总是敬而远之的。我们中的大多数人都是离开电就无法生活的人。但现在的发电厂大多十分陈旧，是否需要用新型发电厂来取代？我们是否应该研究将核聚变作为解决诸如冶金工业等耗能大户存在的能源短缺问题的方案？

已经知道的知识：

- 很多物质具有放射性，有的能天然放出伽马射线。
- 伽马射线是电离辐射。
- 电离辐射能够对生物细胞造成损伤。
- 核电站产生放射性废料。
- 放射性物质产生的污染的危险性远大于只能短期存在的辐照。

要发现什么？

- 放射性物质和放射性
- 放射性物质可被用于治疗癌症
- 降低放射性物质危害的途径
- 核电站
- 核聚变研究

科学的应用

放射性的发现改变了人们原先关于物质和原子的观点。原子的核式模型帮助科学家解释了很多观察到却无法说明的现象，其中包括辐射和恒星的颜色等。建立起能描述原子运动的模型，使科学家能够了解其规律并能作出预测，如核裂变和核聚变等。

科学观点

放射性物质被应用于很多领域。在作出是否使用它们的决定之前，首要的是要考虑对个人和公众而言风险和利益孰重孰轻的问题。

A 放射性物质

通过探究发现

- 放射性衰变
- 原子具有放射性的原因
- 放射性的种类

这些元素具有什么共同的性质？

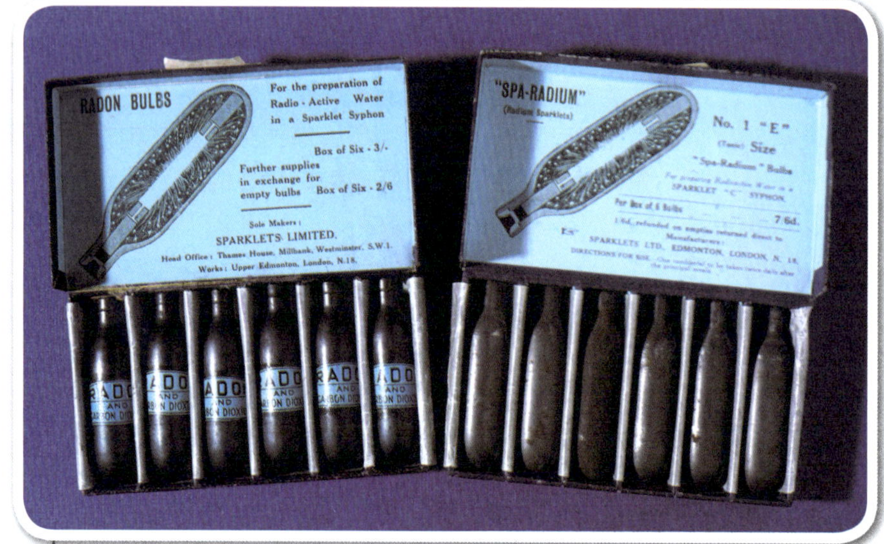

氡是一种放射性气体，而镭是一种放射性金属。早在 20 世纪初，这些“灯泡”就被用于使饮用水具有放射性。

在这一研究中，科学家用放射性水浇灌植物，再测量植物果实的放射性。

铀矿石。铀被用作核电站的燃料。

本页图中所展示的物质都具有**放射性**(radioactive)。如果我们用盖革计数器测量它们的话，则能听到“咔咔”的声音。

在放射性刚被发现时，人们并不知道其具有**电离作用**(ionising)且能杀死生物细胞，而认为它是天然的、无害的。一些工厂甚至用各种放射性物质制造产品。但从科学家发现了其危险性后，这些产品就被禁止生产和出售了，也由此制定出了安全使用放射性物质的法规。

放射性元素有的是天然产生的，也有的是人造的。人们为各种用途而制造出放射性物质。例如，左图显示了用分子中含有放射性氢原子的水浇灌植物。也有的放射性物质是作为废料产生的，如核电站中产生的废料等。

关键词

- 放射性
- 电离作用
- 放射性衰变
- 原子核
- 不稳定
- α 粒子
- β 辐射
- γ 射线

原子内部的变化

很多元素具有不止一种原子。例如，有些碳原子具有放射性。在大多数情况下，它们都是相同的，都可以：

- 是煤、钻石或石墨的组成部分
- 燃烧后形成二氧化碳
- 能构成复杂的分子

一块切割好的钻石放在一堆煤上。它们都是由碳原子构成的。有一些碳原子具有放射性。

放射性衰变

主要的区别是，大多数的碳原子都是难以变化的，即它们都是较稳定的。

具有放射性的碳原子在无序地向外辐射能量。每个放射性碳原子只能辐射1次。因为经过这次辐射后它就不再是碳原子了，而成为另一种元素了。这一过程称为**放射性衰变**（radioactive decay）。这不是一种化学变化，这种变化发生在原子内部。

辐射类型	实质是
α 粒子（α particle）	很小的高速带正电粒子
β 粒子（β particle）	更小的更高速带负电粒子
γ 射线（γ radiation）	高能电磁辐射

是什么使原子具有了放射性？

原子中有一个十分微小的**原子核**（nucleus）。在一些原子中，它的原子核是**不稳定**（unstable）的。通过原子核的衰变，使其变成更稳定的。这是因为它通过辐射放出了能量且原子核也发生了改变。这里的“原子核”即为“核反应堆”“核医学”“核武器”中所谓的“核”。

原子核放射发出3种辐射，即 α 辐射、β 辐射和 γ 辐射。

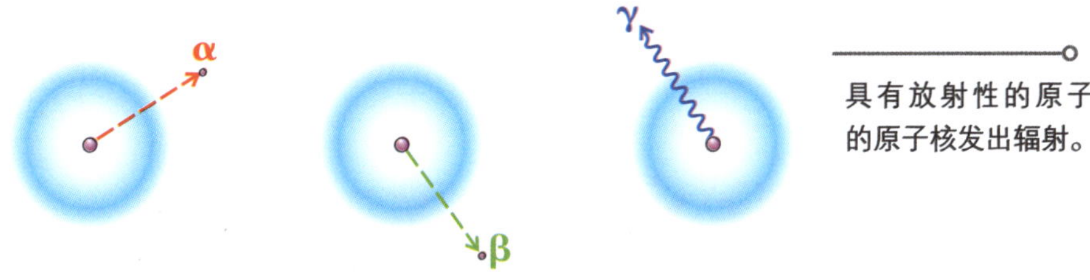

具有放射性的原子的原子核发出辐射。

放射性衰变发生在原子中的原子核里。它不受原子发生的物理变化和化学变化的影响。

制造黄金

当铂197发生衰变后，它就变成了新元素——金。这是一种赚钱的好方式吗？不！要知道金的价格只是铂的价格的一半。

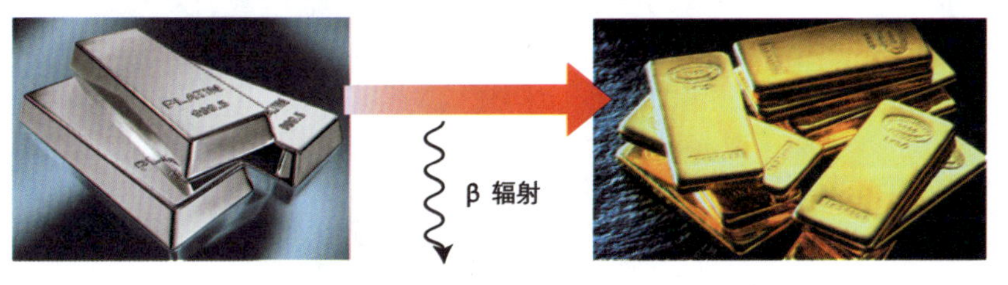

问题

1. 我们如何能测试出物质是否具有放射性？
2. 为什么说电离辐射是危险的？
3. 辐射是从原子的哪一部分发出的？
4. 放射性物质发出的辐射有哪3种？

B 原子和原子核

通过探究发现

- ✔ 原子模型
- ✔ α 粒子散射是如何揭示原子的核式结构的

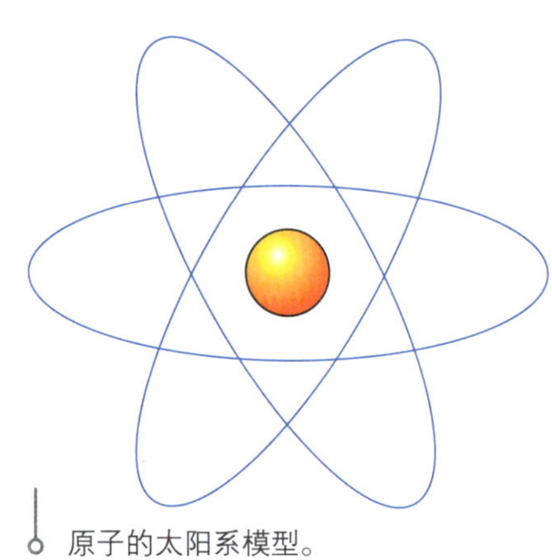

原子的太阳系模型。

科学家是如何知道原子的结构的?

左图的原子结构图像一个微型的太阳系。它有一个位于中心的原子核，周围的电子像微小的行星那样绕其转动。这一点我们都很熟悉。它常被用作某些“科学”事物的标识。

原子的太阳系模型的历史可追溯至 1910 年，是欧内斯特·卢瑟福通过实验提出来的。当时，科学家开始理解放射性，并做关于辐射的实验。卢瑟福意识到，α 粒子和 β 粒子都比原子小，因此可将它们用作探究原子结构的工具。于是，他设计了一个很巧妙的实验，即著名的 α **粒子散射**(α particle scattering)实验，并由他的两个助手汉斯·盖革和欧内斯特·马斯登负责实施。

下面是他们的做法：

- 从一块金属箔开始。他们用的是金箔，因为金可以碾压得极薄，厚度只有几个原子的尺度。
- 对准金箔的 α 粒子源，将它放在一个真空小容器中，使 α 粒子不会被空气吸收掉。
- 观察 α 粒子打到显微镜一端屏上的探测物质后发出的闪光点。
- 实验在夜间进行。从不同角度测量闪光点数，来看被偏转的 α 粒子数。

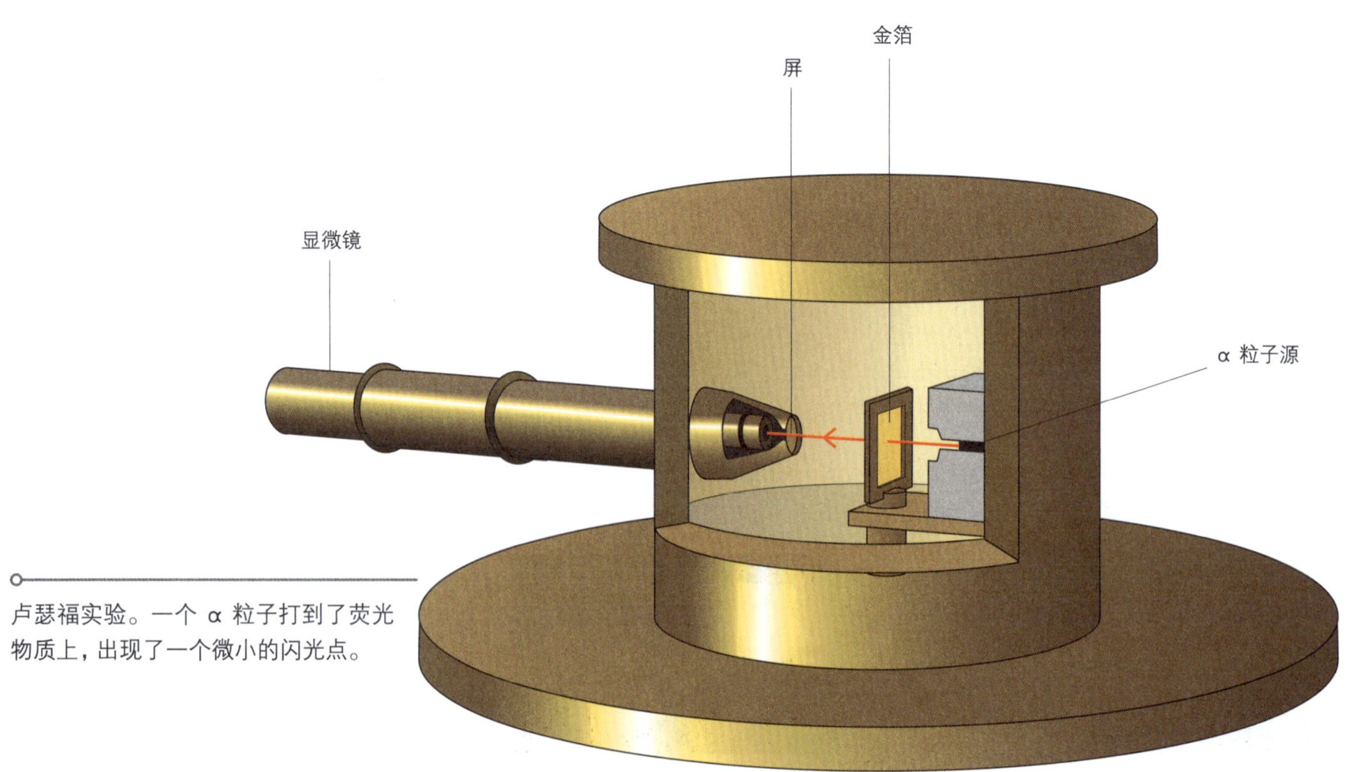

卢瑟福实验。一个 α 粒子打到了荧光物质上，出现了一个微小的闪光点。

结果及其解释

盖革和马斯登的观察结果如下：

• 大多数 α 粒子都几乎沿直线穿越了金箔，最多只偏转很小的角度。

• 极少数 α 粒子被沿原路散射回来了。

对此，卢瑟福的描述是：

“这好像是一颗射向一张卫生纸的子弹被弹回来了！”

事实上，只有小于八千分之一的 α 粒子被散射偏转的角度超过了 90°。但这需要一个合理的解释。

卢瑟福认识到，一定有某种带正电荷的物体在排斥带正电荷的 α 粒子，且它的质量一定也很大，不然的话，α 粒子将会在运动路线上将它撞开。

这“某种物体”就是金原子的原子核。它带有一个金原子中的所有正电荷和几乎全部的质量。卢瑟福的原子核式模型是科学家用创新思维发展起对现象和数据进行解释的典型例子。

他对这些数据的分析显示，原子核是非常小的。这是因为绝大多数的 α 粒子都直接穿越过金箔而没有受到影响。原子核的直径大约为原子直径的十万分之一。

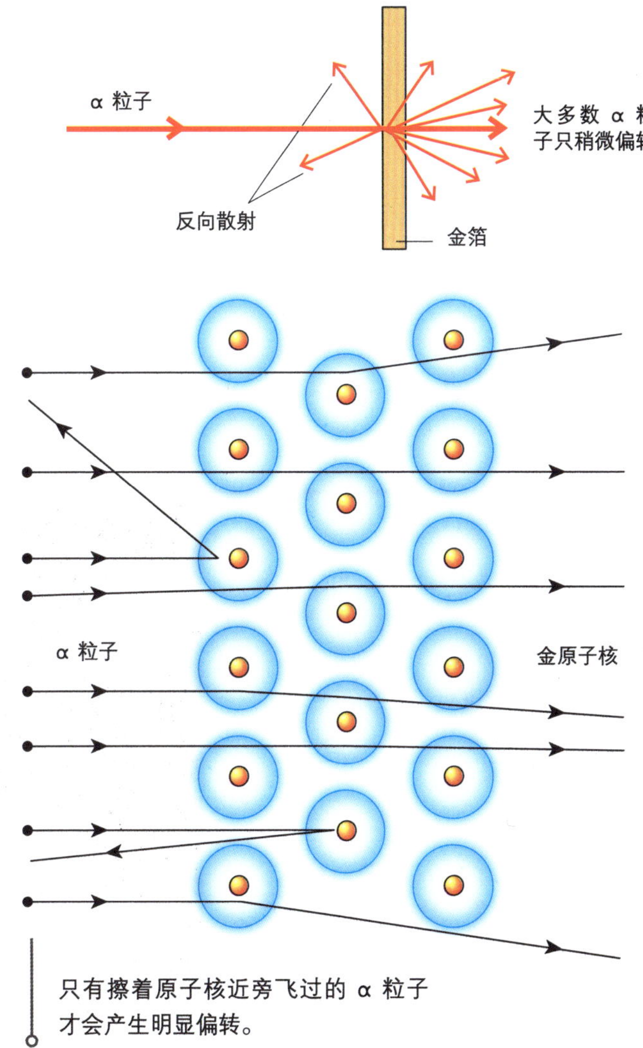

只有擦着原子核近旁飞过的 α 粒子才会产生明显偏转。

问题

1. 下列粒子各带何种电荷：
   a. 原子核
   b. α 粒子
   c. 电子
2. 将下列粒子按从小到大的顺序排列：金原子，α 粒子，金原子核，电子。
3. 描述并解释当将 α 粒子源对准下列方向时发生的现象：
   a. 直接对准金原子核
   b. 略微偏离金原子核
   c. 两个原子核之间
4. 如果原子核是下列情况，将会是什么结果？
   a. 带正电且质量很大
   b. 带负电且质量很小

关键词

✔ α 粒子散射

C 原子内部

通过探究发现

- 同位素
- 质子和中子
- α 粒子和 β 粒子

原子非常之小，直径不过千万分之一米。它们的外层是电子。它们的绝大部分质量都集中在位于其中心的极小的核上，这个核称为原子核。

同位素

原子核中含有两种类型的粒子：**质子**（proton）和**中子**（neutron）。任何元素的所有原子都具有相同的质子数，例如碳原子都具有 6 个质子，但可以具有不同的中子数，然而它们都是碳原子。因此，我们用**同位素**（isotope）一词来描述相同元素的不同原子。碳 11 和碳 12 是碳的不同的同位素。

碳 11 无论是构成钻石、煤，还是石墨，它都发出辐射。即使将它汽化，它也还是具有放射性。

碳 12

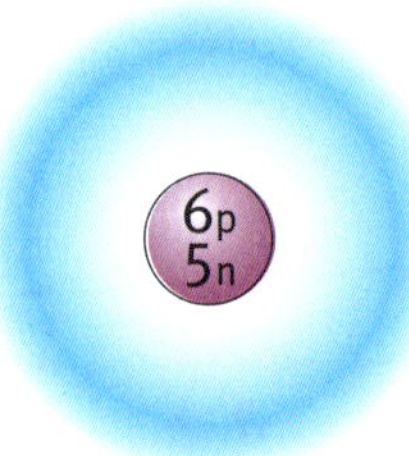

碳 11

碳 12 的原子核中有 6 个质子和 6 个中子。而碳 11 原子核中有 11 个粒子：6 个质子和 5 个中子。

若把整个原子比作一座体育场的话，原子核就像是放在体育场中间的一个针尖。

问题

1. 对下列同位素：碳 12，硼 11，碳 12，氮 12。
   a. 哪两个是同一种元素的同位素？
   b. 哪些原子核中具有相同的粒子数？
   c. 它们中有完全相同的原子核吗？
   d. 对一个碳 14 的原子核而言，i 它有多少质子？ ii 有多少中子？

描述原子核

科学家利用结构式来描述同位素。

在化学元素符号前写原子核内的**质子数**（proton number）和粒子总数（质子数 + 中子数）。

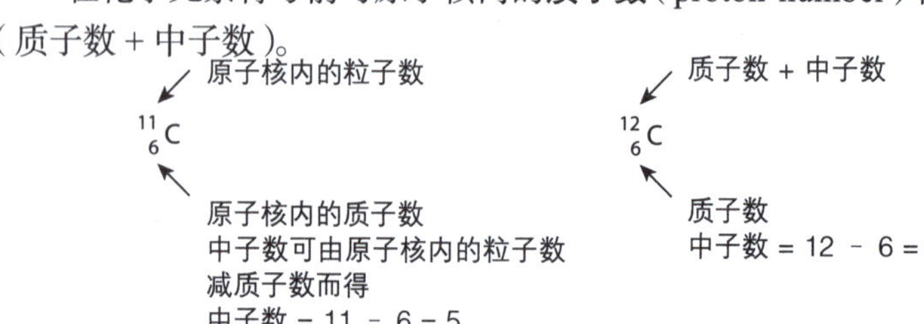

放射性的变化

一些**不稳定的**（unstable）原子核通过辐射 α 粒子的方式变成较为稳定的粒子。α 粒子是由两个质子和两个中子构成的。它与氦原子核相同。

其他原子核在中子衰变成为质子时也能变得较为稳定。这可通过辐射 β 粒子的方式达到。β 粒子与电子相同，但它是从原子核里的中子发射出来的，而不是原子轨道上的电子。

α 粒子 = $^4_2$He

一个 α 粒子有两个质子和两个中子。

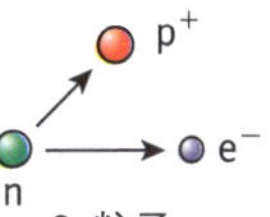

β 粒子

一个中子衰变成一个质子和一个电子。电子是 β 粒子。

粒子数

科学家利用核反应方程来描述在放射性衰变过程中的变化。

α 衰变

当钚 240 衰变为铀 236 时发生 α 衰变：

$$^{240}_{94}\text{Pu} \rightarrow \,^{236}_{92}\text{U} + \,^4_2\alpha$$

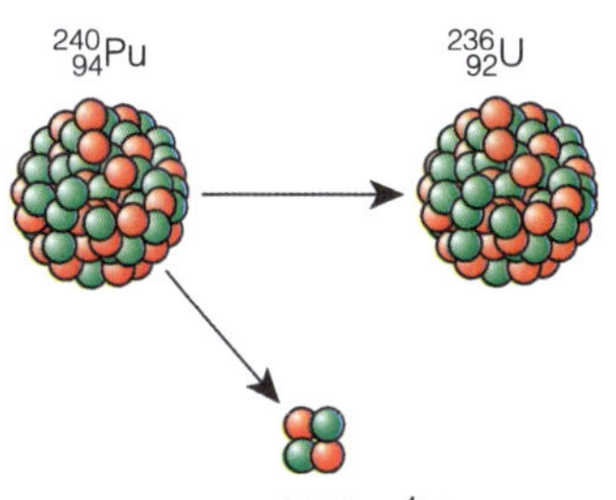

α 粒子 = $^4_2$He

在 α 衰变时，原子核失去了两个质子和两个中子。

β 衰变

当碳 14 衰变成氮 14 时发生 β 衰变，氮原子核中总是具有 7 个质子：

$$^{14}_{6}\text{C} \rightarrow \,^{14}_{7}\text{N} + \,^{0}_{-1}\beta$$

无论从不稳定的原子核中辐射 α 粒子还是 β 粒子，都产生了新元素，称为“次级产物”或“衰变产物”。次级产物也可能是不稳定的，它可能还要经历一系列的变化，直至稳定的终极元素形成。

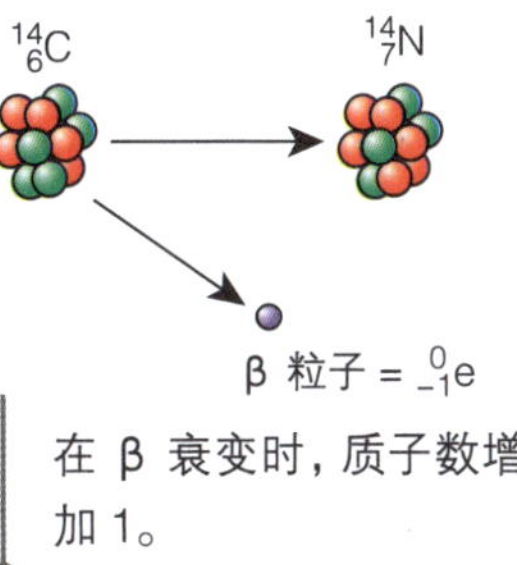

在 β 衰变时，质子数增加 1。

同位素	质子数	放射性
氢 1	1	
氢 2	1	
氢 3	1	✓
氦 3	2	✓
氦 4	2	
铀 235	92	✓
钍 231	90	✓

问题

2. 复制右边的同位素表并加上 3 个栏目：
   - 原子核中的粒子总数
   - 同位素中的中子数
   - 同位素的化学符号

   添加这些信息以完成表格。
3. 氢 3 通过 β 衰变成为氦 3。试写出这一过程的核反应方程。
4. 铀 235 通过 α 衰变成为钍 231。试写出这一过程的核反应方程。
5. 氮 16 发生了 β 衰变。试写出这一过程的核反应方程。

关键词

- ✓ 质子
- ✓ 中子
- ✓ 同位素
- ✓ 质子数
- ✓ 不稳定的

D 放射性同位素的应用

通过探究发现

- ✔ α、β 和 γ 辐射
- ✔ 利用放射性同位素消毒

放射性同位素有很多用途。但在自然界中，它们非常稀少。这是因为它们大多数都已经衰变掉了。因此人们就在核反应堆或加速器中制造它们，以供实验室和医院使用。

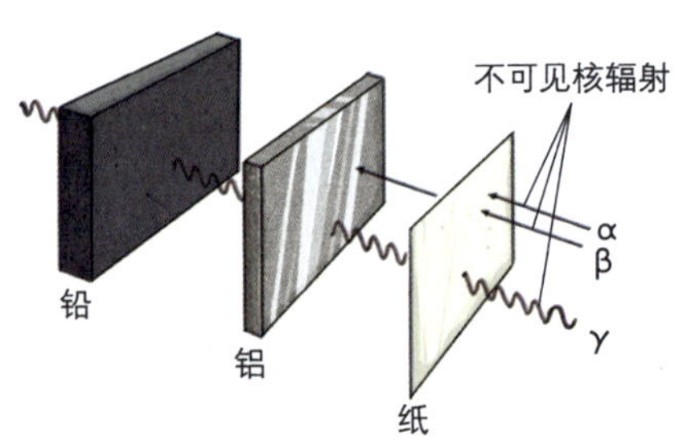

α、β 和 γ 辐射

在应用中，α、β 和 γ 辐射，哪个是最好的选择，科学家必须视需要和下面描述的性质而定。

α 粒子辐射

α 粒子的质量远比 β 粒子的大。它在和空气分子撞击后很快就停下来。它们由此获得电子而成为氦原子。这意味着它的穿透能力很弱，但具有很强的电离能力，且能很快停下来。

β 粒子辐射

β 粒子是快速运动的电子。它的质量比 α 粒子小得多，故极少能与其他粒子碰撞。这表明它能在空气及其他物质中穿行很远的距离而很少发生电离作用。当它慢下来后，其性质和电子相同。

γ 辐射

有时，原子核发射一个 β 粒子后，保留在新原子核中的质子和中子要重新排列以使自己保持最低的能态。当原子核辐射出称为 γ 辐射的电磁辐射——光子时，就能达到这一状态。这不能使元素变成新元素。γ 辐射的光子比大多数的 X 辐射光子的能量大，且极少与粒子碰撞。因此，它具有极强的穿透能力和很弱的电离能力。

辐射类型	空气中行程	阻隔物	电离程度	电荷
α 辐射	几厘米	纸、死亡的皮肤细胞	强	+
β 辐射	10—15 cm	薄铝片	弱	–
γ 辐射	大于 100 m	厚铅板或几米厚的混凝土	非常弱	无

电离辐射的性质。

问题

1. 哪一种辐射：
   a. 穿透力最强?
   b. 电离能力最强?
   c. 在空气中穿过的距离最远?

消毒作用

电离辐射也能杀死细菌。γ 辐射常被用于**消毒**（sterilising）外科手术器械及一些卫生用品，如棉球等。这些卫生用品先要密封包装以和空气隔绝，然后再接受辐射消毒。因为 γ 射线能够穿透密封的包装袋杀死袋内的细菌。

在食品中也可使用相同的方法。对食品进行辐射能够杀死细菌而防止食品变质。到 2010 年，**辐射法**（irradiation）在英国已被允许用于药草和香料业中，但在产品上必须标注其已经用电离辐射处理过了。这样处理的商品既可以加热也可以干燥处理，都不会影响其味道。

γ 射线既能杀死试管外的细菌，也能杀死试管内的细菌。

问题

2. a. 为什么在消毒手术器械前，要将其打包密封？
   b. γ 辐射能使它们具有放射性吗？试解释理由。
3. 一些家用烟雾探测器中含有一个能发出 α 辐射的粒子源。
   a. 试说明为什么在通常情况下使用它是没有危险的？
   b. 什么情况下它们会产生危险？
4. 在放射源和相距 2 cm 的一台盖革计数器间用层状物体遮挡来测试其放射性。

遮挡物	每秒穿过的粒子数
无	6.8
纸	4.9
3 mm 厚铝板	4.7
3 cm 厚铅板	0.5

放射源发出何种辐射？试说明你的理由。

经过辐射消毒的食品安全吗？

上面的标识表明，这些药草和香料都经过钴 60 发出的 γ 辐射消毒。γ 辐射能穿过玻璃瓶杀死细菌，但钴 60 并没有进入瓶中造成污染。

电离辐射的应用范围取决于它的性质。

关键词

- 消毒
- 辐射法

E 辐射无处不在

通过探究发现

- 背景辐射
- 氡是一种放射性气体
- 辐射剂量及其危险程度

辐射源

当打开盖革计数器的开关，就能听到“咔、咔”的声响。这是它探测到**背景辐射**（background radiation）而发出的声音。背景辐射存在于我们周围。大多数背景辐射源自天然放射源。

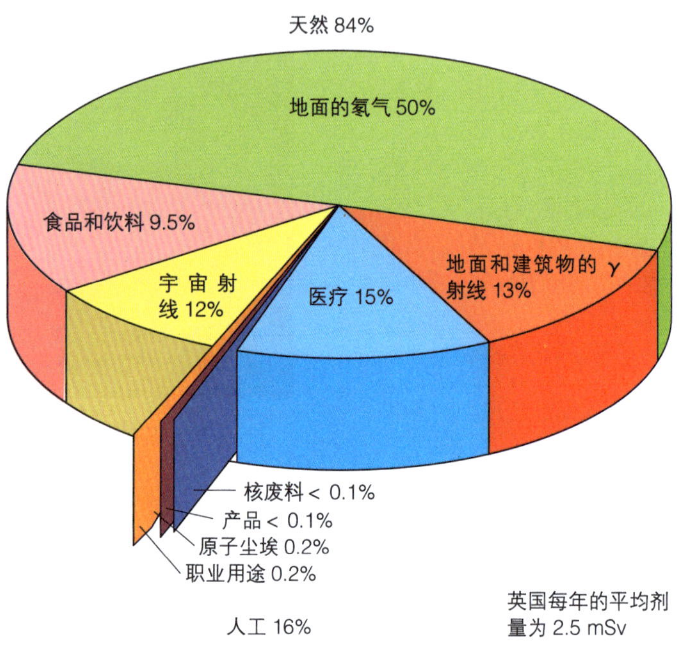

英国不同放射源的平均辐射剂量。

辐射剂量

辐射剂量（radiation dose）测量的是辐射可能对人体造成的伤害。辐射剂量的单位是西弗特（Sv），但人们为方便常用毫西弗特（mSv）为单位。英国每年的平均辐射剂量为 2.5 mSv。作为对比，若接受了 1000 mSv（比英国每年的平均辐射剂量大了 400 倍）辐射剂量的话，平均每 100 人中可能有 3 人将罹患癌症。

来自外层空间的电离辐射称为宇宙射线。你在飞往澳大利亚的旅途中，宇宙射线将使人接受 0.1 mSv 的辐射剂量。如果你是去度假，则这种效果微乎其微。但对飞机航班的机组人员来说，长年累月的往返飞行，所受的辐射效果累加起来是很可观的。

问题

1. a. 剂量的测量是以什么为单位的?
   b. 给出一种估计越洋航班飞行员每年受到辐射剂量的方法。
2. 辐射剂量取决于哪两个因素?

辐射类型	剂量系数
α 辐射	20
β 辐射	1
γ 辐射	1

影响辐射剂量的因素

测量的剂量表明了辐射造成的潜在伤害程度。它取决于：

- 辐射量。即到达人体的 α 粒子、β 粒子和 γ 光子数量。
- 辐射类型。α 粒子是电离能力最强的，故它能对细胞造成的伤害最大。在数量相同的情况下，α 辐射的剂量比 β 辐射和 γ 辐射的大。但因 α 辐射在空气中只能穿过很短的距离，故只有在它能进入人体时才会造成伤害。

对人体的伤害同样也取决于受到辐射的组织的类型。例如，肺组织是最容易受伤害的。氡气是很危险的，这是因为它发射出 α 粒子。如果它通过人的呼吸进入肺部，会被肺组织所吸收。

为什么电离辐射是危险的？

电离辐射具有以电离的方式破坏人体中细胞分子的能力。这些离子又可参与可能伤害人体的化学反应。如果电离辐射对 DNA 分子造成影响的话，则可能杀死细胞或使其变异，而变异的细胞有可能导致癌症的发生。

存在安全剂量吗？

不存在所谓的安全剂量。一个氡原子也可能导致癌症。正如一个人第一次横穿马路就被汽车撞倒一样，虽然发生的概率很小，但它确实是存在的。剂量越小，只能表示危险性越低，但绝对不会为零。

辐照和污染

人体暴露在辐射源下的情况被称为受到了**辐照**（irradiation）。α 辐照的危险性较低，这是因为：

- α 粒子在空气中只能穿过很短的距离。
- 它极易被吸收。

我们的衣服和皮肤外层的死细胞都能挡住 α 辐射。

β 粒子产生的辐照则危险得多，这是因为它能穿透人体达几厘米。大多数的 γ 辐射能够直接穿过人体，但因它带有很高的能量，一旦被人体吸收，则是很危险的。

如果辐射源进入了人体，或附着在衣物或皮肤上，就造成了**污染**（contamination）。如果人食入或吸入任何放射性物质，则就被污染了。人体的生命器官就要长期地受到持续的辐照。如果辐射源发出的是 α 粒子，则将是最危险的，因为 α 粒子的电离性最强。γ 辐射污染源的危害性最小，因为它大多数的辐射都穿过人体而到体外了。

剂量概要

辐射剂量受下列因素影响：

- 辐射量
- 辐射类型

很难确认低剂量辐射的伤害效果。1970 年代，艾丽丝·斯沃特研究了美国核工业工作人员的健康状况。她的早期研究成果表明，辐射对老人和儿童更有害。她的观点受到了攻击，甚至有的雇主阻止她进一步查看医疗记录。

关键词

- ✔ 背景辐射
- ✔ 辐射剂量
- ✔ 辐照
- ✔ 污染

对辐射的防护

科学家研究了辐射的危害性并有针对性地给出了防护建议。他们还密切关注那些长期和放射性物质打交道的人，如在医院、工厂中从事核装置安装等工作的人。这些人被称为“辐射工作者”。

企业的雇主必须保证所雇佣的工人接受的辐射剂量低至“可接受的合理程度”。

这一原则要求使用能降低工作危险的更好的设备和工作流程。为了能降低危险性，付出高的代价也是应该的。

为降低受辐射剂量，医务人员采取了大量措施：

- 穿戴防护服和使用防护屏。
- 戴防护手套和围裙。
- 佩戴专门的剂量监控装置。

这一原则同样也适用于在医院接受放射性治疗的病人。如果某医院的医生发现用较小的剂量也能得到好的效果，则所有的医院都会效仿这种做法。

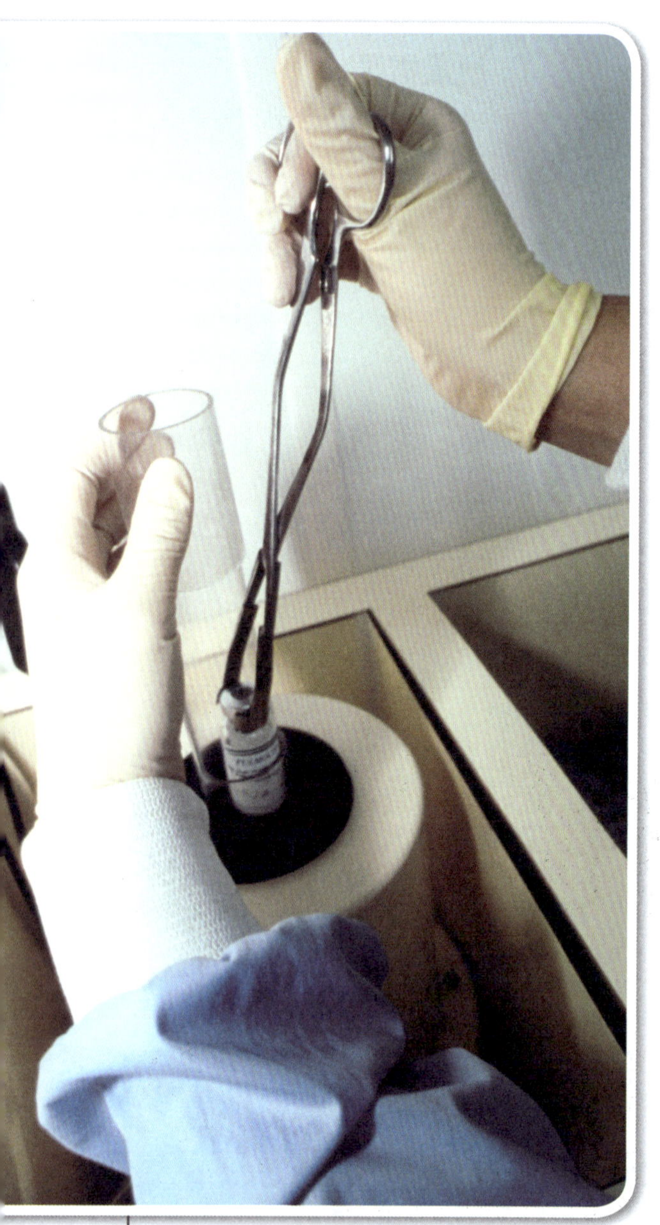

在传递辐射源时要特别小心，以降低直接接触的危险。

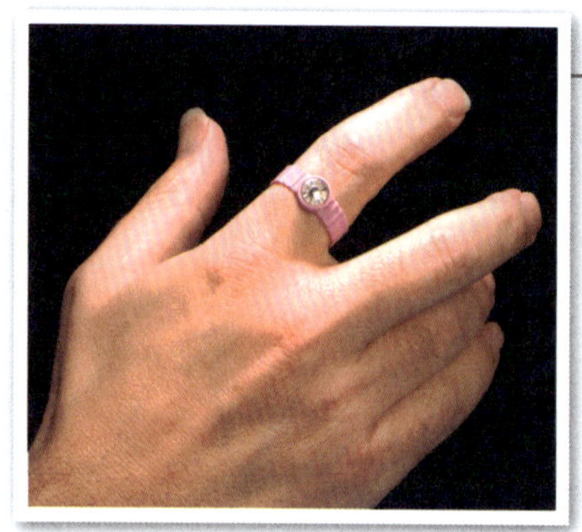

从事辐射工作的人要佩戴辐射监控器，以了解暴露在电离辐射下的程度。

问题

3. 说明辐照和污染之间的区别。
4. a. 如果你乘飞机到澳大利亚，则会受到多大剂量的辐射？
   b. 宇宙射线来自哪里？
   c. 这是辐照还是污染？
5. 想一想，α 辐射能损害人体的外部细胞，为什么它很少能伤害人体内部细胞？给出两个理由。
6. 在我们的食物中存在着一些钾 40（K-40）。这是天然产生的放射性同位素。它通过发出 β 粒子而衰变为钙（Ca）。试写出这一过程的核反应方程。（钾原子核中有 19 个质子）
7. 说明医务人员的预防措施怎样有助于使他们受到的辐照剂量尽可能地低。

生活环境中的氡

F

氡气

400 年前，一位名叫乔治·阿格里科拉的医生，记录了德国一家银矿中银矿工人的高死亡率现象。他认为这些矿工是被粉尘杀死的，并将这种疾病称为"肺结核"。

现在我们已经知道，该矿井中含有高浓度的氡。氡是一种具有放射性的危险性极高的气体。它发出的电离辐射能够对细胞造成损害。那些银矿中的工人原来大都是死于肺癌的。

氡和肺癌

在英国的一些地区，氡能渗透进房屋中，正如下一页中的宣传单所述。当意识到这一点，科学家开始考虑长时间的低剂量的辐射是否也能引发肺癌。从那时起，他们实施了很多关于房屋中的氡是否能引发肺癌的研究。

科学家测量了肺癌患者家中的氡浓度，并与没有患肺癌者房屋中的氡浓度进行比较。有一项研究比较了 1027 位女性，其中 413 位为肺癌患者，另 614 位为正常人，显示出氡环境和肺癌间的联系。这些女性都在相同的地方居住了 20 余年。但也有一些研究显示它们之间没有联系。这可能是因为所选取的样本较少，或者是因为难以测量氡环境随时间的变化，特别是在人员流动的情况下。有一项研究用分析这些家庭中镜子或相框中玻璃的方法弥补了这些不足。这些玻璃在这些家庭中已存在至少 15 年，且即使搬家也始终跟随受调查的人。这项研究显示了氡环境和肺癌间确实存在着相关性。

通过探究发现

- ✔ 氡气
- ✔ 辐射剂量和危险

银矿受到了氡气的污染。矿工将其吸入身体并深受其害。

房屋地板下通出的管道和一台小风扇将氡从房屋中吸出。

问题

1. a. 乔治·阿格里科拉医生观察到了什么相关性？
   b. 这一银矿发生这样事情的：i 因素是什么？ ii 结果是什么？
   c. 通过讨论机理说明这种因素和结果间是否存在着相关性。
2. 如果你准备开始一项关于房屋中的氡是否会导致肺癌的研究，说明你将如何选择样本。

家中存在的辐射危险

氡气易在封闭的空间中积聚。在英国的一些地区，氡气很容易渗入房屋内。

在氡气中生活

来自政府的信息

在我们周围的空气中就存在着氡气。它具有放射性，因而也就具有伤害性，尤其在大剂量的情况下是相当危险的。

氡气发出的辐射是 α 辐射，这是一种电离辐射。和所有其他电离辐射一样，α 辐射能够损害人体细胞并能导致癌症。

氡气是一种能在封闭空间积聚的气体。很多房屋极有可能已经受到了氡污染。

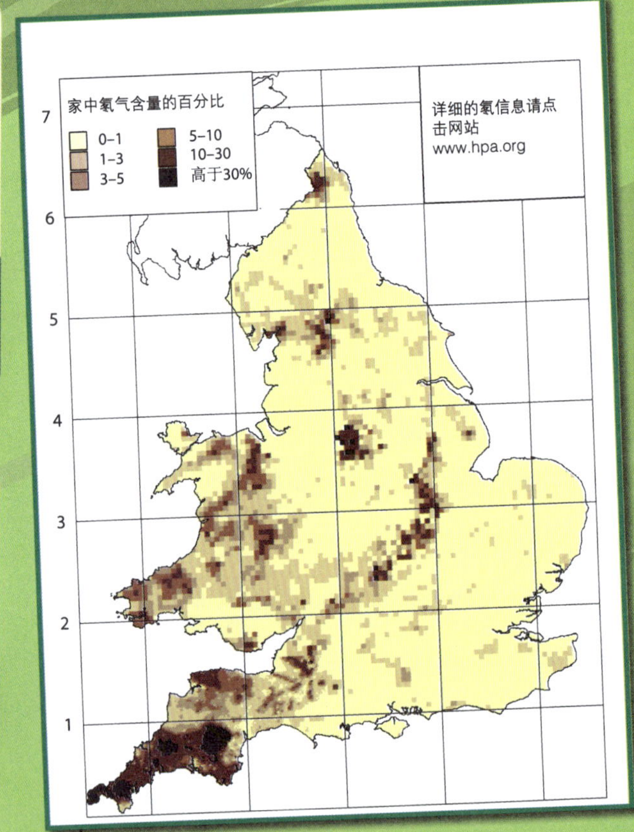

英格兰和威尔士受氡影响的区域分布。这是由对400000个家庭的检测得出的。

我们的家也受污染了吗？

如果我们呼吸了受到氡污染的空气，则我们甚至我们全家可能都处于危险之中。右边的地图显示了英格兰和威尔士受氡污染的程度。

如果你生活在受氡污染严重的地区，则你要对你的住所进行氡气检测。

如果检测显示氡气含量过高该如何？

氡气大多来自建筑物下面的岩石，它们是通过地板渗入房屋内的。如果你的房屋有可能受到氡污染，就要采取防护措施。建筑专家建议：

◆ 在地板下加敷混凝土层，可以有效阻止氡气的渗入。

◆ 用空气泵经常将室内空气抽出，保持室内空气的流通。

危险是真实存在的：要有效地预防。

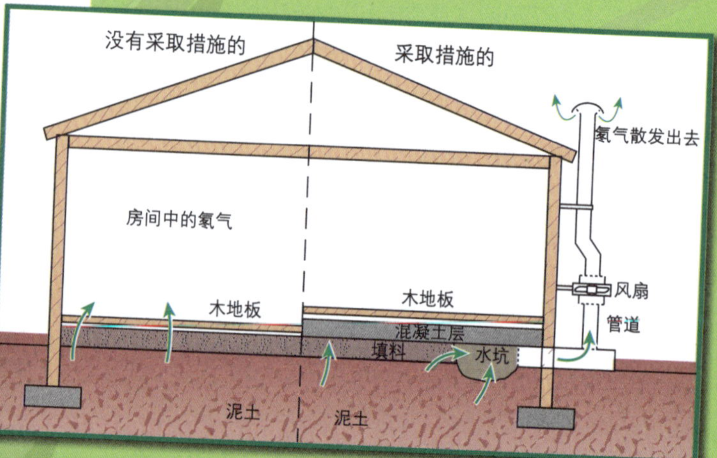

氡气可以在房间内积聚起来。在地板下加密封层，并经常将室内空气抽出以保持流通，是非常有效的预防方法。

氡带来的危险

那些铀矿工人之所以面临着很大的危险，是因为氡气容易在像铀矿那样的封闭空间中积聚起来。在大气中，数量极少的氡气散布开来，故浓度非常小。而在铀矿这样的封闭空间中情况就不同了，岩石在不停地产生氡气，且不能散布出去，故氡的浓度可达大气中氡浓度的 30000 倍以上。

房屋中氡的浓度可能很低，特别是在开窗或通风良好的情况下。通风在防止家庭中氡的侵害方面是非常必要的。

平均来说，氡占了英国每年辐射剂量的一半。受其影响，每年有 1100 人死亡，约占总人口的五万分之一。但氡也是唯一的人人每天都要面临的危险。其他的危险和开车去学校、日光浴、游泳、乘飞机，甚至饮食都有联系。

下表显示了因氡而罹患癌症的危险与其他常见危险的比较。

很多冒险活动是有利益因素驱使的，我们应能确定它是否值得去冒险。

死因	平均每年死亡数
氡导致的癌症	1100
石棉导致的癌症	4000
紫外辐射导致的皮肤癌	1400
车祸	2500
吸烟导致的癌症	35000
克雅氏病	98
房屋失火	360
总计	510000

2008 年英国 6000 万人口中一些原因死亡的人数估计。

问题

3. 在氡的研究中，分析研究镜子或相框中的玻璃如何改良了对氡环境影响的测量？
4. 氡气在室内聚集是很危险的。下列方法中哪种是降低这种危险的好办法？
   - 停止呼吸
   - 戴上特殊的呼吸面罩
   - 搬家
   - 对房屋加以改造
5. 选择上表中的 3 种死亡原因，写出降低死亡风险的方法。
6. 写信给居住在氡污染较严重地区的朋友，请他们对所住的房屋的氡污染进行检测。

G 半衰期

通过探究发现

- ✔ 放射性物质的半衰期

放射性衰变是无序的。因为我们不能说出下一个衰变的是哪一个原子核。科学家也不能预言一个原子核是今天衰变还是 1000 年后再衰变。但放射性物质样本中有无数的原子，故由此也可看出衰变的规律。

放射性衰变的规律

放射性物质的辐射量称为**活性**(activity)，它随时间的推移而减小。

- 开始时有很多原子发生衰变。
- 每个衰变的原子核放出辐射使其变得更稳定。
- 物质的活性越来越小，因为只剩下越来越少的原子核还具有放射性。

当将医学示踪样本锝 99 m 于 9：00 am 注射到病人体内后，到 3：00 pm 时已有一半的锝 99 m 发生衰变。到 9：00 pm 时，余下的锝 99 m 又有一半衰变了，只余下原始样本的四分之一。于是我们就称锝 99 m 的**半衰期**(half-life)为 6 h。半衰期表示放射性物质的活性减为一半时所需的时间。下表显示了 24 h 后(4 个半衰期)，样本只剩余原来的十六分之一了。

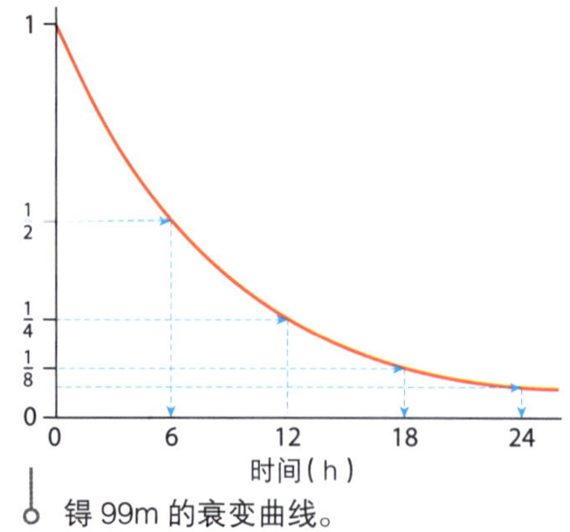

锝 99m 的衰变曲线。

时间	注射后小时数	半衰期数	剩余样本比例
9：00 am	0	0	1
3：00 pm	6	1	$\frac{1}{2}$
9：00 pm	12	2	$\frac{1}{4}$
3：00 am	18	3	$\frac{1}{8}$
9：00 am	24	4	$\frac{1}{16}$

锝 99m 的放射性衰变。

关键词

- ✔ 活性
- ✔ 半衰期

图像显示了样本活性减小的规律。10 个半衰期后，样本只有千分之一剩余了。对锝 99 m 而言，这仅是两天半的时间。6 h 的半衰期使它成为一种很好的示踪同位素。这一时间长度恰够医生的扫描诊断之用，而只需几天它就几乎消失殆尽了。

不同的半衰期

所有的放射性物质都显现了除了半衰期不同外的相同的衰变规律。右侧的图像显示氡 220 的衰变规律。注意它每分钟衰变一半。

氡 220 的半衰期是 1 min。

不存在使放射性物质的衰变减慢或加速的方法。有些物质衰变的半衰期达千百万年，而有的则只有数毫秒，比一眨眼的时间还短。

对相同量的物质，半衰期越短，则其活性越大。右表中列出的 4 种同位素中，氖 17 的活性最大。

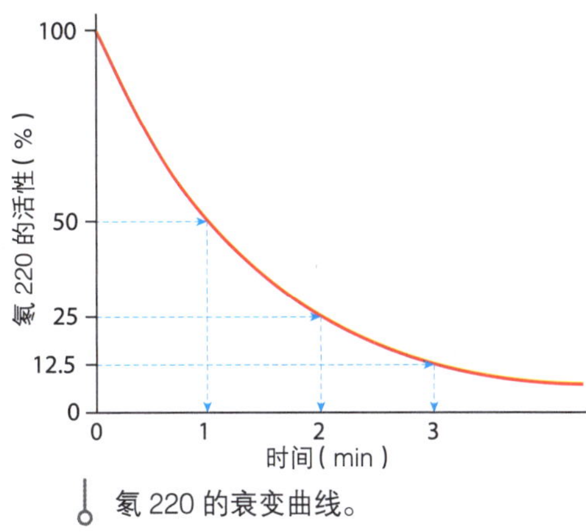

氡 220 的衰变曲线。

同位素	半衰期
铱 192	74 d
锶 81	22 min
铀 235	7.1×10^8 y
氖 17	0.1 s

半衰期有短有长。

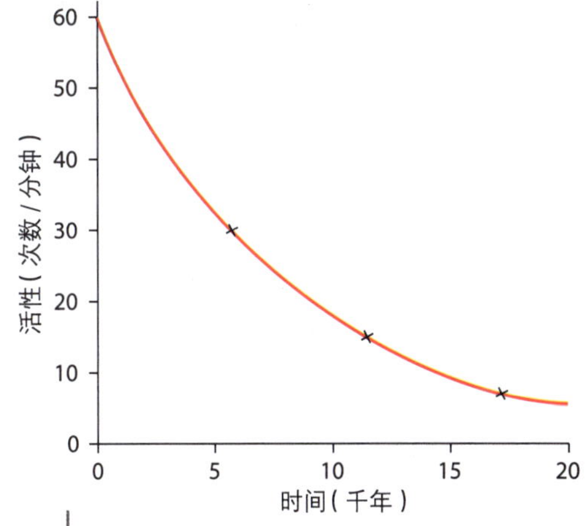

碳 14 的衰变曲线。

问题

1. 碳 14 的半衰期是 5700 y。经过 11400 y 后其活性为原样本的多少？
2. 碘 123 能发出 γ 射线，故常被用于诊断吸收碘的甲状腺问题。
   a. 说明选用碘 123 用于这一目的的原因。
   b. 说明碘 123 能辐射 γ 射线这一性质是非常有用的。
   c. 碘 123 的半衰期是 13 h。当其半衰期是下列情况时，为什么将带来严重问题？
      i 比 13 h 短得多；
      ii 比 13 h 长得多。
3. 锶 81 需要多长时间才能衰变为原来的八分之一？
4. 开动地板下的一台电扇以阻止氡 220 进入房间。主人想知道室内的氡 220 衰变为原来的一千分之一时所需的时间。
   a. 这需要几个半衰期？
   b. 这将需要多长时间？
5. 氖 17 源的活性是每秒 1120 次衰变。0.5 s 后将变为多少？
6. 铱 192 样本的活性是每秒 9600 次衰变。它需要多少时间能变为每秒衰变 2400 次？

通过探究发现

- 辐射的各种用途
- 辐射的种类
- 使用放射性物质的益处和存在的危险
- 限制辐射剂量

放射性物质能够导致癌症，但其也能用于诊断和治疗疾病。

医疗成像术

一段时间以来，简一直感到非常疲劳。去医院后，医生决定检查她是否在年轻时因感染而造成肾损伤。

医生计划给她注射二巯基丁二酸（DMSA）。这是一种化学药品，它能被正常肾细胞所吸收。

DMSA 的标签表明它具有放射性，即它的分子中含有放射性的锝 99m（Tc-99m）原子，它的半衰期为 6 h。肾细胞不能识别正常 DMSA 分子和具有放射性的 DMSA 分子，这两种都被吸收了。

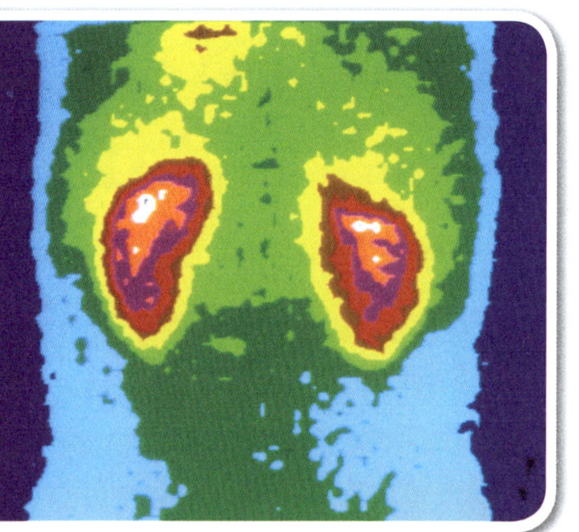

γ 射线扫描显示的功能正常的肾脏（上部两个白色区域）。

Tc-99m 在肾脏中发射出 γ 辐射。γ 辐射具有很强的穿透力，因此，几乎所有从简的身体中穿出的 γ 射线都能被 γ 射线照相机探测到，即 γ 射线照相机**示踪**（trace）了简体内的锝。照片中，肾脏中的正常部分发亮，而发暗或空白的部位则说明其功能有问题。

对简的扫描显示，她的肾脏中只有很小的区域受到损伤，医生无须采用进一步的检查手段。

在暗处发光

简在检查中，短暂地受到了放射性 Tc-99m 的污染。在其后的几个小时内，直到她的身体已经完全去除锝元素前，她被告知要：

- 在使用抽水马桶后，必须多冲洗几次。
- 彻底地洗手。
- 避免和朋友及家人产生身体上的接触。

是否值得这样做？

简的健康细胞受到 γ 射线的损害只有极小的可能性。但在接受这样的检查前，只有在简的母亲签字认可和医生确定她没有怀孕，检查才能实施。

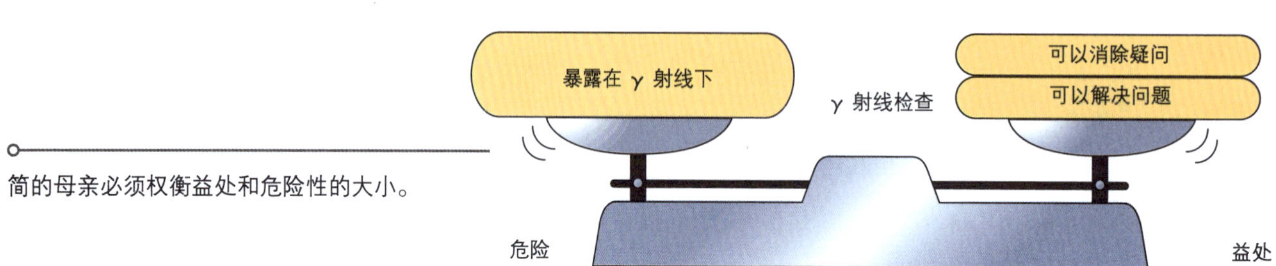

简的母亲必须权衡益处和危险性的大小。

简的母亲说："我们觉得所冒的风险是非常小的，为了能正确诊断，这是值得的。即使使用的是普通药物，可能也存在着这样或那样的危险性。因此，我们在接受检查前，应先衡量一下这值不值得。没有绝对安全的事。"

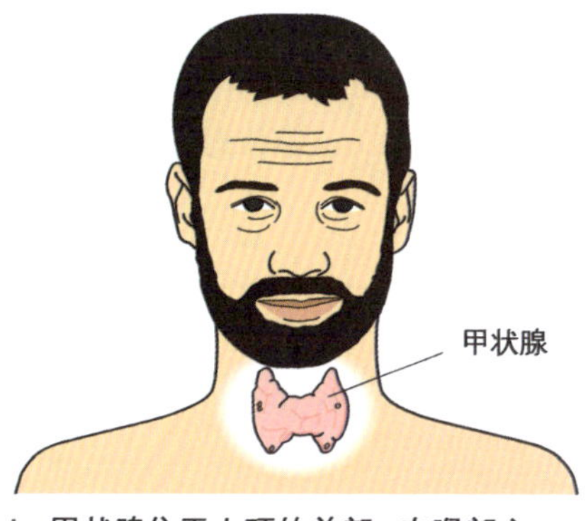

甲状腺位于人颈的前部，在喉部之下。

治疗甲状腺癌

阿尔夫患了甲状腺癌。首先他要接受外科手术将肿瘤切除。然后，他必须接受**放射性治疗**（radiotherapy），以消灭可能残留的癌细胞。

医院里主治医生在开出的处方中向他描述了如下治疗方案：

放射性碘治疗

你可能需要住院一段时间，并且使用单人病房。

你要吞服一种胶囊，其中含有碘 131。这是一种具有放射性的碘。在此后的数小时内，你不能再吃或喝任何东西。

- 你的身体将吸收这种放射性的碘。
- 放射性碘将自然地被你的甲状腺所吸收，因为甲状腺要用碘来产生激素。
- 放射性碘会放出 β 辐射，这种辐射能被甲状腺所吸收。
- 任何残留的癌细胞将被这种辐射杀死。

为了保证来访者和工作人员的安全，你必须留在病房里不能会客或外出。你可能需要住院几天，直到你体内的放射性物质的放射量降到足够低，不会对他人构成危险为止。

碘 131 衰变为氙的同位素。

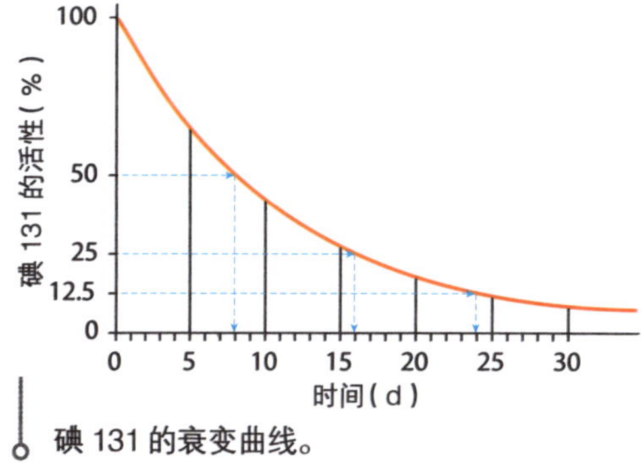

碘 131 的衰变曲线。

关键词
- 示踪
- 放射性治疗

问题

1. 根据简在接受放射性检查前必须采取的预防措施，简短写一份简必须逐一去实施这些措施的原因。
2. 只要不去亲吻简，即使站在她的旁边可能也是安全的。试利用"辐照"和"污染"两词来说明其中的原因。
3. 简在接受这种治疗时的风险和益处各是什么？
4. 阅读放射性碘治疗处方中的信息。试描述阿尔夫一家和其他病人应如何尽可能降低风险。
5. 放射性碘的半衰期为 8 d。试说明为什么 8 d 比下列的时间更合适。
   a. 8 min
   b. 8 y
6. 阿尔夫的检查已经过了 40 d。
   a. 40 d 中包含了多少个碘 131 的半衰期？
   b. 经过 40 d 后，剩余的放射性为原来的多少？

通过探究发现

- 原子核裂变产生的能量
- 核电站

原子核的裂变

放射性原子中有一个不稳定的核。这种核有些是不稳定的，甚至能够分裂。这一过程被称为**核裂变**（nuclear fission）。

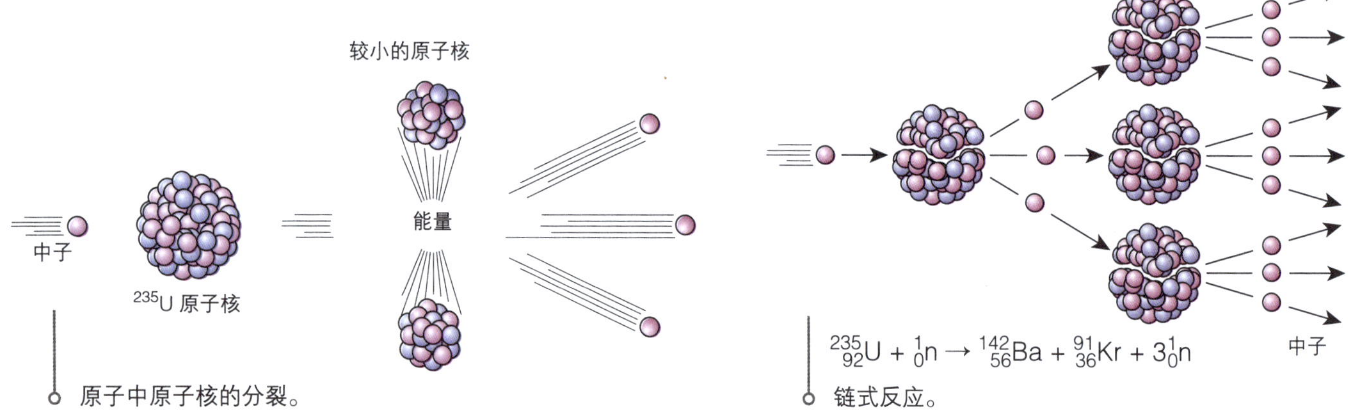

原子中原子核的分裂。

链式反应。

关键词

- 核裂变
- 爱因斯坦方程
- 链式反应

例如，当铀 235 原子核吸收了一个中子后，就分裂成两个或多个较小的原子核。

当这种情况发生时，有极少的核质量转化为巨大的能量。这种能量可由**爱因斯坦方程**（Einstein equation）算出：

$$E = mc^2$$

其中 E 为能量，m 为质量，c 为光速。

这种能量被转移到裂变产物上，使其具有巨大的动能。每个裂变反应所产生的能量，都比任何化学反应中分子变化放出的能量高数百万倍。

因为每次裂变都要放出新的中子，故一个原子核的裂变可以带动多个原子核发生裂变而产生更多的产物。如果有足够的铀 235 原子紧密地结合在一起，通过这种**链式反应**（chain reaction）就能使越来越多的原子核发生裂变。

核武器能产生足以导致灾难性后果的能量。

核武器

1945 年 7 月 16 日，在美国新墨西哥州的沙漠中，一些科学家正紧张地等待着一种“小玩意”的试验结果。他们中一些人认为试验不会成功，而另一些人则担心这次试验有可能毁灭大气层。

为了分离出能制造第一枚原子弹的足够的铀 235，这次研究持续了数年时间。上午 5：29， 剧烈的爆炸声伴随着耀眼的亮光充斥了整个天空。爆炸将支撑原子弹的钢塔都气化掉了，爆炸中心周围 700 m 内的沙子都被熔化成了玻璃。

很多科学家对原子弹的威力十分担忧，因此要求终止对它的研究。但几星期后，美国分别将两枚原子弹扔到了日本的广岛和长崎。

控制链式反应

核发电厂的核心部分是核反应堆。它被设计成能够控制链式反应，使铀以缓慢且稳定的速度释放能量。

- 裂变反应发生在**燃料棒**（fuel rod）中。燃料棒是用铀 235 制成的，裂变反应使它变得非常热。

- **控制棒**（control rod）中含有能吸收中子的硼等元素。移动控制棒，用在反应堆中插入不同长度控制棒的方法来控制反应的快慢。

核装置安装的检测人员要监测核反应堆的设计和工作过程。核反应堆的核心部分要密封并安装防护层，以保证泄漏达到极小。

发电过程

将一种称为**冷却剂**（coolant）的流体抽入反应堆中，炽热的燃料棒能将冷却剂加热到 500℃甚至更高。然后，冷却剂流经锅炉中的热交换器，将锅炉中的水变成蒸汽，这蒸汽又推动蒸汽轮机转动。而蒸汽轮机带动发电机发电。

钚

钚元素是核反应堆中的产物。因其也能产生核裂变，故常被用于制造核武器或作为核燃料。很多国家为制造核武器而建造核反应堆以获取钚。核装置的检测人员要确保核电站是安全的，并说明所产生废料的去向。

燃料棒一旦使用，其中的原子核就开始了衰变过程。因此，它的放射性更强。

问题

1. 为什么核反应堆用冷却剂而不用循环水来直接产生蒸汽？
2. a. 完成下列铀 235 吸收中子的核反应方程：

   $^{235}_{92}U + ^{0}_{1}n \rightarrow$

   b. 描述不稳定的铀原子核的变化及它产生链式反应的过程。

   c. 如果链式反应失去控制，就成为原子弹。试说明核反应堆中采用的控制方法。
3. 核反应堆产生的 γ 辐射被隔离，使其不会对生物产生辐照，说明其原因。
4. 请思考居住在利用核能发电的国家所具有的风险和便利，各写出两条。

关键词

- 燃料棒
- 控制棒
- 冷却剂

通过探究发现

- 英国的“核遗产”
- 放射性物质的半衰期
- 可能的处理核废料的方法

核废料残留物

英国政府的核退役管理局（NDA）负责英国各地 36 处专门处理危险核废料的机构，其中包括核电站、科研机构、国防设施和卫生部门。大多数的放射性废料来自核电站，其他的则来自医疗系统、工矿企业和科学研究等部门。除了处理“日常”废料之外，还要对超过服役期的老旧核电站进行安全拆解，这时产生的放射性废料要被分类运走并储存起来。核废料中含有各种各样的放射性同位素，它们被戏称为英国的“核遗产”。

强放射性废料温度很高，故要在水下贮存。

长期的危害

放射性废料对英国的平均背景辐射的影响是非常小的，但也还是非常危险的。这主要是因为它对环境的污染作用。假如一些核废料泄漏进入了公共供水系统，则它可能被我们日常食用的农作物所吸收，从而有可能进入我们的肠胃之中。此后，它就不断对我们的体内器官进行辐照。

很多放射性物质的放射性能持续数万年以上。NDA 的下属机构必须对它们进行处理，以保证它们不仅对现在是安全的，还要保证对我们的子孙后代都是安全的。

核废料贮存场中，工人在监控室中要不间断地对核废料进行监控

核废料的种类

核工业要处理 3 种类型的核废料：

- **强放射性废料**（high-level waste, HLW）。一般这都是用过的燃料棒。因为它们的放射性很强，因此常会温度很高。它们需要被谨慎地存放，但其强放射性持续的时间不长。英国所有的 HLW 都被存放在建于塞勒菲尔德的水池中。
- **中等放射性废料**（intermediate-level waste, ILW）。它的放射性比 HLW 低，但这种废料却是在不断增多的，因为越来越多的 HLW 经衰变后变成了 ILW。
- **弱放射性废料**（low-level waste, LLW）。防护服和放射性医疗器械可能会有轻微的放射性。因此，要将它们打包后装入容器，放到能防止泄漏的专门垃圾场中。

废料种类	体积/m^3	放射性
LLW	196000	弱
ILW	92500	强
HLW	1730	非常强

2007 年核废料贮存量。如何更好地处理它们是尚未解决的问题。

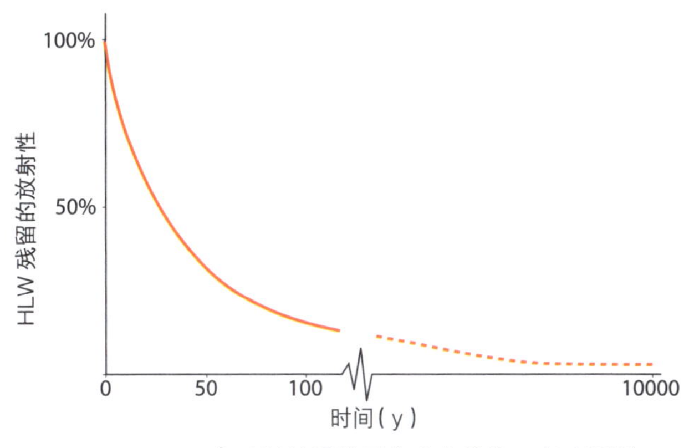

HLW 开始时衰变非常快。但当活性下降后，就变成了 ILW。ILW 还能维持放射性达数千年。

塞勒菲尔德

在英国坎布里亚郡的塞勒菲尔德，有一家由政府经营的最大的核处理公司，那里雇佣有数千名专业工人。塞勒菲尔德核废料处理厂处理的核废料不仅是英国国内产生的，也有很多来自国外。它还具有贮存核废料供长久处理的能力。

该工厂最关注的还是生产安全问题。经营者既要保持生产安全，又要考虑万一出现问题后的安全预案。

来自中等放射性废料的挑战最大，因为它们的存在时间最长。当前的方法是：先将它们粉碎，再将它们和水泥混在一起，装入数千个不锈钢容器中。这能保证现在的安全，但不能保证长久性的安全。长效的解决办法应是既安全又长久。

何时它们才安全？

我们时刻都暴露在辐射之下（背景辐射）。当核废料只产生很低水平的辐射，和背景辐射相当，才能认为它是安全的。放射性物质的半衰期越长，则它们要变得安全所需的时间也越长。

NDA 的工作

处理核废料的成本十分高昂。2010 年 NDA 在包括塞勒菲尔德在内的 19 个处理机构投资了 280 亿英镑。一个优先事项是在 2016 年前完成塞勒菲尔德的 HLW 处理设施。在 2007 年，对 36 个储存点存放的所有放射性物质进行了清查。关于如何处理这些核废料，已经进行了多次公众咨询。而至今还在广泛地征求公众意见。当前的最佳方案是，在找到最安全的填埋地点前，仍维持原来的储存方式。

关键词

- 强放射性废料
- 中等放射性废料
- 弱放射性废料

问题

1. 处理中等放射性废料要既保证安全，又要具有长久性。说明为什么这两者都是重要的。
2. NDA 想知道公众对储存核废料的意见。写一封信给政府说明你的想法和建议。
3. 如果不采用深埋的方法，而是将核废料混合在一起在地面上储存。试说明这种做法的好处和缺点。
4. 少量的核燃料能产生大量的能量。因此，科学家在 20 世纪 50 年代就想到这是一种廉价的发电方式。试说明实际成本远高于当时的设想的原因。
5. HLW 含有钚 239，它的半衰期为 24100 y。试说明将其安全保存 10 个半衰期所具有的困难。

核聚变

通过探究发现

- 核聚变
- 核粒子间的吸引力和排斥力
- ITER 计划

力的平衡

原子中的原子核是由质子和中子构成的。这告诉了我们一个重要事实：质子和中子“自愿”结合在一起。那么，这一定存在一个使它们结合在一起的力，且这种力还能使带有同种电荷，本应相互排斥的质子结合在一起。这种力被称为**强核力**（strong nuclear force）。

强核力是一种短程作用力。它仅作用在两个靠得非常近的质子（或质子和中子）间。粒子间的距离恰为强核力和静电力能相平衡的尺度。

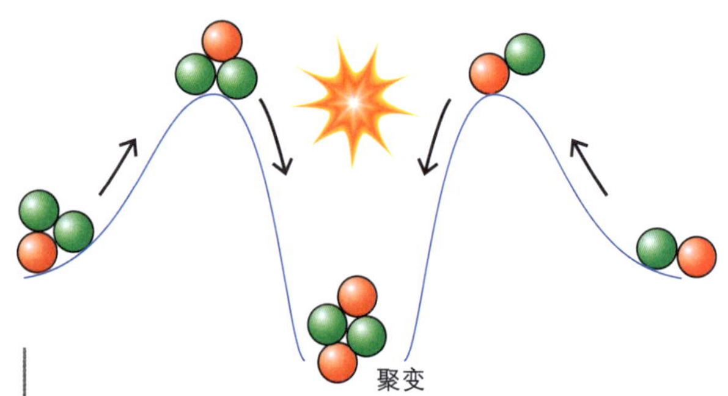

将两个氢原子核推到一起。其中的“山峰”表示了它们间的排斥力。而“深谷”则表示了它们聚变后形成的稳定状态。

$$^{2}_{1}H + ^{3}_{1}H \rightarrow ^{4}_{2}He + ^{1}_{0}n$$

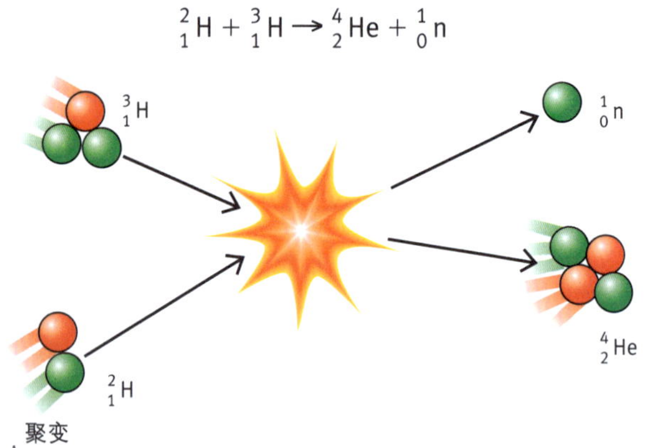

两个氢同位素通过聚变生成氦。

结合

在**核聚变**（nuclear fusion）的过程中，两个氢原子核结合到一起并放出能量。左图显示了这一过程。注意这里的原子核是氢的不同同位素。虽然仍是氢，但在它的原子核中有一个或两个中子。

图中显示两个原子向一起靠近，因为它们的原子核带同种电荷而相互排斥，故不能聚变反应。但如果推力很大，使它们到达强核力吸引的范围内，于是它们就发生聚变反应了，同时放出能量。

要将两个原子核推到一起，则可能要做很多功。但它们聚变时产生的能量却远大于此。

释放的能量是由小部分的质量转化而来的，其大小可由爱因斯坦方程 $E = mc^2$ 算出。

你可能会对裂变和聚变过程都能放出能量感到奇怪。一般而言，发生裂变和聚变的原子核是以铁为界限的。之所以会有这样的情况，是因为铁原子核最稳定。因此，比铁核轻的原子核能够通过结合到一起而放出能量；比铁核重的原子核则能够通过分裂而放出能量。

对聚变型核电站的探索

如果我们能将来自水的氢原子核聚变成稀有气体氦的原子核的话，我们就拥有了取之不尽的核燃料，且不会产生多少核废料。

在过去的 70 多年中，科学家对此做了大量研究，并能给予氢核足够的能量以克服排斥力的作用。现在的问题是，如何控制反应并使其持续运行。

当氢同位素在高温状态下时，将失去电子而成为**等离子体**（plasma）。这样用磁场可以约束它不接触容器壁。在英国卡勒姆的 JET 项目对核聚变的研究已实施多年了，但至今它产生的核能尚没有消耗的多。

氢弹

氢弹是利用氢聚变时放出的巨大能量制成的。它放出的能量是裂变原子弹的数百倍。氢弹是利用原子弹压缩氢使其发生聚变反应而触发爆炸的。

ITER 计划

这是由中国、欧洲原子能委员会、印度、日本、韩国、俄罗斯和美国等国家和机构实施的联合研究项目。ITER 是拉丁语“途径”之意。核聚变研究的成本是非常高昂的，因而这些参与的国家和机构共同在法国建造研究用反应器。建造工作已经开始了，将在 10 年内建成，可供研究使用 20 年。ITER 将探究氢在 1.5 亿摄氏度的高温下发生聚变反应时等离子的行为。目标是能够建成核聚变发电站。

我们可以把聚变反应想象成裂变反应的逆过程。裂变反应已经被成功地应用于发电了。

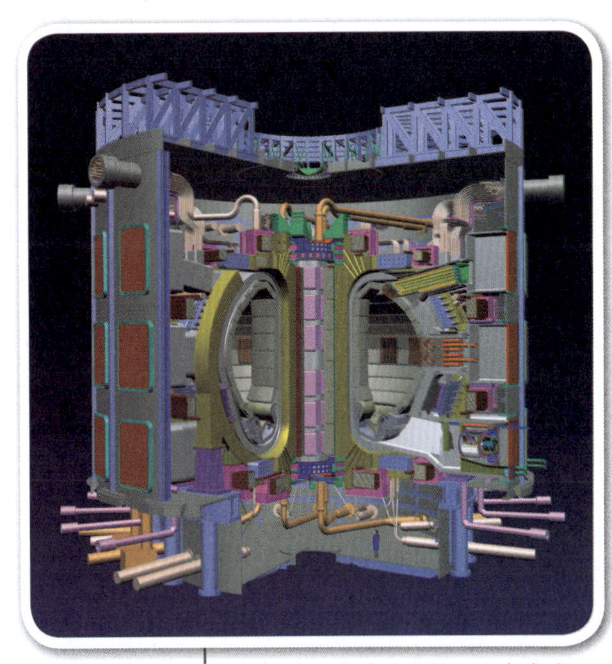

ITER 计划中的反应器。聚变发生在环形的空腔中。

问题

1. a. 在原子核内的粒子间存在的吸引力是什么？排斥力又是什么？
   b. 这两个力中，哪一个的作用距离较长？
2. 太阳的 1% 是氧原子核。氧原子核中有 8 个质子。试说明它和氢原子核相比，较难发生聚变反应的原因。
3. 两个氢 2 原子核能够聚变而生成一个氦 3 原子核。
   a. 写出这一反应的核反应方程。
   b. 剩余的粒子是什么？
4. 多个国家和机构合作实施 ITER 计划的好处是什么？
5. ITER 计划的开发是十分巨大的工程。给政府写信要求：
   a. 继续参与合作项目；或
   b. 放弃该计划以节省费用

关键词

- ✔ 强核力
- ✔ 核聚变
- ✔ 等离子体

科学解释

对放射性和原子结构的理解，使我们能够将其应用在核电站、治疗癌症等诸多方面，并使这些技术得到不断的发展。对电离辐射特性的掌握使我们能安全地生活并能对其潜在的危险进行正确的评估。

应该知道：

- 很多物质具有放射性，并每时每刻自发地发出电离辐射。
- 电离辐射能够损伤生物细胞。
- 原子具有电子壳层和由质子和中子构成的原子核。
- α 粒子散射显示了原子具有一个非常小、质量集中、带正电荷的原子核。
- 一种元素的所有原子具有相同数量的质子。
- 同位素是中子数不同的同种元素的原子。
- 放射性衰变后原子核发生了改变。
- 完成放射性衰变核反应方程的方法。
- α、β 和 γ 辐射的本质以及它们性质上的差异。
- 我们周围存在着背景辐射，它们的辐射源大多是天然的。
- 辐射剂量的意义及影响它的因素。
- 污染和辐照的区别。
- 潜在危险和辐射剂量间关系数据的解读。
- 放射性物质每时每刻都在无序地发出电离辐射，且其无法用物理或化学变化来改变。
- 放射源的活性随时间而减小。
- 半衰期的意义和放射性同位素。
- 不同放射性同位素的半衰期值差异巨大。
- 计算半衰期的方法。
- 利用放射性物质发出的电离辐射的方法。
- 核裂变和原子核释放出的能量。
- 利用核裂变放出的能量建造核电站的原理。其中包括可控链式反应和核废料的处理。
- 3 种放射性核废料及对它们不同的处理方式。
- 原子核中的质子和中子被一种强力结合在一起，它能抵消掉质子间的静电排斥力。
- 两个氢原子核如果被推得足够近的话，则可以发生聚变而形成一个氦原子核并释放出很大的能量。
- 应用爱因斯坦方程 $E=mc^2$ 计算释放出的能量。

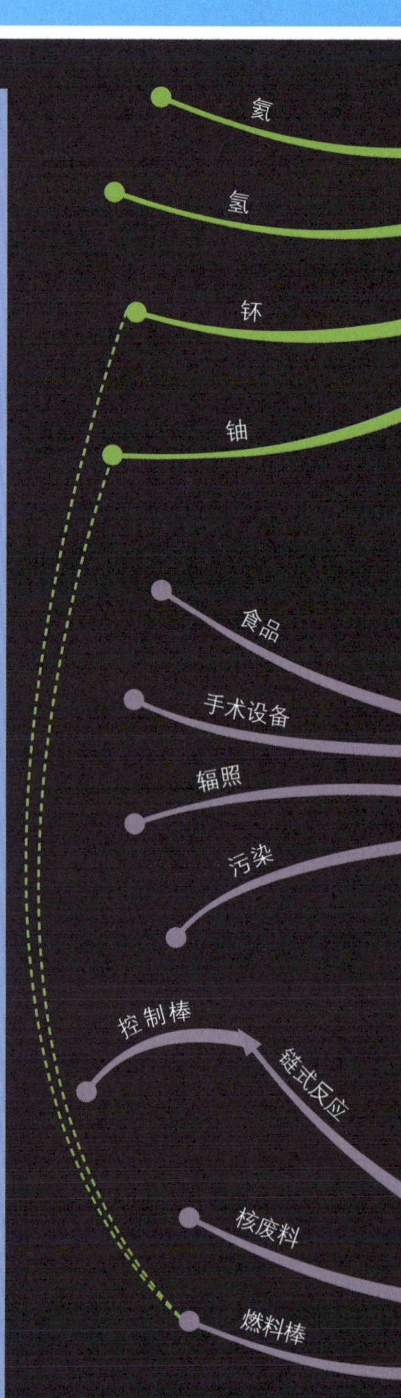

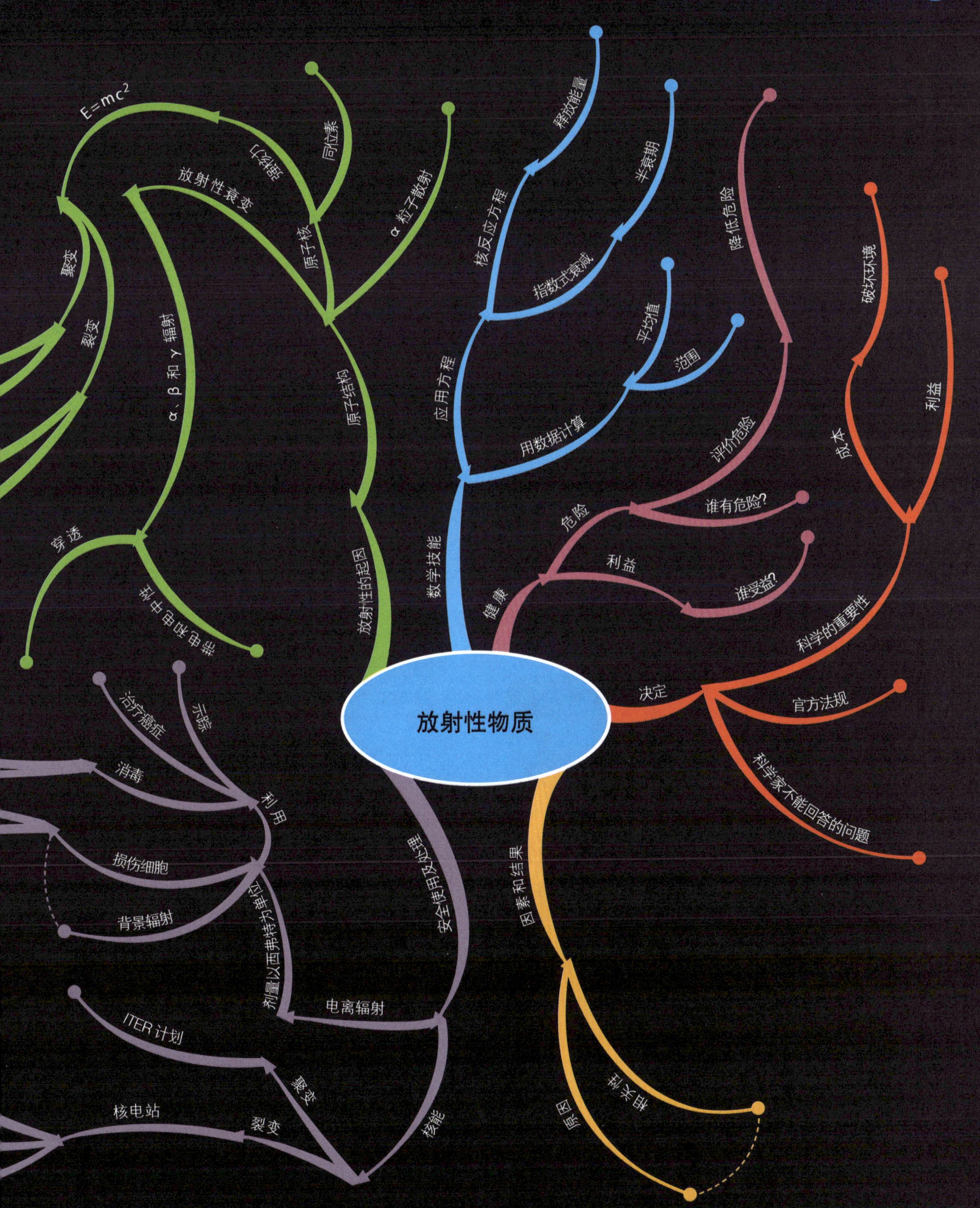
放射性物质
$E=mc^2$
同位素
衰变
放射性衰变
原子核
α粒子散射
聚变
裂变
α、β和γ辐射
原子结构
穿透
电离电能
放射性的起因
释放能量
半衰期
核反应方程
指数式衰减
平均值
范围
应用方程
用数据计算
数学技能
降低危险
破坏环境
利益
成本
评价危险
谁有危险?
危险
利益
谁受益?
健康
科学的重要性
决定
官方法规
科学家不能回答的问题
治疗癌症
示踪
消毒
利用
损伤细胞
背景辐射
剂量以西弗特为单位
安全使用及处理
电离辐射
ITER计划
聚变
核电站
裂变
核能
因素和结果
原因
相关性

科学观点

除了发展对放射性物质的理解外，在我们做决定时利用科学技术知识鉴别潜在的危险也是非常重要的。在考虑危险时，我们应能：

- 说明没有绝对安全的事。我们做的任何一件事都具有危险性。我们周围都是背景辐射。因此，我们的细胞始终在受到电离辐射作用的危险之中。但是如果辐射的剂量非常小的话，其危险性是可以忽略不计的。

- 一些有用的放射性物质也能对从事相关工作的人和我们所处的环境构成危险。

- 描述我们能够降低这些危险性的方法。

- 利用数据比较和讨论各种危险性。如比较居住在高氡地区和吸烟带来的危害等。

- 讨论带有危险性的决定。如在做是否建造核电站的决定时，必须能够说明它是否会对环境造成污染，以及可能会造成多大的污染等。

- 明确对个人和群体所带来的危险和利益。一些医学治疗过程中使用了放射性同位素，这时就要权衡病人的危险和利益孰轻孰重。

- 在做决定时，要特别考虑谁在获益，谁在冒险。例如，在做是否需要建造核电站的决定时。

- 给出有益活动中所具有的危险性。例如，在向体内注射示踪用的放射性物质时。

- 给出人们愿意或反对冒险的理由。例如，生病的人可以选择能够治愈他的疾病的治疗方式。如果医生告诉他可能存在的危险时，他可能会拒绝这种治疗方式。因为选择权在病人手中。

在做关于科学技术方面的决定时，我们应该做到：

- 明确群体受到决定的影响，以及每一群体获得的主要利益和付出的代价。例如，在决定于何处建造核废料处理场时。

- 能说明社会和经济因素也会导致做出不同的决定。核电站要建造在边远的地区，这样只会对少数人造成影响。对那些没有什么能源资源的国家，通常选择建造核电站。

- 说明对放射性物质的研究和利用通常会出台一些官方法规的原因。那些已经建有核电站的国家都对产生的核废料建立了详细的记录，因为这些废料可能被不法之徒用于制造核武器。

- 区分能够用科学知识回答或不能回答的问题。例如，“我们将在这一地方建造一座核电站吗？”等。如果没有科学的理由，为什么不呢？最终的决定取决于社会的诉求。

复习问题

1 利用本章中的关键词填空，完成下列句子。

______辐射是由放射性______产生的。当一个______原子核______时产生了这种辐射。产生的3种辐射是：______是由两个质子和两个中子构成的；______实质上是高能电子；______实质上是电磁辐射。

2 a. 在卢瑟福的 α 粒子散射实验中，向后散射的粒子揭示了原子的什么奥秘？

b. 如何用你对上一问的解答来对向后散射作出说明？

3 一种放射性同位素的半衰期是 74 d。它的活性是每秒 10000 次衰变。它发出 α 辐射。

a. 经过 133 d 后，它的活性如何？

b. 经过多长时间后，它的活性变为每秒 625 次衰变？

c. 对下面的每一个例子，说明不适宜使用这种同位素的原因，并给出本章中列举的一种合适的同位素。

 i 测量岩石的年龄。

 ii 人体中的放射性示踪。

4 核裂变和核聚变的区别是什么？试用核反应方程给出例子。

5 下表列出了一些得到广泛应用的放射性同位素。

同位素	辐射类型	半衰期
镅 241	α 辐射	430 y
碳 14	β 辐射	5700 y
钴 60	γ 辐射	5 y
碘 123	γ 辐射	13 h
碘 131	β 辐射	8 d
锶 90	β 辐射	29 y
铀 235	α 辐射	7×10^8 y

对下面列出的各种应用，参考上表中各同位素的半衰期和辐射类型，选择一种你认为最合适的同位素。

a. 推算岩石的年龄

b. 推算古老的皮带的年代

c. 工厂中监控生产纸的厚度

d. 监控甲状腺摄取碘的情况

e. 探测烟雾

f. 为医疗器械消毒

6 一座核电站利用原子核裂变释放出来的能量来发电。核反应堆被设计为能控制链式反应。

a. 作图解释原子核裂变和链式反应的含意。

b. 描述原子核反应堆用于控制链式反应的设计特点。

译者的话

作为一个有悠久教育传统的国家，英国有着在世界上足以自傲的教育质量。

总体来说，英国的教育体系可分为义务教育、延续教育和高等教育三个阶段。英国的儿童从 5 岁起至 16 岁一律要接受强制性的义务教育（其中 14 至 16 岁为中学阶段），否则，将无法合法地走向社会。

义务教育阶段课程结束后，学生需参加中学教育最后两年知识内容的考核，通过考核后可获得普通中学证书（GCSE），这也被认为是中学毕业文凭。此后，大部分学生进入延续教育（在我国常称其为“大学预科”）阶段继续学习深造，但分流为两条路线，即学业路线和职业路线。

一、教材的适用范围

本教材即为供义务教育中学阶段的学生最后两年使用的科学课程教材。

在英国，义务教育阶段 GCSE 资格证书考试并非是由官方的教育行政部门组织进行的，而是由一些非官方的权威考试机构命题和组织。这样的服务机构有很多，影响最大的有：评价与资格联盟（AQA）、卓越教育委员会（Edexcel）、牛津剑桥考试中心（OCR）等。各家机构都根据课程标准来命题，但考试的要求和形式则可能存在较大差异。本教材由牛津大学出版社出版，切合牛津剑桥考试中心的考试要求。

进入 21 世纪后，英国政府为了适应当今世界飞速发展的科技形势，使教育质量和“金牌教育”相匹配，依据“创造机会，释放潜能，取得卓越”的指导思想，于 2006 年 9 月颁布了最新的科学教育课程标准，又组织了大量专家编写了很多令人耳目一新且风格迥异的科学课程教材。牛津大学出版社编写出版的《21 世纪科学》系列教材也应运而生。

经过几年的使用后，牛津大学出版社又根据社会需要和教材使用中发现的问题，组织专家对教材进行了修订，于 2011 年出版了新版的《21 世纪科学》，其中既有分科的《物理》《化学》《生物》等教材，也有综合性的《科学》教材。本教材即为 2013 年后投入使用的综合性的《科学》教材。

这套《科学》教材共有三册：普通本、提高本和附加本。和普通本相比，提高本涵盖了普通本的所有内容，只是部分章节中内容略有增加，难度略有增大，习题数量略有增多。因此，在翻译出版本书时，为避免重复，就只出版了提高本和附加本，并分别冠以《GCSE 高阶科学》和《GCSE 高阶科学·拓展》书名。

加了附加本后，本书即成为满足以后立志学习理工科的学生的较高要求的一种教材，可较好地与延续教育阶段很多学科的教学内容“无缝”对接。

二、教材的编写特点

这套《科学》教材的主旨是鼓励更多的年轻人学习科学，以便能够更好地融入 21 世纪日益科技化的世界。为达到这一目的，教材在编写中着重体现了以下几个方面：

1. 以人为本，为学生的未来着想，让学生凭借学过的科学知识在将来更安全地生活和工作。为此，教材中各章节的知识点中都介绍了很多相关的安全知识及防护方法，如物理部分中对紫外线等电离辐射的防护方法介绍，生物部分中对遗传疾病的预防介绍等，以更好地保证学生，甚至后代的身体健康。

另外，告诉学生更深入地探索科学的未知世界，能在将来的职业生涯中胜任且获得丰厚回报，同时也能为社会创造更多的财富。

2. 本教材特别注重强调人类应该在更理性、更合理地开发和利用大自然提供的资源的同时，也应该更好地保护人类赖以生存的环境。因此，几乎各章中都阐述了所学内容和环境的关系、对环境的影响和人们所采取的环保措施和行动等。

3. 突出科学思想和科学方法教育。教材的每一章都有对科学家的探索过程和方法的描述，特别是注重介绍科学发展过程中，为保证科学理论形成的正确性，科学家有何设想，采用了哪些方法，产生了怎样的争论，且不以成功与否论短长，而是用更多的笔墨描述科学家的探究思路和证据。同时对学生提出了如下科学方法上的要求：

① 收集和分析科学数据，合理解释数据，并据此进行现象解释。对尚不能解释的问题，也要建立起合理的科学模型。

② 掌握科学的方法，包括设计实验、分析和解释实验结果，并使用各种资源和工具，判断它们作为证据的有效性和可靠性。

③ 注重表达能力的培养。能够回忆、分析、解释、应用和质疑信息或已有思想；会应用定性的和定量的方法；能够应用科学术语和符号呈现论据，并得出结论。

④ 在认识现代科技给人类带来的益处的同时，也应看到它带来的副作用和潜在危险，如对社会、经济产生的影响和对环境产生的破坏等。

⑤ 强调科学探究中团队的作用。

4. 英国的科学教育标准分为物理、化学、生物、地球和空间科学四大范畴。在本教材中，有生物（B1—B6）、化学（C1—C6）和物理（P1—P6）各 6 章，但它们是既属分科，也相互渗透融合。地球和空间科学部分则是作为物理、化学、生物的情境而出现的。如“大陆板块漂移”是作为物理中力的效应呈现的，化学中的矿物质分布和生物中不同地域的生态等都是以地球科学作为情境的。这样设置，既可以使学生了解学科间的联系，也可以提高学习或复习效率。

5. 引人入胜的情境设置。这套教材涉及知识广阔、体系严谨、方法新颖、图文并茂、引人入胜，并在培养学生兴趣上施以浓墨重彩。如在介绍宇宙的历史时，用将从大爆炸到现在的时间视作 1 年的方法，让学生更形象地了解宇宙演化和地球上重大事件的时段等。

三、学业评价方式

学生完成本教程的学习后，就可以参加普通中学证书（GCSE）考试了。

GCSE 的考试评价体系采用的是等级制，它共有 9 级，其中属合格的有 8 级（A* 等和 A—G 等），不合格的有 1 级（U 等）。评价等级的划分与水平描述如下表所示：

<table>
<tr><td>A*</td><td>优异，能够胜任后续的所有学习和深造。</td></tr>
<tr><td>A</td><td rowspan="3">能够胜任延续教育和高等教育所需要的较佳成绩。</td></tr>
<tr><td>B</td></tr>
<tr><td>C</td></tr>
<tr><td>D</td><td rowspan="2">平均水平，具备进一步学习和发展的良好基础。</td></tr>
<tr><td>E</td></tr>
<tr><td>F</td><td rowspan="2">较低的合格成绩，对以后的生活和工作有用。</td></tr>
<tr><td>G</td></tr>
<tr><td>U</td><td>不合格，无评分。</td></tr>
</table>

为帮助学生能顺利地通过 GCSE 考试，本教材各小节中都配有内容深浅搭配的练习题。一章结束后，还附有进行知识梳理的知识要点、概念联系图和科学观点，并配以本章的复习问题。

除此之外，本教材修订后新增加了 OCR 考试的两种不同的考试方案供选择，考试内容取决于所选择的方案，以帮助学生明晰试题的模块形式，更方便取得 GCSE 科学合格证书。

纵观英国的这套教材，可看到它为学生提供了广阔的探索空间，使学生有更多的机会发展自己的能力，培养对科学的兴趣，有助于使不同能力的学生都能施展自己的才华，为社会培养多样化的人才。这对我国科学教材改革也具有很大的启示作用。

除了对我国的科学教育工作者具有较好的借鉴作用外，这套教材也是我国中小学生进行科学学习的优秀参考书。特别是对那些准备到英国深造的青少年学子，用该书进行对照学习，有助于他们了解英国义务教育阶段的教学内容和评价侧重，甚至对延续教育阶段、高等教育阶段都可起到非常好的辅助作用。

本书得以付梓，得到了上海教育出版社的大力支持。特别是严岷、隋淑光、李玉婷三位编辑，除了在本书的版权问题上投入了很多的精力外，还对内容作了认真的审核，提出了很多建设性建议，并在图片的处理和文字的编排等方面进行了改进，很多地方版面的精美、内容的严谨程度超过了原书。在此对他们表示由衷的感谢！

另外，在本书的翻译过程中，我在徐州市中小学教学研究室的很多同事也从学科的角度给予了热情的帮助。蒋良和赵永胜对书中化学部分的译文进行了审校；王波对生物部分的译文进行了审校，并改正了一些欠规范的译法，校样出来后，又进行了仔细的推敲修正。对他们的辛勤工作，谨在此表示深深的谢意！

这套教材是优秀的。但囿于本人的水平，译文欠规范甚至错误之处在所难免，亦在此恳请教育同仁批评指正。

译者：仲新元

2017 年 6 月于徐州

"*Twenty First Century Science (Higher) Student Workbook*" was originally published in English in 2011. This translation is published by arrangement with Oxford University Press.

图书在版编目（CIP）数据

GCSE高阶科学：拓展 / 仲新元译. -- 上海：上海
教育出版社, 2019.6
21世纪科学教程
ISBN 978-7-5444-8130-4

Ⅰ. ①G… Ⅱ. ①仲… Ⅲ. ①理科(教育)—中学—教
材 Ⅳ. ①G634.71

中国版本图书馆CIP数据核字(2019)第093876号

责任编辑 李玉婷 隋淑光 严 岷
装帧设计 金一哲

21世纪科学教程：GCSE高阶科学·拓展
仲新元 译

出版发行 上海教育出版社有限公司
官　　网 www.seph.com.cn
地　　址 上海市永福路123号
邮　　编 200031
印　　刷 昆山市亭林印刷有限责任公司
开　　本 890×1240 1/16 印张 18
字　　数 630 千字
版　　次 2019年5月第1版
印　　次 2019年5月第1次印刷
书　　号 ISBN 978-7-5444-8130-4/G·6724
定　　价 98.00 元

如发现质量问题，读者可向本社调换 电话：021-64377165

数字化教材编委会

主　编　张　谦　王　丹　吕　艳

副主编　王冰冰　聂奇华

编　者　（以姓氏笔画为序）

王　丹（长春医学高等专科学校）
王冰冰（吉林省经济管理干部学院）
吕　艳（山东药品食品职业学院）
李　丹（湖南食品药品职业学院）
沈倩倩（重庆市渝中区疾病预防控制中心）
张　谦（重庆医药高等专科学校）
陈　强（周口职业技术学院）
陈香郡（重庆医药高等专科学校）
聂奇华（楚雄医药高等专科学校）
常　亮（长春医学高等专科学校）
薛　芳（山东药品食品职业学院）

前言

食品营养与健康是高等职业院校食品类相关专业的一门必修专业基础课程，本教材编写在保证科学性、先进性和实用性的基础上，尽可能地体现食品专业营养学教材的特点，注重本专业的针对性和适应性，同时触及本学科的前沿，反映当代的发展水平，力求做到内容丰富、条理清晰、突出特色。全书共11章，内容主要包括绪论、食物的消化与吸收、能量、宏量营养素、维生素、矿物质、各类食物的营养价值、合理营养、特殊生理人群的营养与膳食、常见营养相关性疾病的营养预防以及营养调查与评价；同时还有8个实训，以便学生更好地掌握知识点。本教材在注重基本理论、基本技能的前提下，突出人群营养、食品营养、改善食品营养及营养配餐等方面的知识，根据本套教材的编写指导思想和原则要求，结合专业培养目标和本课程的教学目标，由全国多所高等职业院校从事教学和生产一线的教师、学者悉心编写而成。

本教材由张谦、王丹、吕艳担任主编，具体编写分工为：第一章、第二章、第四章由张谦编写，第三章由李丹编写，第五章由王冰冰编写，第六章由聂奇华编写，第七章由陈香郡编写，第八章由薛芳编写，第九章由吕艳编写，第十章由陈强、张谦共同编写，第十一章由王丹编写；实训一、实训四和实训五由沈倩倩编写，实训二、实训三和实训八由常亮编写，实训六、实训七由王丹编写。

本教材内容丰富，通俗易懂，可读性强，主要供全国高等职业院校食品营养与检测、食品质量与安全、医学营养等专业教学使用，也可作为食品加工技术、食品贮运与营销、食品检测技术、食品营养与卫生、农产品加工与质量检测、绿色食品生产与检验等食品类专业用书，同时还可作为从事营养食品、生物、保健品专业工作人员的参考用书。

本教材在编写过程中，得到许多专家的悉心指导和各参编院校领导、学者的大力支持，在此谨致以诚挚的谢意。

限于编者水平和经验，书中疏漏和不足之处在所难免，恳请广大读者批评指正，以便进一步修改、完善。

编　者

2024 年 4 月

出版说明

为了贯彻党的二十大精神，落实《国家职业教育改革实施方案》《关于推动现代职业教育高质量发展的意见》等文件精神，对标国家健康战略、服务健康产业转型升级，服务职业教育教学改革，对接职业岗位需求，强化职业能力培养，中国健康传媒集团中国医药科技出版社在教育部、国家药品监督管理局的领导下，通过走访主要院校，对2019年出版的“全国高职高专院校食品类专业‘十三五’规划教材”进行广泛征求意见，有针对性地制定了第二轮规划教材的修订出版方案，并组织相关院校和企业专家修订编写“全国高等职业院校食品类专业第二轮规划教材”。本轮教材吸取了行业发展最新成果，体现了食品类专业的新进展、新方法、新标准，旨在赋予教材以下特点。

1. 强化课程思政，体现立德树人

坚决把立德树人贯穿、落实到教材建设全过程的各方面、各环节。教材编写将价值塑造、知识传授和能力培养三者融为一体。深度挖掘提炼专业知识体系中所蕴含的思想价值和精神内涵，科学合理拓展课程的广度、深度和温度，多角度增加课程的知识性、人文性，提升引领性、时代性和开放性。深化职业理想和职业道德教育，教育引导学生深刻理解并自觉实践行业的职业精神和职业规范，增强职业责任感。深挖食品类专业中的思政元素，引导学生树立坚持食品安全信仰与准则，严格执行食品卫生与安全规范，始终坚守食品安全防线的职业操守。

2. 体现职教精神，突出必需够用

教材编写坚持“以就业为导向、以全面素质为基础、以能力为本位”的现代职业教育教学改革方向，根据《高等职业学校专业教学标准》《职业教育专业目录（2021）》要求，进一步优化精简内容，落实必需够用原则，以培养满足岗位需求、教学需求和社会需求的高素质技能型人才，体现高职教育特点。同时做到有序衔接中职、高职、高职本科，对接产业体系，服务产业基础高级化、产业链现代化。

3. 坚持工学结合，注重德技并修

教材融入行业人员参与编写，强化以岗位需求为导向的理实教学，注重理论知识与岗位需求 相结合，对接职业标准和岗位要求。在不影响教材主体内容的基础上保留第一版教材中的“学习目标”“知识链接”“练习题”模块，去掉“知识拓展”模块。进一步优化各模块内容，培养学生理论联系实践的综合分析能力；增强教材的可读性和实用性，培养学生学习的自觉性和主动性。在教材正文适当位置插入“情境导入”，起到边读边想、边读边悟、边读边练的作用，做到理论与相关岗位相结合，强化培养学生创新思维能力和操作能力。

4. 建设立体教材，丰富教学资源

提倡校企“双元”合作开发教材，引入岗位微课或视频，实现岗位情景再现，激发学生学习兴趣。依托“医药大学堂”在线学习平台搭建与教材配套的数字化资源(数字教材、教学课件、图片、视频、动画及练习题等),丰富多样化、立体化教学资源，并提升教学手段，促进师生互动，满足教学管理需要，为提高教育教学水平和质量提供支撑。

本套教材的修订出版得到了全国知名专家的精心指导和各有关院校领导与编者的大力支持，在此一并表示衷心感谢。希望广大师生在教学中积极使用本套教材并提出宝贵意见，以便修订完善，共同打造精品教材。

目录

第一章

PPT

绪　论

学习目标

知识目标

1. **掌握**　食品、营养、营养素、营养价值的概念。
2. **熟悉**　营养不良的概念、营养与健康的关系。
3. **了解**　营养学发展史；我国居民膳食营养的现状。

能力目标

能够运用营养学知识在人群中开展合理营养与膳食的健康教育和指导。

素质目标

通过本章的学习，充分认识到合理营养的重要性；树立社会责任感、使命感和对中国优秀饮食文化的自信；具有良好的职业精神和工匠精神。

随着国民经济的快速发展和人民生活水平的不断提高，“民以食为天”的内涵已不再是能否吃饱，而是吃得是否合理。合理的膳食和营养不仅为人体生长发育和维持健康提供所需的能量和营养物质，还在预防疾病、促进健康方面起到重要的作用。

第一节　食物与营养的概念

一、食物

食物是人类赖以生存和发展的物质基础。对人体而言，食物是指各种供人食用或者饮用的成品和原料，以及按照传统既是食品又是中药材的物品，但是不包括以治疗为目的的物品。

（一）食物的特性

食物一般具有两大基本特性。

1. **营养性**　符合应当有的营养要求，含有对健康有益的营养素和营养成分。
2. **安全性**　无毒、无害，对人体健康不造成任何急性、亚急性或者慢性危害。

（二）食物的分类

一般情况下，食物分为五大类。

1. **谷薯类**　包括米、面、杂粮、杂豆、土豆、红薯等，是碳水化合物和能量的主要来源。
2. **动物类**　包括禽、畜、鱼、奶、蛋等，主要提供蛋白质、脂肪、矿物质、维生素 A 和 B 族维生素。
3. **大豆和坚果类**　包括大豆、花生、核桃等，主要提供蛋白质、脂肪、矿物质、B 族维生素和维生素 E。

4. 蔬菜、水果类 包括各种蔬菜和水果，主要提供膳食纤维、矿物质、维生素 C、胡萝卜素和植物化学物质等。

5. 纯能量类 包括动植物油、食用糖和酒类，主要提供能量。

二、营养及相关概念

（一）营养

营养，从字面上讲，“营”就是谋求的意思，“养”就是养生的意思，合起来就是谋求养生，即利用食物或食物中的有益成分谋求养生。确切地说，营养是指人体摄取、消化、吸收和利用食物中的营养物质以满足机体生理需要的生物学过程。营养是一个作用过程，用以构建机体的组织器官、满足人体生理功能和体力活动的需要。

（二）营养素

营养素是指食物中对机体有生理功效且为机体正常代谢所需的成分，是保证人体健康的物质基础。人体需要的营养素可概括为七大类：蛋白质、脂类、碳水化合物、矿物质、维生素、膳食纤维和水。

各种营养素都有各自独特的生理功能，一种营养素也可兼有几种生理功能。营养素的生理功能可归纳为三个方面：①给机体提供能量；②参与机体组织构成和修复；③维持和调节生理功能。

（三）营养价值

营养价值是指食物中营养素及能量满足人体需要的程度。食物营养价值的高低，取决于食物中所含营养素的种类是否齐全、数量是否充足及相互比例是否适宜。除了刚出生的婴儿可靠母乳提供全部营养外，在自然界中没有任何一种食物含有人体所需要的全部营养素。所以将多种食物科学合理地搭配食用，构成均衡膳食，才能使膳食中所含的营养素充足且能够最大化地吸收并利用，满足人体正常的需要。

（四）营养不良

营养不良是指由于一种或一种以上营养素缺乏或过剩所造成的机体健康异常或疾病状态。营养不良包括营养不足和营养过剩。营养素供给不足时，会导致机体生长发育迟缓、免疫力下降等，对健康造成损害。但是营养素供给过量也是不行的，热能与营养素的摄入过多，会导致肥胖等慢性非传染性疾病的发病风险增加，以及某些毒副作用，对健康也会造成威胁。

第二节 膳食营养素参考摄入量

为了指导人们科学合理地获取营养，衡量人群的营养状况，为食品的生产、加工、调配以及人群的营养教育提供依据，需了解和制订营养素的需要量和供给量。

一、营养素的需要量

营养素的需要量（nutritional requirement）是机体为维持正常生理功能及良好的健康状态，在一定时期内必须平均每天吸收该营养素的最低量，有时也称为“生理需要量”。个体对某种营养素的需要量受年龄、性别、生理特点、劳动状况等多种因素的影响。食物中营养素的供给量长期低于或高于需要量，都将对机体健康产生不利影响。

二、营养素的供给量

营养素的供给量（recommended dietary allowance，RDA）是指为满足机体营养需要，每日必须由膳食供给的各种营养素的数量。它是在需要量的基础上考虑了人群的安全性、饮食习惯、食物生产、社会及经济条件等因素而制定的适宜数值。供给量是针对群体而言，是在营养素需要量的基础上，为确保满足群体中绝大多数个体需要而提出的一个较安全的数值。由于存在个体差异，供给量一般略高于需要量。短期内摄入量低于供给量，并不一定会危及健康。

三、膳食营养素参考摄入量

膳食营养素参考摄入量（dietary reference intakes，DRIs）是评价膳食营养素供给量能否满足人体需要、是否存在过量摄入风险以及有利于预防某些慢性非传染性疾病的一组参考值，包括：平均需要量、推荐摄入量、适宜摄入量、可耐受最高摄入量以及宏量营养素可接受范围、建议摄入量和特定建议值。

1. 平均需要量（estimated average requirement，EAR）　是指某一特定性别、年龄及生理状况群体中对某营养素需要量的平均值，是根据个体需要量的研究资料制订的。摄入量达到 EAR 水平时可以满足群体中 50% 个体对该营养素的需要。EAR 是制定 RNI 的基础。

2. 推荐摄入量（recommended nutrient intake，RNI）　相当于传统使用的 RDA，是可以满足某一特定群体中绝大多数（97% ~98%）个体营养素需要量的摄入水平。长期摄入 RNI 水平，可以满足机体对该营养素的需要，并保证健康和维持组织中有适当的储备。RNI 的主要用途是作为个体每日摄入该营养素的目标值。

RNI 是以 EAR 为基础制订的。如果已知 EAR 的标准差，则 RNI 为 EAR 加上两个标准差。如果资料不充足，不能计算某营养素 EAR 的标准差时，RNI = 1.2 × EAR。

3. 适宜摄入量（adequate intake，AI）　在个体需要量的研究资料不足，不能计算 EAR，因而不能求得 RNI 时，可设定 AI 来代替 RNI。AI 是通过观察或实验获得的健康人群某种营养素的摄入量。AI 的准确性远不如 RNI，可能高于 RNI。AI 主要用作个体的营养素摄入目标，当某群体的营养素平均摄入量达到或超过 AI 水平时，则该群体中出现营养缺乏的危险性很小。

4. 可耐受最高摄入量（tolerable upper intake level，UL）　可耐受最高摄入量是平均每日摄入营养素的最高限量，这个量对一般人群中的几乎所有个体都不至于产生不良反应。其主要用途是防止个体摄入量过高，避免发生中毒。UL 可用于指导营养素强化食品和膳食补充剂的安全消费。

人体每天都需要从膳食中获得一定量的各种必需营养成分。当一个人群的平均摄入量达到 EAR 水平时，人群中有半数个体的需要量可以得到满足；当摄入量达到 RNI 水平时，几乎所有个体都没有发生缺乏症的危险。摄入量在 RNI 和 UL 之间是一个安全摄入范围，一般不会发生缺乏也不会中毒。摄入量超过 UL 水平再继续增加，则产生毒副作用的可能性随之增加。

5. 宏量营养素可接受范围（acceptable macronutrient distribution range，AMDR）　指蛋白质、脂肪和碳水化合物理想的摄入量范围，该范围既可以预防产能营养素缺乏，同时又有利于降低非传染性慢性疾病（NCD）的风险，常用占能量摄入量的百分比表示。AMDR 包括每日摄入量的下限和上限，如果个体摄入量高于或低于推荐范围，可能引起必需营养素缺乏或罹患慢性病的风险增加。

6. 预防非传染性慢性疾病的建议摄入量（propose intakes for preventing non - communicable chronic diseases，PI - NCD）　简称建议摄入量（PI），是以膳食相关非传染性慢性疾病的一级预防为目标，提出的必需营养素的每日摄入量。涉及的慢性病有肥胖、高血压、血脂异常、脑中风、心肌梗死、糖尿病以及某些癌症等。当非传染性慢性疾病易感人群中某些营养素的摄入量接近或达到 PI 时，可以降低他们发生 NCD 的风险。

7. 特定建议值（specific proposed levels，SPL） 是以降低成年人膳食相关非传染性慢性疾病风险为目标，提出的其他膳食成分的每日摄入量（水平）。当该成分的摄入量达到 SPL，可能有利于降低疾病的发生风险或死亡率。专用于营养素以外的其他膳食成分，其中多数属于食物中的植物化学物，如大豆异黄酮、番茄红素、叶黄素、原花青素、花色苷等。近年来研究表明，这些食物成分具有改善人体生理功能、预防慢性疾病的生物学作用。一个人每日膳食中这些食物成分的摄入量达到这个建议水平时有利于维护人体健康。

2013 版的 DRIs 为我国居民预防非传染性慢性疾病提供了依据，是我国营养预防慢性病的开启。2023 年 9 月，中国营养学会发布了第九版 DRIs。与 2013 版相比，新版 DRIs 对部分指标进行了调整，使其更贴合中国居民的实际需求。这既反映了党和国家对人民群众健康的重视，也是与时俱进的科学精神的体现。

第三节 营养学的形成与发展

营养学是一门研究食物和健康之间关系的科学，它的发展历经了几千年的漫长过程。

一、古代传统营养学的萌芽

营养学的形成和发展与社会经济和科学技术水平是紧密相连的，在漫长的生活实践中，人类对营养是逐渐由感性经验上升到科学认识的。

我们的祖先很早就认识到饮食营养在保健中的重要作用，早在 3000 多年前的西周时期，就把医生分成了食医、疾医、疡医和兽医四类。食医是专职饮食营养的医生，排在“四医”之首，在医生中地位最高，可见，那个年代就十分重视健康的营养调理了。2000 多年前，中医经典著作《黄帝内经·素问》中就提出了“五谷为养、五果为助、五畜为益、五菜为充”的原则，这是中国最早的膳食指南。唐代医学家孙思邈提出了“食疗”的概念和“药食同源”的观点，认为就食物的功能而言，“用之充饥则谓之食，以其疗病则谓之药”。明代李时珍的《本草纲目》中有关抗衰老的保健药物及药膳多达 250 多种。

国外关于营养方面最早的记载见于公元前 400 多年前的著作中，有“患夜盲症的人最好多吃牛肝”的记载。古希腊的希波克拉底在公元前 400 多年就曾说过“我们应该以食物为药，饮食就是你首选的医疗方式。”这一观点同我国传统营养学“药食同源”的理论不谋而合。

在漫长的历史发展过程中，我国对营养现象的认知与分析，主要限于食物营养作用的经验汇总和阴阳五行学说的抽象演绎，缺乏实验技术的科学基础。

二、现代营养学的崛起

现代营养学奠基于 18 世纪中叶，关于生命过程是一呼吸过程、呼吸是氧化燃烧的理论、消化是化学过程等一系列生物科学成就将营养学引入现代科学发展的轨道。在此之后，人们逐渐认识到蛋白质、脂肪、碳水化合物及无机盐、维生素、微量元素的重要生理作用，建立了食物组成与物质代谢的概念，发现了蛋白质、氨基酸、必需氨基酸、必需脂肪酸等物质，并开始研究维生素以及微量元素，整个 19 世纪到 20 世纪是发现和研究各种营养素的鼎盛时期。现代营养学的发展可分为三个阶段。

1. 第一阶段 18 世纪中叶，被称为营养学之父的法国化学家 Lavoisier 在强调生命过程是呼吸过程的基础上，提出呼吸是氧化燃烧的理论；德国化学家 Liebig 用动物生理实验将不同事物对动物的功能进行分类；Liebig 的学生 Voit、Rubner 分别创建氮平衡学说和碳水化合物、蛋白质、脂肪的能量系数；他的另一名学生 Lusk 在研究基础代谢和食物热效应的基础上出版了经典著作 *The Science of nutrition*。

2. 第二阶段 19 世纪到 20 世纪，大量的营养学实验研究充实了营养学本身的理论体系，特别是分析手段的提高，使人们对营养素的认识不断扩大：氨基酸的发现、蛋白质的命名、必需脂肪酸和必需氨基酸的提出、氮平衡学说、热能代谢的体表面积法则、生热系数的测定、血糖和肝糖原概念的建立、维生素的意义、微量元素的作用、营养素与疾病的关系等。

3. 第三阶段 在第二次世界大战结束以后，营养科学的发展进入了鼎盛时期。20 世纪中叶随着生物化学与分子生物学的研究，各种分析技术也应用到营养学的研究中来。20 世纪末功能食品与功能因子的建立更说明现代营养学科发展的迅猛与深入。分子生物学的理论与实验方法的发展使营养科学进入了分子水平、亚细胞水平。同时营养工作的社会性得到不断的加强，营养学研究更明显地重视如何将营养学的研究成果应用于提高广大人民群众的健康水平。

第四节　我国居民的营养与健康状况

情境导入

情境　1949 年以来，我国先后开展了六次全国营养调查，调查结果显示，膳食能量来自谷类食物的比例逐渐减少，打破了以谷类为能量来源主体的传统膳食模式，膳食脂肪摄入量显著增加，且脂肪供能比突破 30% 的上限，还有主食精细化、高盐高油等问题。同时，调查显示，超重肥胖成为营养不良的主要表现形式，膳食相关慢性病的患病/发病呈上升趋势。

思考　1. 导致居民超重和肥胖的主要原因是什么？

2. 如何通过合理营养来防治膳食相关慢性病？

国民营养与健康状况是反映一个国家或地区经济与社会发展、卫生保健水平和人口素质的重要指标。良好的营养和健康状况既是社会经济发展的基础，也是社会经济发展的重要目标。我国于 1959 年、1982 年、1992 年、2002 年、2010—2012 年、2015—2017 年分别进行了六次全国营养调查。历次调查结果为及时了解居民膳食结构、营养和健康状况及其变化规律、揭示社会经济发展对居民营养和健康状况的影响，为国家制定相关政策引导农业及食品产业发展、指导居民建立健康生活方式提供了科学依据。

一、我国在居民营养与健康方面取得的成效

2020 年 12 月 23 日发布的《中国居民营养与慢性病状况报告（2020 年）》显示，近年来，随着健康中国建设和健康扶贫等民生工程的深入推进，中国营养改善和慢性病防控工作取得积极进展和明显成效。主要体现在以下三方面。

1. 居民体格发育与营养不足问题持续改善，城乡差异逐步缩小 居民膳食能量和宏量营养素摄入充足，优质蛋白质摄入不断增加。成人平均身高继续增长，儿童青少年生长发育水平持续改善，特别是农村儿童生长迟缓问题已经得到根本改善。居民贫血问题持续改善，成人、6～17 岁儿童青少年、孕妇的贫血率均有不同程度的下降。

2. 居民健康意识逐步增强，部分慢性病行为危险因素的流行水平呈现下降趋势 居民吸烟率、二手烟暴露率、经常饮酒率均有所下降。家庭减盐工作取得成效，人均每日烹调用盐 9.3g，与 2015 年相比下降了 1.2g。居民对自身健康的关注程度也在不断提高，定期测量体重、血压、血糖、血脂等健康指标的人群比例显著增加。

3. 重大慢性病过早死亡率逐年下降，因慢性病导致的劳动力损失明显减少 2019 年，我国居民因心脑血管疾病、癌症、慢性呼吸系统疾病和糖尿病等四类重大慢性病导致的过早死亡率为 16.5%，与 2015 年的 18.5% 相比下降了 2 个百分点，降幅达 10.8%。

二、存在的问题与挑战

随着慢性病患者生存期的不断延长，加之人口老龄化、城镇化、工业化进程加快和行为危险因素流行对慢性病发病的影响，我国慢性病患者基数仍将不断扩大，防控工作仍然面临巨大挑战。挑战主要体现在三个方面。

1. 居民不健康生活方式仍然普遍存在 膳食脂肪供能比持续上升，城市人群脂肪供能比在2002年达到35.0%，首次突破了30%的上限并一直居高不下，农村人群在2015—2017年达到了33.2%，首次突破30%推荐上限。家庭人均每日烹调用盐和用油量分别为9.3g和43.2g，仍远高于推荐值，同时，居民在外就餐和点外卖的比例不断上升，食堂、餐馆、加工食品中的油、盐超标应引起关注。有18.9%的6～17岁儿童少年经常喝含糖饮料，15岁以上人群吸烟率、成人30天内饮酒率超过四分之一，身体活动不足问题普遍存在。

2. 居民超重肥胖问题不断凸显，慢性病患病/发病仍呈上升趋势 城乡各年龄组居民超重肥胖率继续上升，有超过一半的成年居民超重或肥胖，6～17岁、6岁以下儿童青少年超重肥胖率分别达到19%和10.4%，超重肥胖成为影响全人群健康的最主要营养不良问题。高血压、糖尿病、高胆固醇血症、慢性阻塞性肺疾病患病率和癌症发病率与2015年相比有所上升，膳食相关慢性病已成为主要的疾病负担。

3. 老年人膳食与营养尚未引起足够重视 我国已经进入老龄化社会，第七次全国人口普查数据显示，我国60岁及以上人口已达2.64亿人，占总人口的18.7%，老年人群特别是高龄老年人群的膳食营养与健康状况缺乏特别关注。膳食相关慢性病的负担加大。

面对当前仍然严峻的慢性病防控形势，党中央、国务院高度重视，将实施慢性病综合防控战略纳入《“健康中国2030”规划纲要》，将合理膳食和重大慢病防治纳入健康中国行动，进一步聚焦当前国民面临的主要营养和慢性病问题，从政府、社会、个人（家庭）3个层面协同推进，通过普及健康知识、参与健康行动、提供健康服务等措施，积极有效应对当前挑战，推进实现全民健康。

知识链接

国民营养计划（2017—2030年）

鉴于我国仍面临着居民营养不足与过剩并存、营养相关疾病多发、营养健康生活方式尚未普及等问题，为提高国民营养健康水平，国务院办公厅印发了《国民营养计划（2017—2030年）》。

1. 主要目标 到2030年，营养法规标准体系更加健全，营养工作体系更加完善，食物营养健康产业持续健康发展，传统食养服务更加丰富，“互联网＋营养健康”的智能化应用普遍推广，居民营养健康素养进一步提高，营养健康状况显著改善。

2. 具体目标

（1）进一步降低重点人群贫血率。5岁以下儿童贫血率和孕妇贫血率控制在10%以下。

（2）5岁以下儿童生长迟缓率下降至5%以下；0～6个月婴儿纯母乳喂养率在2020年的基础上提高10%。

（3）进一步缩小城乡学生身高差别；学生肥胖率上升趋势得到有效控制。

（4）进一步提高住院患者营养筛查率和营养不良住院患者的营养治疗比例。

（5）居民营养健康知识知晓率在2020年的基础上继续提高10%。

（6）全国人均每日食盐摄入量降低20%，居民超重、肥胖的增长速度明显放缓。

答案解析

练习题

1. 到目前为止，我国开展的全国性营养调查共（　）次。
   A. 2次　　B. 3次　　C. 4次
   D. 5次　　E. 6次
2.《国民营养计划（2017—2030年）》中要求，到2030年，5岁以下儿童贫血率控制在（　）以下。
   A. 2%　　B. 3%　　C. 5%
   D. 10%　　E. 15%
3.《中国居民营养与慢性病状况报告（2020年）》显示，成年居民超重或肥胖率达到了（　）。
   A. 15%　　B. 20%　　C. 25%
   D. 30%　　E. 50%
4. 2023版《中国居民膳食营养素参考摄入量》（DRIs）共包括（　）项指标。
   A. 4　　B. 5　　C. 6
   D. 7　　E. 8
5. 以下作为个体每日营养素摄入目标值的是（　）。
   A. EAR　　B. RNI　　C. AI
   D. UL　　E. 以上都是

（张　谦）

书网融合……

本章小结

题库

食物的消化与吸收

知识目标

1. 掌握　消化系统的组成与功能。
2. 熟悉　营养物质的消化与吸收。
3. 了解　消化液的成分与作用。

能力目标

认识到不良饮食习惯对食物消化吸收带来的不利影响，能够对目标人群开展培养良好饮食习惯方面的健康教育。

素质目标

树立促进人群健康的社会责任感和使命感，具备良好的职业精神。

情境导入

情境　患者，男，42 岁，公司职员，近半年来常感觉上腹部疼痛，尤其是在进餐后，同时伴有食欲不振、体重下降、失眠、焦虑等症状。平时喜欢饮酒和吃辛辣食物，饮食无规律。经胃镜检查，发现有胃黏膜充血、水肿，伴有糜烂和溃疡。初步诊断为慢性胃炎。

思考　1. 导致该患者慢性胃炎的原因是什么？

2. 消化系统在保障机体健康方面发挥着怎样的作用？

人体在生命活动过程中需要不断地从外界摄取营养物质来满足机体新陈代谢的需要。机体摄取、消化、吸收和利用营养物质的过程是由消化系统来完成的。食物在消化道内通过消化道的运动和消化腺分泌物的酶解作用，使大块的、分子结构复杂的食物，分解为能被吸收的、分子结构简单的小分子化学物质的过程称为消化，包括机械消化和化学消化两种消化形式。分解后的小分子物质透过消化管壁进入血液循环的过程称为吸收。消化与吸收是两个紧密联系的过程，不能被吸收的物质残渣则由消化道末端排出体外。

第一节　食物的消化

一、消化系统的组成与功能

消化系统由消化道和消化腺两部分组成。

（一）消化道的组成与功能

消化道包括口腔、咽、食管、胃、小肠（十二指肠、空肠和回肠）、大肠（盲肠、结肠和直肠）。临床营养上常把口腔到十二指肠的这一段称为上消化道，空肠以下的部分称为下消化道。

1. 口腔 是消化道的起始部。口腔内有牙齿，是人体最硬的器官。牙齿是对食物进行机械加工的器官，对发音、语言亦有辅助的作用。舌位于口腔底，具有协助咀嚼、吞咽、辅助发音和感受味觉的功能。在舌背面及侧缘有舌乳头，舌乳头上有味蕾，是味觉感受器，可以感受各种味觉的刺激。舌下有舌下腺，可分泌唾液，具有湿润口腔黏膜、清洁口腔、混合食物和促进食物消化的作用。

2. 咽 是一个垂直的肌性管道，位于鼻腔、口腔的后方。其上方接颅底，下方与食管相连，自上而下分别与鼻腔、口腔、喉相通；咽上部的侧壁上，左右各有一个咽鼓管口，咽通过咽鼓管和中耳鼓室相通。

3. 食管 是消化道最狭窄的部分。上端与咽连接，下端与胃的贲门连接。

4. 胃 是消化道最膨大的部分，上缘为凹缘，较短，朝右上方，称胃小弯，下缘为凸缘，称胃大弯。胃与食管连接处的入口称为贲门，胃的下端与十二指肠连接处的出口称为幽门，幽门处的环形肌特别发达，为幽门括约肌。胃可分为贲门部、胃底、幽门部和胃体。胃液是胃腺各种细胞分泌的混合物，纯净的胃液是一种无色透明的酸性液体，pH 为 0.9～1.5。正常成人每日胃液分泌量为 1.5～2.5L。

5. 小肠 是消化道最长的一段，上端起自胃的幽门，下端与盲肠相连，成人的小肠全长 5～7m，分为十二指肠、空肠和回肠三部分。小肠中的消化液主要包括胰液、胆汁和小肠液。胰液是由胰腺的外分泌部分泌，pH 为 7.8～8.4，日分泌量为 1～2L。胰液由无机物和有机物组成，无机物成分中最重要的是碳酸氢盐，其主要作用是中和进入十二指肠的胃酸，使肠黏膜免受胃酸的侵蚀，并为小肠内多种消化酶的活动提供适宜的 pH 环境。胰液中的有机物主要是消化三种营养物质的消化酶，即胰淀粉酶、胰脂肪酶、胰蛋白酶原和糜蛋白酶原。胰淀粉酶可将淀粉水解为麦芽糖和葡萄糖。胰脂肪酶可分解甘油三酯为脂肪酸、甘油一酯和甘油。后两种酶原均不具活性，只有当胰液进入十二指肠后，胰蛋白酶原被肠液中的肠激酶激活成为具有活性的胰蛋白酶，而糜蛋白酶原则由胰蛋白酶激活为糜蛋白酶。胰蛋白酶和糜蛋白酶都能分解蛋白质，二者共同作用时，可使蛋白质分解为更小分子的多肽和氨基酸。胆汁是由肝细胞不断生成的具有苦味的有色汁液。成人每日分泌量为 800～1000ml。肝胆汁呈弱碱性（pH = 7.4），胆囊胆汁因碳酸氢盐被吸收而呈弱酸性（pH = 6.8）。胆汁除水分外，还有胆色素、胆盐、胆固醇、卵磷脂、脂肪酸、无机盐等成分。胆汁中没有消化酶，但胆汁对脂肪的消化和吸收具有重要作用。胆汁的作用主要是胆盐的作用。胆盐、胆固醇和卵磷脂等均可降低脂肪的表面张力，使脂肪乳化成许多微滴，从而增加胰脂肪酶的作用面积，有利于脂肪的消化。胆盐可与脂肪酸、甘油一酯等结合，形成水溶性复合物，促进脂肪消化产物的吸收，并能促进脂溶性维生素（维生素 A、维生素 D、维生素 E、维生素 K）的吸收。小肠液是由小肠黏膜中的小肠腺分泌，呈弱碱性，pH 约为 7.6。成人每日分泌量为 1～3L。小肠液边分泌边吸收，这种液体的交流为小肠内营养物质的吸收提供了媒介。小肠液中除水和电解质外，还含有黏液、免疫球蛋白和肠激酶及小肠淀粉酶。小肠液具有消化食物和保护肠黏膜免受机械性损伤和胃酸侵蚀的作用。

6. 大肠 是消化道的末端，包括盲肠、阑尾、升结肠、横结肠、降结肠、乙状结肠和直肠。大肠中的消化液主要是大肠液。大肠黏膜的上皮和大肠腺均含有许多分泌黏液的杯状细胞，分泌的大肠液富含黏液，起到保护肠黏膜和润滑粪便的作用。

（二）消化腺的组成与功能

消化腺包括口腔唾液腺、肝、胰腺及消化管壁内的小腺体（如胃腺、肠腺）等，它们均借排出管道将分泌物排入消化管腔内，对食物进行化学性消化。

1. 唾液腺 主要分为3对，包括腮腺、颌下腺和舌下腺。其中腮腺最大，主要作用是分泌唾液，并通过腮腺导管排泄到口腔内，帮助消化食物。颌下腺小于腮腺，能够分泌黏液和浆液状的口水，为进食时大量分泌口水的来源。舌下腺是唾液腺中最小的1对，直接开口于口底黏膜。舌下腺与味觉有很大的联系，舌下腺受损直接影响舌头对味道的辨别。

2. 肝脏 位于腹腔的上部、膈肌的下面，是维持生命活动的重要器官之一。肝脏分泌胆汁除了参与食物的消化外，还在体内糖类、脂类、蛋白质、维生素、激素等物质代谢中起着重要的作用。同时，肝脏还有解毒和防御的作用。

3. 胰腺 由外分泌腺和内分泌腺组成。在消化系统中，胰腺分泌的胰液经胰管注入十二指肠，有分解消化蛋白质、糖类和脂肪的功能。

4. 胃腺 其分泌的胃液所含的重要成分有盐酸、胃蛋白酶原、黏液和“内因子”。盐酸的作用包括：①能激活胃蛋白酶原，并提供胃蛋白酶发挥作用所需的酸性环境；②可抑制和杀死随食物进入胃内的细菌；③盐酸进入小肠后能促进胰液、胆汁和小肠液的分泌；④盐酸所造成的酸性环境有助于小肠对铁和钙的吸收。内因子是由壁细胞分泌的一种糖蛋白。内因子与食入的维生素B_{12}结合，形成一种复合物，可保护维生素B_{12}不被小肠内水解酶破坏。当复合物移行至回肠，与回肠黏膜的特殊受体结合，从而促进回肠上皮细胞吸收维生素B_{12}。若机体缺乏内因子，则维生素B_{12}吸收不良，影响红细胞的生成，造成巨幼细胞贫血。

二、主要营养物质的消化

消化是指食物在物理或化学因素作用下，由大分子物质逐渐分解为小分子物质的过程。

（一）蛋白质的消化

食物蛋白质是人体必需的主要营养物质之一，一般需先水解成氨基酸及小肽后方能被吸收。由于唾液中不含水解蛋白质的酶而胃中含有，所以食物蛋白质的消化从胃开始。

胃内消化蛋白质的酶是胃蛋白酶。胃蛋白酶对乳中的酪蛋白有凝乳作用，这对婴儿较为重要，因为乳液凝成乳块后在胃中停留时间延长，有利于充分消化。

食物在胃内停留的时间较短，蛋白质在胃内消化很不完全，消化产物及未被消化的蛋白质在小肠内经胰液及小肠黏膜细胞分泌的多种蛋白酶及肽酶的共同作用，进一步水解为氨基酸。所以小肠是蛋白质消化的主要部位。蛋白质在小肠内消化主要依赖于胰腺分泌的各种蛋白酶，包括胰蛋白酶、糜蛋白酶、弹性蛋白酶和氨基肽酶、羧基肽酶。

（二）脂类的消化

脂类是脂肪和类脂的总称，是一大类具有重要生物学作用的化合物。其共同特点是溶于有机溶剂而不溶于水。食物脂肪的消化从进入口腔就已开始，因为唾液腺可以分泌少量的脂肪酶，但这种消化能力很弱。婴儿口腔中的脂肪酶可有效地分解奶中短链和中链脂肪酸。脂肪的消化在胃内也有限，主要消化场所是小肠。来自胆囊中的胆汁首先将脂肪乳化，胰腺和小肠分泌的脂肪酶将甘油三酯水解生成游离脂肪酸和甘油单酯。

（三）碳水化合物的消化

碳水化合物的消化从口腔就开始了，由于食物在口腔停留时间短暂，口腔唾液淀粉酶对碳水化合物的消化作用不大。胃液不含任何能水解碳水化合物的酶，其所含的胃酸对碳水化合物只能有微小或极局限的水解，故碳水化合物在胃中几乎完全没有消化。碳水化合物的消化部位主要是小肠。

肠腔中的主要水解酶来自胰液的胰淀粉酶，可使淀粉变成麦芽糖、麦芽三糖、异麦芽糖、α－临界糊精及少量葡萄糖等。淀粉在口腔及肠腔中消化后的上述各种中间产物，可以在小肠黏膜上皮细胞表面进一步彻底消化，最后消化成大量的葡萄糖及少量的果糖及半乳糖。小肠内不被消化的碳水化合物到达结肠后被结肠菌群分解，产生氢气、甲烷、二氧化碳和短链脂肪酸等，这一系列过程称为发酵。发酵也是消化的一种方式。所产生的气体经体循环转运，经呼气和直肠排出体外，其他产物如短链脂肪酸被肠壁吸收并被机体代谢。

第二节　食物的吸收

吸收是指消化后的小分子物质被胃肠道吸收到体内为机体利用的过程。

一、吸收的部位与形式

（一）吸收部位

口腔基本没有吸收功能，胃的吸收功能也很弱，正常情况下仅吸收少量水分和酒精，小肠才是吸收的主要场所，大肠仅可以吸收部分水分和盐类。

小肠是消化管中最长的部分，小肠黏膜形成许多环形皱褶和大量绒毛凸于肠腔，每条绒毛的表面是一层柱状上皮细胞，柱状上皮细胞顶端的细胞膜又形成许多细小的突起，称微绒毛。环状皱褶、绒毛和微绒毛的存在使小肠具有巨大的吸收面积。食物经过在小肠内的消化作用，已被分解成可被吸收的小分子物质。食物在小肠内停留的时间较长，一般是 3～8 小时，为充分吸收提供了充裕的时间。

（二）吸收形式

小肠细胞膜的吸收作用主要依靠被动转运和主动转运两种形式来完成。

1. 被动转运　主要包括被动扩散、易化扩散、滤过、渗透等作用。

（1）被动扩散　不借助载体，不消耗能量，物质从浓度高的一侧向浓度低的一侧透过称被动扩散。由于细胞膜的基质是类脂双分子层，脂溶性物质更易进入细胞。物质进入细胞的速度取决于它在脂质中的溶解度，溶解度相等，则较小的分子透过较快。

（2）易化扩散　指非脂溶性物质或亲水物质，如 Na^+、K^+、葡萄糖和氨基酸等，需在细胞膜蛋白质的帮助下，由膜的高浓度一侧向低浓度一侧扩散或转运的过程。与易化扩散有关的膜内转运系统和它们所转运的物质之间具有高度的结构特异性，即每一种蛋白质只能转运具有某种特定化学结构的物质；易化扩散的另一个特点是所谓的饱和现象，即扩散通量一般与浓度梯度的大小成正比，当浓度梯度增加到一定限度时，扩散通量就不再增加。

（3）滤过作用　胃肠细胞膜的上皮细胞可以看作是滤过器，如果胃肠腔内的压力超过毛细血管时，水分和其他物质就可以滤入血液。

（4）渗透　可看作是特殊情况下的扩散。当膜两侧产生不相等的渗透压时，渗透压较高的一侧将从另一侧吸引一部分水过来，以求达到渗透压的平衡。

2. 主动转运　在许多情况下，某种营养成分必须要逆着浓度梯度（化学的或电荷的）的方向穿过细胞膜，这种形式称主动转运。

营养物质的主动转运需要有细胞上载体的协助。所谓载体，是一种运输营养物质进出细胞膜的脂蛋白。营养物质转运时，先在细胞膜与载体结合成复合物，复合物通过细胞膜转运入上皮细胞时，营养物质与载体分离而被释放入细胞中，而载体又转回到细胞膜的外表面。

主动转运的特点是：载体在转运营养物质时，需有酶的催化和提供能量，能量来自三磷酸腺苷的分解；这一转运系统可以饱和，且最大转运量可被抑制；载体系统有特异性，即细胞膜上存在着几种不同的载体系统，每一系统只运载某些特定的营养物质。

二、主要营养物质的吸收

（一）蛋白质的吸收

蛋白质经过小肠腔内的消化，被水解为可被吸收的氨基酸和2～3个氨基酸的小肽。过去认为只有游离氨基酸才能被吸收，现在发现2～3个氨基酸的小肽也可以被吸收。被吸收的氨基酸通过肠黏膜细胞进入肝门静脉而被运送到肝脏和其他组织或器官被利用。

（二）脂类的吸收

脂肪水解后的小分子，如甘油、短链和中链脂肪酸很容易被小肠细胞吸收直接进入血液。甘油单酯和长链脂肪酸被吸收后先在小肠细胞中重新合成甘油三酯，并和磷脂、胆固醇以及蛋白质形成乳糜微粒，由淋巴系统进入血液循环。血液中的乳糜微粒是一种颗粒最大、密度最低的脂蛋白，是食物脂肪的主要运输形式，随血液流遍全身以满足机体对脂肪和能量的需要，最终被肝脏吸收。食物脂肪的吸收率一般在80%以上，最高的如菜籽油可达99%。

类脂中磷脂的消化吸收与甘油三酯类似。胆固醇则可直接被吸收，如果食物中的胆固醇和其他脂类呈结合状态，则先被水解成游离的胆固醇再被吸收。

（三）碳水化合物的吸收

碳水化合物吸收的主要部位是在小肠的空肠。单糖首先进入肠黏膜上皮细胞，再进入小肠壁的毛细血管，并汇合于门静脉而进入肝脏，最后进入大循环，运送到全身各个器官。在吸收过程中也可能有少量单糖经淋巴系统而进入大循环。

单糖的吸收过程不仅仅是被动扩散吸收，也是一种耗能的主动吸收。目前普遍认为，在肠黏膜上皮细胞刷状缘上有一特异的运糖载体蛋白，不同的载体蛋白对各种单糖的结合能力不同，有的单糖甚至完全不能与之结合，故各种单糖的相对吸收速率也就各异。

（四）维生素和矿物质的吸收

维生素和矿物质吸收的主要部位是在小肠。大肠细菌能利用大肠的内容物合成人体必需的某些维生素，如核黄素、叶酸等B族维生素和维生素K。

答案解析

1. 下列器官中对脂肪有重要消化作用的是（　）。
   A. 胰腺　　B. 肝脏　　C. 口腔
   D. 胃　　E. 食道
2. 糖类消化主要发生在（　）。
   A. 大肠　　B. 胃　　C. 肝脏
   D. 小肠　　E. 口腔
3. 小肠的主要功能不包括（　）。
   A. 吸收营养物质　　B. 混合食物并分解蛋白质
   C. 消化脂肪和碳水化合物　　D. 从胃中接收食物并分泌胰液
   E. 以上都是小肠的功能

4. 下列器官中帮助维持消化系统酸碱平衡的是（　）。

A. 胃　　B. 肺　　C. 大肠

D. 胰腺　　E. 肝脏

5. 下列不属于胰腺分泌的消化酶是（　）。

A. 蛋白酶　　B. 淀粉酶　　C. 胆汁酸

D. 脂肪酶　　E. 糜蛋白酶原

（张　谦）

书网融合……

本章小结

题库

能 量

学习目标

知识目标

1. **掌握** 能量的单位、三大产能营养素的热能系数和能量消耗的方式。
2. **熟悉** 影响基础代谢的因素。
3. **了解** 能量的参考摄入量及能量来源。

能力目标

能够根据个人特点推算出其每日所需能量及合理分配能量来源。

素质目标

理解能量摄入和消耗的平衡对减少疾病风险、维持人体健康的重要性。树立促进人群健康的社会责任感和使命感，具备良好的职业精神。

随着社会经济的快速发展和居民生活方式的巨大改变，中国居民超重及肥胖患病率快速增长，已成为严重的公共卫生问题。能量代谢与肥胖的关系十分明显，当能量摄入量高于需求量时，多余的能量将以脂肪的形式储存在体内，使人肥胖。但当能量长期摄入不足时，机体将动员组织和细胞中储存的能量来维持生理活动中的能量消耗，增加营养不良的风险。能量过剩或缺乏所导致的能量失衡均会影响人体健康。

情境导入

情境 《中国居民膳食指南科学研究报告（2021）》显示，近20年来，随着经济的快速发展及城市化进程的推进，居民生活方式发生较大变化，我国居民总体身体活动量逐年下降。2018年与2000年相比，成年男性日均能量消耗减少79.7kcal，女性日均能量消耗减少64.7kcal。成人缺乏规律自主运动，静坐时间增加，平均每天闲暇屏幕时间为3小时左右。

该报告还显示中国居民超重及肥胖患病率快速增长，已成为严重的公共卫生问题。6岁以下和6～17岁儿童青少年超重肥胖率分别达到10.4%和19.0%，18岁及以上居民超重率和肥胖率分别为34.3%和16.4%，成年居民超重或肥胖已经超过一半（50.7%）。

思考 1. 导致中国居民日均能量消耗减少的主要因素有哪些？

2. 导致中国居民肥胖率增加的主要因素有哪些，与居民生活方式的变化是否有关？

第一节 概 述

热能又称热量、能量，是人类赖以生存的基础，是生命的能源。人体每时每刻都在消耗热能，如维持心脏跳动、血液循环、肺部呼吸、腺体分泌、物质转运等重要生命活动及体力活动等都要消耗热能，人体不仅在劳动时需要消耗热能，就是机体处于安静状态时也要消耗一定的热能，人体所消耗的热能都是由摄取的食物供给。人体在生命活动过程中必须不断地从外界环境中摄取食物，从中获得人体必需的营养物质，其中包括三大产热营养素：蛋白质、脂类和碳水化合物，它们在体内经过氧化产生热能，用于生命活动的各种过程。

自然界中的能量多以电能、化学能、机械能以及太阳能等形式存在，各种能量之间可以相互转换。国际通用的能量单位是焦耳（J）、千焦耳（kJ）或兆焦耳（MJ），1J 是指用 1 牛顿（N）的力把 1kg 物体移动 1m 的距离所消耗的能量。营养学领域通常采用卡（cal）和千卡（kcal）表示热能单位。千卡又称大卡，1 千卡（kcal）是指在 1 个标准大气压下，1kg 纯水从 15℃上升到 16℃所需要的能量。能量单位换算关系如下：

$$1\text{kcal} = 4.184\text{kJ} \qquad 1\text{kJ} = 0.239\text{kcal}$$

$$1000\text{kcal} = 4.184\text{MJ} \qquad 1\text{MJ} = 239\text{kcal}$$

第二节　人体能量的消耗

机体的热能需要与其消耗是一致的。一方面，人体不断地从外界摄取食物获得所需要的热能；另一方面，人体又在各项生理、生活活动中不断地消耗热能，在理想的平衡状态下，个体的热能需要量等于其消耗量。人体热能需要量的多少主要取决于基础代谢、食物热效应以及体力活动三个方面所消耗的能量。其中最主要的是基础代谢和体力活动所消耗的能量，所占的比重较大。另外，对于处于生长发育过程中的儿童、青少年应包括生长发育所需的能量，孕妇应包括子宫、乳房、胎盘、胎儿的生长及体脂储备所需能量，乳母则需要包括合成乳汁的能量。同时，情绪、精神状态、身体状态等也会影响人体对能量的需要。为了达到能量平衡，人体每天摄入的能量应满足人体对能量的需要，这样才能有健康的体质和良好的工作效率。

一、基础代谢

基础代谢（basal metabolism，BM）又称基础能量消耗（basic energy expenditure，BEE），是维持人体最基本的生命活动所需要的能量消耗，是人体能量消耗的主要部分，占人体总能量消耗的 45% ~ 70%。WHO/FAO 对基础代谢的定义是：人体经过 10 ~ 12 小时空腹和良好的睡眠、清醒仰卧、恒温条件下（一般为 22 ~ 26℃），无任何身体活动和紧张的思维活动，全身肌肉放松时所需要的能量消耗。此时能量消耗仅用于维持体温、呼吸、心脏搏动、血液循环及其他组织器官和细胞的基本生理功能的需要。

（一）基础代谢率

基础代谢的水平用基础代谢率（basal metabolic rate，BMR）来表示，是指人体处于基础代谢状态下，单位时间内的能量代谢量。BMR 的常用单位有两类：一类为单位时间内每千克体重（或每平方米体表面积）的能量消耗，用 kJ/（kg · h）、kcal/（kg · h）或 kJ/（m^2 · h）、kcal/（m^2 · h）表示；另一类是单位时间内个体的能量消耗，用 MJ/d 或 kcal/d 表示。

测定 BMR 的条件严格，且只能在实验室内完成，对于人群来说，需要通过实测数据制定针对一定年龄范围和性别，涵盖体重和（或）身高的人群 BMR 预测公式。

WHO 于 1985 年推荐使用 Schofield 公式计算一天的基础代谢能量消耗，该公式纳入的受试对象主要是欧美人，其中40%以上是意大利高强度身体活动水平人群，按照此公式计算中国人的代谢会偏高。

欧盟推荐的 Henry 公式计算出的 BMR 值比 Schofield 公式低一些，但有研究提出 Henry 公式仍然高估了部分亚洲人群的 BMR，按照此公式计算中国人的代谢也会偏高。

中国营养学会根据我国体重正常人群实测数值给出了符合我国人群的 BMR 的推算公式（表3-1）。

表3-1 中国营养学会推荐的 BMR 计算公式

年龄段（岁）	性别	
	男（kcal/d）	女（kcal/d）
18～49	14.52W+565.79	14.52W-155.88+565.79
50～64	在18～49岁的基础上相应下调5%	
65～74	在18～49岁的基础上相应下调7.5%	
≥75	在18～49岁的基础上相应下调10%	

注：W 为体重，单位为 kg。

赵松山等人于1983年对我国人体表面积与身高、体重的关系进行了研究，得出我国成年人的体表面积可根据身高和体重来推算：

$$A = 0.00659H + 0.0126W - 0.1603$$

式中，A 为体表面积（m^2）；H 为身高（cm）；W 为体重（kg）。

基础代谢 = 体表面积（m^2）× 基础代谢率 [kJ/（m^2·h）或 kcal/（m^2·h）] ×24（h）

中国人正常基础代谢率平均值见表3-2。

表3-2 中国人正常基础代谢率平均值

单位：kJ/(m^2·h) [kcal/(m^2·h)]

年龄	11-15	16-17	18-19	20-30	31-40	41-50	51以上
男	195.5	193.4	166.2	157.8	158.7	154.1	149.1
	(46.7)	(46.2)	(39.7)	(37.7)	(37.9)	(36.8)	(35.6)
女	172.5	181.7	154.1	146.5	146.4	142.4	138.6
	(41.2)	(43.4)	(36.8)	(35.0)	(35.0)	(34.0)	(33.1)

（二）基础代谢率的影响因素

1. 体型和机体构成 人体的身材大小不同，基础代谢总量也不同，基础代谢与人体的体表面积基本上成正比，体表面积越大，向外环境散热越快，基础代谢能量消耗也越高。人体瘦体组织是代谢的活性组织，包括肌肉、心脏、脑、肝、肾等，其消耗的能量占基础代谢的70%～80%。而脂肪组织是相对惰性的组织，消耗的能量明显低于瘦体组织。因此，同体重情况下，瘦高且肌肉发达者的基础代谢能量消耗高于矮胖者。

2. 年龄 在人的一生中，婴幼儿阶段是代谢最活跃的阶段，青春期又是一个较高代谢的阶段。成年以后，随着年龄的增加，基础代谢水平逐渐下降，其中也有一定的个体差异。相对来说，婴幼儿、儿童和青少年的 BMR 比成人要高。

3. 性别 实际测定表明，在同一年龄、同一体表面积的情况下，女性体内的脂肪组织比例大于男性，因此女性的 BMR 低于男性，一般比男性 BMR 平均低5%～10%。女性孕期和哺乳期因需要合成新组织，BMR 有所增加，月经期间 BMR 也有波动。

4. 环境温度与气候 环境温度对基础代谢有明显影响，在舒适环境（18～25℃）中，代谢最低；在低温和高温环境中，代谢都会升高。环境温度过低可能引起身体不同程度的颤抖而使代谢升高；当环境温度较高时，散热需要出汗，呼吸及心跳加快，因而致使代谢升高。另外，在寒冷气候下基础代谢比温热气候下的要高。

5. 激素 对细胞的代谢及调节都有较大的影响，如甲状腺素可以增强细胞的生化反应速率，因此，甲状腺素的增多会引起 BMR 的升高。甲状腺亢进者，BMR 比正常平均值高 40% ~80%，甲状腺机能低下时，BMR 会下降 40% ~50%。

6. 其他因素 影响人体 BMR 的还有生理状况、病理状况及食物等，不同劳动强度人群中也存在一定的差别。

二、身体活动

除了基础代谢外，身体活动是人体能量需要的主要因素。因为生理情况相近的人，基础代谢消耗的热能是相近的，而身体活动情况却相差很大。身体活动主要分为职业活动、交通活动、家务活动和休闲活动等。通常各种身体活动所消耗的能量占人体总能量消耗的 25% ~50%。但随着人体活动量的增加，其所需能量也将大幅度增加。这是人体热能需要量变化最大，也是人体保持能量平衡、维持健康最重要的部分。

身体活动所消耗的热能主要与劳动强度和劳动持续时间有关，另外与工作熟练的程度也有一定的关系。劳动强度越大、持续时间越长，工作越不熟练，能量消耗越多。

身体活动水平（physical activity level，PAL）是人体 24 小时总能量消耗与基础能量消耗的比值，它涵盖了职业和工作强度及工作以外的身体活动，如家务活动、社会活动及身体锻炼等信息。中国营养学会根据能量消耗水平的不同，将中国人群成人身体活动水平分为三级，即低强度身体活动水平（PAL 1.40）、中等强度身体活动水平（PAL 1.70）及高强度身体活动水平（PAL 2.00）三个等级。为便于个体估计 PAL 的具体值，表 3－3 给出了各种生活方式、不同职业及休闲活动的 PAL 的数值。

表 3－3　根据 DLW 测定结果估测的生活方式或职业的 PAL 值

生活方式	从事的职业或人群	PAL
休息，主要是坐位或卧位	不能自理的老年人或残疾人	1.2
静态生活方式/坐位工作，很少或没有高强度的休闲活动	办公室职员或精密仪器机械师	1.4 ~1.5
静态生活方式/坐位工作，有时需走动或站立，但很少有高强度的休闲活动	实验室助理、司机、学生、装配线工人	1.6 ~1.7
主要是站着或走着工作	家庭主妇、销售人员、侍应生、机械师、交易员	1.8 ~1.9
高强度职业工作或高强度休闲活动方式	建筑工人、农民、林业工人、矿工、运动员	2.0 ~2.4
每周增加 1 小时的中等强度身体活动		+0.025（增加量）
每周增加 1 小时的高等强度身体活动		+0.05（增加量）

为了保持健康体重，中国营养学会建议个体的 PAL 值维持在 1.70 及以上。低强度身体活动水平的人，每日进行 50 ~100 分钟中等强度到高强度身体活动，即可达到 1.70 的 PAL。

三、食物热效应

食物热效应（thermic effect of food，TEF）是指因摄食而引起的机体能量代谢的额外消耗，又称食物特殊动力作用（specific dynamic action，SDA）。这是由于人体在摄食过程中对食物中的营养素进行消化、吸收、代谢转化，同时引起体温升高和散发热量，需要额外消耗能量。它只是增加机体能量消耗，并非增加能量来源。食物热效应的高低与食物营养成分、进食量和进食速度有关。

不同的产能营养素其食物热效应不同，蛋白质的食物热效应最高。其消化吸收和代谢需额外消耗的能量可相当于蛋白质本身所产生热能的 30%；脂肪的食物热效应消耗本身产生能量的 4% ~5%；碳水化合物为5%～6%。一般情况下，摄取普通混合膳食时，食物热效应所引起的额外能量为627～836kJ，相当于基础代谢的10%。

摄食量越多，能量消耗也越多；进食快比进食慢者食物热效应高。这主要是因为进食快时人的中枢神经系统更活跃，激素和酶的分泌速度快、量更多，吸收和储存的速率更高，其能量消耗也相对更多。

第三节 能量来源与参考摄入量

生物中的能量最终来源是太阳的辐射能。植物借助叶绿素的功能吸收并利用太阳辐射能，通过光合作用将二氧化碳和水合成碳水化合物，植物还可以吸收利用太阳辐射能合成脂类、蛋白质。而动物在食用植物时，实际上是从植物中间接吸收利用太阳辐射能，人类则是通过摄取动、植物性食物中的蛋白质、脂类和碳水化合物这三大产热营养素获得所需要的能量。

一、三大产热营养素

（一）碳水化合物

碳水化合物是体内的主要供能物质，是为机体提供热能最多的营养素，一般来说，机体所需热能的50%～65%都是由食物中的碳水化合物提供的。食物中的碳水化合物经消化产生的葡萄糖被吸收后，约有20%以糖原的形式储存在肝脏和肌肉中。肌糖原是储存在肌肉中随时可动用的储备能源，可提供肌体运动所需要的热能，尤其是高强度和持久运动时的热能需要。肝糖原也是一种储备能源，储存量不大，主要用于维持血糖水平的相对稳定。

脑组织所需能量的唯一来源是碳水化合物，在通常情况下，脑组织消耗的热能均来自碳水化合物在有氧条件下的氧化，这使碳水化合物在能量供给上更具有其特殊重要性。脑组织消耗的能量相对较多，因而脑组织对缺氧非常敏感。另外，由于脑组织代谢消耗的碳水化合物主要来自血糖，所以脑功能对血糖水平有很大的依赖性。人体虽然可以依靠其他物质供给能量，但必须定时进食一定量的糖类，维持正常血糖水平以保障大脑的功能。

碳水化合物在体内释放能量较快，供能也快，是神经系统和心肌的主要能源，也是肌肉活动时的主要燃料，对维持神经系统和心脏的正常供能、增强耐力、提高工作效率都有重要意义。

（二）脂肪

脂肪也是人体重要的供能物质，是单位产热量最高的营养素。一般而言，人体所需的能量中有20%～30%是由脂肪提供的。脂肪还构成人体内的储备热能，当人体摄入能量不能及时被利用或过多时，无论是蛋白质、脂肪还是碳水化物，都会以脂肪的形式储存下来。所以，在体内的全部储备脂肪中，一部分是来自食物的外源性脂肪，另一部分则是来自体内碳水化合物和蛋白质转化成的内源性脂肪。当体内热能不足时，储备脂肪可被动用释放出热量以满足机体的需要。

（三）蛋白质

蛋白质在体内的功能主要是构成机体蛋白，而供给能量并不是它的主要生理功能。普通成年人每天所需要的能量有10%～20%由蛋白质提供，65岁及以上老年人由蛋白质提供的能量应占15%～20%。蛋白质分解成氨基酸，进而再分解成非氮物质与氨基，其中非氮物质可以氧化供能。人体在一般情况下主要是利用碳水化合物和脂肪氧化供能，但在某些特殊情况下，机体所需能源物质供能不足，如长期不能进食或消耗量过大时，体内的糖原和储存脂肪已大量消耗之后，将依靠组织蛋白质分解产生氨基酸来获得能量，以维持必要的生理功能。

二、热能系数

碳水化合物、脂肪和蛋白质在氧化燃烧生成 CO_2 和 H_2O 的过程中，释放出大量的热能。根据实验测定，1g 碳水化合物在体外燃烧时平均产能 17. 15kJ（4. 1kcal），1g 脂肪平均产能 39. 54kJ（945kcal），1g 蛋白质平均产能 23. 64kJ（5. 65kcal）。同样，食物也可以在体内氧化，体内氧化和体外燃烧的化学本质是一致的，每克碳水化合物、脂肪、蛋白质在体内氧化所产生的热能值称为热能系数（或能量系数）。由于食物中的能量营养素不可能全部被消化吸收，且消化率也各不相同，消化吸收后，在体内生物氧化的过程和体外燃烧的过程不尽相同，不一定会完全彻底被氧化分解产生能量，因此营养学在实际应用时，碳水化合物、脂肪、蛋白质的热能系数为：1g 碳水化合物产生热能为 16. 7kJ（4. 0kcal）；1g 脂肪产生热能为 37. 6kJ（9. 0kcal）；1g 蛋白质产生热能为 16. 7kJ（4. 0kcal）。

三、能量的参考摄入量

能量平衡与否和健康的关系极大，能量摄入不足可使体力下降、工作效率低下，体内脂肪贮存太少，身体对环境的适应能力和抗病能力下降。另一方面，过多的能量摄入已成为发达国家居民严重的健康问题，如肥胖、高血压、心脏病、糖尿病和某些癌症发病率明显高于其他国家。在我国，随着健康中国建设和健康扶贫等民生工程的深入推进，中国城乡居民膳食能量供给充足，体格发育与营养状况总体改善，但由于城乡居民膳食结构有所变化，居民运动量减少、脂肪含量高的食物摄入增多，导致营养过剩，超重肥胖问题凸显，高血压、糖尿病等慢性病的发病率也明显上升。

能量需要量（estimated energy requirement，EER）是指能长期保持良好的健康状态、维持良好的体型、机体构成以及理想活动水平的个体或群体，达到能量平衡时所需要的膳食能量摄入量。因此，人群的能量推荐摄入量与其他营养素不同，可以直接等同于该群体的能量平均需要量，不需要增加安全量。EER 的制定需考虑性别、年龄、体重、身高和身体活动的不同。对于体重正常的健康成人来说，其能量的摄入量应与能量消耗量相等，即应处于能量平衡状态，因此，测定其总的能量消耗量（total energy expenditure，TEE）即为其能量的需要量。TEE（kcal/d）= BMR（kcal/d）× PAL，其中 BMR 为 24 小时的基础能量消耗，PAL 为身体活动水平。

中国营养学会在 2023 年制定的《中国居民膳食营养素参考摄入量》中不仅对各年龄组人群的能量摄入有具体的推荐量，还根据不同的身体活动水平等级，按低强度身体活动水平、中等强度身体活动水平和高强度身体活动水平来推荐能量需要量（表 3－4，表 3－5）。

表 3－4　中国男性膳食能量需要量（EER）

年龄（岁）/生理状况	男性					
	PAL Ⅰ[a]		PAL Ⅱ[b]		PAL Ⅲ[c]	
	MJ/d	kcal/d	MJ/d	kcal/d	MJ/d	kcal/d
0～	—	—	0. 38 MJ/（kg·d）	90 kcal/（kg·d）	—	—
0. 5～	—	—	0. 31 MJ/（kg·d）	75 kcal/（kg·d）	—	—
1～	—	—	3. 77	900	—	—
2～	—	—	4. 60	1100	—	—
3～	—	—	5. 23	1250	—	—
4～	—	—	5. 44	1300	—	—
5～	—	—	5. 86	1400	—	—
6～	5. 86	1400	6. 69	1600	7. 53	1800

续表

年龄（岁）/生理状况	男性					
	PAL Ⅰ[a]		PAL Ⅱ[b]		PAL Ⅲ[c]	
	MJ/d	kcal/d	MJ/d	kcal/d	MJ/d	kcal/d
7 ~	6.28	1500	7.11	1700	7.95	1900
8 ~	6.69	1600	7.74	1850	8.79	2100
9 ~	7.11	1700	8.16	1950	9.20	2200
10 ~	7.53	1800	8.58	2050	9.62	2300
11 ~	7.95	1900	9.20	2200	10.25	2450
12 ~	9.62	2300	10.88	2600	12.13	2900
15 ~	10.88	2600	12.34	2950	13.81	3300
18 ~	9.00	2150	10.67	2550	12.55	3000
30 ~	8.58	2050	10.46	2500	12.34	2950
50 ~	8.16	1950	10.04	2400	11.72	2800
65 ~	7.95	1900	9.62	2300	—	—
75 ~	7.53	1800	9.20	2200	—	—

注:PAL Ⅰ[a]、PAL Ⅱ[b]和 PAL Ⅲ[c]分别代表低强度身体活动水平、中等强度身体活动水平和高强度身体活动水平。“—”表示未制定或未涉及。

表 3-5 中国女性膳食能量需要量（EER）

年龄（岁）/生理状况	女性					
	PAL Ⅰ[a]		PAL Ⅱ[b]		PAL Ⅲ[c]	
	MJ/d	kcal/d	MJ/d	kcal/d	MJ/d	kcal/d
0 ~	—	—	0.38 MJ/（kg.d）	90 kcal/（kg.d）	—	—
0.5 ~	—	—	0.31 MJ/（kg.d）	75 kcal/（kg.d）	—	—
1 ~	—	—	3.35	800	—	—
2 ~	—	—	4.18	1000	—	—
3 ~	—	—	4.81	1150	—	—
4 ~	—	—	5.23	1250	—	—
5 ~	—	—	5.44	1300	—	—
6 ~	5.44	1300	6.07	1450	6.90	1650
7 ~	5.65	1350	6.49	1550	7.32	1750
8 ~	6.07	1450	7.11	1700	7.95	1900
9 ~	6.49	1550	7.53	1800	8.37	2000
10 ~	6.90	1650	7.95	1900	8.79	2100
11 ~	7.32	1750	8.37	2000	9.41	2250
12 ~	8.16	1950	9.20	2200	10.25	2450
15 ~	8.79	2100	9.83	2350	11.09	2650
18 ~	7.11	1700	8.79	2100	10.25	2450
30 ~	7.11	1700	8.58	2050	10.04	2400
50 ~	6.69	1600	8.16	1950	9.62	2300
65 ~	6.49	1550	7.74	1850	—	—
75 ~	6.28	1500	7.32	1750	—	—
孕早期	+0	+0	+0	+0	+0	+0
孕中期	+1.05	+250	+1.05	+250	+1.05	+250
孕晚期	+1.67	+400	+1.67	+400	+1.67	+400
乳母	+1.67	+400	+1.67	+400	+1.67	+400

注:PAL Ⅰ[a]、PAL Ⅱ[b]和 PAL Ⅲ[c]分别代表低强度身体活动水平、中等强度身体活动水平和高强度身体活动水平。“—”表示未制定或未涉及。“+”表示在相同年龄阶段的成年女性需要量基础上增加的需要量。

答案解析

练习题

1. 判断机体肥胖最常用、最简便的指标是（　）。
   A. 理想体重　B. BMI　C. 皮褶厚度
   D. 体脂含量　E. 瘦体重
2. 不同食物或成分的特殊动力作用差异较大，其中最高的是（　）。
   A. 蛋白质　B. 脂肪　C. 碳水化合物
   D. 混合膳食　E. 粗粮
3. 一般成人摄入混合膳食，食物特殊动力作用相当于基础代谢的（　）。
   A. 5%　B. 10%　C. 15%
   D. 20%　E. 30%
4. 人体的热能来源于膳食中的蛋白质、脂肪和碳水化合物，它们在体内的产热系数分别为（　）。
   A. 4kcal/g、9kcal/g、9kcal/g　B. 4kcal/g、9kcal/g、4kcal/g
   C. 9kcal/g、4kcal/g、4kcal/g　D. 4kcal/g、4kcal/g、4kcal/g
   E. 4kcal/g、4kcal/g、9kcal/g
5. 一般成人每天碳水化合物摄入量占能量百分比的可接受范围是（　）。
   A. 10% ~12%　B. 10% ~15%　C. 20% ~30%
   D. 30% ~50%　E. 50% ~65%

（李　丹）

书网融合……

本章小结

题库

PPT

第四章 宏量营养素

学习目标

知识目标

1. **掌握** 必需氨基酸、氮平衡、必需脂肪酸、膳食纤维的概念。
2. **熟悉** 各类营养素的功能、膳食来源及参考摄入量；蛋白质、脂类营养价值的评价方法。
3. **了解** 氨基酸模式、限制氨基酸、血糖生成指数的概念。

能力目标

1. 能针对人群及个体进行营养调查，并结合营养调查结果进行评价，提出合理意见与建议。
2. 能运用营养学知识开展人群健康教育，积极开展临床营养预防与治疗。

素质目标

通过本章的学习，充分认识到合理营养的重要性；树立社会责任感和使命感，遵守职业规范，具有良好的职业精神。

人类从胚胎期开始至生命终止，为了维持机体自身的各种生命活动，每天都需要摄入各种营养素和能量。其中，蛋白质、脂类和碳水化合物的摄入量较大，称为宏量营养素，因它们在体内代谢中释放能量，又被称为产能营养素；维生素和矿物质的需要量相对较小，被称为微量营养素。各种营养素以不同的形式存在于各种食物中，共同维持人类健康。

第一节 蛋白质

情境导入

情境 在我国安徽阜阳等地区，自2003年开始，约有100多名婴儿陆续患上一种怪病，脸大如盘，四肢短小，当地人称之为“大头娃娃”。因脂肪、蛋白质和碳水化合物等基本营养物质不及国家标准的三分之一，这种劣质奶粉被人们称为“空壳奶粉”，长期食用会导致婴儿出现“蛋白质－能量营养不良”。

思考 1. 这些婴儿为何会变成“大头娃娃”？

2. 对这类问题应如何防治？

蛋白质是一切生命的物质基础，是构成人体组织的基本材料，也是一种产能营养素，没有蛋白质就没有生命。蛋白质与人类的生长发育和健康有着密切关系，在人类营养中占有非常重要的地位。

一、概述

蛋白质是由氨基酸组成的化学结构复杂的一大类有机化合物，是机体细胞、组织和器官的重要组成成分，是一切生命的物质基础，没有蛋白质就没有生命。蛋白质是由碳、氢、氧、氮、硫等元素组成的，由于碳水化合物和脂肪中不含氮，因此蛋白质是人体氮的唯一来源。

（一）必需氨基酸

氨基酸是组成蛋白质的基本单位。各氨基酸按一定排列顺序以肽键相连接，由于其排列顺序不同、链的长短不一，以及其空间结构的差异，构成了无数种功能各异的蛋白质。自然界存在的氨基酸有300多种，但构成人体蛋白质的氨基酸只有20种。这20种氨基酸中有8种（婴儿为9种）是人体不能合成或合成速度不能满足机体需要，必须从食物中直接获得的，称为必需氨基酸（essential amino acid，EAA），包括亮氨酸、异亮氨酸、赖氨酸、蛋氨酸、色氨酸、苏氨酸、苯丙氨酸、缬氨酸和组氨酸（婴儿必需）。其余为非必需氨基酸，可在人体由其他氨基酸转变而来。在人体合成蛋白质时，非必需氨基酸与必需氨基酸同等重要。

（二）氮平衡

由于碳水化合物和脂肪中仅含碳、氢、氧，不含氮，因此蛋白质是人体氮的唯一来源。当膳食蛋白质摄入量适宜时，机体蛋白质代谢处于动态平衡。营养学上将氮的摄入量和排出量的关系称为氮平衡（nitrogen balance）。用氮平衡可以了解机体对蛋白质的消化和吸收情况、蛋白质总代谢状况以及机体对蛋白质的需要量。氮平衡的表达公式为：

$$B = I - (U + F + S)$$

式中，B表示氮平衡，I表示摄入氮，U表示尿素氮，F表示粪氮，S表示从皮肤损失的氮。

当摄入氮和排出氮相等时为零氮平衡，如摄入氮多于排出氮则为正氮平衡，摄入氮少于排出氮则为负氮平衡。健康成年人应维持零氮平衡并富余5%。正氮平衡见于生长发育期的儿童、青少年和孕妇、乳母，疾病恢复期的患者，以及运动、劳动等需要增加肌肉的人群。负氮平衡见于饥饿、衰老和消耗性疾病患者。如长期摄入蛋白质不足、能量供给不足、活动量过大或处于应激状态，都可促使机体趋向负氮平衡，使机体出现生长发育迟缓、体重减轻、贫血、免疫功能低下、易感染、智能发育障碍，严重者可引起营养性水肿等。

二、蛋白质的生理功能

（一）构成和修复机体组织

蛋白质是构成机体组织、器官不可缺少的重要成分，人体一切组织器官都含有蛋白质。正常成年人体内蛋白质含量相对稳定，占体重的16%～19%，即一个体重60kg的成年人，体内有10～11kg的蛋白质。同时，人体蛋白质处于不断分解和合成的动态变化中，人体每天约有3%的组织蛋白质需要更新。人体的生长过程就包含了蛋白质不断地更新与增加。另外，各类疾病的患者还需要蛋白质作为组织损伤的修复材料。因此，构成和更新、修复机体组织是蛋白质最重要的生理功能。

（二）调节生理功能

机体生命活动能够有条不紊地进行，有赖于多种生理活性物质的调节。蛋白质在体内是构成多种重要生理活性物质的成分，参与调节多种生理功能。蛋白质是酶、抗体和某些激素的主要成分。酶能催化体内一切物质分解和合成；抗体能抵御外来微生物及其他有害物质入侵；激素使内环境稳定，并调节许多生理过程；细胞膜和血液中的蛋白质担负着各类物质的运输与交换；蛋白质还参与体内渗透压和酸碱平衡的维持，在记忆、遗传和解毒等方面也起到重要作用；此外，血液凝固、视觉形成、人体运动等都与蛋白质有关。蛋白质是生命的物质基础，是生命存在的形式。

（三）供给能量

人体每天所需能量的10%～20%应来自食物中的蛋白质。当机体需要时，蛋白质可以被代谢分解，释放出能量。1g食物蛋白质在体内约产生16.7kJ（4.0kcal）能量。由于蛋白质的这种功能可以由碳水化合物和脂肪所代替，因此，供能是蛋白质的次要功能，利用蛋白质作为能量来源是不经济的。

三、食物蛋白质的营养价值评价

各种食物蛋白质的氨基酸组成不同，其营养价值也就不一样。评价食物蛋白质的营养价值可以从“质”和“量”两个方面考虑。具体评价指标如下。

（一）蛋白质含量

蛋白质含量是评价一种食物蛋白质营养价值的基础指标。一般而言，动物性食物蛋白质含量较高，可达到20%左右，而植物性食物蛋白质含量普遍较低，但大豆和坚果类食物蛋白质含量较高。由于大多数蛋白质的含氮量非常接近，平均约为16%左右，故可通过凯氏定氮法测定食物中的氮含量并乘以6.25来表示食物的蛋白质含量。

（二）蛋白质消化率

蛋白质消化率指一种食物蛋白质可被消化酶分解的程度，即蛋白质在消化道内被吸收的蛋白质占摄入蛋白质的百分比，是反映食物蛋白质在消化道内被分解和吸收程度的一项指标。蛋白质消化率越高，被机体吸收利用的可能性越大，营养价值也越高。

根据是否考虑内源性粪代谢氮（通过粪便排出的肠道脱落的黏膜细胞和消化液中的氮等），可以将蛋白质消化率分为表观消化率和真消化率。实际工作中，由于表观消化率比真消化率安全且测定方法简便，故一般采用表观消化率。其计算公式如下：

$$\text{蛋白质表观消化率}(\%)=(\text{摄入氮}-\text{粪氮})/\text{摄入氮}\times100\%$$

$$\text{蛋白质真消化率}(\%)=[\text{摄入氮}-(\text{粪氮}-\text{粪代谢氮})]/\text{摄入氮}\times100\%$$

食物蛋白质消化率受到蛋白质性质、膳食纤维、多酚类物质和酶反应等因素影响。由于植物性食物的蛋白质被纤维素包裹，与消化酶接触程度较差，故其消化率较动物性食物低，如鸡蛋和牛奶蛋白质的消化率分别为97%和95%，而玉米和大米蛋白质的消化率分别只有85%和88%，土豆为74%。但植物性食物可通过适当的加工烹调来提高消化率，如黄豆整粒食用时，其蛋白质消化率只有65%，加工成豆腐后可提高到90%以上。

（三）蛋白质利用率

蛋白质利用率是指食物蛋白质经机体消化吸收后在体内被利用的程度。反映蛋白质利用率的指标如下。

1. 蛋白质生物学价值（biological value，BV） 反映蛋白质利用率最常用的指标是蛋白质生物学价值，简称生物价。它是以氮储留量对氮吸收量的百分比来表示的，表示蛋白质吸收后被机体储留的程度。生物学价值越高，该种食物蛋白质利用率就越高。

$$BV=\text{储留氮}/\text{吸收氮}\times100\%$$

$$\text{储留氮}=\text{吸收氮}-(\text{尿氮}-\text{尿内源性氮})$$

$$\text{吸收氮}=\text{摄入氮}-(\text{粪氮}-\text{粪代谢氮})$$

构成人体组织和细胞的蛋白质的氨基酸比值是一定的，食物蛋白质中的氨基酸比值与人体组织蛋白质中的氨基酸比值一致时才能被充分利用。食物蛋白质中各种必需氨基酸的构成比值称为氨基酸模式。一般将蛋白质中色氨酸的含量定为1，计算出其他必需氨基酸与色氨酸的相应比值。几种食物蛋白质和人体蛋白质氨基酸模式见表4－1。

表4－1 几种食物蛋白质和人体蛋白质氨基酸模式

必需氨基酸	人体	全鸡蛋	牛奶	牛肉	大豆	面粉	大米
异亮氨酸	4.0	3.2	3.4	4.4	4.3	3.8	4.0
亮氨酸	7.0	5.1	6.8	6.8	5.7	6.4	6.3
赖氨酸	5.5	4.1	5.6	7.2	4.9	1.8	2.3
蛋氨酸＋半胱氨酸	3.5	3.4	2.4	3.2	1.2	2.8	2.8
苯丙氨酸＋酪氨酸	6.0	5.5	7.3	6.2	3.2	7.2	7.2
苏氨酸	4.5	2.8	3.1	3.6	2.8	2.5	2.5
缬氨酸	5.0	3.9	4.6	4.6	3.2	3.8	3.8
色氨酸	1.0	1.0	1.0	1.0	1.0	1.0	1.0

各种食物蛋白质的生物学价值不相同，一般动物性食物比植物性食物要高。蛋白质生物学价值的高低取决于必需氨基酸的含量和比值。食物蛋白质的必需氨基酸模式与人体组织蛋白质的氨基酸模式越接近，该食物蛋白质生物学价值就越高。如肉、奶、蛋、鱼等动物蛋白质及大豆蛋白质，与人体蛋白质的氨基酸模式就很接近，被称为优质蛋白质。其中鸡蛋蛋白质的氨基酸模式与人体蛋白质的氨基酸模式最为接近，被称为参考蛋白质。而在植物蛋白质中，赖氨酸、蛋氨酸、苏氨酸含量相对较低，所以营养价值也相对较低。常见食物蛋白质生物学价值见表4－2。

表4－2 常见食物蛋白质生物学价值

蛋白质	生物学价值	蛋白质	生物学价值	蛋白质	生物学价值
鸡蛋黄	96	牛肉	76	玉米	60
全鸡蛋	94	白菜	76	花生	59
牛奶	90	猪肉	74	绿豆	58
鸡蛋白	83	小麦	67	小米	57
鱼	83	豆腐	65	生黄豆	57
大 米	77	熟黄豆	64	高粱	56

在食物中，由于某一种或几种氨基酸数量不足，导致其他氨基酸也不能被充分利用，从而使蛋白质营养价值降低，这些含量相对较低的氨基酸称为限制氨基酸，即由于这些氨基酸的不足，限制了其他氨基酸的利用。其中含量最低的称为第一限制氨基酸，依此类推，称为第二限制氨基酸、第三限制氨基酸等。为提高蛋白质营养价值，可将富含某种必需氨基酸的食物与缺乏同种氨基酸的食物混合食用，可使必需氨基酸互通有无，互相补充，使氨基酸模式更接近人体的需要，从而提高蛋白质的生物学价值，这种作用称为蛋白质互补作用。养成良好的饮食习惯，不偏食、不挑食，尽量杂食，有利于提高食物蛋白质的营养价值（表4－3）。如果平时饮食单调，节假日大吃大喝，对于发挥蛋白质的互补作用是不利的。

表4-3 几种食物混合蛋白质互补作用后的生物价

食物名称	单独食用 BV	混合食用所占比例/%	
小麦	67	—	31
小米	57	40	46
大豆	64	20	8
玉米	60	40	—
牛肉干	76	—	15
混合食用 BV	—	73	89

2. 蛋白质净利用率（net protein utilization，NPU） 用于表示蛋白质实际被利用的程度。是将蛋白质生物学价值与消化率结合起来测定蛋白质营养价值的一个指标。

蛋白质净利用率（%）=生物价×消化率=氮储留量/氮摄入量×100%

3. 氨基酸评分（amino acid score，AAS） 是将被测食物蛋白质的必需氨基酸组成与推荐的参考蛋白质氨基酸模式进行比较，是目前应用比较广泛的一种食物蛋白质营养价值的评价方法，不仅适用于单一食物蛋白质的营养价值评价，还适用于混合食物蛋白质营养价值的评价。被测食物蛋白质的第一限制氨基酸与参考蛋白质中同种必需氨基酸的比值即为该种蛋白质的氨基酸评分。参考蛋白质可以使用FAO/WHO 2002年提出的新氨基酸评分模式。

$$\text{AAS}=\frac{\text{被测蛋白质每克氮（或蛋白质）中某种必需氨基酸含量（mg）}}{\text{参考蛋白质中每克氮（或蛋白质）中该种氨基酸含量（mg）}}$$

例如，小麦粉蛋白质的第一限制氨基酸是赖氨酸，每克蛋白质中赖氨酸含量为25.7mg，FAO/WHO 2002年提出的新氨基酸评分模式中赖氨酸为55mg/g，故小麦粉蛋白质的氨基酸评分为：25.7/55×100=46.7（表4-4）。

表4-4 氨基酸评分举例

氨基酸	小麦粉（标准粉）（mg/g 蛋白质）	FAO/WHO 评分模式（mg/g 蛋白质）	AAS
异亮氨酸	37.5	40	92.5
亮氨酸	70.5	70	100.7
赖氨酸	25.7	55	46.7
蛋氨酸+半胱氨酸	36.1	35	103.1
苯丙氨酸+酪氨酸	78.3	60	130.5
苏氨酸	28.3	40	70.8
缬氨酸	12.4	10	124.0
色氨酸	47.2	50	94.4

知识链接

膳食调配原则

为充分发挥蛋白质互补作用，在混合膳食时应遵循以下原则。

1. 混合食用的食物的生物学种属越远越好。如动物性食物与植物性食物混合比单纯植物性食物间的混合要好。

2. 混合食用的食物种类越多越好。食物种类越多样，越有利于蛋白质之间取长补短，从而越有利于蛋白质互补。

3. 食用时间越近越好，最好同时食用。

四、蛋白质缺乏与过量

（一）蛋白质营养不良

蛋白质长期摄入不足时，临床表现常见疲倦、体重减轻、贫血、免疫和应激能力下降、营养性水肿、皮肤伤口愈合不良以及生殖功能障碍等。幼儿、青少年主要表现为生长发育迟缓、消瘦，甚至智力发育障碍。成人缺乏时，可以引起体力下降、水肿和抵抗能力降低。

蛋白质不足常与能量缺乏同时发生，称为“蛋白质 – 能量营养不良”（protein – energy malnutrition，PEM），包括三种类型。

1. 恶性营养不良 以蛋白质摄入严重不足为主，其主要表现为全身性水肿，尤其以腹部和腿部水肿明显，多见于 3 ~ 13 岁儿童。

2. 消瘦型营养不良 蛋白质和能量摄入均严重不足，主要表现为消瘦，多见于 2 岁以下的幼儿。

3. 混合型营养不良 既有水肿又有消瘦的特征。

（二）蛋白质摄入过量

蛋白质摄入过量可增加肝脏和肾脏的负担，同时，还会引起膳食纤维、某些维生素和矿物质摄入量减少及饱和脂肪酸和胆固醇摄入增加，从而引起心血管疾病及骨骼损害的发生。此外，过多摄入蛋白质还与一些癌症如结肠癌、乳腺癌、胰腺癌和前列腺癌的发生有关。

五、蛋白质的食物来源与参考摄入量

（一）蛋白质的食物来源

膳食蛋白质可来源于植物性食物和动物性食物，一般而言，动物性食物蛋白质的营养价值比植物性食物要高。动物性食物中，蛋类蛋白质含量为 12% ~ 14%，氨基酸模式比较适合，是优质蛋白质的重要来源。奶类蛋白质含量为 1.5% ~ 4%，是婴幼儿蛋白质的最佳来源。禽、畜肉类和鱼虾类的蛋白质含量为 10% ~ 20%。植物性食物中，粮谷类含蛋白质 6% ~ 10%，是我国居民的主食，是膳食蛋白质的主要来源。大豆是植物中优质蛋白质的良好来源，蛋白质含量最高，且含赖氨酸较多，对粮谷类蛋白质有较好的互补作用。

（二）蛋白质的参考摄入量

根据中国营养学会推荐的膳食蛋白质参考摄入量（表 4 – 5），儿童、青少年及成人蛋白质摄入量占膳食总能量的 10% ~ 20%；65 岁及以上老年人蛋白质摄入量占总能量的 15% ~ 20%。RNI 成年男性为 65g/d，女性为 55g/d。

表 4 – 5 中国居民膳食蛋白质参考摄入量

年龄（岁）/ 生理状况	EAR/（g·d^{-1}）		RNI/（g·d^{-1}）		AMDR/%E
	男性	女性	男性	女性	
0 ~	—	—	9（AI）	9（AI）	—
0.5 ~	—	—	17（AI）	17（AI）	—
1 ~	20	20	25	25	—
2 ~	20	20	25	25	—
3 ~	25	25	30	30	—
4 ~	25	25	30	30	8 ~ 20

续表

年龄（岁）/生理状况	EAR/（g·d⁻¹）		RNI/（g·d⁻¹）		AMDR/%E
	男性	女性	男性	女性	
5～	25	25	30	30	8～20
6～	30	30	35	35	10～20
7～	30	30	40	40	10～20
8～	35	35	40	40	10～20
9～	40	40	45	45	10～20
10～	40	40	50	50	10～20
11～	45	45	55	55	10～20
12～	55	50	70	60	10～20
15～	60	50	75	60	10～20
18～	60	50	65	55	10～20
65～	60	50	72	62	15～20
孕早期	—	+0	—	+0	10～20
孕中期	—	+10	—	+15	10～20
孕晚期	—	+25	—	+30	10～20
乳母	—	+20	—	+25	10～20

注：“—”表示未制定或未涉及。“+”表示在相同年龄阶段的成年女性需要量基础上增加的需要量。

第二节 脂 类

一、概述

脂类指生物体内不溶于水而易溶于有机溶剂的一大类有机物，包括脂肪和类脂。脂肪是由1分子甘油和1～3分子脂肪酸所形成的酯，包括一酰甘油、二酰甘油、三酰甘油。营养学上特别重要的类脂有磷脂和固醇。

脂类的含量占正常人体重的14%～19%，肥胖者可达30%以上。其中脂肪约占脂类的95%，主要分布于皮下、大网膜、肠系膜等脂肪组织中。人体脂肪含量可随营养和体力活动情况而增减，称为动脂或可变脂。类脂约占脂类的5%，在体内的含量比较稳定，不易受营养和体力活动情况的影响，称为定脂。

二、脂肪酸与必需脂肪酸

（一）脂肪酸

脂肪酸是构成脂类的基本物质，已知天然的脂肪酸有五十多种。脂肪酸按碳原子数可分为短链、中链和长链脂肪酸；按其碳链上是否存在双键分为饱和脂肪酸和不饱和脂肪酸。不饱和脂肪酸按含双键数目分为单不饱和脂肪酸和多不饱和脂肪酸；按羧酸不饱和双键出现的位置分为ω-3、ω-6、ω-7和ω-9系或n-3、n-6、n-7和n-9系脂肪酸；按羧酸的空间结构又分为顺式和反式脂肪酸。

1. 按脂肪酸碳链长度分类 可分为长链脂肪酸（含14碳以上）、中链脂肪酸（含6～12碳）和短链脂肪酸（含2～4碳）。人体含有的各种脂肪酸大多数为长链脂肪酸。

2. 按脂肪酸饱和程度分类 可分为饱和脂肪酸（saturated fatty acid，SFA）、单不饱和脂肪酸（mo-